한국의 코로나19 팬데믹

일반인의 시각

박종민·윤견수 편저

COVID-19
PANDEMIC
In KOREA
PUBLIC VIEWS

박영사

감사의 글

전 세계를 뒤흔들었던 코로나바이러스감염증-19(코로나19)는 정부 운영의 틀을 새로 짤만큼 각 나라에 커다란 영향을 미쳤다. 한국도 예외는 아니었다. 2020년 1월부터 2023년 5월까지 3년 반동안 지속되었던 공중보건 위기 상황에서 정부가 실시했던 각종 대응조치와 정책은 정부의 위기관리 역량을 평가하는 잣대가 되었다. 그렇다면 코로나19 팬데믹 위기를 관리했던 정부의 행동을 통해 우리가 배웠던 교훈은 무엇인가? 위기관리의 가장 큰 특징 가운데 하나는 위기를 인식하고 성과를 평가하는 과정이 사람마다 시점마다 다르다는 점이다. 근본적으로 위기는 인식의 문제로 주관적인 요소를 포함한다. 위기관리의 성과를 이해하기 위해서는 정부가 무엇을 하고 있는가를 살펴볼 필요가 있지만, 동시에 시민들이 위기와 정부의 행동을 어떻게 인식하고 있는가를 살펴볼 필요가 있다. 그래서 위기에 대한 객관적 지표 못지않게 불안, 신뢰, 이념, 선호 등 주관적 요소의 역동성을 이해하는 것이 중요하다. 이 책은 코로나19 팬데믹을 거치면서 얻은 교훈을 평가하기 위해서는 정부의 대응과 정책에 대한 대중의 태도를 알아야 한다고 가정하고 시작했던 연구의 결과물이다.

연구를 하는 과정에서 많은 지원과 도움이 있었다. 한국연구재단의 인문사회연구소지원사업이 없었다면 이 연구는 불가능했을 것이다. 이 지원사업을 통해 주관연구기관인 고려대학교 비교거버넌스연구소는 코로나19 팬데믹 관련 콜로키움을 개최할 수 있었다. 기꺼이 콜로키움에 참여해 아이디어를 개발하고 공유하는 데 도움을 준 최재욱 교수(고려대), 윤창렬 객원교수(서울대), 박제국 객원교수(서울대), 정혜주 교수(고려대), 채수미 박사(한국보건사회연구원), 김창보 초빙교수(덕성여대), 정홍원 박사(한국보건사회연구원)에게 감사를 드린다.

이 책의 집필진에 속하는 연구자들 간에는 수시로 토론이 있었다. 그리고 토론의 결과를 글로 만드는 과정에서 한번의 학술회의와 한번의 워크숍을 개최하였다. 이 기회를 통해 작년 10월 25일 한국정책분석평가학회와 공동으로 개최했던 학술회의(분과명: COVID19 대응과 민주적 거버넌스)에서 토론을 한 김경환(아주대), 김지성(한성대), 한승주(명지대), 조인영(연세대), 정홍상(경북대), 박종수(숙명여대) 교수와, 사회를 본 이병량(경기대), 오승은(제주대) 교수에게 감사를 드린다. 그리고 이직으로 인해 끝까지 함께 하지는 못했지만 집필회의에 참여하여 많은 아이디어를 제시한 지방행정연구원 선소원 박사에게 감사한다. 연구를 수행하는 과정에서 많은 자료를 활용하였다. 자료 활용에 도움을 준 한국리서치 김춘석 본부장, 한국행정연구원 류현숙 박사, 한국보건사회연구원 이태진 박사에게도 감사를 드린다. 이 책에 필요한 자료 정리와 편집 과정에서 수고해 준, 연구소의 연구보조원이자 고려대학교 대학원생인 장미정, 이한비, 양지은, 김소라, 상민정, 조수현, 진민아에게 고마움을 표한다. 마지막으로 이 책이 나오기까지 아이디어 개발과 토론의 전 과정을 함께 한 집필자들에게 진심으로 감사한다.

편자 박종민·윤견수

차례

1
코로나19 팬데믹 연구: 대응, 성과 및 인식

2
코로나19 팬데믹 유행곡선과 정부 대응 평가

3

코로나19 팬데믹과 정부 신뢰의 역동성

4

우리는 여전히 백신 친화적인가

5

코로나19 팬데믹과 정부개입의 명암

8

팬데믹과 정부 역할

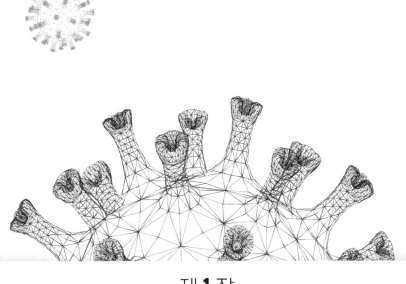

제 **1** 장

코로나19 팬데믹 연구: 대응, 성과 및 인식

— 박종민·윤견수 —

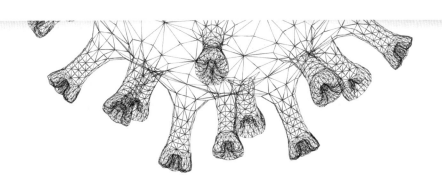

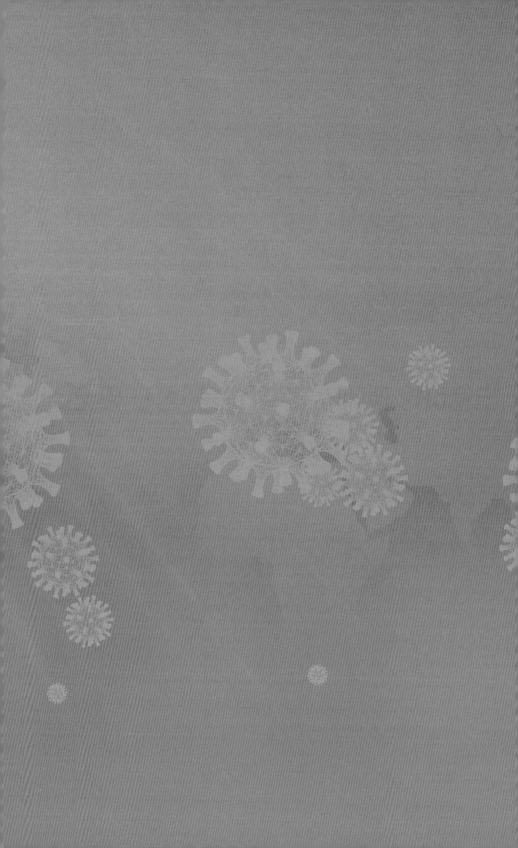

I 머리말

　세계보건기구는 인플루엔자와 유사한 코로나19 감염병의 글로벌 확산으로 2020년 1월 30일 국제 공중보건 비상사태(Public Health Emergency of International Concern: PHEIC)를 선포하였고 3월 11일에는 코로나19 감염병을 세계적 대유행인 팬데믹으로 규정하였다. 2023년 5월 5일 세계보건기구가 국제 공중보건 비상사태를 해제할 때까지 3년 넘게 지속된 코로나19 팬데믹은 20세기 초 스페인 독감 이후 호흡기 바이러스가 유발한 가장 심각한 공중보건 위기였다. 신종 코로나바이러스가 촉발한 팬데믹은 급속히 전 세계를 공포와 혼란에 빠뜨렸다. 국민의 건강과 생명을 위협하는 공중보건 비상사태에 직면해 각국의 정부는 바이러스의 확산을 차단하거나 전파 속도를 늦추기 위해 각종 비상조치를 발동하였다. 정부의 비상조치는 사람들의 일상적 삶을 크게 바꾸었고, 특히 경제적 삶에 심대한 영향을 주었다. 팬데믹 초기 국면 비교적 선방했던 한국도 예외는 아니었다(여유진 외, 2021b; 김석관 외, 2022). 국제 공중보건 비상사태가 해제되고 거의 1년이 지난 현재 코로나19 팬데믹은 신속히 과거의 일이 되어가고 있지만, 3년 이상 지속된 코로나19 팬데믹을 통해 학습하고 반추해야 할 교훈은 여전히 남아있다. 이는 미래의 또 다른 팬데믹 상황에 적절하게 대응할 수 있는 민주적 거버넌스의 구축을 위해 필요한 기초적 작업이라고 할 수 있다.

　팬데믹 초기 단계에서 이루어진 선행연구는 누적 감염자와 사망자 수에 초점을 두고 팬데믹 성과를 평가하고 이를 기준으로 성공 국가와 실패 국가를 구분한 후 성공 국가의 대응 방식을 방역 모델로 제시하였다. 팬데믹 초기 국면에서 다른 국가들에 비해 감염병 확산을 성공적으로 차단한 우리의 대응 방식이 K방역 모형으로 선전되었고(이형기 외, 2021), 이를 가능하게 한 제도적·문화적 조건에 대한 탐색이 이뤄졌다(김정, 2021). 그러나 팬데믹이 지속되고 감염자 수가 폭증하면서(양성찬 외, 2022; 하진호 외, 2023) K방역에 대한 호의적 여론은 급속히 수그러졌다. '확진자 발생 억제'에 초점을 둔 검사-추적-치료라는 3T 전략이 사생활을 침해할 위험이 크다고 비판을 받았고, 집합 금지, 사업장 폐쇄 및 영업시간 제한 조치가 증거가 약한 자의적인 것으로 비추어지면서 정부 대응이 데이터에 근거한 과학 방역이 아니라 집권당의 정치적 의제를 구현하는 정치 방역이라는 의구심이 퍼지게 되었다. 매표 행위로 볼 수 있는 총선 직전 재난지원금 지급은 방역의 정치화를 상징하는 대표적 예로 언급되었다. 코로나19 감염병에 대한 정부 대응은 정파적으로 인식되었고 팬데믹 결과는 정파적으로 평가되었다. 팬데믹의 장기화 속에서 정부의 팬데믹 관리에 대한 일반 대중의 신뢰는 점차 낮아졌다.

본 연구는 코로나19 팬데믹에 관한 한국인의 인식과 태도를 다양한 측면과 시각에서 기술하고 설명한다. 본 연구에서 일반 대중의 인식과 태도에 초점을 두는 이유는 미래의 팬데믹 상황에 적절하게 대응하기 위해서는 국민이 신뢰하고 정당성을 부여하는 위기관리 거버넌스가 구축될 필요가 있기 때문이다. 이러한 배경에서 본 연구는 코로나19 팬데믹이 시작된 이후 다양한 시점에서 수집된 여론조사 데이터를 활용해 팬데믹 관리와 거버넌스를 일반 대중의 시각에서 다루고자 한다.

Ⅱ 선행연구: 주제와 초점

코로나19 팬데믹에 관한 선행연구는 크게 4개 유형의 주제를 다룬다. 첫째는 신종 코로나바이러스의 확산을 차단하거나 전파 속도를 줄이기 위해 전 세계 각국의 정부가 도입한 비상조치(emergency measures)를 다룬 연구이다. 이들 연구는 주로 비약물적 조치에 초점을 두고 정부 대응의 성격과 유형을 개념화하고 이를 기술하고 측정하는 지표를 개발한다. 둘째는 비상조치의 수준과 도입 시기의 국가 간 차이를 기술하고 그러한 차이가 어디서 오는지를 탐색한다. 셋째는 감염률과 사망률에 초점을 두고 팬데믹 결과의 국가 간 차이를 기술하고 그러한 차이가 어디서 오는지를 탐색한다. 넷째는 여론에 초점을 두고 정부의 대응과 팬데믹 결과에 대한 시민의 인식과 태도를 다룬다. 첫째 연구는 각국 정부가 도입한 혹은 도입할 수 있는 비약물적 조치를 유형화하고 수준을 측정한다는 점에서 기초적인 작업이라고 할 수 있다. 둘째와 셋째 연구는 정부 대응의 차이와 팬데믹 결과의 차이에 관한 거시적 분석이다. 전자는 비상조치의 유형과 도입 속도가 국가별로 차이를 보이는데 그 차이를 국가 수준에서 설명하려는 것이고 후자는 감염자 수와 사망자 수등 팬데믹 결과가 국가별로 차이를 보이는데 그 차이를 국가 수준에서 설명하려는 것이다. 이들 연구는 정치체제, 국가역량, 거버넌스, 보건의료 시스템, 사회 문화, 인구 구조 등 집합 수준의 특징에 초점을 둔다. 넷째 연구는 정부 대응과 성과 및 팬데믹 결과에 대한 대중의 태도에 관한 거시적 혹은 미시적 분석이다. 태도의 차이를 정부 신뢰와 당파성, 위험 인식과 불안, 감염병 지식과 정보 등에 초점을 두고 집합 수준 혹은 개인 수준에서 분석한다.

코로나19 팬데믹에 관한 선행연구는 방대해서 겨우 몇 페이지로 소개하는 것은 불가능하다. 지나친 단순화의 위험이 있고 자의적이라는 비판을 받을 수 있지만, 여기서는 이들 연구를 정부의 대응, 정부 대응의 차이, 정부 대응의 성과와 영향, 대중의 인식과 평가로 구분하여 정리해보기로 한다.

① 정부의 대응

코로나19로 약칭된 코로나바이러스감염증-19는 최초 발생 당시 예방과 치료 방법이 알려지지 않은 신종의 치명적 감염병이었다. 2020년 1월 국제보건기구가 국제 공중보건 비상사태를 선포한 이후 각국의 정부는 이 감염병으로부터 자국민의 건강과 생명을 보호하기 위한 비상조치를 적극적으로 취하기 시작했다. 백신과 치료제가 없는 상황에서 각국의 정부가 취할 수 있는 대응은 주로 비약물직 조치였다(상세한 논의는 본서 8장 참조). 코로나19가 발생하기 1년 전인 2019년 출간된 세계보건기구의 '엔데믹 및 팬데믹 인플루엔자의 위험과 영향 완화를 위한 비약물적 공중보건 조치'는 비약물적 조치(non-pharmaceutical measures)를 개인적 보호조치, 환경적 조치, 사회적 거리두기 조치 및 여행 관련 조치로 구분한다. 개인적 보호조치에는 손 위생, 기침 예절, 안면 마스크가 포함되어 있다. 환경적 조치에는 표면 및 물건 소독과 자외선 소독, 환기, 습도 조정 및 기타 조치가 포함되어 있다. 사회적 거리 두기 조치에는 접촉자 추적, 감염자 격리, 노출자 격리, 학교 조치 및 폐쇄, 직장 조치 및 폐쇄, 과밀 회피가 포함되어 있다. 여행 관련 조치에는 여행 주의, 출입국 검사, 국내 여행 제한, 국경 봉쇄가 포함되어 있다. 세계보건기구는 각 조치의 효과성에 대한 증거를 기반으로 인플루엔자 팬데믹 상황에서 자외선 소독, 습도 조정, 접촉자 추적, 노출자 격리, 출입국 검사, 국경 폐쇄는 효과성이 없거나 제한적이어서 권고하지 않았다.

호흡기 바이러스가 유발하는 코로나19에 대한 비약물적 개입(non-pharmaceutical interventions: NPI)은 인플루엔자 대응조치와 유사하다(Perra, 2021). 세계보건기구는 코로나19의 확산을 줄이기 위해 개인, 기관, 지역사회, 지방 및 중앙정부가 취할 수 있는 공중보건 및 사회적 조치(public health and social measures: PHSMs)를 7개 유형으로 구분하였다. 첫째는 개인적 조치로 손 위생, 얼굴 만지기 제한, 기침 예절, 마스크 착용, 기타 개인 보호 장비 사용, 신체적 거리 두기 등이 포함된다. 둘째는 환경적 조치로 표면과 물건에 대한 소독, 공기 환기 개선, 실내 습도 조정 등이 포함된다. 셋째는 감시 및 대응조치로 확진 또는 의심 사례의 탐지 · 확인 · 분리(isolation)와 접촉자 확인 · 추적 · 격리(quarantining)가 포함된다. 넷째는 사회적 및 물리적 거리 두기 조치로 학교 관련 조치, 사무실 · 기업 · 기관 및 운영 관련 조치, 모임 · 비즈니스 · 서비스 관련 조치, 특수 인구집단 관련 조치, 국내 여행 관련 조치가 포함된다. 각 거리 두기 조치는 범위와 강도에 따라 세부 내용이 다르다.[1] 다섯째는 해외 여행 조치, 여섯째는 약물 기반 조치, 그리고 마지막은 생물학적 조치이다. 세계보건기구가 이들 조치를 코로나19의 대응조치로 권고한 것은 아니지만, 각국의 정부는 이들 다양한 조치를 선택적으로 도입해 유행 곡선의 평탄화를 추구하였다. 여기서 우리가 주목할 것은 같은 조치라도 주체, 범위 및 시행(enforcement) 형태가 다를 수 있었다는 것이다. 특히 사회적 거리 두기 조치의 경우 대상이 일반적인지 선별적인지, 시행이 권고인지 의무인지에 따라 강도와 수준이 달라질 수 있다.

각국의 코로나19 대응조치를 체계적으로 추적하고 비교하는 데 광범하게 사용된 데이터는 옥스퍼드 대학의 코로나19 정부 대응 추적기(COVID-19 Government Response Tracker: OxCGRT)가 생성한 데이터이다(Hale et al., 2021). 이 추적기는 정부 대응의 유형과 수준을 측정하기 위해 일군의 지표(indicators)를 선정하고 이들을 사용해 지수(indexes)를 구성하였다. 지표는 억제와 폐쇄(containment and closure), 경제적 대응(economic response), 의료시스템(health systems) 및 기타(miscellaneous)로 분류되었다. 첫째, 억제와 폐쇄 지표에는 학교 폐쇄, 직장 폐쇄, 공개행사 취소, 모임 규모 제한, 대중교통 폐쇄, 외출 금지, 국내 이동 제한, 해외여행 제한이 포함되어 있다. 둘째, 경제적 대응 지표에는 소득 지원, 가구 부채·계약 경감, 재정 조치, 국제적 지원 제공이 포

---

1 학교 관련 조치의 경우 학교를 폐쇄하지 않고 코로나19 확산을 줄이는 조치, 부분 폐쇄, 완전 폐쇄 조치가 포함되어 있다. 사무실·기업·기관 및 운영 관련 조치의 경우도 개방한 상태에서 감염병 확산을 줄이는 조치뿐만 아니라 완전 폐쇄 조치도 포함한다. 모임 관련 조치의 경우도 집 안에서의 사적 모임 제한, 집 밖에서의 사적 모임 취소, 제한 또는 조정, 공공 모임의 취소, 폐쇄, 제한 또는 조정, 대규모 집회 취소, 제한 또는 조정 등이 포함된다. 특수 인구집단 관련 조치의 경우는 취약 집단 보호, 폐쇄 환경에 있는 인구 보호, 난민 보호 등이 포함된다. 국내 여행 관련 조치의 경우는 이동 일시 중단 혹은 제한, 외출 제한 명령, 출입 제한, 내부 육상 국경 폐쇄 등이 포함된다. 해외여행 관련 조치의 경우는 여행 주의 혹은 경고, 비자 제한, 입국 제한, 출국 제한, 입국 검사와 격리, 출국 검사와 격리, 국제선 항공편 운항 중단 및 제한, 국제 페리 또는 선박 운항 중단 및 제한, 국경 폐쇄 등이 포함된다.

함되어 있다. 셋째, 의료시스템 지표는 공공정보 캠페인, 검사 정책, 접촉자 추적, 보건의료 긴급 투자, 코로나19 백신 투자, 안면 가리개, 백신 정책이 포함되어 있다. 기타에는 위에서 분류되지 않은 대응이 포함되어 있다. 이들 지표는 4개의 주요 지수를 구성하기 위해 사용되었다. 첫째, 정부 대응 지수(Government Response Index: GRI)는 재정 조치, 국제적 지원 제공, 보건의료 긴급 투자, 코로나19 백신 투자 및 기타를 제외한 13개 지표로 구성되었다. 둘째, 억제와 보건 지수(Containment and Health Index: CHI)는 경제적 대응에 속하는 지표 전부와 보건의료 긴급 투자, 코로나19 백신 투자 및 기타를 제외한 11개 지표로 구성되었다. 셋째, 광범하게 사용된 엄격성 지수(Stringency Index: SI)는 억제와 폐쇄에 속하는 지표 전부와 공공정보 캠페인을 포함한 9개 지표만으로 구성되었다. 넷째, 경제지원 지수(Economic Support Index: ESI)는 소득 지원과 가구 부채·계약 경감의 2개 지표만으로 구성되었다. 끝으로 레거시 엄격성 지수(Legacy Stringency Index)는 엄격성 지수(SI)를 구성하는 지표 가운데 모임 규모 제한과 외출 금지를 제외한 7개 지표로 구성되었다.

세계보건기구가 분류한 공중보건 및 사회적 조치와 옥스퍼드 대학이 분류한 정부 대응 지표는 각국 정부가 코로나19에 대응하기 위해 취할 수 있는 정책과 행동의 다양성을 보여 준다. 세계보건기구가 제시한 조치에는 경제적 대응이나 의료시스템 관련 대응은 포함되어 있지 않다. 반면 옥스퍼드 대학이 추적한 정부 대응 지표는 소득 지원과 부채·계약 경감과 같은 경제적 대응도 포함되어 있다. 또한 옥스퍼드 대학의 지표에는 감염병과 방역 조치에 관한 대중의 지식을 높이고 건강 관련 태도와 행태 변화를 유도하는 공공정보 캠페인이 포함되어 있다. 코로나19에 대한 정부의 대응 분야는 보건, 의료, 경제, 사회 등 다양하며 어디에 초점을 두느냐에 따라 다양한 팬데믹 지표 개발이 가능하다.

코로나19에 대한 비약물적 개입의 형태와 시기는 대응의 방향이 완화(mitigation)에 있는지 혹은 억제(containment)에 있는지에 따라 달라진다(OECD,

2020). 완화전략의 목적은 전염의 속도를 줄이려는 것이지만 억제전략의 목적은 전염 자체를 차단하려는 것이다. 즉, 감염자에서 비감염자로의 전파 위험을 최소화하여 발병을 막는 것이다. 여기에는 감염 사례를 조기에 발견하고 감염자의 접촉자를 추적하거나 감염자를 격리하는 조치가 포함된다. 이는 감염병 발생 초기 단계에서 선택할 수 있는 전략이지만 신속한 검사와 진단 및 효과적인 분리와 치료를 요구한다. 그러나 지역사회 내 감염이 광범하게 전파되고, 특히 무증상 감염자가 속출하면 억제전략의 실효성이 떨어진다. 이러한 상황에서는 확진자의 증가 속도를 낮추어 유행곡선의 평탄화를 추구하는 완화전략이 요청된다. 완화전략의 목표는 질병의 확산을 늦추고 의료 수요의 정점을 줄이려는 것이다. 백신과 치료제가 없는 상황에서 감염병이 급속히 확산되면 억제전략이 완화전략으로 대체되는데, 이는 의료체계가 감당할 수 있도록 감염병의 유행 규모와 전파 속도를 줄이려는 것이다. 코로나19 팬데믹 상황에서도 억제와 완화 두 전략의 병용이 감염률, 중증화율 및 사망률을 최소화하려는 각국의 핵심적인 공중보건 정책을 구성하였다(Ferguson et al., 2020). OECD(2020)는 두 전략이 모두 포함된 포괄적인 정책 패키지를 시행하는 것이 단기적으로 전염병을 억제하는 데 효과적이라고 하였다. 적어도 백신 혹은 효과적인 치료제를 이용할 수 있을 때까지 이러한 정책을 유지할 것을 권고하였다. 정부의 대응조치 가운데 약물적 조치도 포함되어 있지만, 치료제와 백신 개발은 그러한 역량과 인프라를 갖춘 극소수의 국가만이 추진할 수 있는 정책으로 비약물적 조치가 코로나19에 대응하는 각국 정부의 코로나19 정책의 핵심을 구성하였다.

비약물적 조치의 개념적 구분과 측정은 경험적 연구를 위한 가장 기본적인 작업이라고 할 수 있다. 그러나 이들 조치는 공중보건 위기 상황에서만 정당화될 수 있는 예외적인 조치이기 때문에 조치 발동의 정당성 문제는 주요한 연구 주제라고 할 수 있다. 정부의 비상조치는 국민의 건강과 생명을 보호해야 하는 국가의 적극적 의무의 이행이라고 할 수 있다. 그러나 이러한 비상조치는 시민적 자유와 권리에 대한 구속을 수반한다. 따라서 기본권을 침해하지 말아야 하는 국가의 또 다른 의무를 고려하면 정부의 비상조치는 상황의 긴급성에 따라 엄격하게 요구되는 범위 내에서 도입되어야 한다. 이러한 시각에서 코로나19 관련 정부의 비상조치가 민주적 기준을 위반하는지(Edgell et al., 2021), 정부 대응이 합법성, 필요성, 비례성(proportionality), 차별금지의 인권 기준을 준수하는지는 주요한 주제이다(Grogan, 2022; Sun, 2020). 비상조치의 발동 근거도 비상조치의 정당성 문제와 관련해 다루어야 할 주제이다. 발동 근거는 국가마다 다양한데, 국가 비상사태 혹은 공중보건 비상사태를 선포한 후 비상조치를 발동한 국가도 있고, 비상사태의 선포 없이 비상조치를 발동한 국가도 있다. 상호 학습을 통해 각국 정부의 코로나19 대응이 점차 비슷해졌지만, 각국 정부가 비상조치를 발동한 시점은 다양하다. 이처럼 비상조치의 유형, 수준 및 실행 형태, 민주적 기준의 위반 여부, 법적 근거 및 도입 속도를 중심으로 정부 대응의 성격을 유형화하고 국가 간 차이를 기술하는 것은 코로나19 팬데믹 연구의 가장 기본적인 작업이라고 할 수 있다.

② 정부 대응의 차이

코로나19 감염병에 대한 정부 대응의 차이가 어디서 오는지는 코로나19 팬데믹 연구의 주요한 주제이다. 각국의 대응조치는 무엇보다도 각국이 직면한 유행곡선에 따라 차이를 보였지만 유사한 상황에서도 정부 대응의 수준과 속도에 차이가 있었다. 어떤 국가는 다른 국가보다 비상조치를 신속히 도입하였고 비상조치가 광범하고 엄격했다. 유행곡선에 따라 비상조치의 범위와 집행 형태가 달라졌지만, 비슷한 국면에서도 국가 간 차이가 있었고 이를 설명하려는 시도가 이어졌다(Pieterse et al., 2021).

이들 연구는 정치체제(민주주의와 독재), 정치제도(연방제, 대통령제), 국가역량(보건의료 체계와 행정), 사회정책 등 거시적 변수에 초점을 두었다(Greer et al., 2020).

가장 일반적인 시도는 정치체제의 유형, 즉 민주주의와 독재 혹은 권위주의 체제의 대응을 비교하는 것이다. 팬데믹 비상조치는 개인의 자유와 권리를 제한하며 집행부의 독주 속에서 입법부와 사법부의 역할을 축소한다(Goetz & Martinsen, 2021; Bolleyer & Salát, 2021). 국민의 건강과 생명을 보호하려는 정부의 과감한 방역 조치는 민주적 원리와 충돌하는데, 민주적 원리가 평소 확립된 나라에서는 정부가 과감한 조치를 발동하는 것에 신중하게 된다(Engler et al., 2021). 독재나 권위주의 체제는 강력한 행동에 능숙하지만, 민주주의는 강력하거나 적절한 행동을 취하는 데 어려움이 있다(Kavanagh & Singh, 2020). 권위주의 체제와 비교해 민주주의는 정보의 흐름이나 신뢰 면에서는 낮지만, 강력한 조치를 발동하는 면에서는 못할 수 있다. 민주주의 체제는 강력한 조치, 심지어 적절한 조치를 발동하는 면에서도 어려움이 있을 수 있다. 이처럼 다수의 연구는 정치체제의 차이로 정부 대응의 차이를 설명하려고 한다.

같은 민주주의라도 권력 배분의 형태에 따라 정부 대응에 차이가 있다. 단일제 국가인지 연방제 국가인지에 따라, 그리고 같은 연방제 국가라도 의사결정 제도가 집권적인지 분권적인지, 일방적인지 조정되는지에 따라 정부의 대응이 다르다(Hegele & Schnabel, 2021). 집권적 정당제도는 분권적 정당제도보다 효과적 정책조정을 촉진해 팬데믹에 대한 대응이 더 성공적이다(Lago-Peñas et al., 2022). 관료제를 조직하고 사회적 자원을 할당하는 국가역량이 정부 대응의 시기와 유형에 영향을 준다(Yen et al., 2022). 행정의 정책역량과 포괄성을 반영하는 정책 스타일이 정부의 팬데믹 대응에 영향을 준다(Zahariadis et al., 2023). 과거 유사한 발병이나 위기의 경험으로부터 얻은 교훈을 통해 정책역량이 구축되었다면 정부 대응에 차이가 난다(Capano et al., 2020). 봉쇄 조치는 사전 예방과 비례성 원칙 간 선택을 수반하는데 선거민주주의는 사전 예방 원칙의 선택을 유도해 정부 대응을 신속하게 하고, 높은 국가역량은 비례성 원칙의 선택을 유도해 정부 대응을 늦춘다(Cronert, 2022). 민주주의 구조가 강력한 나라는 팬데믹에 직면했을 때 대응하는 것이 느리지만 다른 나라의 영향에 더 민감하게 반응하는 경향이 있다(Sebhatu et al., 2020). 역량이 낮은 집권적 정부는 신속하고 과감한 대응을 하지만, 역량이 높은 정부는 오히려 잘못된 자신감으로 늦은 대응을 할 수도 있다(Toshkov et al., 2022). 정부의 효과성 차원에서 거버넌스의 질이 높은 나라는 적절한 정책을 채택하고 집행할 능력이 더 있어 팬데믹을 더 잘 통제한다(Nabin et al., 2021). 방역 조치의 타이밍은 전문성이나 과학적 권고보다 집권 정부의 정파적 성격에 따라서 달라지기도 한다(Adolph et al., 2021). 국가 전통과 행정문화가 팬데믹 관련 문제해결 전략과 거버넌스 양식에 영향을 주기도 한다(Kuhlmann et al., 2021). 집단주의 문화가 민주제도보다 정부의 대응 속도에 영향을 준다(Chen et al., 2021). 이처럼 방대한 선행연구는 국가 수준의 다양한 변수를 사용해 코로나19 팬데믹에 대한 정부 대응의 차이를 설명하려고 한다. 때로 상충적 결과를 보여 주지만, 일반적으로 민주주의 전통이 강한 나라는 권위주의 체제보다 비상조치의 도입도 늦고 방역 조치가 느슨한 것으로 나타났다.

③ 정부 대응의 성과와 영향

정부 대응의 성과와 영향은 코로나19 팬데믹 연구의 또 다른 주요한 주제이다. 이들 연구는 팬데믹 결과 가운데서 주로 건강에 초점을 둔다. 제기하는 주된 질문은 왜 어떤 나라는 다른 나라보다 감염률과 사망률이 높으며 그러한 차이는 어디서 오는가이다. 선행연구는 앞의 정부 대응의 차이와 관련된 거시적 변수, 즉 정치체제, 국가역량, 보건의료 시스템, 인구 구조 등에 초점을 두었다. 정부의 효과성이 일관되게 코로나19 치명률에 부정적 영향을 주었고 비자유 국가는 자유 국가보다 치명률이 낮았고, 병상과 의사 수로 측정된 보건의료 시스템은 치명률을 낮추었다(Serikbayeva et al., 2021). 팬데믹 초기 단계 민주주의의 수준이 높을수록 코로나19 사망률이 높았지만, 보건의료 시스템의 질이 높을수록 치명률이 낮았다(Yao et al., 2021). 또 다른 연구는 민주적인 나라일수록 감염률이 높았지만, 치명률은 낮았다고 하였다 (Karabulut et al., 2021).

한편, 팬데믹 결과가 불평등하다는 것에 주목한 연구도 있다. 이들 연구는 감염과 사망 등 팬데믹 결과가 인구집단과 사회계층에 따라 다르다는 결과를 제시하고 제도적 및 정책적 원인을 분석하였다(Abedi et al., 2021; Bambra et al., 2021; Berchet et al., 2023). 이들 연구에 따르면 특정 인구집단이 다른 집단보다 감염률과 사망률이 높았다. 사회경제적으로 불리한 집단이 유리한 집단보다 감염에 더 노출되어 있고, 부의 불평등으로 검사와 치료의 혜택이 고르지 못해 감염률과 사망률에 차이가 있다는 것이다. 저소득층은 필수작업 집단에 속해 감염에 더 취약하고 사회복지와 사회안전망의 미비로 인해 건강 불평등이 심화한다고 하였다. 한편, 팬데믹 결과를 다룬 연구가 주로 건강에 초점을 두면서 부수적 피해(collateral damage), 즉 일자리 상실, 소득 감소, 부채 증가 등의 경제적 피해나 급성 스트레스 장애, 불안 불면증 등의 정신적·심리적 피해, 그리고 이러한 부수적 피해의 불평등에 관한 연구는 상대적으로 간과되었다(Bambra et al., 2021).

팬데믹의 영향을 다룬 연구 가운데는 비상조치가 민주주의와 정치에 주는 영향을 다룬 연구가 있다. 비상조치는 개인의 자유와 권리를 제한하였고, 행정수반을 중심으로 하는 집행부의 권한을 강화하였다(Engler et al., 2021). 긴급한 위기 상황에서는 검토 없이 신속히 조치를 발동하고 제한 없이 권력을 사용하는 환경이 조성되는데, 이는 법의 지배와 민주주의를 위협하였다 (Grogan, 2022). 원리를 지키면서 성과를 내야 한다는 점에서 코로나19 팬데믹은 민주주의의 이중적 도전이었다(Goetz & Martinsen, 2021). 팬데믹이 민주주의에 미치는 영향은 의사결정 제도, 선거, 정책의 정당화 등의 차원에서 다루어지는데(Sorsa & Kivikoski, 2023; Afsahi et al., 2020), 특히 집행부의 독주와 기본권 제한으로 권력분립과 법의 지배의 원리가 훼손될 수 있다는 점이 강조된다(Bolleyer & Salát, 2021). 민주적 기준을 위반한 비상조치와 코로나19 사망률 간에는 관계가 없어 사망률을 낮추기 위해 효과적이지 않은 억압적 비상조치를 남용할 필요가 없지만(Fdgell et al., 2021), 그러한 비상조치로 인해 이미 민주주의가 위험에 처한 나라에서는 민주주의가 더욱 부식될 수 있다. 코로나19 팬데믹은 독재화를 촉진하거나, 민주주의와 독재 간의 자유 격차를 확대해(Cassanni, 2022) 민주주의에 부정적 영향을 줄 수 있다. 한편, 위기 상황에 따른 결집 효과는 집권 정부에 대한 신뢰와 지지를 높이고 팬데믹 성과는 선거 선택에 영향을 준다. 심지어 봉쇄 조치의 영향도 집권 정부에 호의적으로 작용해, 집권당에 대한 투표 의사를 높였고, 정부 신뢰와 민주주의에 대한 만족도를 높였다(Bol et al., 2021). 선행연구는 다양한 시각에서 코로나19 팬데믹 결과와 영향을 분석하고 그 차이가 무엇과 관련되는지 설명하려고 한다. 증거가 때로 상충적이지만 정치체제보다 보건의료 시스템과 사회정책이 팬데믹 결과와 관련되며 팬데믹이 민주주의에 미치는 영향은 일시적이거나 제한적인 것으로 보인다.

④ 대중의 인식과 평가

정부 대응 및 팬데믹 결과에 대한 대중의 인식과 태도는 코로나19 팬데믹 연구의 또 다른 주요한 주제이다. 코로나19 바이러스의 확산을 차단하고 속도를 둔화시키기 위한 정부의 대응이 효과를 발휘하려면 그에 대한 대중의 지지와 수용이 중요하다. 이러한 시각에서 팬데믹 관련 대중의 태도와 행태를 다양한 차원에서 분석하고 그 영향 요인을 탐색하는 시도는 중요하고 적절하다(Brouard et al., 2022; Collis et al., 2022).

정부 대응에 대한 대중의 인식을 측정한 코로나 점수(COVID-SCORE)는 공중보건 위기 극복을 위해 공공 협력이 중요하다는 동기에서 개발되었다(Lazarus et al., 2020b). 방대한 선행연구에서 다루어진 대중의 인식에 영향을 주는 변수는 다양한데, 많은 연구가 신뢰에 초점을 두었다. 한 연구는 보건과 경제 비상조치에 대한 대중의 지지에 영향을 주는 요인으로 정치 신뢰와 당파성에 주목하였다(Altiparmakis et al., 2021). 다른 연구는 정부 신뢰와 당파성이 봉쇄 조치에 대한 순응에 영향을 준다고 하였다(Goldstein & Wiedemann, 2022). 또 다른 연구는 격리 정책에 대한 지지가 정책 결정자에 대한 신뢰 수준에 따라 달라진다고 하였다(Bargain & Aminjonov, 2020). 정치 신뢰는 개인적 보호 행동을 취할 의향 및 주요 공공 정책에 대한 지지와 관련되었다(Robinson et al., 2021). 당파성은 정부 대응에 대한 인식에 영향을 주었다. 팬데믹 초기 정부 신뢰가 높아지는 것은 위기에서 나타나는 결집 효과 때문이다. 그러나 당파적 분열이 강한 곳에서는 결집 효과가 없었고(Kritzinger et al., 2021), 정치적 양극화가 심하면 시간이 갈수록 결집 효과가 사라졌다(배진석, 2022). 결집 효과는 민주주의에 대한 지지에서도 나타나는데, 코로나19 봉쇄는 정부 신뢰만이 아니라 민주주의에 대한 만족을 높였다(Bol et al., 2021). 위협에 대한 인식과 정부 대응의 적절성에 대한 인식은 정부 신뢰에 영향을 주었다. 대중의 방역 조치에 대한 순응은 공공기관의 권위 유형에 따라 달라지는데, 공공기관에 많은 전문성을 부여하는 시민들은 코로나19 조치를 지지하였다(Heinzel & Liese, 2021). 즉, 누가 방역 지침을 권고했는지에 따라 순응이 다를 수 있다는 것이다.

코로나19에 관한 지식이 정부 대응에 대한 대중의 지지에 영향을 주는 것으로 나타났다(Jorgensen et al., 2021). 그러나 다른 연구는 지식과 같은 인지 요인 외에 코로나19에 대한 두려움과 같은 감정 요인이 방역 조치에 대한 순응에 영향을 준다고 하였다(Harper et al., 2021). 두려움, 불안, 분노와 같은 감정은 위협과 정책 지지 간의 관계를 매개한다고 하였다(Renström & Bäck, 2021). 불안과 같은 감정에 의한 결집 영향은 인지적 평가보다 중요하다는 것이다. 방역 조치인 봉쇄가 정치 신뢰에 미친 영향은 팬데믹의 강도가 정치제도를 중심으로 결집 효과를 일으켰기 때문이라고 보았다(Schraff, 2021). 즉, 제도 성과에 대한 인지적 평가보다 불안감으로 기존 제도를 중심으로 결집

이 일어나 신뢰가 높아졌다는 것이다.

봉쇄와 같은 비상조치는 높은 경제적 피해를 수반한다. 이에 따라 봉쇄 조치와 경제 결과 사이 균형점에 대한 대중의 평가는 주요한 주제이다. 한 연구에 따르면 경제적 피해에도 불구하고 공중보건을 보호하는 강력한 봉쇄 조치를 선호하며 위기 상황에서 여론은 위험 인식에 따라 움직인다고 하였다(Oana et al., 2021). 정부의 대응에 대한 사회적 순응은 신뢰만이 아니라 정치경제와도 관련된다. 생계 지원의 사회정책이 경제봉쇄의 피해를 줄일 수 있다는 점에서 기존의 사회정책 및 팬데믹 상황에서의 경제 조치는 방역 조치에 대한 순응만이 아니라 팬데믹 이후의 삶에도 영향을 준다고 하였다(Greer et al., 2020).

코로나19 관련 정부 대응에 포함된 공공정보 캠페인은 감염병과 방역 조치에 대해 정확한 정보를 제공해 대중의 건강 관련 행태의 변화를 유도하려는 것이다. 소셜 미디어 등을 통해 급속히 전파된 코로나19 관련 허위 정보와 오정보는 특히 당파성과 결합해 혼란과 불신을 조장한다는 점에서(오현진, 2022) 공공정보 캠페인이 강화될 필요가 있다. 이러한 시각에서 사람들이 코로나19 관련 정보를 얻는 출처 및 정보의 양과 질이 방역 조치에 대한 순응에 어떤 영향을 주는지를 이해하는 것이 중요하다. 한편, 정부가 위기를 정치적으로 이용하려고 종종 과학적 증거를 선택적으로 활용하고 과장 혹은 축소할 수 있다는 점에서 정부의 코로나19 관련 정보에 대한 신뢰도 중요한 주제이다(Collis et al., 2022). 정부를 신뢰하고 정부의 정보를 믿고 정부의 정책을 확신해야 방역 조치에 대한 순응을 높일 수 있는데, 정보의 출처가 정부인지 아니면 주류 뉴스 미디어인지에 따라 방역 조치에 대한 순응이 영향을 받는다고 하였다(Newton, 2020). 보건 메시지에 대한 일반 대중의 반응은 정부의 정보 관리와 전달의 중요성을 강조한다. 전문가가 대중에게 정보를 얼마나 효과적으로 전달할 수 있고 사람들이 전문가의 권고를 얼마나 따르는지는 팬데믹 결과에 영향을 주는데, 여기서 이념적 성향이 공중보건 메시지에 대한 태도를 형성하는 주요한 요인일 수 있다(Case et al., 2022). 선행연구는 정보 생산의 투명성을 높여 허위 정보나 잘못된 정보의 여지를 줄이고 정확한 정보에 대한 접근성을 높이며 잘못된 정보에 대한 복원력을 생성하는 것이 필요함을 강조한다.

Ⅲ   본서의 구성

앞에서 방대한 선행연구를 매우 선택적으로 개관하였지만 이들 연구는 팬데믹 상황에 적절하게 대응하기 위한 팬데믹 거버넌스의 특징을 시사한다. 이는 권리를 존중하면서 과학적 증거에 기반해 정책을 결정하고 이를 효과적으로 집행할 역량을 갖춘 거버넌스라고 할 수 있다. 이는 역량과 정당성을 갖춘 위기관리 거버넌스이다(Christensen et al., 2016). 정당성(legitimacy)의 궁극적 근원이 국민이라는 점에서 팬데믹 거버넌스에 대한 일반 국민의 태도를 이해하는 것이 필요하다. 정부개입의 적절성과 팬데믹 결과에 대한 인식과 평가는 팬데믹 거버넌스에 대한 정당성 판단에 영향을 준다. 팬데믹 결과가 비교적 객관적이지만 정치 성향과 정보의 질에 따라 인식이 달라질 수 있고, 부수적 피해의 불평등으로 사회경제적 지위에 따라 팬데믹 결과에 대한 평가가 달라질 수 있다.

이러한 배경에서 본서는 코로나19 팬데믹에서 정부의 대응과 성과에 대한 한국인의 인식과 태도를 다룬다. 이를 위해 팬데믹 시작 이후 다양한 시점에서 수집된 조사 데이터를 활용한다. 본서의 초점은 대중의 주관적 인식과 태도에 있다. 정부의 대응과 성과가 코로나19 유행곡선 변화에 따라 달라져 왔다는 점을 고려하면 정부 대응과 성과에 대한 대중의 인식과 태도 역시 정태적이지 않고 유동적일 것으로 예상할 수 있다. 이를 고려해 여러 시점에서 수집된 데이터를 활용해 코로나19 팬데믹 관련 여론의 역동성을 다룬다.

본서는 현재의 장을 포함하여 모두 8개 장으로 구성되어 있다. 제2장에서 윤견수·강상원은 정부의 팬데믹 관리 능력과 팬데믹 정책에 대한 대중의 평가를 시계열 조사 자료를 활용해 추적한다. 코로나19 유행곡선의 변화에 대중의 평가가 동조하는 현상이 부분적으로 나타나기는 하지만, 정부 신뢰, 이념적 성향 등이 정부에 대한 평가에 더 큰 영향력을 미치고 있음을 보여주고 있다. 감염률과 사망률로 나타난 팬데믹 결과에 따라 초기 국면 정부의 대응 능력에 대한 평가는 긍정적이었지만 점차 하락하였다. 감염 우려와 경제적 불안이 교차하면서 정부의 팬데믹 관리 능력에 대한 평가가 영향을 받았는데 이는 이념과 같은 정치적 성향에 의해 조절되는 것으로 나타났다. 정책 목표와 대중의 선호 간의 간격 역시 감염병 유행곡선의 변화를 반영하면서도 당파성과 같은 정치적 성향에 의해 영향을 받는 것으로 보인다.

제3장에서 강상원은 시계열 자료를 활용해 공중보건 성과가 나빠지면 정부에 대한 신뢰가 낮아졌다는 진술을 확인한다. 여기서 흥미로운 발견은 객관적인 팬데믹 결과보다 주관적인 정치적 이념이나 성향이 정부 신뢰에 결정적 영향을 준다는 것이다. 팬데믹 결과가 정부 신뢰와 직접 관련되지 않고 당파성을 통해 간접 연결된다는 점을 보여 주면서 팬데믹 결과와 무관하게 당파적 양극화가 정부 신뢰를 추동할 수 있음을 시사한다. 또한 질병관리청에 대한 신뢰가 대통령실에 대한 신뢰와 같이 움직인다는 발견은 방역의 정치화에 대한 의구심을 확인한다. 한편, 선출기관과 달리 보건의료 행정기관에 대한 신뢰만이 방역 지침에 대한 대중의 순응에 영향을 주는 것으로 나타나 전문성 기반 방역의 중요성을 시사한다.

제4장에서 심동철·최용진은 한국인의 코로나19 백신에 대한 태도의 근원을 다룬다. 팬데믹 초기 국면 백신 접종 의향 수준이 높았고 백신 공급 이후 집단 면역 수준에 조기 이를 정도로 접종률이 높아 백신 친화적 태도를 보였지만 팬데믹의 장기화 속에서 백신 효능성에 대한 의구심과 백신 부작용

에 대한 불안으로 추가 접종률이 낮았다. 분석 결과는 백신 접종 여부를 결정하는 요인이 백신 효과성에 대한 신뢰와 부작용에 대한 우려임을 확인하였다. 코로나19 백신 경험으로 한국이 여전히 백신 친화적 국가로 남을 것인지는 분명하지 않지만, 향후 공중보건 위기 상황에서 정부의 백신 정책은 한국인의 백신 친화성을 가정하고 접근하기보다 증거 기반과 권리 존중의 전략적 접근이 필요함을 시사한다.

제5장에서 왕재선은 공중보건 위기 상황에서 정부개입에 내재하는 상충적 가치에 대한 대중의 태도를 분석한다. 공중보건을 보호하려는 방역 조치가 경제활동을 제한하고, 바이러스 전파를 차단하려는 감시 · 추적 조치가 개인의 사생활을 침해한다는 점에서 팬데믹 상황에서 정부개입은 상충적 가치의 교량을 요구한다. 분석 결과에 따르면 정부개입이 공중보건을 우선할 것인지 혹은 경제활동을 우선할 것인지에 대한 여론은 양분되어 있었다. 팬데믹에 대한 대응은 개인 스스로가 아니라 정부의 지시에 순응하는 것이 중요하다는 여론이 압도적이지만 공중보건과 경제활동의 균형적 조치를 지지하고 있으며, 확산 차단의 목적이라도 동선을 추적해 개인의 프라이버시가 침해되는 방식은 반대하였다.

제6장에서 박종민은 팬데믹이 건강에 준 영향과 경제적 삶에 준 영향에 초점을 두고 이러한 영향이 과연 평등했는지를 분석하였다. 기존의 연구와 달리 저소득층보다 고소득층에서, 고령층보다 청년층에서 감염이 더 많았다. 이는 사회경제적 활동의 차이를 반영하는 것으로 사회경제적 지위에 따른 감염의 불평등은 나타나지 않았다. 그러나 팬데믹이 초래한 경제적 피해는 저소득층과 자영업자들, 그리고 판매 · 서비스 직종에서 더 나타나 사회경제적 지위에 따라 불평등한 것으로 나타났다. 특히 경제활동의 제한으로 특정 직업군의 희생이 차별적으로 나타나 경제적 권리 침해를 수반하는 비상조치를 발동할 때 그에 따른 보상과 맞춤형 경제적 지원 정책이 있어야 팬데믹의 부수적 피해의 불평등을 줄일 수 있음을 시사한다.

제7장에서 곽동진은 감염병처럼 정보가 급속히 전파되어 넘쳐나는 인포데믹 문제를 팬데믹 관리 차원에서 접근한다. 정보는 정확한 정보만이 아니라 허위 정보와 오정보를 포함하면서 팬데믹 관리에 혼선을 초래하고 방역조치의 효과성을 떨어뜨린다. 분석 결과 고학력층에서 팬데믹 관련 허위 정보나 오정보에 대한 신뢰가 낮았고 정보매체의 선택이나 정부가 제공하는 코로나19 관련 정보에 대한 신뢰는 정치적 성향에 따라 달랐다. 이러한 발견은 정부 대응정책의 하나인 공공정보 캠페인이 대상의 다양성을 고려해 전개될 필요성을 강조한다. 또한 정파적 양극화와 정보의 정치화로 대중의 건강 관련 행태의 변화를 유도하기 어렵고 팬데믹 관리의 효과성을 떨어뜨릴 수 있음을 시사한다.

제8장에서 왕재선·곽동진·박종민은 코로나19와 같은 팬데믹 상황에서 정부 권한 확대, 정치적 권리와 시민적 자유를 제한하는 비상조치 및 사회적 거리 두기와 같은 방역 조치에 대한 대중의 태도를 다룬다. 분석 결과 팬데믹 상황에서 정부 권한 확대에 대한 대중의 지지는 전쟁 상황에서의 그것만큼 높았다. 그러나 정치적 권리와 시민적 자유를 명백히 제한하는 비상조치에 대한 대중의 지지는 낮았다. 정부의 방역 조치에 대한 지지는 조치의 성격에 따라 다른데, 준수 비용이 적고 대상 범위가 한정적이고 경제적 피해가 작은 조치일수록 대중의 지지가 높았다. 다른 한편 방역 조치에 대한 태도는 당파적 특징을 보였다. 그리고 팬데믹에 대한 불확실성이 높으면 지지가 높았지만, 불확실성이 낮으면 지지가 낮았다. 전체적으로 대중의 지지와 선호는 상황과 맥락에 따라 달랐다.

이 책은 일반인의 시각에서 코로나19 팬데믹 관련 정부 대응과 성과를 분석한다. 코로나19 팬데믹은 미증유의 공중보건 비상사태였다. 이러한 상황에서 국민의 건강과 생명을 보호할 적극적 의무가 있는 정부는 감염병의 확산을 차단하고 전파 속도를 줄이기 위해 다양한 비상조치를 발동하였다. 이러한 비상조치는 시민적 자유와 권리에 대한 제약을 수반하는 것이었다. 정부는 시민적 자유와 권리를 보호할 의무가 있기 때문에 이러한 비상조치는 제한적으로, 증거에 기반해 발동할 필요가 있다. 왜냐하면 권리 제한을 수반하는 비상조치는 필요성, 비례성, 한시성, 차별금지라는 조건을 충족해야 정당화될 수 있기 때문이다(Gostin et al., 2023; Grogan, 2022). 상황에 따라 그 비중은 달라지겠지만, 정부의 대응조치와 정책은 기본적으로 방역과 경제활동 간의 균형, 방역과 기본권 보호 간의 균형을 통해 추진되어야 한다. 그리고 이 책의 많은 부분에서 밝힌 것처럼 이념이나 정파성 등의 정치적 성향은 정부의 대응조치에 대한 인식과 평가에 지속적으로 영향을 끼친다. 코로나19 팬데믹 경험에서 나타난 정부의 대응과 성과에 대한 시민의 태도는 보건방역을 위한 긴급조치 못지않게 권리를 존중하고 증거에 기반을 둔 팬데믹 관리와 거버넌스가 중요함을 강조한다. 공중보건 위기라도 전염의 역동성, 질병의 심각성, 치료의 가용성 및 통제 조치가 다를 수 있으며 정부의 비상조치는 이들 요소를 최대한 반영해야 한다. 팬데믹 상황에서 정부의 비상조치는 과학, 공중보건 문제 및 인권 규범에 따라 이루어져야 한다. 이는 정부의 비상조치에 대한 대중의 지지와 순응을 높여 팬데믹에 효과적으로 대응할 수 있도록 한다. 이러한 점에서 이 연구는 미래의 팬데믹을 대비하기 위해 권리와 과학 기반 위기관리 거버넌스의 구축이 시급함을 강조한다.

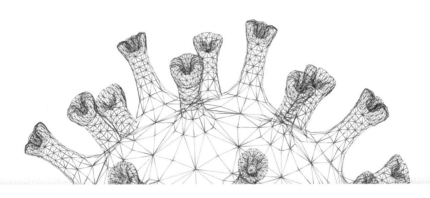

제 **2** 장

코로나19 팬데믹 유행곡선과 정부 대응 평가

— 윤견수 · 강상원 —

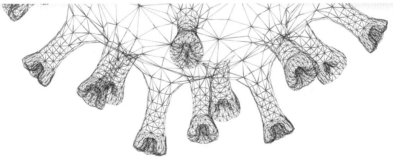

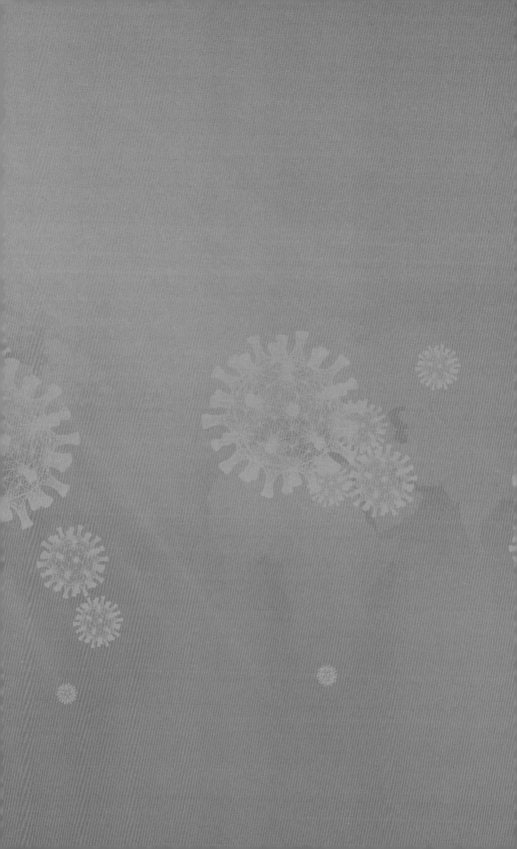

Ⅰ 서론

2020년 1월 20일 국내에서 첫 코로나19 감염병 환자가 발생했다. 세계보건기구(WHO)는 1월 31일에 코로나19 국제적 공중보건 비상사태를 선포하고 3월 12일에는 코로나19 '팬데믹'(세계적 대유행)을 선언했다. WHO는 3년 3개월이 지난 2023년 5월 5일이 되어서야 비로소 코로나19 비상사태를 해제하고, 한국은 3년 7개월만인 2023년 8월 31일에 코로나19 감염병 등급을 2등급에서 4등급으로 하향 조정하면서 공식적으로 코로나19가 끝났음을 알렸다.

특히 방역에 집중하면 경제가 어려워지고, 경제를 활성화하려면 감염병 관리가 어려워지는 상황이 되면서, 관리해야 할 위기의 성격이 난제(wicked problem)라고 일컬어질 만큼 복잡해졌다. 미국은 코로나19 확산 초기부터 감염병 확산을 막기 위한 봉쇄 조치와 그것이 가져올 경제 활동 위축 간의 딜레마 상황에서 정책 혼선을 빚고 있었다(JTBC, 2020.4.20.). 2020년 9월 14일 한국의 문재인 대통령은 수석보좌관 회의에서 "방역과 경제가 함께 가는 길을 찾아 국민의 생명을 지키고 국민의 삶을 보호해야 한다"며 "코로나가 완전히 종식될 때까지는 방역과 경제의 아슬아슬한 균형을 잡아나갈 수밖에 없다"라고 호소한 바 있다(대한민국 정책브리핑, 2020.9.14.). 이러한 일련의 상황이 보여주듯이, 코로나19 감염병으로 인한 위중증률과 치명률이 높지 않고, 그 과정에서 실업률과 성장률 등과 같은 경제지표가 크게 나빠지지 않았다면 위기를 제대로 관리했다고 평가할 수 있다. 그러나 방역지표나 경제지표 가운데 어느 하나라도 나쁘다면 위기관리의 성과가 좋다고 말하기 힘들다.

위기관리의 성과에 영향을 주는 것은 여러 가지가 있겠지만 가장 중요한 요소 중 하나는 위기관리 거버넌스의 질이다. Fukuyama(2013)는 정부의 질을 평가하는 몇 가지 기준을 검토하면서 정부의 성과(output)보다는 정부의 역량과 자율성이 더 중요한 지표라고 봤다. Levi & Braithwaith(1988)는 조건에 따라 개념 사용의 범위와 인과관계가 달라지기는 하지만 신뢰(trust)야말로 굿거버넌스 개념의 핵심이라고 간주했다. 이와 같이 역량과 신뢰는 정부의 질을 이해하는 핵심 개념이다. 또한 위기를 관리하는 역량만큼이나 위기 해결 거버넌스와 그 과정에 대해 시민들이 정당성을 부여할 수 있어야 한다. 특히 불확실성이 크고 국경을 넘어서는 위기(uncertain and transboundary crisis)를 다룰 때는 위기관리 거버넌스의 역량(capacity)과 정당성(legitimacy)이 위기관리 성과에 직접적인 영향을 준다(Christensen et al., 2016).

그렇다면 코로나19 3년 7개월간 한국 정부의 위기관리 성과를 어떻게 평가할 수 있을까? OECD나 WHO 등의 자료를 사용한 국제 비교조사를 통한 연구는 논외로 하더라도 국내에서도 코로나19 확산과 함께 수많은 연구들이 이루어졌다. 이러한 많은 연구들은 서베이 조사를 통해 얻은 자료를 기반으로 이루어졌다. 예컨대 1년의 시차를 두고 고려대학교 박종민 교수를 중심으로 행해졌던 거버넌스다양성센터의 패널조사(2020년 8월, 2021년 8월), 유명순 교수를 중심으로 경기도민을 대상으로 실시했던 세 차례의 인식조사(2020년 5월, 2021년 7월, 2022년 4월), 보건사회연구원에서 실시했던 두 차례의 서베이(여유진 외의 조사는 2020년 10-11월, 이태진 외의 조사는 2022년 6-8월), 행정연구원의 류현숙 외 등의 조사(2022년 4-5월), 연세대학교 미래정부연구센터에서 실시했던 3차례의 온라인 조사(2022년 4-5월, 2021년 2월, 2022년 5월) 등이 이러한 노력의 일환이다. 이들 조사 자료는 코로나19 기간 중 정부의 위기 대처 역량과 정당성에 대한 많은 통찰력을 제시해주고 있다. 그러나 이들 조사는 특정 시점에서의 변수 간의 관계를 보여주는 데 효과가 있음에도 조사 시점의 상황이 조사의 결과에 미치는 영향력을 통제하기는 힘들다는 한계가 있다. 이러한 까닭에 코로나19 전 기간에 걸쳐 정부의 대응 역량과 시민들의 정당성에 대한 평가가 어떠한 변화를 보였는지를 시계열 데이터를 통해 살펴볼 필요가 있다. 시계열 데이터는 코로나19 확진자 수나 치명률 등의 방역지표, 그리고 동 시기의 실업률이나 성장률 등의 경제지표와 함께 살펴봄으로써 코로나19 전 기간의 성과를 평가할 수 있게끔 한다. 특히 추세의 변화를 보여주는 변곡점에 대한 정보를 제공함으로써 관련 지표에 영향을 미치는 상황적 특성을 밝히는 데 도움이 된다. 과연 정부의 코로나19 위기관리 능력에 대한 시민들의 평가가 어떻게 변해 왔는가? 방역과 경제라는 두 마리 토끼를 잡으려는 정부의 정책에 대한 만족도가 어떻게 변해 왔는가? 급격한 변화를 가져온 변곡점이 존재하는가? 변곡이 발생했던 시점에 어떤 특징이 나타나고 있었는가? 이러한 질문에 답하려면 코로나19 전 기간에 걸쳐 주기적으로 조사한 자료가 필요하다. 한국리서치에서 실시했던 정기적인 여론 조사 자료 중 2020년 2월 둘째 주부터 2023년 5월 마지막 주까지 시행했던 코로나19 관련 여론 조사 자료는 이러한 기대를 어느 정도 충족시켜준다. 이 조사는 매 조사당 1,000명씩, 2주에 한 번 웹서베이 형식으로 실시되어 총 83회 이루어졌다. 조사 문항 가운데 정부의 대응에 대한 평가와 정부 정책의 만족도(기대와 현실 간의 격차)와 관련된 문항을 선별하여, 변화의 추세를 확인하고 그 특징을 기술하려는 것이 2장의 목표다.

Ⅱ 이론적 논의

위기관리의 성과를 이해하기 위해서는 정부가 무엇을 하고 있는가와 동시에, 시민들에 의해 정부의 행동이 어떻게 평가받고 있는가를 살펴볼 필요가 있다. 국가가 실제로 무엇을 하고 있느냐 하는 것뿐 아니라 국가가 무엇을 해야 한다는 기대가 위기관리 성과에 영향을 준다. 거버넌스의 성과를 설명하는 핵심 개념은 거버넌스의 역량과 거버넌스의 정당성이다(Hertie School of Governance, 2013). Christensen et al.(2016)은 위기가 근본적으로 지각의 문제이기 때문에 주관적인 요소를 포함한다는 점에 주목하면서, 지금까지 잘 다루어지지 않았던 정부의 위기관리 역량과 정부의 정당성 간의 관계가 실제로 위기관리 성과에 영향을 준다는 점을 지적하고 있다. 이들이 말하는 거버넌스의 역량이나 행정역량은 정책 결정을 지원하는 관료들이 가져야 할 역량을 말하며, 이는 구체적으로 상하수도나 쓰레기 수거 등의 공공서비스를 제공할 수 있는 서비스 전달(delivery) 역량, 경제사회적 활동을 규제하고 순응을 이끌어내는 규제(regulatory) 역량, 분산된 이해관계자들을 모아 공동행위를 할 수 있게 만드는 조정(coordination) 역량, 정책 결정에 필요한 지식과 미래에 대한 예측을 제공하는 분석(analysis) 역량을 포함한다(Lodge & Wegrich, 2014).

정부의 역량을 정책역량의 개념으로 접근하는 것도 가능하다. 학자들마다 정책역량에 대한 정의가 다르며 이에 대한 명확한 측정 기준이나 방법에 대한 합의가 이루어진 것은 아니지만 이는 정책성과나 정책 실패를 설명하는 중요한 개념이다(Wu et al., 2015). Brenton et al.(2023)은 정책역량에 대한 60여년 간의 연구성과물들을 메타분석 한 후 정책역량에 대한 연구가 크게 3번의 변화를 겪었다는 흥미로운 연구 결과를 제시하고 있다. 정책역량에 대한 첫 번째 흐름은 정책 실패나 프로그램 실패를 연구했던 초기 학자들의 접근방식이다. 이러한 흐름은 정책역량을 행정자본(administrative capital)의 시각에서 접근한다. 행정자본은 정책의 투입과 관련된 자원을 의미하며 특히 중요한 요소는 관료의 역량과 기술 및 정부 내외에서 활용가능한 전문지식을 말한다. 두 번째 흐름은 투입을 산출로 바꾸는 전환과정에 주목하면서, 대개는 관리역량에 속하는 조정능력, 리더십기술, 제도와 법령의 운영 등을 정책역량의 논의 속에 포괄하고자 하였다. 국가가 더 이상 큰 역할을 하지 않을 때 거버넌스가 어떤 역량을 가져야 할 것인가 하는 것도 이 시기에 나타난 주된 변화다. 마지막 흐름은 경제 위기 등과 같은 각종 위기상황에 대한 경험과 함께 강조된 것이다. 앞의 두 가지가 주로 공급의 관점에서 논의되던 것과 달리 여기서는 고객이나 수요자가 진정으로 원하는 것을 만들어내고 있는가, 즉, 실질적인 산출이 있었는가를 정책역량의 중요한 평가 기준으로 삼는다. 그리고 수요자가 기대하는 것이 충족되고 있으면 정책역량이 발휘되고 있다고 보는 기대-만족(expectation-satisfaction) 개념을 정책역량의 중요한 평가 요소로 끌어들인다. 이들은 이러한 정책역량이 본질적으로 정부나 거버넌스의 성과와 밀접한 관련이 있다고 봤다.

특히 마지막의 수요자 관점은 거버넌스의 정당성과 깊은 관련이 있다. 조직이론가들은 조직의 생존이 능률과 수익의 논리에 의해서만 결정되는 것이 아니며 사회문화적으로 정당성이 인정된 가치와 규범을 수용하는 것도 중요하다고 봤다(Meyer & Rowan, 1977; DiMaggio & Powell, 1982; Suchman, 1995). 정부의 활동과 정책에 대한 만족이나 신뢰도 혹은 평판도는 가시적인 지표인 효율성 못지않게 중요하다는 뜻이다. Christensen & Laegreid(2020)는 코로나19 초기에 비교적 성공적으로 위기를 관리했던 노르웨이 사례를 분석하면서 당시 노르웨이는 분석역량은 부족했지만 대신 전달과 규제(엄격한 규제와 느슨한 지침을 통한 집행) 역량 및 조정(의사결정과 협력) 역량이 있었고, 국민들의 단결을 호소했을 때 국민이 정부를 신뢰했다는 분석 결과를 제시했다. 정부의 역량이 민주적 정당성과 결합될 수 있었기 때문에 감염병 위기를 성공적으로 관리할 수 있었다는 것이다. 이어지는 연구에서도 Christensen & Ma(2021)는 SARS와 코로나19 감염병 위기 대응 과정에 대한 연구를 통해 기술적이며 도구적인 요인 못지않게 제도적 요인이 위기관리의 성과에 영향을 미친다는 것을 재차 강조했다.

지금까지 학문의 영역에서 소외되었지만, 위기관리는 위기나 재난으로부터 회복 가능한 제도를 발전시켜 나가는 과정이며, 그러기 위해서는 정치가와 행정가가 효과성과 정당성을 담보하는 방식으로 문제해결 과정을 제도화할 필요가 있다(Boin & Lodge, 2016). 즉, 정부가 발휘할 수 있는 다양한 역량을 동원함과 동시에 정부에 대한 신뢰나 정책에 대한 만족도를 제고시켜 나가야 한다. 정치적, 제도적 정당성은 위기관리의 효과성을 결정하는 핵심 요인이며 정당성이 부족한 저신뢰 국가는 위기를 관리하는 과정이 상당히 힘들다(Hartley & Jarvis, 2020). 거버넌스의 역량을 발휘하되 정당성에 의해 뒷받침된 역량이이야 한다.

그렇다면 코로나19 팬데믹 기간 중 한국 정부의 위기관리 역량[1]에 대해 시민들이 어떻게 평가하고 있는가? 만약 평가가 긍정적이라면 시민들이 지지를 보내고 있다는 뜻이며 정부의 조치가 정당성을 인정받았다는 뜻이다. 정부의 위기관리 조치나 정책에 대한 긍정적 평가는 정책에 대한 순응도(혹은 수용성)를 높이고 결과적으로 정책의 정당성을 높인다. 반대로 정부의 방역 정책에 대한 불만족은 정책에 대한 불응을 가져와 정부의 정책에 대한 정당성을 위태롭게 한다. 그러나 정책에 대한 수용성과 평가는 시간의 추이에 따라 달라진다. 예컨대 갈등이 첨예한 상황에서는 결정이나 집행의 전후 상황에 따라 수용성의 수준이 달라진다(최연홍·오영민, 2004). 코로나19 팬데믹은 누구도 예상하지 못했을 만큼 길게 지속되었고 이에 따라 정부의 대응 역량에 대한 대중의 평가도 팬데믹 유행 주기에 따라 많은 변화를 보였을 것이다. 과연 코로나19 팬데믹 전 기간에 정부의 코로나19 대응과 정책에 대한 인식은 어떻게 변해왔는가? 평가와 인식이 급변하거나 반전하는 변곡점이 존재하는가?

---

1 위기관리 거버넌스의 핵심 행위자가 정부라는 것은 대부분의 연구에서 지적하고 있다. 연세대학교 미래정부연구센터에서 3번에 걸쳐 실시했던 코로나19 관련 국민의식조사의 결과를 보면, 코로나19 대응 성과에 영향을 미치는 영향요인이 '국민의 협조'와 '정부의 방역대책'이었다(김석관 외, 2022: 314). 2021년 2월의 조사 결과는 1순위가 국민의 협조(41.8%), 2순위가 정부의 방역대책(31.0%)이었고, 2022년 2월의 조사 결과도 1순위가 국민의 협조(38.3%), 2순위가 정부의 방역대책(34.9%)이었다. 2022년 4월의 조사 결과 역시 1순위가 국민의 협조(38.4%), 2순위가 정부의 방역대책(26.8%)이었다. 의료진의 희생, 의료 시스템, 2015년 메르스 사태의 경험, 타 국가와의 긴밀한 협조, 민관협력 등은 영향요인이라고 보기 힘들만큼 비율이 낮았다. 중앙정부의 관리역량이 중요하다는 것은 행정연구원 조사에서도 동일하게 나타나는 결과다. '코로나19와 같은 감염병 상황에서 누가 일차적인 대응책임을 지는가'라는 질문에서 '중앙정부'에 일차적 대응책임이 있다는 응답이 가장 높았고(61.4%), 이어서 '개인'(16.1%)에 대한 응답이 높게 나타났다(류현숙 외, 2022: 172). '공공보건의료기관'은 7.8%, '의료계'와 '지방정부(시·도, 시군구)'는 5.2%로 같았고, '시민사회'가 3.4%, '민간기업'이 0.9%로 다른 어떤 기관보다 중앙정부의 역할에 대한 기대가 컸다.

코로나19 팬데믹이라는 위기를 관리하는 역량에 대한 지표를 무엇으로 할 것인가? 이 연구는 역량을 두 가지로 분류하여 분석했다. 하나는 코로나19 위기를 관리하는 주된 행위자의 대응 역량이다. 위에서 논의한 것처럼 가장 중요한 행위자는 중앙정부이기 때문에 "대통령과 정부가 코로나19 사태에 대해 대응을 어떻게 하고 있다고 생각하십니까? - ① 매우 잘하고 있다 ② 대체로 잘하고 있다 ③ 대체로 못하고 있다 ④ 매우 못하고 있다 ⑨ 잘 모르겠다"는 문항을 위기관리 행위자의 대응역량에 대한 평가지표로 사용했다.

다른 하나는 팬데믹 위기 관리의 주된 정책에 대한 역량이다. 코로나19와 관련된 정책은 여러 가지가 있지만 핵심이 되는 정책들은 크게 방역정책과 경제정책으로 분류할 수 있다. 예를 들어 보건사회연구원에서는 코로나19와 관련된 주요 정책을 의료적 방역정책, 사회적 방역정책, 사회경제정책 등으로 나누어 살펴보았는데(여유진 외, 2021b; 이태진 외, 2022), 이것은 위기와 관련된 정책을 방역과 경제, 의료적 조치와 비의료적 조치로 구분하여 접근한 것이다. 정광호 외(2021)는 팬데믹 상황에서의 정부 신뢰의 영향 요인 가운데 하나가 정책만족이라고 하면서 정책만족도가 '의료대응 만족도'(한국 정부의 코로나바이러스감염증-19에 대한 의료적 대응에 대해서 얼마나 만족하십니까?)와 '경제대응 만족도'(한국 정부의 코로나바이러스감염증-19에 대한 경제적 대응에 대해서 얼마나 만족하십니까?)가 결합된 것이라고 개념화하였다. 이와 같이 방역과 경제의 균형은 코로나19 정책의 핵심이며, 여러 나라의 코로나19 정책을 비교해 봤을 때 경제적 지원과 방역 조치는 공공의 신뢰를 형성하는 토대였다(Liu et al., 2022).

이 장에서는 정책역량에 대한 평가지표를 위해 두 개 문항을 사용했다. 하나는 "코로나19 방역과 경제회복·활성화 중 어느 것이 우선시되어야 한다고 생각하십니까? - ① 코로나19 방역을 훨씬 더 우선해야 한다. ② 코로나19 방역을 좀 더 우선해야 한다. ③ 경제회복·활성화를 좀 더 우선해야 한다. ④ 경제회복·활성화를 훨씬 더 우선해야 한다. ⑨ 모르겠다.", 다른 하나는 "현재 정부가 코로나19 방역과 경제회복·활성화 중 어느 것을 우선시하고 있다고 보십니까? ① 코로나19 방역을 훨씬 더 우선하는 것 같다. ② 코로나19 방역을 좀 더 우선하는 것 같다. ③ 경제회복·활성화를 좀 더 우선하는 것 같다. ④ 경제회복·활성화를 훨씬 더 우선하는 것 같다. ⑨ 모르겠다."는 문항이다. 앞 문항은 경제와 방역의 비중에 대한 기대, 뒷 문항은 경제와 방역의 비중에 대한 현실이다. 구체적인 지표는 앞 문항 응답에서 뒷 문항 응답을 뺀 후 절댓값을 씌운 수치를 활용했다. 문항 간 차이의 절댓값이 '0'에 가까워질수록 기대와 현실 간의 격차가 작고, '3'에 가까워질수록 자신이 원하는 정책과 실제 나타나는 정책 간의 격차가 크다. 예컨대 규범적으로는 코로나19 방역을 훨씬 더 우선해야 한다고 기대하고 있는데(=1점), 현재 정부는 경제회복·활성화를 훨씬 더 우선한다고 평가하면(=4점), 기대와 현실 간에 3점의 격차가 있다는 뜻이다.[2] 기대와 현실의 격차가 작을수록 정책에 대

---

2 엄격히 말하면 이런 식의 접근은 등간이나 서열 등과 같은 척도구성의 원리와 부합되지 않는다. 코로나19 방역 개념만을 사용하여 위 문항들을 다시 바꾸면 '① 코로나19 방역을 훨씬 더 우선하는 것 같다 ② 코로나19 방역을 좀 더 우선하는 것 같다 ③ 코로나19 방역을 별로 우선하는 것 같지 않다 ④ 코로나19 방역을 전혀 우선하는 것 같지 않다' 등의 문항 구성이 가능하다. 경제회복·활성화 개념만을 사용하여 바꾸어도 논리는 동일하다. '① 경제회복·활성화를 결코 우선하는 것 같지 않다 ② 경제회복·활성화를 별로 우선하는 것 같지 않다 ③ 경제회복·활성화를 좀 더 우선하는 것 같다 ④ 경제회복·활성화를 훨씬 더 우선하는 것 같다' 등으로 치환이 가능하다. 일종의 서열척도가 되는 것이다. 이런 상황에서 '코로나19 방역'과 '경제회복·활성화'를 양극으로 설정하고 위 두 가지 설문을 합하면, 두 대상의 상대적 선호를 평가하는 비교평가척도(comparative rating scale)를 구성할 수 있다. 현재의 설문은 그런 방식으로 경제활성화 정책과 방역정책에 대한 선호를 상대적으로 비교하게 구성되었고 문장도 그런 방식으로 표현되었다. 그런데 이렇게 해서 만들어진 척도, 더구나 중간값이(예컨대 '코로나19 방역과 경제회복·활성화 정책을 비슷하게 실시하는 것 같다' 문항에 대한 응답값) 없이 만들어진 척도를 서열이나 등간척도로 수용하기는 쉽지 않다. 중간값이 없는 경우에는 정책에 대한 기대 문항 응답값과 현실 인식에 대한 문항의 응답값의 격차의 절댓값 0, 1, 2, 3 가운데 1의 값에 대한 응답의 질이 같지 않다는 문제가 발생한다. 0이라는 값은 '기대② - 현실② = 0'이나 '기대③ - 현실③ = 0'에

한 불만족이 작고, 정책에 대한 순응도가 높아질 것이다.[3]

위기관리 행위자의 역량에 대한 지표를 대통령과 정부의 코로나19 대응 조치에 대한 긍정적이거나 부정적인 평가점수로 하고, 위기관리 정책 역량에 대한 지표를 정책에 대한 기대와 현실 간의 격차로 했을 때, 이것과 관련이 깊은 변수들로 어떤 것들이 있는가?

첫째는 위험에 대한 지각이다. 위험은 다른 위험들과 연관되어 나타나며 이성의 작용 뿐 아니라 정서의 과정도 포함한다(Loewenstein et al., 2001). 코로

서 보는 것처럼 기대와 현실이 같은 상황을 의미하며, ⓪이라는 값에 대한 질적인 차이는 없다. 2라는 값은 '기대① - 현실③ = 2' 아니면 '기대② - 현실④ = 2', 3이라는 값은 '기대① - 현실④ = 3'가 되어 어차피 중간값들을 포함하고 있기 때문에 역시 2나 3의 값에 대한 질적인 차이가 없다. 그러나 기댓값과 현실값의 차이가 1인 경우는 문제가 다르다. '기대① - 현실② = 1'은 경제회복·활성화를 선호하는 집단 내의 격차, '기대③ - 현실④ = 1'은 방역을 선호하는 집단 내에서의 차이를 말하기 때문에 집단 내의 격차를 말하고 있지만, '기대③ - 현실② = 1'이라는 숫자는 방역선호응답과 경제선호응답 간의 차이, 다시 말해 집단 간 차이를 통해 얻어진 수치이기 때문이다. 이와 같이 결과 해석에 영향을 주는 오차 가능성이 있는데도 불구하고 이 연구는 세 가지 이유에서 '기대문항의 응답 - 현실인식 문항의 응답'의 절댓값인 0,1,2,3을 정책에 대한 기대와 현실 간의 격차를 보여주는 수치로 사용하였다. 첫째는 응답 집단 간의 격차를 분석할 경우 각 집단 안에서의 무선성은 유지될 수 있다고 보기 때문이다. 예컨대 여성과 남성 간에 정책에 대한 기대-현실 인식차가 있는지를 볼 경우, 여성과 남성 각 집단 안에서의 오차가능성은 동일하다고 가정할 수 있다. 둘째는 단 한번의 조사결과가 아니라 수십 번의 반복 조사 결과의 추세를 보여주는 것이기 때문에, 설령 오차가 나타나더라도 그것이 체계적으로 나타날 것이라고 봤다. 반복 조사를 통해 신뢰도가 유지되는 것과 비슷한 상황이다. 셋째는 연구의 주된 목적이 변수 간의 관계를 분석하는 것이 아니라 장기간에 걸쳐 나타나는 특정 변수의 변화 추이를 보는 것이기 때문이다. 특정 집단의 정책에 대한 기대-현실의 격차가 코로나19 전 기간에 걸쳐 어떻게 변해갔는지를 기술하는 용도로 활용하기에는 충분하다고 봤다.

3 대상에 대한 만족은 대상에 대한 기대와 현실 간의 지각 차이와 밀접한 관련이 있다. 불만족이 곧 지각의 차이를 의미하는 것은 아니다. 그러나 기대-불일치 이론(Expectancy-disconfirmation theory)에 따르면 대상에 대한 만족이란 사전 기대와 사후 성과의 차이에 의해 결정된다고 할 만큼 밀접한 관련이 있다(Oliver, 1977; 1980). 또한 대상에 대해 부여했던 가치와 실제 지각 간의 격차(value-disparity)에 의해 대상에 대한 만족이나 불만족이 결정될 만큼(Westbrook & Reilly, 1983) 기대와 현실 간의 격차는 만족을 설명하는 유의미한 개념이다.

나19에 대한 불안감은 사람들의 인식과 지각을 형성하는 중요한 요인이며(여유진 외, 2021b), 비록 통계적으로 유의미한 영향을 미친 것은 아니지만 '감염병의 위험에 대한 인식'은 다른 변수와 함께 청와대의 코로나19 대응을 평가할 때 중요한 항목이었다(이나경 외, 2023). 이상옥·김용운(2022)은 개인의 감염병 위험에 대한 인식이 정부의 코로나19 대응 성과 인식에 긍정적인 영향을 주고 있다고 밝혔다. 개인이 지각하는 '신종감염병의 위험도 수준', '신종감염병 감염 가능성에 대한 염려 수준'이 낮을수록 '정부의 방역 대응 성과'와 '정부의 위기관리 성과'에 대한 인식은 긍정적이었다. 그러나 팬데믹 위험에 대한 지각이 감염 위험으로만 한정되는 것은 아니다. 팬데믹이 가져오는 위험에 대한 지각은 재정적 위기처럼 팬데믹으로 인해 통제할 수 없는 상황에 빠지는 위험(generic risk)과 그리고 팬데믹이 가져올 감염의 우려로 인해 나타나는 감염의 우려에 대한 지각(personal risk)이 있다(Vieira et al., 2022). 감염 위험 뿐 아니라 감염병 통제로 인해 발생하는 경제적 위험도 팬데믹 위험에 대한 지각으로 포함된다는 뜻이다. 이 연구에서도 경제와 감염, 두 가지 위험을 위험 지각의 지표로 사용하였다. 감염 위험의 지표는 "귀하께서 코로나19에 감염될 가능성이 얼마나 된다고 생각하십니까? ① 가능성이 매우 낮다. ② 가능성이 낮은 편이다. ③ 가능성은 반반이다. ④ 가능성이 높은 편이다. ⑤ 가능성이 매우 높다"는 문항을, 경제적 위험의 지표는 "코로나19가 가정경제에 미치는 영향은 어떠하다고 생각하십니까? ① 심각한 영향을 준다. ② 어느 정도 영향을 준다. ③ 미치는 영향이 별로 없다. ⑨ 잘모르겠다"는 문항을 활용했다.

둘째는 위험에 대한 지각과 밀접한 관련이 있는 것으로 정책에 대한 선호다. 코로나19 감염병 확산 초기에 진단, 추적, 격리 등의 3T정책(Test, Trace, Treatment)과, 사회적 거리 두기 등과 같은 비의료적 대응정책에 대해 자영업자들을 비롯한 정책대상집단의 강한 반발이 있었다. 반발의 핵심은 경제와 방역 간의 상충관계다(권정현 외, 2023; 이상옥·김용운, 2022). 위험에 대한 지각이 감염의 위험에 대한 지각과 감염병 확산 억제를 위한 각종 규제로 인한 경제적 위험으로 구분되는 것처럼, 국민이 선호하는 정책 역시 '방역정책'(감염병 확산 억제 정책)과 '경제정책'(경제 활성화와 지원정책)으로 구분할 수 있다. 이 연구에서는 경제와 방역의 딜레마 상황에서 나타나는 정책 선호의 지표로 "코로나19 방역과 경제회복·활성화 중 어느 것이 우선시되어야 한다고 생각하십니까? ① 코로나19 방역을 훨씬 더 우선해야 한다. ② 코로나19 방역을 좀 더 우선해야 한다. ③ 경제회복·활성화를 좀 더 우선해야 한다. ④ 경제회복·활성화를 훨씬 더 우선해야 한다. ⑤ 모르겠다."의 문항을 활용하였다. ①과 ② 문항 응답자는 방역정책 선호(방역 우선주의), ③과 ④ 문항 응답자는 경제정책 선호(경제 우선주의)로 분류하였다.

셋째는 정부에 대한 신뢰다. 코로나19 상황의 정부 대응에 대한 평가와 정부 신뢰도의 변화와는 깊은 관계가 있다(여유진 외, 2021b). 방역 규제에 순응하는 이유는 불응하는 것보다는 순응하는 것이 유리하다는 도구적 동기 때문에 그런 것이 아니라, 집단이 만든 규칙에 대한 신뢰가 존재하기 때문이다(Seyd & Bu, 2022). 개인적 이익이 아니라 공동체의·규범에 대한 신뢰가 순응에 더 큰 영향을 미친다는 뜻이다. 즉, 코로나19와 관련한 정부의 정책 대응을 긍정적으로 바라본 사람일수록 정부에 대한 신뢰수준이 높았다고 볼 수 있다. 예컨대 코로나19 확산 초기에 한국 정부의 각종 대응조치를 국민들은 긍정적으로 평가했고, 이것이 정부에 대한 신뢰를 높이는 영향요인으로 작용했다(정광호 외, 2021). 정책대응에 대한 긍정적 평가가 정부 신뢰를 높인다는 연구와 반대로 정부 신뢰가 높으면 정부의 정책대응을 긍정적으로 평가한다는 연구도 있다. 정부의 코로나19 대응의 성공을 위해서는 정부에 대한 신뢰의 확보, 특히 코로나19 정책의 비전과 목적을 이해시키고 정책 성과가 장기적으로 국가공동체와 국민에게 이익이 될 것이라는 신뢰의 확보가 중요하다는 것이다(송용찬·김유화, 2022). 비교적 최근의 연구들은 경제와 방역을 종합적으로 고려한 정책이 정부에 대한 신뢰 형성에 필수적이라는 점들을 밝히고 있다(Liu et al., 2022). 정부 신뢰가 정부의 위기관리 정책에 대한 평가에 영향을 미치는 변수로 간주하건, 정부 대응에 대한 평가의 영향을 받는 종속 변수로 간주하건, 많은 연구들은 적어도 두 변수의 상관관계가 높다는 것을 전제로 한다. 2장의 분석도 이러한 점을 감안하여 정부 신뢰를 정부의 코로나 19 대응 역량에 대한 평가와 밀접한 관계가 있는 변수로 봤다. 정부 신뢰에 대한 구체적인 지표는 "코로나19 대응을 하는 다음의 공적인 주체(대통령실과 질병관리청)를 현재 어느 정도 신뢰하고 계십니까? ① 매우 신뢰함 ② 다소 신 뢰함 ③ 다소 신뢰하지 않음 ④ 전혀 신뢰하지 않음"이라는 문항을 사용하였 다. 한국리서치의 조사설문지를 보면 공적 주체 안에 보건복지부, 지방정부, 국립중앙의료원, 공공보건의료기관 등에 대한 신뢰를 묻는 문항도 있었다. 그런데 각 주체에 대한 신뢰도 변화 추이를 비교하면서 살펴봤을 때 대통령 과 질병관리청의 동조 현상이 두드러졌기 때문에(3장 참조), 대통령과 질병관 리청에 대한 신뢰 수치를 합산해서 정부 신뢰 지표로 사용했다.

넷째는 정치적 성향이다. 정치와 여론은 위험 지각의 형성에 큰 영향을 미치며, 예상치 못했던 건강 위기에 대한 정부의 경제적 반응과 건강 관련 반 응에 영향을 준다(Barrios & Hochberg, 2021). 국가의 역할에 대한 태도에 일관 성 있게 영향을 미친 것은 이념이나 당파성 등의 장기적 변수가 아니라 코로 나19 상황에 대한 위험 인식이나 정부 대응 평가 등의 단기적 변수일 수 있 다(박선경·신진욱, 2021). 그러나 진보인가 보수인가 등의 이념적 지향, 즉 '정치 적 성향'은 청와대의 코로나19 대응 평가에 유의미한 영향을 미쳤던 변수임 에는 틀림 없다(이나경 외, 2023). 정치적 지지자와 반대자 간의 대통령과 정부 의 코로나19 대응에 대한 평가는 극단적이다(배진석, 2022). 이것은 단기적이 고 가변적인 위기 대응에 대한 평가 외에 장기간에 걸쳐 형성된 민주적 원칙 에 대한 신념이나 정파성이 위기 상황에서의 정부 신뢰나 체제를 지지하는 태도에 영향을 준다는 의미다(오현진, 2022). 이 연구에서는 정치적 성향에 대 한 지표로 "귀하의 이념성향이 어떠하다고 생각하십니까? 0(매우 진보) ~ 5(중 도) ~ 10(매우 보수)"라는 단일 척도 문항을 사용하였다. 그리고 이념 성향과 밀 접한 관련이 있는 정파적 입장을 확인하기 위해 "국정운영 성과와 관계없이 문재인 (혹은 윤석열) 대통령에게 얼마나 호감이 가십니까? ① 매우 호감이 간다. ② 대체로 호감이 간다. ③ 별로 호감이 가지 않는다. ④ 전혀 호감이 가지 않는다. ⑤ 모르겠다."라는 문항을 활용하였다.

이상 네 가지 핵심 변수 이외에 이 연구에서 주목했던 변수는 소득 수준과 자녀유무와 관련된 변수였다. 재난과 위기가 사회경제적 불평등을 크게 하고 저소득계층을 유난히 힘들게 했다는 점은 코로나19에 대한 수많은 조사에서도 그대로 나타나고 있다(김석관 외, 2022; 여유진 외, 2021b; 이태진 외, 2022). 코로나19로 인해 전통적 취약계층의 경제 상황은 더 나빠졌으며, 코로나19가 가져온 노동시장 악화로 인해 30~40대 청장년층 및 소득 2~3분위의 중간계층까지 영향을 받았다(김태완·이주미, 2020). 코로나19를 겪으며 비정규직, 일용근로자, 특수고용직, 사업주·자영업자, 저소득 근로자의 경제적 충격이 상대적으로 큰 것으로 나타났다(이태진 외, 2022). 특히 자영업 종사자 집단은 코로나19의 영향으로 상용직 가구에 비해 전체소득, 경상소득, 근로소득, 사업소득, 가처분소득이 모두 감소했다(남재현·이래혁, 2020). 보다 자세한 분석을 위해 이 장에서는 소득 수준에 대한 지표로 "귀하의 지난 1년 동안 세금 납부(공제) 전의 월평균 총 가구 소득은 얼마입니까? (연간 총 소득을 월평균으로 환산하여 해당되는 곳에 표시하여 주십시오)"라는 문항에 대해 11등급으로 정리한 응답 결과(예. ① 100만원 미만, ② 100~200만원, ⑧ 700~1000만원 미만, ⑨ 1000~1500만원 미만, ⑩ 1500~2000만원 미만, ⑪ 2000만원 이상)를 5등급으로 재분류하여 사용하였다.

마지막으로 관심을 가진 변수는 자녀의 유무에 대한 변수였다. 자녀의 유무는 보육과 교육을 통한 돌봄으로 연결되면서 특히 저소득집단에게 많은 부담을 안겼다. 코로나19가 초래한 대표적인 어려움 중 하나는 보육과 교육 문제다. 중요한 교육들이 언택트를 기반으로 이루어졌지만 경제 수준이 낮은 가정일수록 온라인 수업을 듣는 환경과 학습 여건이 열악하였고, 부모의 지원이 힘들었기 때문에 온라인 수업 내용을 잘 이해하지 못하고 학교 과제를 수행하는 데도 어려움을 겪었다(박미희, 2020). 교육에 대한 관심이 높은 상황에서 자녀를 집에서 직접 돌봐야 하는 상황이 되었기 때문에 코로나19 상황은 일하는 여성뿐만 아니라, 전업주부에게도 큰 부담을 안겨주었다(은기수, 2020). 휴원·휴업 기간 부모와 조부모·친인척(특히 모와 주모)의 돌봄 역할 수행으로 가정 내 양육의 부담은 훨씬 커졌다(최윤경 외, 2020). 따라서 영유아는 말할 것도 없고 취학연령의 자녀를 둔 부모는 코로나19로 인한 부담이 자녀를 두지 않은 사람에 비해 더 클 것이라는 예측이 가능하다. 자녀유무에 대한 지표가 코로나로 인한 교육 공백과 돌봄 격차 등의 문제를 간접적으로 보여줄 수 있는 지표라면, 정부의 코로나19 대응조치 및 코로나19 정책에 대한 유자녀자와 무자녀자의 평가는 달라질 것이다.

Ⅳ 분석 결과

1 유행 주기와 정부의 대응

코로나19에 맞선 정부의 대응 및 이에 대한 만족 수준을 살펴보기에 앞서, 3년 7개월이라는 기간에 걸쳐 정부의 대응조치가 어떠한 변화를 거쳐왔는지를 살펴볼 필요가 있다.

그림 2-1 **코로나19 유행주기와 정부의 정책 변화**

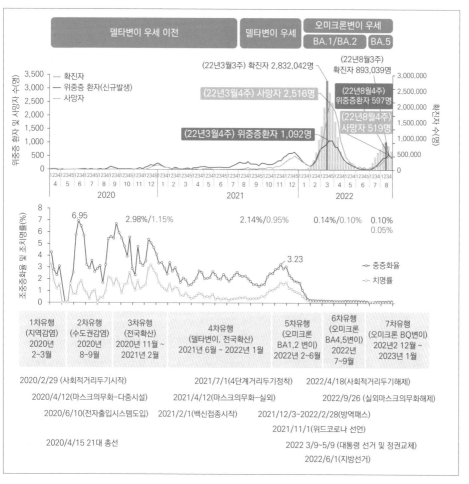

자료: 류보영 외(2022: 2878; 2881)에 정부의 정책 변화를 추가하여 재구성

우리나라의 코로나19 유행 시기는 1차(2020년 2~3월의 지역감염기), 2차(2020년 8~9월의 수도권유행기), 3차(2020년 11월 ~ 2021년 1월의 전국유행기), 4차(2021년 6월 말 ~ 2022년 1월 말까지 델타 변이 전국확산기), 5차(2022년 1월 말 ~ 5월 중순까지 오미크론 BA1 BA2 유행기), 6차(2022년 7월 중순 ~ 9월 중순까지의 오미크론 BA4 BA5 유행기), 7차(2022년 12월 ~ 2023년 1월까지의 오미크론 BQ변이 유행기)로 구분된다. 위의 〈그림 2-1〉은

질병관리청 중앙방역대책본부 역학조사분석단 정보분석팀에서 분석한 코로나 6차 유행기까지의 확진자와 위중증환자 및 사망자, 중증화율 및 치명률이다(류보영 외, 2022). 확진자와 위중증자 및 사망자는 5차 유행기인 2022년 2~5월에 가장 많았다. 반면, 중증화율 및 치명률은 1, 2, 3차 유행기에 커다란 진폭을 보이며 높았다가 5차 유행기 이후에는 오히려 낮아지며 거의 변화가 없는 상태를 보여주고 있다. 중증화율과 치명률만 보면 코로나가 상당히 안정적으로 관리된 것처럼 보인다. 그런데 이것은 감염률이 높고 치명률은 낮은 코로나19 오미크론 변이 바이러스의 특징도 하나의 원인이 되겠지만, 본질적으로는 감염자와 위중증환자 및 사망자가 급증했기 때문이다. 예컨대 〈그림 2-1〉의 그래프를 보면 2022년 3월 넷째 주는 위중증자(1,092명)와 사망자(2,516명)가 역대 최고였다. 그런데 한 주 전인 3월 셋째 주의 확진자는 2,832,042명으로 코로나19 전 기간에 걸쳐 가장 많았다. 모수가 크기 때문에 중증화율과 치명률이 낮을 수밖에 없는 것이다. 그렇다면 숫자와 비율 가운데 무엇을 코로나19 관리지표로 할 것인가? 숫자를 기준으로 삼으면 1, 2, 3, 4차 유행기에 비해 5, 6차 유행기에 확진자와 위중증자 및 사망자가 훨씬 많아졌기 때문에 코로나19 유행기의 후반부로 갈수록 코로나19에 대한 관리가 되고 있지 않다고 평가할 수 있다. 그러나 비율을 기준으로 삼으면 1, 2, 3차 유행기에 높았던 중증화율과 치명률이 5차 유행기 이후부터 현저히 낮아졌기 때문에 코로나19 유행기의 후반부로 갈수록 오히려 관리가 잘되고 있다고 평가할 수 있다.

Rieger & Wang(2022)은 2020년 3월부터 2020년 4월까지 전 세계 57개국의 국민 10만 명을 대상으로 각국의 국민이 정부의 코로나19 대응을 어떻게 평가하는지를 실증 분석하였다. 그 결과 코로나19 사망자 수가 적을수록 정부의 코로나19 대응을 긍정적으로 평가하고 정부를 신뢰하는 것으로 나타났다(Rieger & Wang, 2022). 이런 논리라면 사망자 숫자가 급증한 코로나19 5차 유행기는 그 앞 시기에 비해 정부에 대한 부정적 평가가 급증한 시기일 것이다. 그런데 이 시기는 중증화율과 치명률이 대폭 낮아졌기 때문에, 정부의 코로나19 대응조치에 대한 평가는 앞 시기에 비해 더 긍정적이어야 할 시기이기도 하다. 과연 정부의 코로나19 대응에 대한 평가가 바뀌었을까? 바뀌었다면 어떻게 바뀌었을까? 그리고 정부의 코로나19 정책에 대한 만족도에 변화가 있을까? 있었다면 어떻게 변해가고 있었을까?

코로나19 확산세에 따라 정부의 대응조치는 다양한 수위를 오고 갔다. 2020년 2월 23일, 국무총리를 본부장으로 하는 '코로나바이러스감염증-19 중앙재난안전대책본부'가 가동된 이래, 사고 수습본부와 중앙재난안전대책본부의 브리핑이 3년 넘게 이어지면서, 국민들은 일일 확진자 수 발표에 촉각을 기울였다. 또한, 강도 높은 사회적 거리 두기, 해외입국자에 대한 검역 강화, 확산세에 따른 사회적 거리 두기 강화 조치, 사적 모임 금지 및 영업시간 제한 조치, 실내외 마스크 착용 의무화 조치 등에도 익숙해져 갔다. 이태원 클럽 및 물류센터 집단 감염(2020년 5월)과 사랑제일교회발 집단 감염(2020년 8월) 등이 발생하는 와중에 선제적 검사 조치와 의료 붕괴 가능성의 줄타기가 이어졌으나 결과적으로 한국 정부는 델타 변이가 확산되기 이전인 2021년 중반까지는 확진자 수와 초과 사망률 등의 지표에 있어서 상당히 성공적인 방역을 보여주는 나라였다. 예컨대 코로나19 팬데믹의 초기이던 2020년 6월, (1) 치명률, (2) 감염재생산 지수, (3) 자가 격리 준수 비율을 기준으로 초기 대응 효과성을 분석한 Sachs et al.(2022)의 연구에서 한국은 OECD 국가들 가운데 가장 성공적인 방역 조치를 이루고 있는 것으로 보고되었다. 코로나19 초기의 3T 정책[4]과 K방역의 성공으로 인해 한국의 방역모델은 세계적인 성공 모델로 거론되었다[5]. 그러나 백신 도입의 지체로 인해 K방역에 대한

---

4 감염 추적(진단; Trace)-광범위한 검사(Test)-신속한 격리 및 치료(Treat). 즉, 대량의 빠른 검사와 추적을 통해 확진자를 조기에 찾아내고 이에 대한 격리와 치료를 제공하는 것. (대한민국 정책브리핑, 2021-05-14. https://www.korea.kr/news/policyNewsView. do?newsId=148887401. 검색일: 2024.04.16.)

5 Fisher, M. & Choe, S-H., 2020. How South Korea Flattened the Curve. *New*

부정적 여론이 점차 조성되기 시작했다.[6] 그리고 델타 변이가 유행하기 시작한 2021년 중반 이후, 특히 오미크론 변이가 확산된 이후에는 확진자 수가 걷잡을 수 없이 증가했다. 이 과정에서 정부의 방역 조치가 과연 지속가능한가에 대한 회의적 평가가 증가하기도 했다[7]. 결과론적이지만 한국은 2023년 9월 3일 기준 인구 100만 이상의 국가 중, 인구 100만 명당 발생률은 오스트리아에 이어 2위였지만, 치명률은 0.1%로 싱가포르와 함께 전 세계에서 가장 낮은 나라였다. 물리적 지표만 보면 관리가 잘 되었다는 평가와 관리를 잘 하지 못했다는 평가가 공존하는 셈이다[8]. 이것은 객관적 지표만 갖고서는 정부의 코로나19 대응조치에 대한 평가를 쉽게 내릴 수 없다는 것을 뜻한다. 그리고 정부의 대응조치에 대한 주관적 평가지표가 정부의 코로나19 대응조치를 평가하는 중요한 자료가 될 수 있다는 것을 뜻한다. 과연 3년 반의 코로나19 팬데믹 기간 중에 여론은 정부의 방역 조치에 대해 어떠한 평가를 내리고 있었는가? 대중의 기대와 요구 수준은 어떠한 변화를 보이고 있었는가?

② 정부 대응에 대한 대중의 평가

정부 정책에 대해 한국 대중의 평가는 어떠한 변화 추이를 나타냈는가? 정부 정책에 대한 인식은 해당 정책에 대한 평가와 나아가 정책 정당성의 근거가 될 수 있기에 이를 세부적으로 살펴보는 것은 코로나19로부터의 시사

York Times. https://www.nytimes.com/2020/03/23/world/asia/coronavirus-south-korea-flatten-curve.html (검색일: 2024.04.16.).

6 류미나, 2020. 野 "코로나백신 빨리 확보해 접종 개시하라…K반역 될지도". 연합뉴스. https://www.yna.co.kr/view/AKR20201211102900001 (검색일: 2024.04.16.).

7 홍미현, 2021. 예방의학회·역학회, "'지속가능한 K방역' 체계로 전환" 촉구. 의사신문. http://www.doctorstimes.com/news/articleView.html?idxno=216069 (검색일: 2024.04.16.).

8 https://coronaboard.kr/ (검색일: 2024.04.16.).

점을 끌어내기 위해 중요한 작업이 될 수 있다. 이에 이 장에서는 앞서 언급한 주요 변수들과 더불어 어떠한 변수들이 코로나19 정부 정책에 대한 평가와 만족도에 영향을 미쳤는지 구체적으로 살펴보도록 한다.

그림 2-2 정부 대응에 대한 평가의 변화

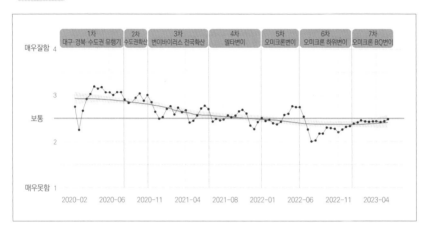

자료: 한국리서치, B1 질문. 대통령과 정부가 코로나19 사태에 대해 대응을 어떻게 하고 있다고 생각하십니까?: ① 매우 잘하고 있다 ② 대체로 잘하고 있다 ③ 대체로 못하고 있다 ④ 매우 못하고 있다 ⑨ 잘 모르겠다. 4점 척도에 따른 시기별 평균값을 역산하여 추세를 나타내었음.

〈그림 2-2〉는 대통령과 정부의 코로나19 대응에 대한 평가의 전반적인 추이를 나타낸 것이다. 그림에서 나타난 것처럼 대통령과 정부의 코로나19 대응에 대한 한국 대중의 평가는 조사 첫 시기(20년 2월 중순)에서 조사 마지막 시기(23년 5월 말)에 이르기까지 등락을 거듭하는 와중에 전반적인 하락 추세를 보였다. 특히 음영 처리된 장기 추세선을 기준으로 할 때, 코로나19에 대한 긍정평가(보통 이상)가 부정평가로 반전되는 시점은 일평균 확진자 수가 1,000명을 돌파하며 확산세가 크게 증가하기 시작한 델타 변이 출현(4차 유행) 이후이며, 이후 정부에 대한 평가는 2022년 중반(4월에서 6월)을 제외하고

는 보통 평가 수준 이상을 회복하지 못했다.[9] 특히 정부에 대한 평가가 급격한 변화를 겪는 시점을 살펴보면 코로나19 확산세가 정부 대응에 대한 평가에 주요한 영향을 미쳤음을 확인할 수 있다. 구체적으로 코로나19 초기(2020년 2월에서 3월)의 정부 방역 대응에 대한 평가는 큰 폭의 개선세를 보이면서 3점(잘함)을 상회하는 모습을 보인다. 이는 강력한 사회적 거리 두기와 해외입국자 검역 강화 조치에 따른 확산세 억제의 성공과 관련이 있는 것으로 여겨진다. 반면, 2020년 후반의 평가 하락은 사랑제일교회발 집단 감염과 같은 일련의 사건들로 인해 확진자 수가 처음으로 세 자릿수를 기록하면서, 사회적 거리 두기가 강화되는 시점과 일치한다. 이후 2021년 초 백신 접종 시작과 함께 확진자 수가 점차 감소하면서 정부 대응에 대한 평가도 개선되기 시작하였으나, 2021년 하반기에 들어서며 델타 변이의 확산과 함께 다시 확진자 수가 큰 폭으로 증가하고 확진자 및 사망자가 연일 최다 수치를 기록하면서 정부 대응에 대한 평가는 다시금 하락 반전된다. 이처럼 정부 대응에 대한 여론의 평가는 감염병의 확산 상황, 사회적 거리 두기 조치의 강화 여부, 백신접종 및 여타 정치경제적 상황에 따라 등락을 거듭해 온 것으로 보인다.

앞서 살펴본 것처럼, 정부의 대응조치에 대한 평가는 감염 및 경제활동에 대한 불안(anxiety), 정책에 대한 선호(prefence), 이념(indeology)의 수준, 정부에 대한 신뢰(trust) 등의 심리적 특성과 소득이나 자녀유무 등의 사회경제적 속성에 의해 영향을 받는다. 이에 개별 변수들이 정부 대응에 대한 평가에 어떠한 영향을 미쳤는지를 보다 면밀히 살펴보면 다음과 같다.

첫째, 코로나19에 대한 감염 및 경제적 우려에 따라 정부 대응조치에 대한 평가에 차이를 보이는가? 이 질문과 관련된 평가의 변화 추세는 〈그림

---

9 2022년 4월에서 6월의 경우 정부 방역에 대한 평가가 급격하게 상승하는 까닭은 두가지 측면에서 해석해볼 수 있다. 먼저 해당 시기는 오미크론 변이의 확산세가 정점을 기록한 3월 이후 확진자 수가 빠르게 감소하던 시기와 일치하며, 한편으로 새로운 정부가 출범하는 시기(5월 9일)와도 일치한다. 이는 곧 확산세 감소와 더불어 새로운 정부에 대한 기대감이 반영된 결과라 하겠다.

2-3〉과 〈그림 2-4〉에 나타나 있다. 기본적으로 감염에 대한 두려움과 경제적 충격에 대한 우려가 높을수록 정부의 대응조치를 부정적으로 평가할 것이라는 추정이 가능하다. 기존의 연구에서도 코로나19에 대한 사전 지식, 건강 및 경제적 우려는 정부 대응을 평가하는 데 있어서 중요한 요인으로 지적되기도 한다(Altiparmakis et al., 2021). 이러한 추정과 유사하게 실제 감염 및 경제적 우려 수준은 정부의 방역 대응에 대한 평가에 영향을 주었다. 〈그림 2-3〉과 〈그림 2-4〉에 나타나 있는 것과 같이 팬데믹 전 기간에 걸쳐 감염에 대한 우려 수준이 높을수록, 경제적 피해가 심각하다고 느낄수록 정부 조치에 대해 부정적으로 평가하고 있었다.

구체적으로 두 그래프 모두에서 감염 우려나 경제적 우려가 높은 집단의 정부 평가는 3차 유행이 본격화된 2020년 하반기 이후로 보통(2.5점) 수준을 거의 회복하지 못하고 있다. 또 하나 흥미로운 사실은 감염에 우려가 높고 낮음에 따른 정부 방역에 대한 평가 수준은 조사 기간 내내 집단별로 일정한 차이를 보이는 데 반해서[10] 경제적 피해에 대한 인식은 감염병 초기에 비해 시간이 지남에 따라 집단 간 격차가 확대되고 있다. 특히 경제적 피해가 보통이거나 미미하다고 응답한 집단 간의 정부평가 차이에 비해 심각하다고 응답한 집단의 평가 차이가 더 컸다. 이는 코로나19가 장기화됨에 따라 감염으로 인한 실제적 피해보다 누적되는 경제적 피해에 대한 인식이 정부에 대한 평가에 보다 큰 영향을 미치는 것으로 이해될 수 있다. 아울러 방역 조치가 장기화 되고 이른바 엔데믹으로 전환될 가능성이 높아짐에 따라 코로나19에 대한 누적된 피로감과 경각심의 해제가 경제활성화에 대한 요청으로 전환되는 과정으로 이해될 수도 있다(이에 대한 보다 자세한 분석은 이어지는 3장-3절을 참고).

---

10 즉, 감염 우려가 높다고 여기는 집단과 낮다고 여기는 집단 사이의 정부 방역 평가에 대한 점수는 조사 전 기간에 걸쳐 0.5~1점 차를 일관되게 유지하고 있다.

그림 2-3 정부 대응에 대한 평가의 변화: 감염 우려 수준별

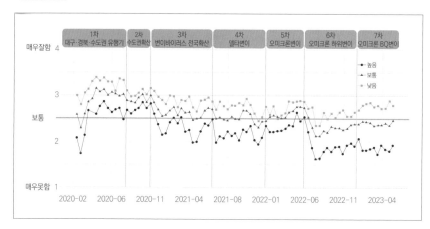

자료: 한국리서치, B3 질문. 귀하께서는 코로나19에 감염될 가능성이 얼마나 된다고 생각하십니까?: ① 가능성이 매우 낮은 편이다 ② 가능성이 낮은 편이다 ③ 가능성은 반반이다 ④ 가능성이 높은 편이다 ⑤ 가능성이 매우 높다(①+②=낮음, ③=보통, ④+⑤=높음).

그림 2-4 정부 대응에 대한 평가의 변화: 경제 우려 수준별

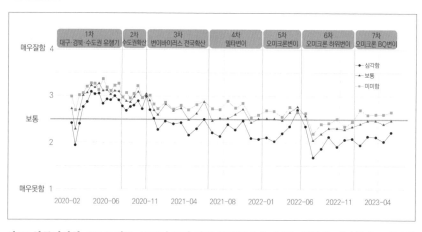

자료: 한국리서치, B7-2 질문. 코로나19가 나의 가정경제에 미치는 영향은 어떠하다고 생각하십니까?: ① 심각한 영향을 준다 ② 어느 정도 영향을 준다 ③ 미치는 영향이 별로 없다 ⑨ 잘 모르겠다(①=심각함, ②=보통, ③=미미함).

감염에 대한 우려와 경제적 피해에 대한 우려에 따라 정부 대응에 대한 평가가 달리 나타났음에도, 이러한 격차가 줄어드는 시기도 이따금 목격된다. 예컨대 1차 유행기(2020년 8월 이전)의 초기에는 감염우려 수준이나 경제우려 수준의 차이에도 불구하고 집단 간의 정부 평가 격차가 줄어들면서 코로나19 대응에 대한 평가가 상승하고 있다. 이것은 K방역이 비교적 성공적으로 작동하며 확산세를 억제하던 당시의 상황이 반영된 것으로 보여진다. 다음으로 2022년 4월과 5월에 모든 집단의 방역 평가가 수렴 상승하고 있는 것은 대통령 선거와 정권교체 과정에서 새로운 정부에 대한 기대감이나 긍정적인 변화에 대한 희망이 반영된 일종의 허니문 효과로 해석될 수 있다 (〈그림 2-3〉 및 〈그림 2-4〉 참고).

그림 2-5 정부 대응에 대한 평가의 변화: 선호 정책별

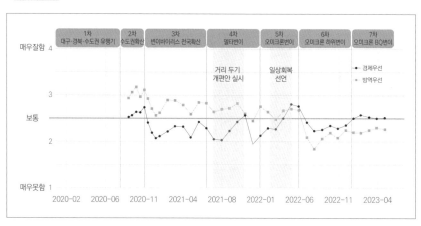

자료: 한국리서치, B10 질문. 코로나19 방역과 경제회복·활성화 중 어느 것이 우선시되어야 한다고 생각하십니까? ① 코로나19 방역을 훨씬 더 우선해야 한다에서 ④ 경제회복·활성화를 훨씬 더 우선해야 한다의 4점 척도(①,②=방역 우선, ③,④=경제 우선).

둘째, 정책에 대한 선호가 정부의 대응조치에 대한 평가에 영향을 미치는가? 정부는 바이러스의 확산 수준에 따라 거리 두기, 집합 금지, 영업시간 제한 등을 강화하거나 완화하는 조치를 폈는데, 이것은 크게 보면 방역과 경제라는 두 가지 상충되는 목표 사이에서의 정책 선택이었다. 〈그림 2-5〉는 이러한 조치들 가운데 시민들의 방역 평가가 어떻게 변화하여 왔는지 확인시켜 준다. 구체적으로 위 그림은 경제회복을 우선해야 한다는 집단과 방역을 우선해야 한다는 집단의 정책 평가가 전반적으로 동행하여 움직인다는 점을 보여준다. 기본적으로 코로나19의 확산세에 따라 양 집단의 정부 평가가 유사한 패턴을 보이고 있는 것이다. 정부에 대한 평가는 첫 번째 조사 기간인 2020년 9월 중순 평균 2.72점(두 집단의 평균값)에서 조사 마지막 시점인 2023년 5월 중순 2.38점으로 완만한 하락 추세를 보여준다. 그러나 위 그림에서 주목해야 할 두 번의 시기가 있다. 두 집단의 정부 평가 기울기가 유달리 다르게 이동한 시점으로 첫 번째 시기는 2021년 8월 말에서 11월 말까지의 기간이며, 두 번째 시기는 2022년 4월 말 이후이다. 첫 번째 시기에서 경제 우선 집단의 정부 평가점수는 2021년 8월 말을 기준으로 2.02점(못하는 편이다)에서 11월 말 2.56점(보통) 수준까지 상승했고, 방역 우선 집단의 평가는 같은 시기에 2.69점에서 2.59점으로 다소 하락하는 모습을 보였는데, 그동안 차이가 있었던 평가점수가 처음으로 비슷하게 나타난 시기다. 두 번째 시기는 경제 우선 집단의 평가점수와 방역 우선 집단의 평가점수가 역전되는 2022년 5월 말 시기다. 이때까지만 해도 방역 우선 집단이 경제 우선 집단보다 정부에 대한 평가가 긍정적이었다. 그러나 방역 우선 집단의 평가가 5월 중순 2.66점에서 5월 말에는 2.70점으로 소폭 상승한 반면, 경제 우선 집단의 평가는 2.38점에서 2.80점으로 급증했다. 그리고 이때부터 두 집단의 정부 평가점수는 조사 기간 끝까지 역전되지 않았다. 두 시기는 정부의 방역 조치가 변화를 맞이한 시점으로 2021년 11월의 경우는 고령층에 대한 백신 접종이 완료되고 치명률이 하락함에 따라 거리 두기 개편이 이루어지고 사적 모임 제한이 8인으로 확대되며, 유흥업소 운영시간 제한이 해제되는 지역이 나타나기 시작한 무렵이었다.11 2022년 5월 중순의 경우는 3월의 대통령 선거, 4월의 사회적 거리 두기 해제, 5월의 대통령 취임에서 보는 것처럼 일련의 방역 조치들이 해제되면서 새로운 정부가 들어서는 시기였다. 이때부터 방역보다 경제가 중요하다고 생각하는 집단이 방역 우선 집단보다 정부의 코로나19 대응조치에 대해 더 긍정적으로 평가하고 있었다.

그림 2-6 　정부 대응에 대한 평가의 변화: 이념 성향별

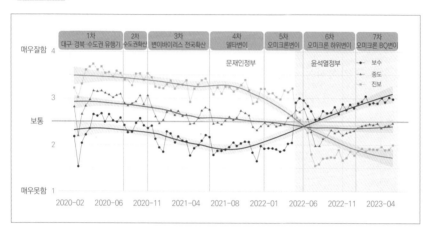

자료: 한국리서치, BQ13 질문. 귀하의 이념 성향이 어떠하다고 생각하십니까?(⓪~③=진보, ④~⑥=중도, ⑦~⑩=보수).

11　부산광역시의 경우 6월 21일 0시를 기준으로 유흥업소 운영시간 제한을 해제하였다.

셋째, 이념의 차이에 따라 정부의 방역 조치에 대한 평가가 달라지는가? 앞에서 언급한 바와 같이 이념적 정향은 정부 방역 조치에 대한 평가를 결정 짓는 주요 요인이다(박선경·신진욱, 2021). 〈그림 2-6〉 역시 이러한 연구 결과를 지지한다. 코로나19 발생 후 2년은 정부의 조치에 대해 진보주의자가 가장 긍정적 평가를 내렸고, 중도주의자는 중간, 그리고 보수주의자는 가장 부정적 평가를 내렸다. 이러한 평가 차이는 단 한 차례도 바뀐 적이 없었다. 그런데 2022년 5월의 정부 교체 시점을 기준으로 평가의 방향이 정반대로 바뀌었다. 스스로 진보라고 여기는 집단은 문재인 정부에서의 방역 조치에 대해 거의 전 시기에 걸쳐 3점(잘함)을 상회하는 평가를 내렸으나, 윤석열 정부가 들어선 이후의 조사부터는 1점대의 부정적인 평가를 보였다.[12] 반대로 스스로 보수라고 인식하는 집단은 문재인 정부 시기에는 거의 전 시기에 걸쳐 보통(2.5점) 이하의 평가를 나타내지만, 윤석열 정부의 취임 이후에는 반대로 보통에서 잘함(2.5점에서 3점) 사이의 평가점수를 보여주었다.

---

12 두 집단의 평가가 극적으로 변화하는 시점은 57회 조사에서 58회 조사의 사이 기간이다. 57회 조사는 22년 5월 6일에서 9일, 58회차 조사는 5월 20일에서 23일 사이에 이루어졌으며, 윤석열 정부가 취임한 날짜는 22년 5월 10일이다.

그림 2-7 대통령에 대한 호감도: 이념 성향별

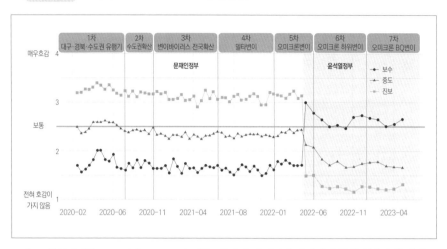

자료: 한국리서치, A002(및 A002_20) 질문. 국정 운영 성과와 관계없이 문재인(윤석열) 대통령에게 얼마나 호감이 가십니까? 56회차 조사까지는 문재인 대통령에 대한 호감도, 57회차 조사부터는 윤석열 대통령에 대한 호감도를 나타낸 것임. 윤석열 대통령에 대한 질문은 매 2회 조사 간격으로 설문이 이루어짐.

 정권 변화와 함께 나타난 평가의 역전은 정부의 방역 조치에 대한 평가가 객관적인 방역지표나 정책보다는 지지하는 정부의 이념에 의해 좌우된다는 것을 뜻한다. 이것을 더 분명하게 보여주는 지표는 대통령에 대한 선호와 지지하는 이념이 동조 현상을 보여주는 〈그림 2-7〉이다. 그래프를 보면 대통령에 대한 호감도는 정권 교체 이전에는 진보주의자가 가장 높고 보수주의자가 가장 낮았으나, 윤석열 대통령이 취임한 이후에는 정반대로 보수주의자가 대통령에 대한 호감도가 가장 높고 진보주의자는 가장 낮았다. 스스로 진보라고 생각하는 사람은 문재인 대통령을 선호하고, 반대로 스스로 보수라고 생각하는 사람은 윤석열 대통령을 선호하고 있었다. 〈그림 2-6〉과 〈그림 2-7〉이 말해주는 것은 이념과 정파성이 같은 방향으로 정부의 방역 조치에 대한 평가에 영향을 주고 있다는 점이다. 지지하는 이념적 기반이 같은 정부의 대응조치는 긍정적으로 평가하고, 이념적 기반이 다른 정부의 대응

조치에 대해서는 부정적으로 평가하는 이념의 양극화 현상이 코로나19라는 특수한 상황에 대처하는 정부의 조치에 대한 평가에 분명히 나타나고 있다.

그림 2-8 정부 대응에 대한 평가의 변화: 정부 신뢰 수준별

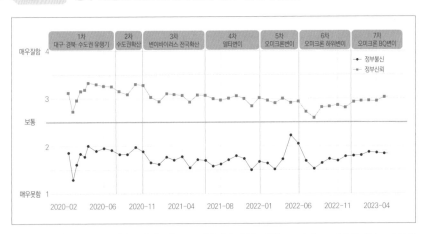

자료: 한국리서치, B6-1(대통령실) 및 B6-3(질병관리청) 질문. 코로나19 대응을 하는 다음의 공적인 주체를 현재 어느 정도 신뢰하고 계십니까? ① 매우 신뢰함에서 ④ 전혀 신뢰하지 않음의 4점 척도(①,②=정부신뢰, ③,④=정부불신).

넷째, 정부에 대한 신뢰는 정부의 대응조치에 대한 평가에 영향을 주는가? 신뢰는 이념처럼 장기적인 속성을 갖는 변수다. 정부 안에는 대통령실, 보건복지부, 질병관리청, 지방자치단체, 국공립의료원과 보건소 등 여러 기관이 포함되며, 이들 기관이 공적 방역 주체가 된다. 그런데 한국은 코로나19 대응 과정에서 기존의 질병관리본부를 질병청으로 확대하는 제도 개편을 시도했고, 질병관리청은 코로나19 전문행정기관으로서의 위상을 갖게 되었다. 따라서 정부의 대응조치에 대한 평가는 주로 최고 의사결정자인 대통령실과 전문행정기관인 질병청의 대응에 대한 평가를 중심으로 이루어질 가능성이 있다. 실제로 여러 공적 주체 가운데 대통령실과 질병청에 대한 신뢰도 평가는 동조 현상을 보이고 있기도 하다(3장 참조). 그렇다면 대통령실과 질병청에 대한 신뢰의 수준에 따라 정부의 대응조치에 대한 평가가 달라지는가?

〈그림 2-8〉은 코로나19 팬데믹 전 기간에 걸쳐 대통령실과 질병청을 신뢰하는 집단이 불신하는 집단에 비해 정부의 대응조치를 일관되게 긍정적으로 평가하고 있다는 것을 보여주고 있다. 2022년 5월의 정권 변화 시기에 한해 정부를 불신하는 응답자의 평가점수가 약간 올라가기는 했지만(그래도 중간 이하의 점수다), 신뢰하는 응답자와 불신하는 응답자 간의 상당히 큰 점수 차이가 코로나19 전 기간에 걸쳐 일정하게 유지되고 있었다.

다섯째, 심리적 변인 이외에 소득의 차이나 자녀의 유무와 같은 기본적인 인구통계학적 변수가 코로나19에 대한 정부의 대응조치를 설명하는 변수가 될 수 있는가? 소득의 차이는 예상했던 것만큼 유의미한 차이를 가져오는 변수는 아니었다.

그림 2-9 정부 대응에 대한 평가의 변화: 가구 소득 수준별

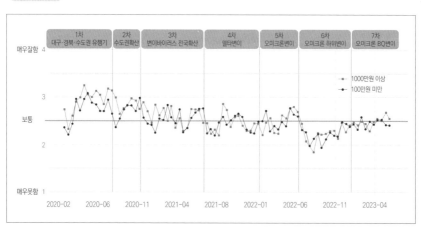

자료: 한국리서치, BQ12-1 질문. 귀하 가구의 지난 1년 동안 세금 납부(공제) 전의 월평균 총가구 소득은 얼마입니까? ① 100만원 미만에서 ⑪ 2천만원 이상의 11점 척도

〈그림 2-9〉에서 소득 5분위 집단인 월 가구소득 1,000만원 집단[13]과 1분위 집단인 100만원 미만의 집단을 비교한 결과 가구 소득이 정부에 대한 평가에 결정적인 영향을 미치는 요인인지는 불분명했다. 우선 소득 차이가 있다고 해서 정부 정책에 대한 평가의 차이가 위에서 설명했던 심리적 변수들보다 크게 나아지는 것은 아니었다. 다소 특징적인 부분이 있기는 했다. 코로나19 발생 초기에서 3차 유행의 중반 무렵까지(2021년 초기)는 소득 1분위의 정부 평가가 5분위에 비해 일관되게 낮은 점수였다. 이는 코로나19 초기에 저소득 가구의 피해 혹은 경제적 우려가 더 컸고 이것이 정부에 대한 평가에 영향을 주었던 것으로 추정해볼 수 있다. 그런데 그 차이는 미미했을뿐더러 그 이후에는 그런 추정마저 불가능할 정도로 소득집단별로 정부에 대한 평가가 엎치락 뒤치락거렸다. 코로나19와 같은 위기로 인해 고소득층보다 저소득층이 더 힘들어 하지만, 이러한 소득의 차이가 정부의 조치에 대한 평가의 차이로 곧바로 이어지지는 않았다. 소득과 같은 객관적 지표보다는 심리적 변인들이 정부에 대한 평가를 설명하는 데는 더 중요한 요인일 수 있다는 뜻이다.

---

13 소득 분위 기준은 2023년 1분기 통계청 가계동향조사 결과를 활용하였으며, 이에 따르면 가구소득 1분위 기준은 월 107만원, 소득 5분위 기준은 1,148만원 수준으로 본 분석에서는 한국리서치의 소득 문항 중에 이와 가까운 기준점을 활용하였다.

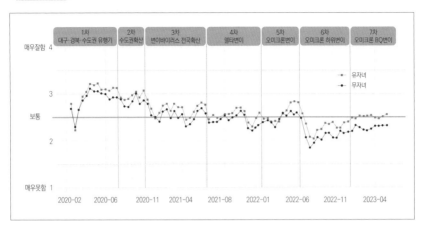

그림 2-10 정부 대응에 대한 평가의 변화: 자녀 유무별

자료: 한국리서치, BQ7 질문. 귀하는 자녀가 있으십니까?(①=유자녀, ②=무자녀).

마지막으로 자녀의 유무 여부는 코로나19에 대한 정부의 대응조치를 평가하는 중요한 변수로 확인되었다(〈그림 2-10〉 참조). 비록 그 차이가 큰 것은 아니지만 팬데믹 전 기간에 걸쳐 자녀가 있는 집단이 자녀가 없는 집단에 비해 정부의 코로나19 대응조치를 일관되게 더 긍정적으로 평가하고 있었다. 더욱이 이러한 집단별 차이는 코로나19 전 기간에 걸쳐 유사한 등락의 패턴을 보여주는 와중에 감염병 초기에 비해 후반기로 갈수록 더욱 그 격차가 커지는 모습을 보여주고 있다. 이러한 추이는 저소득 집단과 유자녀 집단에 코로나19의 피해가 집중되었다는 일부 연구 결과(송상윤, 2021)에 대해 신중한 해석이 필요하다는 것을 뜻한다. 보육과 교육 문제에 대해 애를 쓸 필요가 없는 무자녀 응답자가 심리적으로 정부의 대응조치에 대해 더 부정적이고, 이러한 조사 결과가 코로나19 전 기간에 걸쳐 일관적으로 유지되었다면, 추후 다른 연구를 통해 그 이유를 탐색할 필요가 있다.

③ 정부 정책에 대한 기대와 현실 인식의 차이

정부 대응에 대한 평가 및 만족도에 영향을 미치는 요인으로는 실제 시민들이 정부에 기대하는 바와 현재에 대한 인식 사이의 격차가 있다(조유선 외, 2021l). 이러한 기대와 현실의 불일치는 공공서비스에 대한 시민들의 만족 수준을 결정짓는 요인으로 오랫동안 탐색 되어 왔으며, 이는 정부에 대한 평가에 영향을 줄 수 있을 뿐 아니라 나아가 정부 정책의 정당성에 대한 근거로 여겨질 수 있다. 따라서 정부는 시민들이 정부에 대해 기대하는 바와 성과에 대한 불일치 여부를 체계적으로 관리할 필요가 있다. 여기에서는 코로나19의 정부 대응과 관련하여 방역과 경제회복이라는 두 가지 큰 축을 기준으로 시민들의 기대와 현실 인식이 어떠한 변화 추이를 보였는지 살펴보고자 한다.

팬데믹 전 기간에 걸쳐서 정부에 대한 기대와 현실에 대한 인식이 어떠한 변화 과정을 겪었는지 살펴볼 필요가 있다. 〈그림 2-11〉의 기대곡선에 나타나 있는 것처럼 시민들의 기대는 코로나19 전반기에는 방역 우선이었지만 2022년의 정권 교체 기간이자 동시에 5차 오미크론 변이가 유행하던 시기를 지나며 점차 경제를 우선하는 방향으로 바뀌어갔다. 정부가 현재 추진하고 있는 정책에 대한 인식도 비슷한 경향을 보였다. 코로나19 유행 전반기에는 정부가 경제보다 방역에 치중하고 있다고 인식했지만 후반기로 갈수록 정부 정책이 경제에 더 치중하고 있다는 인식이 증가하고 있다. 전반기에는 기대와 현실 모두 방역이 중심이었다면 후반기에는 기대와 현실 모두 방역보다는 경제 쪽으로 정책의 프레임이 이동하고 있다.

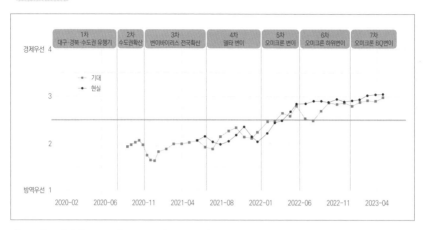

> **그림 2-11** 정부 정책에 대한 기대와 현실 인식

자료: 한국리서치, B10 및 B10-1 질문. 코로나19 방역과 경제회복·활성화 중 어느 것이 우선
시되어야 한다고(우선시하고 있다고) 생각하십니까? ① 코로나19 방역을 훨씬 더 우선해
야 한다(우선하는 것 같다)에서 ④ 경제회복·활성화를 훨씬 더 우선해야 한다(우선하는
것 같다)의 4점 척도(①,②=방역 우선, ③,④=경제 우선).

　그렇다면 집단별로 정책에 대한 기대와 정책에 대한 현실 인식 간의 격차
에 차이가 있는가? 정부의 대응조치에 대한 평가와 마찬가지로 감염 및 경제
적 우려, 정책에 대한 선호, 이념, 정부 신뢰, 소득과 자녀 유무와 같은 다양
한 집단을 구분하여 그 추이를 살펴보자.
　첫째, 개인의 불안 수준에 따라 기대-현실의 격차가 달라질 것인가? 감
염에 대한 〈그림 2-12〉와 〈그림 2-13〉은 감염병 우려 수준과 경제적 피해
에 대한 우려 수준별 기대-현실의 격차를 보여주고 있다.

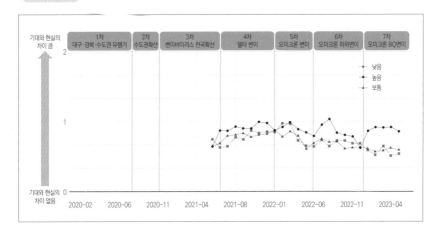

그림 2-12　정부 정책에 대한 기대-현실의 차이: 감염 우려 수준별[14]

자료: 한국리서치, B3 질문. 귀하께서는 코로나19에 감염될 가능성이 얼마나 된다고 생각하십니까?: ① 가능성이 매우 낮은 편이다 ② 가능성이 낮은 편이다 ③ 가능성은 반반이다 ④ 가능성이 높은 편이다 ⑤ 가능성이 매우 높다(①+②=낮음, ③=보통, ④+⑤=높음).

14　이후 그래프들은 방역과 경제회복에 대한 방향을 살펴보기보다는 기대와 현실의 불일치의 크기를 중심으로 살펴보기 위해, B10과 B10-1 문항을 뺀 값에 절댓값을 취하여 그래프로 나타내었음.

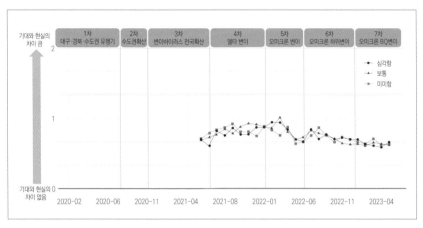

그림 2-13 정부 정책에 대한 기대-현실의 차이: 경제 우려 수준별

자료: 한국리서치, B7-2 질문. 코로나19가 나의 가정경제에 미치는 영향은 어떠하다고 생각하십니까?: ① 심각한 영향을 준다 ② 어느 정도 영향을 준다 ③ 미치는 영향이 별로 없다 ⑨ 잘 모르겠다(①=심각함, ②=보통, ③=미미함).

이에 따르면 정부의 대응에 대한 평가와 유사하게 코로나19 감염에 대한 우려가 높은 집단일수록 정부 정책에 대한 기대와 현실 간의 격차가 일관적으로 크게 나타났다. 더구나 감염에 대한 우려가 높은 집단, 중간 집단, 낮은 집단으로 집단을 분류했을 때, 2022년 4월 이후에는 감염 우려가 높은 집단의 기대-현실 격차가 다른 두 집단에 비해 더 커지고 있었다. 이것은 정책의 패러다임이 방역에서 정책으로 바뀌고 상대적으로 방역에 대한 정책적 관심이 줄어드는 현상과 깊은 관련이 있다.

반면, 경제적 우려 수준은 기대-현실의 격차와 관련이 있다고 보기 힘들었다. 경제적 영향의 크고 작음에 따라 집단을 순서대로 세 집단으로 분류한 후 기대-현실의 격차 추이를 분석했지만 우선 집단 별로 격차가 크지 않았고, 심각하다고 응답한 집단이 그렇지 않다고 응답한 집단에 비해 기대와 현실의 격차가 더 크다고 일관적으로 응답한 것은 아니었다. 이렇게 본다면 개인의 불안 가운데 감염병이 가져올 경제적 피해에 대한 불안보다는 감염

에 대한 불안이 정부의 정책에 대한 기대-현실의 격차를 일관성 있게 설명
해수는 요인이다.

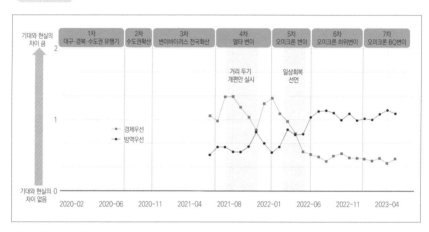

━━●그림 2-14 **정부 정책에 대한 기대-현실의 차이: 선호 정책별**

자료: 한국리서치, B10 질문. 코로나19 방역과 경제회복·활성화 중 어느 것이 우선시되어야
    한다고 생각하십니까? ① 코로나19 방역을 훨씬 더 우선해야 한다에서 ④ 경제회복·활성
    화를 훨씬 더 우선해야 한다의 4점 척도(①,②=방역 우선, ③,④=경제 우선).

둘째, 선호하는 정책의 차이에 따라 정책에 대한 기대-현실의 격차가 달
라질 것인가? 전체 추세를 보면 방역을 우선해야 한다는 집단과 경제회복 및
활성화를 우선해야 한다는 집단 간에는 정책의 기대-현실의 격차에서 극명
한 대비를 보이고 있다. 정부의 대응조치에 대한 평가와 유사하게 2022년 4
월을 전후로 그 앞 시기는 경제 우선 집단의 기대-현실 격차가 더 컸고, 그
뒤의 시기는 방역 우선 집단의 격차가 더 컸다. 즉, 앞 시기는 방역보다 경
제를 강조하는 집단이 정책에 대해 불만족해 하고, 뒤의 시기에는 반대로 경
제보다 방역을 강조하는 집단의 정책 불만족이 더 컸다고도 말할 수 있다.
이처럼 집단별로 기대-현실 격차가 변전되는 이유는 기본적으로 이념에
따라 선호하는 정책이 달라지기 때문이다. 〈그림 2-15〉의 추세선에 나타난
것처럼 보수라고 응답한 집단은 수십 번의 조사에서 거의 예외 없이 방역보

다는 경제회복·활성화를 우선시하였다. 반대로 진보라고 응답한 집단은 거의 대부분 경제회복·활성화보다는 방역을 우선시하였다. 즉, 코로나19 전 기간에 걸쳐 '보수는 경제, 진보는 방역'이라는 명제가 성립할 만큼, 이념 수준과 정책 선호가 함께 움직이고 있었다. 그리고 이념의 차이는 기대-현실의 격차를 형성하는 데 영향을 주고 있었다.

그림 2-15 이념 성향에 따른 정책 선호

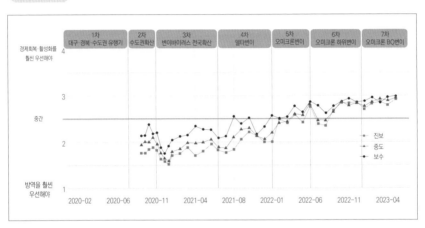

자료: 한국리서치, BQ13(이념) 및 B10(방역과 경제회복에 대한 기대 순위) 질문.

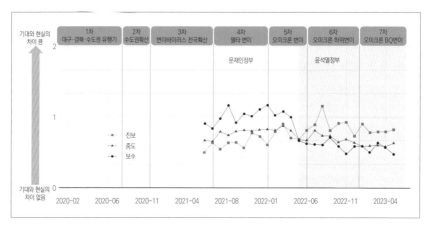

그림 2-16 정부 정책에 대한 기대-현실의 차이: 이념 성향별

자료: 한국리서치, BQ13(이념), B10(기대) 및 B10_1(현실) 질문.

셋째, 과연 이념적 지향에 따라 기대-현실의 격차에 대한 인식이 달라지는가? 〈그림 2-16〉에 나타난 것처럼 정부의 대응에 대한 평가와 마찬가지로 이념은 정책의 기대-현실을 설명하는 주요 변수로 확인되었다. 진보 진영의 경우 문재인 정부 당시 기대와 현실의 차이가 가장 적었던 반면, 윤석열 정부가 취임한 이후에는 기대-현실의 격차가 일관되게 가장 큰 모습을 보여준다. 반대로 보수 진영은 문재인 정부 당시에는 기대-현실의 격차를 일관적으로 크게 보였지만, 윤석열 정부가 취임한 뒤에는 이러한 모습이 극적으로 반전되어 기대-현실의 격차가 가장 작은 집단이 되었다. 즉, 정권이 지향하는 이념에 따라 진보와 보수의 평가가 뒤바뀌고 있었다.

이러한 격차의 변화에 대해 두 가지 설명이 가능하다. 하나는 실제로 이념이라는 주관적 변인이 현실에 대한 인식에 영향을 주었을 가능성이다. 즉, 정부에 대한 지지 여부에 따라 기대-현실 인식의 간극이 변할 수 있는 것이다. 다른 하나는 2022년 새 정부 취임과 함께 실시된 단계적 일상 회복 조치가 정치적 성향에 따라 달리 받아들여질 수 있었다는 것이다. 〈그림 2-15〉처럼 진보집단은 정부의 방역 조치에 우선순위를 두고 있는 반면, 보수집단은 경제회복에 더 큰 방점을 두고 있다. 이런 상황에서 정권이 바뀔 경우, 정권 교체에 따른 정책의 변동이 기대-현실의 격차를 야기할 수도 있으리라 여겨진다. 실제로 해외의 사례를 보더라도 정치적 이념은 정부 방역 조치에 대한 준수 여부라던가 시민 자유에 대한 침해에 얼마나 민감하게 반응하는지 등에 영향을 주면서 방역 정책에 대한 만족도에 큰 영향을 미치는 것으로 나타나고 있기 때문이다(Peng, 2022; Tarry et al., 2022).

그림 2-17 **정부 정책에 대한 기대-현실의 차이: 정부 신뢰 수준별**

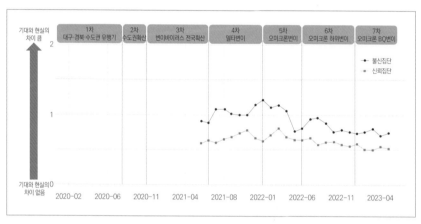

자료: 한국리서치, B6-1(대통령실) 및 B6-3(질병관리청) 질문. 코로나19 대응을 하는 다음의 공적인 주체를 현재 어느 정도 신뢰하고 계십니까? ① 매우 신뢰함에서 ④ 전혀 신뢰하지 않음의 4점 척도(①,②=정부 신뢰, ③,④=정부 불신).

넷째, 공적 주체에 대한 신뢰가 기대-현실의 격차와 관련이 있는가? 추세를 분석한 결과 〈그림 2-17〉에 나타난 것처럼 대통령실과 질병관리청에 대한 신뢰는 정책에 대한 기대-현실의 차이 인식에 일관된 영향을 주고 있었다. 정부를 불신하는 집단이 신뢰하는 집단에 비해 일관되게 높은 기대-현실 격차를 보여주었다. 방역과 경제 간의 균형이 중요한 상황에서 정부의 실질적인 정책은 자신의 기대와 괴리가 생길 수밖에 없는데, 정부를 불신하는 집단이 신뢰하는 집단에 비해 일관되게 그런 괴리를 크게 인식하고 있었다.

마지막으로 인구통계학적 변수들이 정책에 대한 기대-현실의 격차와 관련이 있는가? 앞에서 말했던 것처럼 격차를 결정짓는 요인으로 이 장에서 주목했던 것은 소득이나 자녀의 유무와 같은 변수였다. 먼저, 소득 1분위와 소득 5분위의 정책에 대한 기대-현실의 간극 추이는 〈그림 2-18〉에 나타나 있다.[15]

그림 2-18 정부 정책에 대한 기대-현실의 차이: 가구소득 수준별

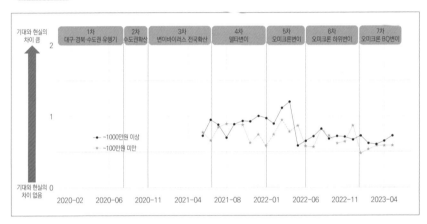

자료: 한국리서치, BQ12-1 질문. 귀하 가구의 지난 1년 동안 세금 납부(공제) 전의 월평균 총 가구 소득은 얼마입니까? ① 100만원 미만에서 ⑪ 2천만원 이상의 11점 척도.

흥미로운 것은 전체 조사 기간 중 대부분에 걸쳐 5분위의 고소득자 집단이 기대-현실의 격차를 더 크게 느꼈다는 사실이다. 기대-현실의 격차로 인해 정책에 대한 만족과 불만족이 좌우된다면 결국은 저소득자보다 고소득자가 정책에 대한 불만이 더 컸다는 뜻이다. 코로나19와 같은 위기가 저소득 계층을 더 힘들게 했다는 일반적인 관찰과는 약간 다른 해석이 필요한 부분이다. 저소득자가 기대-현실의 격차를 더 크게 느꼈던 시기는 각각 거리두

---

15 여기에서도 소득 분위 기준 구분에는 2023년 1분기 통계청 가계동향조사 결과를 활용하였다.

기 기준이 변경되는 2021년 8월, 사회적 거리 두기가 해제되고 새로운 정권이 출범하는 2022년 5월, 오미크론 변종이 다시 나타나기 시작하는 2022년 11월의 단 세 시기였다. 경제에 끼치는 영향을 주관적으로 물어봤을 때는 피해의 규모에 따라 큰 편차가 없었던 것과는 달리(〈그림 2-13〉을 참조), 객관적인 경제의 수준을 근거로 물어봤을 때는 고소득 집단과 저소득 집단 간의 차이가 분명히 드러났다. 고소득자는 경제회복·활성화를 기대하고 있는데 현실의 정책은 방역을 중심으로 이루어진다거나, 경제회복·활성화 정책을 실시하더라도 고소득자 개인의 기대에는 못 미치기 때문에 이러한 차이가 발생했을 것이다.

⟍그림 2-19 정부 정책에 대한 기대-현실의 차이: 자녀 유무별

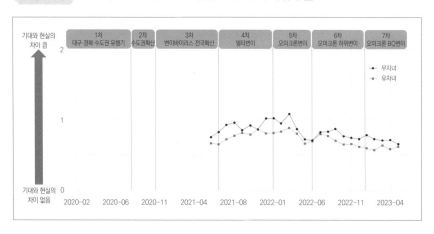

자료: 한국리서치, BQ7 질문. 귀하는 자녀가 있으십니까?(①=유자녀, ②=무자녀).

자녀 유무에 따른 정책 기대-현실의 격차는 정부의 대응조치에 대한 평가와 유사한 추세를 보이고 있다. 〈그림 2-19〉를 보면 유자녀 집단이 무자녀 집단에 비해 코로나19 전 기간에 걸쳐 정부 방역 조치에 대한 기대-현실 불일치 정도가 낮다는 사실을 보여준다. 이것은 유자녀 집단이 무자녀 집단에 비해 정부 정책에 대한 만족의 수준이 더 높다는 것을 의미한다. 양육과 돌봄의 과정이 더 힘들어졌기 때문에 유자녀 집단이 정부에 대해 더 부정적인 평가를 할 것이라는 예상과는 반대다. 이러한 결과가 돌봄 부분에 있어서 정부 정책의 효과성에 기인한 것인지 혹은 청년, 노인 1인 가구 등과 같은 소외가구의 낮은 만족 수준 때문인지는 보다 심층적인 분석을 통해 밝혀질 필요가 있다.

④ 정부 대응 및 정책에 대한 인식 변화의 변곡점

코로나19 유행 기간 동안 대중의 인식이나 평가에 있이 변곡점으로 여길 만한 순간이 있다. 이는 2022년 3월부터 5월까지의 시기이다. 3년 반의 코로나19 유행 기간을 7단계로 구분할 때, 이 시기는 2년을 지나 2년 반을 향해 가는 시점이며 구체적으로는 5차 유행 시기가 된다. 그렇다면 이러한 전환점이 코로나19 유행곡선의 변화와 어떤 관련이 있는가? 코로나19 유행곡선의 변화에 대해 두 가지 해석이 가능하다. 하나는 5차 유행기부터 중증화율과 치명률이 싱가포르와 함께 세계 최저수준인 0.1%로 지속적으로 관리되었기 때문에 이때부터 코로나19 유행곡선이 획기적으로 변했다는 해석이다. 다른 하나는 전파력은 강하고 위험성은 약한 오미크론 변이가 5차 유행을 주도했지만, 확진자가 폭증하면서 사망자와 위중증자도 역대 최고 수준이었기 때문에, 코로나19 유행곡선이 획기적으로 변했다는 해석이다. 어떤 해석을 취하든 변곡점은 존재한다는 해석이 가능하다[16].

그렇다면 변곡점을 중심으로 그 이전의 시기와 그 이후의 시기에 정부의 코로나19 관리에 대한 대중의 평가가 바뀌었을까? 정부에 대한 평가가 코로나19 유행곡선과 동조하며 변한다고 가정해보자. 앞의 해석을 따르면 뒤 시

---

16 K방역 등의 정책으로 인해 한국의 코로나19 관리가 비교적 성공적이었다는 평가가 있지만, 감염병 관리지표만 보면 3년 7개월이라는 전 기간에 걸친 정부의 방역이 늘 성공적이었다고 말하기는 힘들다. 비록 5차 유행기를 지나면서 치명률은 0.1%로 관리되고 있었지만, 그 당시 한국의 코로나19 확진자와 위중증자 및 사망자는 역대 최고 수준이었다. 즉, 변곡점 이후의 기간에 이루어진 정부의 코로나19 관리에 대한 평가는 양면적일 수 있다.

기로 갈수록 정부를 긍정적으로 평가하고 일정 시점이 지나도 그러한 평가가 유지되어야 한다. 뒤의 해석을 따른다면 반대로 정부에 대한 부정적 평가가 뒤 시기로 갈수록 위중증자와 사망자 숫자가 늘어나는 시점에서 더 커져야 한다. 변곡점 이후의 정부의 감염병 관리에 대한 평가는 양면적일 수 있다는 것이다[17]. 2장의 분석 결과는 코로나19 유행곡선의 변화에 대중의 평가가 동조하는 현상이 부분적으로 나타나기는 하지만, 객관적인 감염병 지표보다는 코로나19로 인해 생기는 개인의 불안, 신뢰, 이념 등의 주관적 요소가 정부에 대한 평가에 더 큰 영향력을 미치고 있다는 것을 보여주고 있다.

코로나19 확진자가 늘면 위중증자나 사망자도 함께 증가할 수밖에 없다. 이에 따라 사람들의 불안심리도 덩달아 커질 것이다. 〈그림 2-20〉은 유행주기별 감염 가능성 및 경제에 미치는 영향의 추이를 그린 것이다. 그림을 보면 세 가지 흥미로운 점을 관찰할 수 있다. 하나는 감염에 대한 우려는 코로나 유행 주기와 밀접한 관련을 갖는다는 점이다. 새로운 유행기에 접어드는 초기에 감염에 대한 우려도 함께 높아지는 것을 알 수 있다. 그리고 확진자가 최고 수준이었던 5차 유행기에는 감염에 대한 우려도 가장 큰 수준이었다. 다른 하나는 감염에 대한 우려가 코로나바이러스 유행에 민감하게 반응하는 것과 달리 경제에 대한 우려는 시간이 지나면서 점차 줄어드는 추세를

---

17 확진자가 갑자기 치솟은 이유에 대해 다양한 해석이 가능하다. 우선 오미크론 변이의 특성이라고 할 수 있는 감염 가능성이 높은 것이 하나의 원인일 것이다. 그러나 2021년 11월 1일의 위드 코로나 선언과 함께 사회적 거리 두기가 완화되었고, 위드 코로나 정책을 보완하기 위해 12월 1일에 시작했던 방역 패스 정책이 시민들의 강한 비판과 함께 2022년 2월에 해제되고, 2022년 4월 18일에 사회적 거리 두기를 전면 해제하면서 감염 가능성이 높아진 것은 분명하다. 그리고 그동안 지속되었던 코로나19에 대한 사람들의 누적된 피로와 3월 8일의 대통령 선거와 5월 8일의 대통령 취임, 6월 1일의 지방 선거라는 분위기가 방역에 대한 고삐를 누그러 뜨리는데 기여했을 것이다. 사망자 숫자나 위중증자 숫자의 관리, 중증화율과 치명률의 관리 가운데 어느 방식이 더 나은지 확실히 말할 수는 없지만 정권 변동기라는 시대적 상황을 겪으며 코로나를 관리하는 방식이 숫자에서 비율로 바뀐 것은 분명하다. 이 장에서는 변곡점 이전 시기를 코로나19 유행기의 전기, 변곡점 이후의 시기를 후기라고 구분하였다.

보인다는 것이다. 감염에 대한 우려가 평균값을 중심으로 등락을 보이는 반면, 경제에 대한 우려는 코로나19 전기에는 평균 이상의 값을 유지하며 서서히 줄어들다가 후기에는 평균 이하의 값을 보이며 서서히 줄어들고 있다. 셋째는 코로나19 초기 단계에서는 감염보다 경제적 피해에 대한 우려가 더 컸지만 팬데믹이 장기화하면서 이러한 우려가 점차 수렴해갔다는 점이다. 이는 정부의 대응이 주로 감염 확산 방지에 집중했기 때문일 수 있으며, 감염 후 회복보다 경제적 손실에서 회복하는 것이 더 어려웠기 때문일 수도 있다. 그러나 변곡점을 지난 후기에는 감염 가능성에 대한 응답 값과 경제적 영향을 받을 가능성에 대한 응답 값이 모두 평균선 아래쪽으로 이동하고 있는데, 코로나19가 장기화하면서 코로나19가 주는 부정적 영향을 소화할 수 있는 내성이 만들어졌기 때문이라 여겨질 수 있다.

그림 2-20 코로나19 유행 주기별 감염 및 경제적 우려의 변화

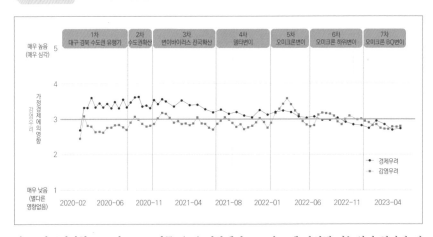

자료: 한국리서치, B3 및 B7_2 질문. (B3) 귀하께서 코로나19에 감염될 가능성이 얼마나 된다고 생각하십니까?(① 가능성이 매우 낮다에서 ⑤ 가능성이 매우 높다까지의 5점척도). (B7_2) 코로나19가 가정경제에 미치는 영향은 어떠하다고 생각하십니까?(① 심각한 영향을 준다에서 ③ 미치는 영향이 별로 없다).[18]

---

18 가정경제에 대한 우려 수준 그래프는 원래의 3점 척도를 역산하여 5점 척도로 변환한 뒤

그렇다면 5차 유행기인 변곡점을 기준으로 코로나19 전후 시기의 정부 대응 평가와 정책 기대-현실의 격차는 어떻게 변했는가? 〈표 2-1〉은 지금까지의 분석내용을 변곡점에 해당하는 5차 유행기 앞의 시기와 뒤 시기로 나누어 정리한 것이다. 각 시기에 따라 대통령과 정부의 대응 역량과 정책 역량(기대-현실의 격차)을 보여준다. 지금까지의 분석내용을 토대로 5가지 특징을 찾아낼 수 있다. 첫째, 신뢰와 이념은 일관되게 정부의 대응 역량과 정책 역량에 영향을 미치는 변수였다. 정부를 신뢰하는 집단은 코로나19 전 기간에 걸쳐 단 한 차례의 예외도 없이 불신하는 집단보다 대통령과 정부의 코로나19 대응을 더 긍정적으로 평가했고, 정책 기대-현실의 격차도 더 작았다. 신뢰 집단이 불신 집단에 비해 상대적으로 정부의 정책에 대해 더 만족하고 있다고 추정할 수 있다. 신뢰와 마찬가지로 사람들은 자신과 이념적 정향이 같은 정부에 대해 일관된 지지를 보여주고 있다. 〈그림 2-7〉이 보여주는 것처럼 진보집단은 일관되게 문재인 대통령을 지지하고 보수집단은 윤석열 대통령을 지지하고 있었다. 전기에는 스스로 진보라고 생각하는 응답자는 정부의 대응을 긍정적으로 평가하고 보수라고 생각하는 응답자는 정부의 대응을 부정적으로 평가하고 있었다. 그리고 그 편차도 컸다. 그러나 정권이 바뀌어 윤석열 대통령이 취임한 후기에는 정반대로 진보집단이 정부의 대응을 부정적으로 평가하고 보수집단이 긍정적으로 평가하고 있었다. 이러한 경향은 정책 기대-현실 격차의 경우에도 동일하게 나타난다. 전기에는 보수집단이 진보집단에 비해 기대-현실의 격차를 더 크게 인식한 반면, 후기에는 반대로 진보집단이 그 격차를 더 크게 인식하고 있다.

　　나타낸 것이며, 5점 척도로 환산하는 것에 따른 곡선의 변화는 발생하지 않음.

표 2-1 **정부 대응 및 정책에 대한 인식의 변화**

주요 변수	정부 대응 평가		정책기대-현실 격차	
	전기	후기	전기	후기
개인의 불안·우려 ①코로나감염 우려 ②경제 영향 우려	감염가능성 높을수록 부정적 경제적 영향 클수록 부정적		감염가능성 높을수록 격차 큼 일관성 있는 패턴이 없음	
정책 선호 (방역우선 vs 경제우선)	방역우선 〉 경제우선	경제우선 〉 방역우선	경제우선 〉 방역우선	방역우선 〉 경제우선
지지 이념 (진보, 중도, 보수)	진보 〉 보수	보수 〉 진보	보수 〉 진보	진보 〉 보수
정부 신뢰 (높음, 중간, 낮음)	신뢰 집단 〉 불신 집단		불신 집단 〉 신뢰 집단	
소득 수준 (1등급, 5등급)	초기에만 고소득 〉 저소득	일관성 없음	많은 경우, 고소득 〉 저소득	
자녀유무 (유자녀, 무자녀)	유자녀 집단 〉 무자녀 집단		무자녀 집단 〉 유자녀 집단	

둘째, 정책에 대한 선호 역시 이념이나 신뢰처럼 일관되게 영향을 주는 변수다. 이것은 지지 이념과 정책 선호의 상관관계가 아주 높기 때문이다. 방역을 경제보다 우선하는 집단은 〈그림 2-15〉에서 보여준 것처럼 이념적으로 진보와 겹치며, 경제를 방역보다 우선하는 집단은 보수와 겹친다. 그래서 이념의 차이가 보여주는 결과와 유사하게 전기에는 방역 우선 집단이 경제 우선 집단에 비해 정부의 대응을 긍정적으로 평가하고, 정책 기대-현실의 격차도 상대적으로 작았다. 그러나 후기에는 방역 우선 집단의 평가가 경제 우선 집단에 비해 더 긍정적이고, 정책 기대-현실의 격차도 더 컸다. 즉, 이념처럼 자신이 선호하는 정책의 성격에 따라 정부의 대응조치에 대한 평가와 기대-현실의 격차가 일관되게 달라지는 것을 확인할 수 있다.

셋째, 신뢰와 이념처럼 코로나19 감염에 대한 우려는 정부의 대응에 대한 평가에 일관된 영향을 주고 있었다. 감염 가능성이 높다고 생각하는 사람은 그렇지 않은 사람에 비해 코로나19 전 기간에 걸쳐 일관되게 정부의 대응 조치를 부정적으로 평가했고 정책에 대한 기대-현실의 격차도 상대적으로 컸다. 그러나 코로나19로 인해 발생하는 경제적 영향력은 감염 가능성과는 다른 추이를 보이고 있다. 정부의 대응조치에 대한 평가는 전기나 후기 모두 경제적으로 영향을 받고 있다고 응답한 사람이 그렇지 않은 사람에 비해 일관되게 부정적이었다. 그러나 정책 기대-현실의 격차의 추이는 일관되지 않았다. 때로는 경제적으로 영향을 받지 않는다고 응답한 사람이 더 격차가 작았고, 때로는 경제적으로 영향을 받는다고 응답한 사람이 더 격차가 작았다. 재난이나 위기로 인한 우려를 직접적인 피해에서 생기는 것과 간접적인 피해에서 생기는 것으로 나눌 때, 감염과 같은 직접적인 피해에서 생기는 불안이 경제적 피해처럼 간접적인 피해에서 생기는 불안에 비해 위기 상황에서의 정부 대응과 정책을 더 잘 설명해주고 있다고 봐야 한다.

넷째, 인구통계 변수 가운데 소득 수준의 차이는 생각보다 일관된 영향을 주는 변수가 아니었다. 전기에는 대체로 고소득자가 저소득자에 비해 정부의 대응에 대한 평가가 긍정적이었지만, 후기에는 그런 평가가 일관적이지 않았다. 그러나 자신들이 원하는 정책과 현재 정부에서 추진하는 정책 간의 기대-현실 격차는, 항상 그런 것은 아니지만 전기와 후기 모두 대체로 저소득자에 비해 고소득자가 크게 느끼고 있었다. 기대-현실의 격차가 정책에 대한 만족을 좌우한다면 정부의 대응에 대한 불만은 저소득자가 많지만, 정책에 대한 불만은 고소득자가 더 크다는 추정이 가능하다. 정책의 내용이 방역과 경제의 균형과 관련되는데, 고소득자는 정부가 지나치게 방역에만 치중했다고 보기 때문에 저소득자에 비해 기대-현실의 격차가 크게 나타난 것이라고 볼 수 있다.

다섯째, 자녀의 유무와 관련된 변수는 이념이나 신뢰처럼 코로나19 전 기간에 걸쳐 일관된 경향을 보이고 있는 흥미로운 변수였다. 코로나는 자녀를 가진 사람을 더 힘들게 했고 따라서 정부에 대한 평가가 긍정적이지 않으리라는 예상과는 달리 오히려 유자녀자가 무자녀자에 비해 정부의 대응을 긍정적으로 평가하고, 정책에 대한 기대-현실의 격차도 작았다. 자녀를 가진 사람이 세상에 대한 태도가 더 긍정적이라 그럴 수도 있고, 정부의 대응과 정책이 자녀를 가진 사람에게 더 우호적이고 돌봄 친화적이라 그럴 수도 있다. 특정 시기에만 그런 것이 아니라 조사를 실시한 전 기간에 걸쳐 같은 결과가 나왔기 때문에 그 원인에 대한 탐색이 필요하다.

 맺음말

'위기 상황에서 정부의 대응 역량과 정책역량에 대해 시민이 어떻게 평가하고 있는가'라는 질문은 곧 위기관리에 대한 정당성을 묻는 질문이기도 하다. 이 장에서는 대통령과 정부의 대응에 대한 시민들의 평가가 3년 반 동안 어떻게 변하고 있는지, 그리고 방역과 경제활성화라는 두 축을 중심으로 만들어졌던 정부의 코로나19 정책에 대한 기대-현실의 지각 차이가 어떻게 변하는지 살펴보았다. 기대-현실의 지각 차이는 코로나19 정책에 대한 만족도와 직결되는 중요한 변수라고 봤다. 3년 반 동안의 결과를 대략적으로 살펴보면 다음과 같다.

먼저, 정부의 대응 노력과 코로나19 정책에 대한 평가는 팬데믹 전 기간에 걸쳐 전반적인 하락세를 보인다. 우리나라의 방역은 코로나19 초기의 성공적인 K방역에서 델타, 오미크론으로 이어지는 변이 바이러스의 출현 이후 기존의 성공 공식이 적용되지 않으면서 큰 확산세를 보였는데, 시민들의 평가 역시 이러한 흐름을 반영하여 팬데믹 초기의 긍정적 평가에서 거듭되는 등락 속에 전반적인 평가의 하락을 보여주고 있었다. 정부의 대응과 정책에 대한 인식에는 다양한 요인들이 영향을 미치고 있었다. 기본적으로 경제적 불안과 감염에 대한 우려는 정부의 위기관리 역량에 대한 평가를 좌우하는 주요 요인이었으며, 이념과 신뢰와 같은 요인들 역시 기존의 연구(박선경·신진욱, 2021)들과 마찬가지로 평가를 견인하는 결정적인 요인으로 나타나고 있다. 유자녀 집단은 무자녀 집단에 비해 정부 정책에 대해 일관되게 높은 평가를 나타내고 있다는 사실 역시 흥미로운 결과이다. 반면, 소득 분위와 같은 지표가 코로나19에 대한 정부 대응과 정책에 대한 평가를 좌우하는 요인으로 어떠한 역할을 했는지는 다소 불분명하다. 이는 2010년대 이후 자산과 소득 등으로 나타나는 계급 의식이 정부 정책에 대한 태도에 유의미한 영향력을 행사한다는 일련의 연구 결과와는 상반되는 것이다(강원택·성예진, 2018; 김도균·최종호, 2018).

다만 이 장에서 살펴본 변수들 사이의 경향을 통해 말할 수 있는 것은, 정부의 위기관리 역량에 대한 평가에 영향을 주는 요소들은 소득 수준과 같은 객관적 지표라기보다는 감염병에 대한 우려, 본인의 이념적 정향과 같은 주관적 인식 지표일 가능성이 있다는 것이다. 그리고 이러한 결과는 정부 방역에 대한 평가와 만족도를 결정하는 데 있어 가장 일관되고 분명하게 영향을 미친 변수들이 단기적이고 변화 가능성이 높은 변수라는 기존의 연구 결과(박선경·신진욱, 2021)와도 상반되는 것이다. 장기적인 반복 조사의 결과가 말해 주는 것은 오히려 개인의 성향과 이념적 정향과 같은 비유동적인 변수들이 위기관리 상황에서의 정부에 대한 평가에도 큰 영향을 미치고 있다는 점이다. 이것을 단적으로 보여주는 것은 코로나19 5차 유행기를 기준으로 각자의 이념에 따라 정부의 대응 노력과 정책에 대한 평가가 반전하는 현상이다.

코로나19 전 시기를 다양한 기준으로 구분하지만, 이 장은 5차 유행기인 2022년 3월에서 5월을 코로나19의 변곡점으로 봤다. 이 시기는 정부의 코로나19 관리지표가 감염자보다는 중증화율과 치명률로 바뀌면서 감염자가 폭증했던 시기다. 확진자가 폭증하면서 결과적으로는 위중증자와 사망자도 폭증했지만 오히려 중증화율과 치명률은 낮은 상태가 되었다. 그리고 이 시기는 대통령 선거와 정권 교체 및 지방 선거를 둘러싸고 정치적 활동이 급증했던 시기이기도 하다. 지금까지의 분석에서 가장 흥미로운 점은 변곡점을 중심으로 정부의 대응과 정책에 대한 평가가 이념에 따라 뒤바뀐다는 점이다. 변곡점 이전의 기간에는 진보집단은 보수집단에 비해, 경제보다 방역을 선호하는 집단은 방역보다 경제를 선호하는 집단에 비해 일관되게 정부의 대응과 정책을 긍정적으로 바라보고 있었다. 그러나 변곡점 이후에는 일관되게 부정적으로 바라보고 있었다. 반대로 보수집단과 경제 우선 집단은 변곡점 전 기간에는 부정적으로 평가하고 변곡점 이후 기간에는 긍정적으로 평가하고 있었다. 즉, 위기 상황을 관리하는 정부의 대응과 정책을 이념과 정파성에 입각해 평가하고 있었다.

물론 변수들 사이의 관계는 훨씬 더 복잡할 수 있다. 예컨대 정부에 대한 평가 및 만족도에 영향을 줄 수 있는 이념과 같은 경우에는 (본 장에서는 자세히 다루지 않았으나) 실제로 코로나19 감염에 대한 불안 수준에도 영향을 주는 것으로 나타나고 있으며, 방역 및 경제회복에 대한 선호에도 분명한 영향을 주는 것처럼 보인다. 또한 이러한 변수는 정부 신뢰와 같은 변인들과 상호작용하면서 정부 정책에 대한 평가와 정책 만족도에도 영향을 행사할 수 있다. 재난지원금과 같은 정부의 임시 조치들(김영주, 2019), 보건과 복지 정책의 대응성과 효과성(김태형, 2022), 사스나 메르스 사태와 같은 기존 감염병의 경험(문정화 외, 2021), 주변 국가들과의 정부 대응 비교(박범섭·신정섭, 2021) 역시 시민들이 느끼는 정부 방역 평가와 만족도 수준에 일정한 영향을 미쳤을 수 있다.

이 장은 코로나19 전 기간에 걸쳐 정부의 대응과 정책의 기대-현실의 격차에 대한 인식의 추이를 기술한 것이고, 변수들 사이의 인과성을 분석한 것은 아니다. 과연 소득과 같은 변수들이 정책 평가에 유의미한 영향을 미치지는 않았는가? 실제로 자녀의 유무가 정책에 대한 평가를 긍정적으로 끌어낸 변수 가운데 하나였는가? 본문에서도 언급했던 바와 같이 1인 가구와 노령층 가구와 같은 응답층이 변화의 추이를 왜곡한 것은 아닌가? 본 장에서 살펴본 다양한 경향들이 실제로 어떠한 원인으로 인해 발생한 것이며, 얼마나 유의미하고 견고한 결과인지에 대해서는 심층적인 연구가 추후 이어져야 한다. 그럼에도 본 장에서 살펴본 다양한 변인들 사이의 관계는 지난 3년 반여 동안 지속되었던 코로나19에 대해 우리가 어떻게 느끼고 반응했으며, 이러한 경험이 어떠한 의미를 줄 수 있는가에 대한 밑그림을 제공한다는 점에서 큰 의미가 있다.

제 **3** 장

코로나19 팬데믹과
정부 신뢰의 역동성

— 강상원 —

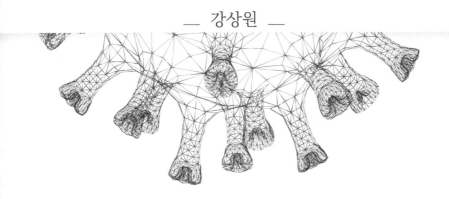

Ⅰ 머리말

이 장에서는 정부 신뢰라는 키워드를 중심으로 3년 반에 걸친 코로나19 팬데믹이 주요 기관에 대한 신뢰에 어떠한 영향을 미쳤는지와 더불어 이러한 정부기관에 대한 신뢰가 방역 지침 준수 여부를 결정하는 데 있어서 어떠한 역할을 했는지 탐색해보고자 한다.

코로나19라는 미증유의 방역 위기는 전 세계에 걸쳐 다양한 방식으로 국가와 공동체에 도전을 제기했다. 각국은 유례없는 바이러스의 확산에 대처하고, 공중보건을 보호하며, 팬데믹으로 인한 사회경제적 혼란을 최소화하기 위해 불확실성 속에서도 신속하면서도 효과적인 대응조치를 요청받았다. 이러한 대응은 때로 국민적 합의를 생략한 채 진행되었으며, 명백한 과학적 증거가 부재한 상황에서 이루어져야만 했다. 시민들은 공공의 안녕과 안전을 위해 일상이 직접적으로 제한받는 조치를 감내해야 했으며, 한편으로 국가의 대응 역량을 직접적으로 목격하면서 공공 정책과 정부 역할, 정부 조치 정당성의 중요성을 절감하게 되었다.

이러한 까닭에 코로나19가 우리 사회에 남긴 혼란의 기억이 점차 잊혀져가고 있는 와중에도 지난 3년 5개월여의 경험은 여전히 우리에게 중요한 질문을 던지고 있다. 불확실한 위기 상황에서 내려진 정부의 방역 조치와 그 성과에 대해 시민들은 어떠한 평가를 내리고 있는가? 정부 조치의 정당성이 위협받는 상황에서 누가 정부의 조치를 더 잘 따랐으며, 결과적으로 이러한 조치는 우리 사회에 어떠한 결과를 가져왔는가? 향후 반복될 수 있는 방역 위기 앞에서 코로나19의 경험이 우리 정부와 사회에 주는 교훈은 무엇인가?

본 장에서는 코로나19 최초 확진자가 보고된 2020년 1월부터 팬데믹 종식이 선언된 2023년 5월에 이르는 3년 5개월의 시간에 걸친 변화를 '신뢰', 그 중에서도 '정부 신뢰'라는 키워드를 중심으로 살펴보고 이를 통해 코로나19의 경험으로부터 우리가 얻을 수 있는 교훈을 살펴보고자 한다.

Ⅱ 선행연구

1 정부 대응과 신뢰

코로나19와 관련된 각 사회의 반응은 지역에 따라, 혹은 시기에 따라 상이하게 나타났다. 때로 이러한 대응은 감염병 유행 초기 스웨덴을 비롯한 일부 지역의 집단 면역 형성 실험에서부터(Nygren & Olofsson, 2021), 중국과 같은 권위주의 국가의 봉쇄 조치로 이해되기도 하였다(Macfarlane & Rocha, 2020). 한편에서는 마스크 의무화 조치에 대한 볼멘소리가 터져나오는 와중에(Klinenberg & Sherman, 2021; Kim & Oh, 2021), 다른 한켠에서는 마스크 착용에 대한 사회적 동조화의 압력이 목격되기도 하였다(Bir & Widmar, 2021). 코로나19 백신의 개발 초기 한국에서는 백신 확보 요구에 대한 여론이 높았지만(김나리, 2021), 이와는 반대로 서구 일부 국가들에서는 백신접종 의무화에 대한 반대 시위가 발생하기도 했다(Liao, 2022).

이처럼 위기가 전 세계로 확산되어가는 와중에도 정부의 대응 강도와 범위의 정당성(legitimacy)에 대한 엇갈린 시각이 나타났다. 한국의 경우만 보더라도 정부의 코로나19 방역 조치와 관련해 다양한 논란과 평가가 존재했다. 사회적 거리 두기, 확진자 동선 공개, 마스크 착용 의무화, 사적 모임 제한, 집회 금지와 영업시간 제한 등의 방역 지침은 그 시행 단계부터 일련의 조치가 해제된 시점에 이르기까지 시민 개개인의 사생활 보호와 기본권을 침해한다는 비판적 시각에서부터 공공보건을 위한 필수적 조치라는 평가가 상존했다. 긴급한 방역 위기는 정부로 하여금 국민적 합의 과정을 생략한 채 논쟁의 여지가 있는 정책 결정을 내리도록 했으며, 이에 대한 각 사회의 반응은 상이하게 나타났다.

이와 같이 각국의 대응이 상이하게 나타난 까닭, 기본권 침해 논란이 있는 조치들에 대한 수용 여부, 이후 코로나19로부터의 회복과정에 이르는 복잡다단한 과정을 설명하는 데 있어서 다양한 변수들이 언급될 수 있겠지만, 그 중에서도 가장 주목할 만한 변수 중 하나는 바로 정부에 대한 신뢰이다. 이는 신뢰가 사회적 관계의 토대를 이루며, 개인과 집단 간의 상호작용 과정에서 핵심적인 역할을 수행하면서(Putnam, 2000), 위기 상황에 대응하는 데 있어서 필수적인 요소로 인식되기 때문이다. 코로나19와 관련해서도 정부 신뢰는 정책집행(Toshkov et al., 2022), 방역 조치에 대한 준수(Olsen & Hjorth, 2020), 위험에 대한 인식(Dryhurst et al., 2022), 치명률(Oksanen et al., 2021) 등에 영향을 주는 요인으로서 다양한 측면에서 연구되어 왔다.

예컨대 Goldstein & Wiedemann(2022)은 독일과 미국의 코로나19 초기 대응과정을 살펴보면서 미국의 높은 감염률과 치명률이 독일에 비해 낮은 정부 신뢰에 기인한 것이라는 점을 이야기한다. 구체적으로 이들은 독일 사회의 높은 정부 신뢰는 바이러스 확산 초기의 정부 조치를 수용하는 독일 국민의 태도로 이어졌으며, 이에 따라 엄격한 자가 격리 준수 및 사회적 거리두기 조치 수용으로 나타났음을 지적하고 있다. 아울러 이러한 예방적 조치들은 바이러스의 대규모 확산을 지연시키면서 의료 기관이 감당 가능한 수준의 코로나19 확진자 수가 유지되는 데 큰 도움이 되었다는 점을 언급한다.

미지의 바이러스에 대한 대응에 있어서 전 세계적으로 점차 표준화된 조치가 이루어져 가던 와중에도 이러한 조치들에 대한 준수 여부는 각 사회의 정부 신뢰 수준을 바탕으로 상이하게 나타났다. 미국에서는 바이러스 확산이 계속됨에도 불구하고 정부 대응조치를 무시한다는 보도가 넘쳐났으며, 이러한 상황이 취약한 집단 사이에서 바이러스가 무차별적으로 퍼지는 원인으로 작용했다는 지적이 있다.

코로나19 초기, 한국의 성공적인 대응의 밑바탕에도 정부에 대한 신뢰가 있었음이 종종 언급되곤 하였다. 전 식품의약국(FDA) 국장 스콧 고틀리브(Scott Gottlieb)는 트위터에 "한국은 스마트하고 공격적인 공중보건으로 코로나19를 이길 수 있음을 보여주고 있다"며 한국을 방역의 성공 모델로 거론하면서, 한국이 중국과 같은 엄격한 이동 제한이나 유럽 혹은 미국과 같은 봉쇄 조치 없이 코로나19 확진자 수의 급감을 이루어낼 수 있었던 배경에는 정부의 신속한 조치에 대한 시민들의 신뢰가 주요 요인으로 자리하고 있음을 지적하였다. 대형 건물 입구에 열화상 카메라의 설치, 발열 여부 검사와 입장 제한 조치, 코로나 양성 환자에 대한 이동 경로 추적과 밀접접촉자에 대한 확인 및 자가 격리 조치, 그리고 마스크 착용 권고와 같은 일련의 정부 대응조치에 대해 한국인들은 개인의 자유 침해와 사생활 노출 가능성을 일정 수준 감내하면서 공통의 목적을 이루기 위한 정부의 노력에 대해 높은 신뢰를 보여주었다는 것이다. 당시 이태호 외교부 차관은 "(정부 조치에 대한) 대중의 신뢰는 우리의 공동 노력을 강화하는 매우 높은 수준의 시민의식과 자발적인 협력으로 이어졌다"고 언급하기도 하였다(Fisher & Choe, 2020).

이처럼 정부에 대한 시민들의 높은 신뢰 수준은 위기 상황에서 정부 조치에 대한 순응으로 연결될 수 있다. 이뿐 아니라 높은 수준의 정부 신뢰는 문제 해결 과정에서 자발적인 시민 참여 역시 제고시킨다는 연구도 있다. 예컨대 우미숙 외(2021)의 경우 코로나19 발생 이후 등장한 사회 문제 해결을 위한 시민들의 행동 의향을 연구하면서 정부 신뢰가 중요한 변수임을 확인하고 있다. 이들은 정부에 대한 시민들의 높은 신뢰가 사회 문제 해결을 위한 기부, 납세 의향, 아울러 봉사 의향을 제고시키는 것을 실증적으로 보여주고 있으며, 결과적으로 이는 위기 상황에서의 정부의 원활한 정책 수행과 국정운영에 핵심적인 요인임을 지적한다. 코로나19와 같은 외부적 위기 상황은 시민들로 하여금 정부의 위기관리 역량을 목도하게 하는 시험대이며, 이 과정에서 정부에 대한 신뢰 수준이 결정될 뿐 아니라(Cairney & Wellstead, 2021), 결과적으로 이는 시민의 참여에도 영향을 미치게 되는 것이다(노민정, 2020: 157).

물론 신뢰가 만병통치약과 같은 역할만을 수행한 것은 아니다. 때때로 높은 정부 신뢰는 코로나19에 대처하기 위한 초기 조치의 도입을 지연시키는 원인이 되기도 하였다. 대표적인 예가 코로나19 초기, 집단 면역 방침을 택한 스웨덴 정부의 사례이다. Nygrend & Olofsson(2021)은 유럽에 코로나 19가 확산되기 시작한 2020년 초, 여타 국가들과 달리 집단 면역 방식을 택한 스웨덴 정부의 결정 이면에 정부 방역 전문기관에 스웨덴 시민들의 높은 신뢰가 있었음을 지적한다. 스웨덴 방역 당국은 팬데믹 초기, 감염병 유행의 장기화를 예상하면서 유럽의 많은 나라들과는 다른 느슨한 대처를 취했다. 출입국 제한 조치는 이루어지지 않았으며 마스크 의무화와 사회적 거리두기 조치는 권고사항에 머물렀다. 스웨덴 방역 당국의 예상대로 코로나19는 이후 장기화되면서 이른바 엔데믹으로 이어졌지만, 이러한 느슨한 방역의 결과, 스웨덴 사회는 감염병 유행 초기 취약계층의 높은 사망률이라는 결과 역시 수용해야만 했다. 물론 이러한 느슨한 방역 조치는 스웨덴 외무 장관 안 린데(Ann Linde)의 CNN 인터뷰 발언에서도 나타났듯이 정부 그리고 시민들 사이의 높은 신뢰도를 바탕으로 한 것이었다(Kwon, 2020). 그러나 이러한 높은 신뢰는 역설적으로 코로나19에 대한 주변 국가들의 발빠른 조치에 대해 스웨덴 사람들로 하여금 '쓸데없는 일'로 치부하게끔 만들었다(Nygrend & Olofsson, 2021). 즉, 스웨덴 사람들은 느슨한 조치를 실시하는 스웨덴 방역 당국을 전적으로 신뢰하였기 때문에 점차 표준화되어 가는 주변 국가들의 코로나19 대응조치들을 뒤늦게서야 수용하게 된 것이다.

이처럼 코로나19와 같은 보건 위기 상황에서 한 사회의 신뢰 수준은 그 대응의 방식과 결과에 큰 영향을 미친다. 아울러 이는 개인, 기관, 국가 간의 상호작용에 있어서 한계와 가능성을 동시에 제공한다.

② 정부 신뢰의 다기능성

신뢰는 다면적 개념이다. 신뢰는 어떠한 수준에서 측정하느냐에 따라 다시 개인 간 신뢰, 정부 및 기관에 대한 (개인의) 신뢰, 사회 일반에 대한 신뢰, 기관 간, 혹은 조직 간 신뢰 등으로 구분되며, 다시 수평적, 수직적 신뢰로 구분되기도 한다(Coleman, 1988). 이러한 다면적, 다층적 신뢰는 특정 상황에서 서로 다른 중요성과 영향력을 가진다.

기능적인 측면에서 신뢰의 중요성은 일찍이 Putnam(2000)이 언급한 사회적 자본 논의를 통해 짐작할 수 있다. 이에 따르면 일반적으로 신뢰는 시민들의 태도와 행동에 영향을 주고, 협력과 호혜적 관계, 희생 등을 유도함으로써 공동체의 결속력을 강화할 수 있는 것으로 여겨진다. 아울러 높은 신뢰는 거래비용을 감소시키고 무임승차의 위험을 감소시킴으로써 협력의 기회를 창출하는 데에도 중요한 요인으로 지목되며(Ostrom, 2009), 이러한 기능으로 말미암아 한 국가의 경제 발전에 중요한 역할을 한다고 간주되곤 한다(Fukuyama, 1996).

각 유형의 신뢰에 따라 서로 다른 기능을 탐구한 연구들도 여럿 존재한다. 예컨대 사회 제도나 시스템에 대한 신뢰, 즉, 법 제도나 정부 기관에 대한 신뢰에 대해 탐구하면서 Easton(1975)은 제도에 대한 대중의 신뢰가 정치에 대한 관심을 제고시켜 민주주의의 안정성과 직결될 수 있음을 강조한다.

신뢰의 역할은 코로나19와 같은 위기 상황에서 특히 두드러진다. 앞서 언급했듯이, 제도나 정부 기관에 대한 신뢰는 정부의 방역 정책에 대한 수용성과 시민들의 자발적 협조에 영향을 미칠 수 있고, 공동체 규범 준수에도 영향을 발휘할 수 있다. 반면, 신뢰 수준이 낮은 경우 정부 정책에 대한 불신과 불안이 증대되며 이는 전문행정기관의 지침을 따르지 않게 하는 결과로 이어질 수 있다. 즉, 낮은 신뢰 수준은 사회적 거리 두기 등의 공동체 규범 준수를 어렵게 만들며, 결과적으로 방역 위기에 대처하는 것을 더욱 어렵게 할 수 있다고 추측해 볼 수 있는 것이다.

이와 관련하여 정부 및 전문행정기관에 대한 신뢰가 코로나19 대응 과정에 영향을 미쳤다는 다양한 실증 연구들이 존재한다. 먼저 높은 사회 신뢰와 정부 신뢰는 코로나19 대응에 있어서 정부의 방역 조치의 수위에 영향을 미칠 수 있다. 앞서 살펴본 바와 같이, Nygrend & Olofsson(2021)은 스웨덴의 느슨한 방역 정책에 높은 사회 신뢰가 영향을 미칠 수 있었음을 지적한다. 이와 유사한 연구 결과는 Toshkov et al.(2022)을 통해서도 확인된다. 유럽 각국의 학교 폐쇄 조치가 언제 시행되었는지 살펴본 이들의 연구에서, 개인 간 신뢰, 정부 신뢰가 높은 국가들의 경우 학교 폐쇄 조치가 더욱 늦게 도입되는 경향이 있음이 발견된 것이다. 이들에 따르면 신뢰 수준이 높은 사회에서는 정부가 제한적인 조치에 의존할 필요성이 상대적으로 낮으며, 개인들 간의 자율적인 규범 준수가 강제적 조치를 대체할 수 있다는 것이다.

한편으로 Goldstein & Wiedemann(2022)은 미국 50개 주의 핸드폰 위치 데이터 분석을 통해 신뢰 수준이 높은 주에서 자가 격리 명령 및 봉쇄(lock-down) 조치를 더욱 잘 준수한다는 사실을 발견한다. 이들은 높은 신뢰가 사회적 압력을 강화하고 한편으로 친사회적(pro-social) 행동을 촉진함으로써 시민들 사이의 자발적 협력을 제고시키고, 이러한 행동이 정부 방역 정책에 대한 준수로 연결된다는 점을 지적한다. 이들의 이러한 연구 결과는 신뢰가 (정파성에 따라 정치적 신념이 강화되면서 그 효과를 일부 감소 시키기기도 하지만) 정책 순응도를 제고하는 데 있어서 50개 주에 걸쳐 일관되게 유의미하다는 사실도 확인시켜 준다.

보건 위기 상황에서 신뢰가 중요하다는 것은 코로나19 팬데믹 이전부터 지적되던 바이다. Siegrist & Zingg(2014)는 2009년 발생한 신종독감(H1N1)에 대한 스위스 대중의 반응을 조사하면서 신형 바이러스에 대한 정보의 주요 원천인 전문가와 전문행정 기관에 대한 신뢰가 백신 접종과 같은 방역 정책 준수 여부에 큰 영향을 미친다는 사실을 지적한 바 있다. 유사한 연구는 또 있다. 23개국 3만 여명을 대상으로 한 사이코로나 설문조사(PsyCorona Survey)의 대규모 데이터를 바탕으로 한 Han et al.(2023)의 연구는 23개국 모두에 걸쳐 정부에 대한 신뢰가 손 씻기, 혼잡한 공간 피하기, 자가 격리와 같은 정부 조치 준수 비율을 높인 것으로 확인하고 있다.

물론 실제 연구 결과는 우리의 직관보다는 조금 더 복잡한 부분이 있다.

신뢰의 다양한 유형들 가운데, 정부 신뢰가 아니라 사회 일반에 대한 신뢰가 방역 지침 순수에 더 중요한 영향을 미친다는 연구 결과도 존재하기 때문이다. 신뢰의 유형과 방역 지침 준수 여부에 대한 실증 연구 가운데에서, 덴마크 대중을 상대로 한 Olsen & Hjorth(2020)의 연구는 전문행정기관에 대한 신뢰만이 방역 지침 준수에 유의미한 영향력을 갖는다고 보고하고 있지만, 정부 신뢰가 아니라 사회 일반에 대한 신뢰가 팬데믹을 극복하는 데 보다 핵심적인 요인이라는 연구도 존재한다. Hartley & Jarvis(2020)는 코로나19 팬데믹 와중에 나타난 홍콩의 사례를 통해서 사회 신뢰의 중요성을 더욱 강조하고 있다. 홍콩의 경우 2014년과 2019년 잇달아 발생한 민주화 시위로 인해 정부 행정기관에 대한 신뢰가 매우 낮은 수준이었지만, 홍콩의 시민들은 사스와 같은 이전의 감염병을 함께 이겨낸 경험과 이웃 및 낯선 이들에 대한 높은 신뢰를 바탕으로 코로나19 방역 위기 상황에서의 친사회적 규범에 자발적으로 따랐다는 것이다.

신뢰는 방역 지침의 준수뿐만 아니라, 낯선 바이러스에 대한 위험 인식과 대응 방식을 결정하는 데에도 중요한 역할을 한다. Bavel et al.(2020)은은 위기 시에 사람들이 주로 신뢰하는 소스로부터의 정보에 크게 의존한다는 사실을 강조하는데, 이는 코로나19와 같은 방역 위기 상황에서 정보와 메시지를 전달하는 주체의 신뢰성이 대단히 중요하다는 점을 보여주는 것이다. 비슷한 맥락에서 Dryhurst et al.(2022)은 유럽과 미국, 아시아 10여개 국가에 대한 실증 연구를 통해 코로나19에 대한 대중의 위험 인식에 개인적인 경험과 지식, 가치 뿐 아니라 정부, 과학 및 의료 전문가에 대한 신뢰가 유의미한 영향을 미친다는 것을 보여준다. 구체적으로 이들의 연구 결과에 따르면 코로나19에 대한 위험 인식은 정부에 대한 신뢰와 부의 관계를 보인다. Andersson et al.(2022)의 연구 역시 스웨덴의 경험을 통해 코로나19에 대한 위험 인식과 과학 및 의료 전문가에 대한 신뢰 사이에 부의 관계가 있음을 보여주고 있다. 정부 방역 전문행정기관을 신뢰할수록 코로나19에 대한 위험을 낮게 판단한다는 것이다.

신뢰와 코로나19의 치명률 사이의 관계 역시 몇몇 학자들의 관심을 끈 연구 주제였다. Elgar et al.(2020)은 정부가 제공하는 정보에 대한 신뢰, 타인에 대한 신뢰와 결속이 팬데믹 위기 상황에서 자발적 협력과 친사회적 활동을 촉진하며 결과적으로 치명률을 낮출 수 있다는 가설을 84개국에 걸친 코로나19 사망자 데이터를 분석하여 검증하고 있다. 정부에 대한 신뢰는 아니지만, 68개국에 걸친 세계가치조사 7차 데이터를 바탕으로 한 연구를 통해 Min(2020)은 사회 신뢰, 그 중에서도 특히 가족과 이웃에 대한 신뢰가 코로나19 전파 속도를 더욱 늦출 수 있다는 점도 지적하고 있다.

이처럼 신뢰는 코로나19와 관련하여 다양한 측면에서 영향을 주는 변수로서 연구되어왔다. 이와는 반대로 지난했던 코로나19의 경험이 신뢰에 영향을 주었다는 연구 결과도 존재한다. 예컨대 Cairney & Wellstead(2021)는 코로나19 초기 대응 과정에서 미국과 영국의 사례를 비교하면서 코로나19 초기의 혼란이 정부 조치에 대한 불신으로 연결되고 있음을 보이고 있다. 특히 이들은 미국의 경우 정부와 시민 사이의 역학이 집권화된 정부 조치에 대한 불신의 역사로 인해 여타 국가들보다 복잡한 양상을 띠고 있으며, 이에 따라 정부 조치에 대한 시민들의 준수 여부를 예측하는 데에도 어려움을 준다고 지적한다.

이상에서 살펴본 바와 같이 기존의 다양한 연구들은 코로나19와 정부에 대한 신뢰의 상호 작용에 대해 탐구하고 있다. 요컨대, 한 사회의 정부 신뢰 수준은 코로나19와 같은 방역 위기를 대응하는 방식과 그 결과에 영향을 미치는 주요 변수가 되었을 뿐만 아니라, 코로나19의 경험 역시 이후 정부에 대한 신뢰 수준에 영향을 미치기도 하였다는 것이다. 이상에서 언급한 기존의 연구를 요약해 보자면 다음의 〈표 3-1〉과 같다.

표 3-1   **코로나19와 정부 신뢰에 관한 주요 선행 연구**

	영역	내용	연구 사례
독립변수	정책집행	• 사회 신뢰와 정부에 대한 신뢰가 높은 국가일수록 제한적인 방역 정책이 늦게 도입되는 경향을 보임.	• Toshkov et al. (2022) • Nygrend & Olofsson (2021)
	정책순응	• 정부에 대한 높은 신뢰는 정책에 대한 높은 순응으로 이어짐. • (사회 신뢰가 아닌) 정부 신뢰가 정책순응과 유의미한 관계를 갖는다는 연구. • 정부 신뢰보다 사회 신뢰가 중요하다는 결과도 존재.	• Goldstein & Wiedemann (2022) • Han et al. (2020) • Olsen & Hjorth (2020) • Hartley & Jarvis (2020)
	위험인식	• 코로나19에 대한 위험 인식은 정부에 대한 신뢰와 부의 관계를 보임. • 코로나19에 대한 위험 인식은 과학 및 의료 전문가에 대한 신뢰와 부의 관계를 보임.	• Dryhurst et al. (2022) • Andersson et al. (2022)
	치명률	• 제도에 대한 신뢰는 치명률과 낮은 상관관계를 보임. • 사회 신뢰는 코로나19의 낮은 전파로 이어짐.	• Elgar et al. (2020) • Min (2020)
종속변수	–	• 정부의 코로나19 대응 역량이 정부 신뢰 수준에 영향을 미침.	• Cairney & Wellstead (2021)

    그렇다면 한국 사회에서 정부 신뢰는 코로나19 대응에 있어 어떠한 역할을 수행하였을까? 또한 3년 반에 걸친 코로나19의 경험은 우리 사회의 신뢰 변화에 어떠한 영향을 미쳤을까? 이러한 질문에 답하는 것은 코로나19가 우리에게 남긴 교훈을 이해하는 과정에서 필수적으로 수반되어야 할 과제이다.

③ 정부 신뢰의 역동성

정부 신뢰와 코로나19의 상호 작용은 그 중요성과 시의성으로 말미암아 한국 사회에 있어서도 다양한 연구가 이루어져 왔다.

일반적으로 한국은 가까운 이들에 대한 신뢰, 이른바 내집단 편애(ingroup-favouritism)는 높지만, 정부 신뢰와 같은 공적 신뢰나 낯선 이들에 대한 일반화된 신뢰(generalised trust)는 낮은 사회로 여겨져 왔다. 이는 Fukuyama(1996)가 언급한 '신뢰의 반경(radius of trust)' 개념을 통해 설명될 수 있다. 즉, 한국 사회는 가까운 가족이나 지인에 대한 신뢰는 높지만, 사회적으로 멀리 떨어진 집단이나 정부 행정기구에 대해서는 낮은 신뢰를 보인다는 것이다. 이러한 시각은 세계가치관조사(World Value Survey)를 활용한 Realo et al.(2008)의 실증 연구를 통해 재확인되면서 더욱 널리 받아들여졌다.

그렇다면 코로나19의 위기 상황 속에서 한국 사회의 신뢰는 어떠한 변화를 보였는가? 이와 관련하여 임동균(2020)이 코로나19 발생 초기였던 2020년 5월, KBS 및 시사IN과 더불어 실시한 서베이 조사는 한국 사회의 신뢰와 관련하여 다음과 같은 사항을 확인시켜 준다.[1] 해당 설문조사에 따르면, 코로나19 이후 가족, 친척, 이웃에 대한 신뢰가 증가했다고 응답한 사람들이 각각 67%, 41%, 11% 더 많은 반면 낯선 이들에 대한 신뢰는 오히려 낮아졌다고 응답한 비율이 36% 더 많은 것으로 나타났다.[2] 이는 앞서 Fukuyama가 지적한 한국 사회의 좁은 신뢰반경이 코로나19 이후 더 좁아졌다고 여겨지게끔 한다. 한편, 동 여론 조사 결과는 청와대와 정부에 대한 신뢰가 증

---

1   해당 설문조사에 대한 결과는 https://www.sisain.co.kr/news/articleView.html?idxno=43693에서 확인할 수 있다(마지막 확인: 2024-01-20).

2   해당 설문은 코로나19 이전과 대비해서 각 부문을 더 신뢰하게 되었는지 혹은 불신하게 되었는지를 묻고, 더욱 신뢰하게 되었다는 응답에서 더 불신하게 되었다는 응답을 뺀 후 '신뢰 변화 지수'를 나타낸 것이다.

가했다고 응답한 사람들이 더 불신하게 되었다는 사람들에 비해 각각 29%, 27% 많았다는 것을 보여주는 한편, 국민연금, 건강보험, 조세제도와 노령연금 등의 사회 시스템에 대해서도 높은 수준의 신뢰 증가가 나타났다는 사실을 보여준다. 이는 임동균(2020: 168)의 말을 빌자면 *"사회적 위기 상황에서 나타나기 쉬운 이른바 '시스템 정당화 경향성의 발로'"*라고 여겨질 수 있다. 즉, 위기 상황에서 발생하는 불안과 두려움에 대처하기 위한 안정과 통제의 필요성, 사회적 결속의 필요성, 리더십과 권위에의 의존 경향이 기존 시스템과 정부에 대한 신뢰 제고로 드러난 결과라는 것이다(Jost et al., 2004 참고).

위기 상황에서 정부에 대한 신뢰가 제고되는 것은 여러 실증 연구를 통해서도 나타난다. 일반적으로 전쟁이나 테러, 경제 위기와 같은 외부적 충격이 닥쳐올 경우, 사람들은 이를 극복하기 위해 결집하는 경향을 보인다. 이른바 '국가결집효과(Rally-around-the-flag)'로, 코로나19 역시 이러한 결집 효과를 보여주는 사례라고 할 수 있다. Baekgaard et al.(2020)은 코로나19 대유행 초기 3주 간의 봉쇄 조치(lock-down) 과정에서 정부 방역 당국과 행정부, 사법 기관과 언론, 공공부문 전반에 대한 신뢰가 증가하는 것을 덴마크의 사례를 통해서도 보여주고 있다. 다만 이러한 결집 효과는 위기가 장기화 됨에 따라서 감소하며, 때때로 정치적 프레임으로 인해 변질되면서 되레 갈등의 요인이 되기도 한다(Johansson et al., 2021). 특히 Kritzinger et al.(2021)이 오스트리아와 프랑스의 사례를 통해 살펴본 바에 의하면 당파성이 심한 국가(여기에서는 프랑스)의 경우에는 위기 상황에서의 정부 신뢰 제고, 즉 결집 효과 자체가 미미하게 나타나기도 한다. 임동균과 KBS, 시사IN이 실시한 조사 역시 코로나19 초기인 2020년 5월, 한국 사회의 결집 효과가 정부 신뢰에 대한 증가로 나타나고 있음을 보여주는 사례라고 하겠다.

그렇다면 다른 조사들은 한국의 정부 신뢰에 대해 어떠한 결과를 나타내고 있을까? 코로나19 초기의 결집 효과는 다른 조사들에서도 관찰되는가? 그리고 이러한 정부 신뢰의 제고는 팬데믹이 장기화되는 와중에도 지속되는가?

팬데믹 상황에서 정부 신뢰의 제고 효과는 박종민(2023)의 연구를 통해 잘 나타난다. 1996년부터 2022년까지 10회에 걸친 여러 데이터에서[3] 정부 신뢰 측정 항목을 수집함으로써 그는 한국 사회의 정부 신뢰에서 당파성이 강화되고 있음을 보여준다. 그러나 전반적으로 정부 신뢰에 당파성이 미치는 영향력이 확대되어 왔음에도 불구하고, 팬데믹 초기인 2020년 초반에는 지지 정당에 관계없이 정부 신뢰가 증가하고 있음이 확인된다(〈그림 3-1〉 참고). 즉, 지지하는 정당이 정권을 잡을 경우 정부에 대한 신뢰가 높아지며, 정권을 잃을 경우 신뢰가 낮아지는 행태가 반복되면서 정부 신뢰의 당파성이 강화되는 와중에 팬데믹 초기인 2020년 조사에서는 일시적으로나마 이 격차가 줄어드는 것이 확인된 것이다. 한편으로 해당 연구는 정부 신뢰의 당파성이 대통령을 중심으로 하는 정부 기관을 통해 가장 크게 발현되며, 비선출 기관인 공무원 집단에 대해서는 잘 나타나지 않음을 보여줌으로써 기관 및 조직 유형에 따라 신뢰가 다른 수준으로 나타날 수 있음을 시사하고 있다.

---

3 구체적으로 1996 한국민주주의바로미터(KDB), 1에서 6차까지의 아시아바로미터조사 (ABS), 2020 사법제도 인식조사(KBS) 등에서 정부 신뢰를 묻는 4점 척도 문항을 활용하였다. 각각의 자료는 인구통계자료를 바탕으로 한 비례할당 표집을 통해 선정된 1,000명에서 1,268명의 응답자를 통해 수집되었다. 자료에 대한 보다 구체적인 논의는 박종민 (2023)을 참고.

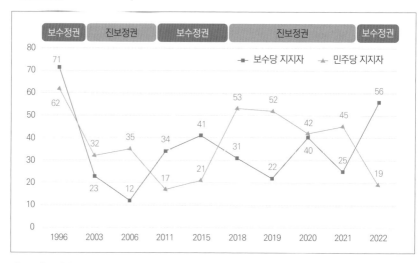

그림 3-1 당파성에 따른 정부 신뢰[4]

자료: 박종민(2023: 6)의 내용을 바탕으로 재구성

　　그러나 이상의 연구에서 살펴볼 수 있는 코로나19 초기 정부 신뢰의 상승 추이가 실제로 코로나19 위기로 인한 결집 효과 때문인지, 혹은 2017년의 탄핵 사태와 이어진 정권교체로 인한 정치적 혼란 이후의 결집 효과인지는 다소간 불분명하다.

　　또한 한국 사회의 신뢰를 탐구한 이상의 연구들은 데이터의 한계로 인해 2022년 이후에 대한 분석은 실시하지 않았으며, 이에 따라 코로나19의 마지막 1년여 기간 동안의 정부 신뢰 변화에 대해서는 통찰을 제공해주지 못하고 있다. 이에 본 장에서는 여러 가지 가용 데이터를 통해 2020년에서 2023년 중반에 이르는 코로나19 3년 반여 동안의 정부 신뢰 변화 추이를 보다 집중적으로 살펴보도록 하겠다.

4　구체적으로 각각의 설문조사에서 "다음의 각 기관을 얼마나 신뢰하십니까?(중앙정부)"의 문항에 대한 결과값을 나타낸 것이며, '매우신뢰'에서 '약간신뢰'한다는 응답자의 비율을 표시한 것임. 무당층의 응답은 제외하였음.

① 개념화와 측정

앞서 살펴본 바와 같이 신뢰의 의미와 그 실질적인 영향력은 신뢰의 여러 특성과 층위에 따라 달라질 수 있기 때문에, 우리는 이를 다양한 측면에서 살펴볼 필요가 있다. 본 연구에서는 다양한 신뢰의 유형들 가운데에서도 정부 신뢰에 초점을 맞추어 한국 사회가 3년 5개월에 걸쳐 경험했던 코로나19와 정부 신뢰의 상호작용에 대해 탐색해보고자 한다.

신뢰의 다양한 측면 중에서도 이 장에서 특히 정부 신뢰에 초점을 맞추는 것은 다음의 두 가지 이유 때문이다. 먼저 실질적으로 정부 신뢰에 대한 다양한 데이터를 분석에 활용할 수 있기 때문이다. 특히 한국리서치를 통해 이루어진 설문 조사는 각급 정부 기관에 대한 신뢰가 코로나19 전 기간에 걸쳐 어떠한 변화 추이를 보여왔는가를 살펴볼 수 있는 자료로 활용될 수 있다. 하지만 이보다 중요한 이유는 신뢰라는 주제가 다양한 측면과 층위를 지니고 있으며 정부 신뢰라는 주제 하나로도 코로나19가 우리 사회에 줄 수 있는 다양한 통찰력을 얻을 수 있기 때문이다.

정부 신뢰(trust in government)라는 개념은 말 그대로 정부에 대한 일반 대중의 신뢰 수준을 일컫는 말이지만, 이를 협의의 행정부에 대한 신뢰로 정의하느냐, 혹은 입법, 사법, 행정부를 포함한 광의의 개념으로 정의하느냐에 따라 분석의 수준이 달라질 수 있으며, 기관에 대한 신뢰로 정의하느냐 혹은 기관을 운영하는 개인들에 대한 신뢰로 측정하느냐에 따라 그 의미가 달라질 수 있다. 또한 행정권을 사용하는 제도로서의 정부로 이해하느냐, 혹은 집권하고 있는 정부에 대한 신뢰의 차원에서 접근하느냐에 따라 상이한 차원에서 이해할 수도 있다. Easton(2017)이 지적한 바와 같이 정치 시스템 자체에 대한 지지와 개별 정부의 조치에 대한 신뢰는 구분되어야 하며, 정부에 대한 지지 여부는 구체적 정부 성과에 따라 변동될 수 있지만, 제도 자체에 대한 기본적인 신뢰 수준은 안정성을 유지하는 것이 체제의 유지를 위해 필연적이라는 것이다. 이러한 논의는 Hardin(2002)이 신뢰(trust)와 신뢰성(trustworthiness)을 구분하면서 정부에 대한 신뢰는 책무성과 성과에 따른 조건부여야 한다고 주장한 내용과 상통한다.

이러한 차원에서 살펴보면 정부에 대한 신뢰는 정부 기관의 유형 및 특성에 따라 그 근거가 서로 다를 수 있다. Mayer et al.(1995)은 기관에 대한 신뢰가 해당 기관의 역량, 투명성, 부패 여부와 큰 관련을 갖는다고 이야기하고 있지만, 실제로 기관의 유형 및 특성에 따라 신뢰를 제고하는 데 있어서 역량이 중요할 수도 있고, 투명성 및 부패 여부가 중요할 수도 있다. 예컨대 정책 수립과 승인에 직접적으로 관여하는 고위 각료, 상당한 정치적 영향력 하에 운영되는 입법부 등의 의사결정기관에 대한 신뢰는 개인의 정치적 정향, 책임성, 의사결정의 투명성, 이러한 결정이 대중의 기대 및 가치와 일치하는 정도에 의해 크게 영향을 받을 수 있으며, 수립한 정책을 집행하는 일선 공무원 집단에 대한 신뢰는 정치적 고려보다는 운영 효율성과 행정 서비스의 품질에 더 영향을 받을 수 있다(Bouckaert et al., 2002; Davidovitz & Cohen, 2022).

이처럼 위기 상황에서 정부 신뢰와 시민들의 인식을 보다 잘 파악하기 위해서는 정부 각 기관의 특성을 구분하여 접근할 필요가 있다. 코로나19 대응과 관련해서도 코로나19 검사, 백신접종 등의 시행을 하는 주체(예. 방대본)와 병상확보, 지자체협력, 거리 두기 조정 등의 의사결정 주체(예. 중수본), 정치적 의사결정 주체가 구분되어 있었기 때문에 집행기관인지 혹은 결정기관인지, 전문행정기관인지 혹은 정무적 기관인지에 따라 그 신뢰의 추이를 구분할 필요가 있다(배진석, 2022 참고). 박종민(2023)의 연구가 시사하듯이 선출직, 비선출직 정부 기관에 따른 신뢰의 차이 여부에도 주안점을 맞추어 볼 수 있다.

한편으로 위기 상황이 정부 신뢰 수준에 영향을 주기도 하지만, 반대로 신뢰 역시 위기 대응에 영향을 미치기도 한다. 코로나19와 같은 팬데믹 상황에서 이러한 상호작용은 더욱 두드러진다. 따라서, 이 장에서는 '정부 신뢰'라는 중심 주제를 통해, 서로 다른 서베이 자료를 활용하여 (1) 코로나19 상황에서 정부 신뢰 변화 추이를 살피고, (2) 정부 신뢰가 방역 조치의 준수에 어떤 영향을 미쳤는지를 함께 분석하고자 한다.

❷ 데이터

앞서 살펴본 몇몇 선행 연구들은 한국의 정부 신뢰와 코로나19의 상호작용에 대해 의미있는 통찰을 제공하지만 대부분의 논의가 코로나19 초기나 중기인 2020년에서 21년 혹은 22년에 머물러 있으며, 또한 특정 시점을 중심으로 조사된 횡단면 자료를 활용했다는 한계가 있었다. 이에 보다 다양한 자료를 확인하여 코로나19의 경험 속에서 우리 사회의 신뢰가 어떠한 변화 양상을 거쳤는지 그 밑그림을 채워나갈 필요가 있다. 이러한 작업 속에는 2022년 중반 이후부터 코로나19 종식이 선언된 2023년 중반에 이르는 기간의 데이터를 분석하는 과정도 포함된다.

코로나19 3년 반여의 경험은 우리 사회의 신뢰에 어떠한 영향을 미쳤는가? 우리는 코로나19 이후에 정부를 더 많이 신뢰하게 되었는가 혹은 덜 신뢰하게 되었는가? 한편으로 정부에 대한 신뢰는 코로나19 극복의 촉매제가 되었는가?

표 3-2 분석에 활용된 데이터

코로나19 팬데믹 조사 (2021)	정치·경제 인식 조사 (ABS 6차 한국 조사) (2022)	코로나19 감염병 공중보건 위기관리 정부 대응 및 백신 접종 안전성에 대한 인식 조사 (2022)	코로나19 정기 인식조사 (2020~2023)
고려대학교 거버넌스다양성센터 (VoG)	고려대학교 거버넌스다양성센터 (VoG)	한국행정연구원 (KIPA)	한국리서치
전국의 만18세 이상 성인남녀	전국의 만18세 이상 성인남녀	전국의 만19~74세 성인남녀	전국의 만18세 이상 성인남녀
1,507명	1,103명	1,000명	시점별 각 1,000명
비례할당표집	비례할당표집	비례할당표집	비례할당표집
구조화된 설문지를 이용한 대면 조사	구조화된 설문지를 이용한 대면 조사	구조화된 설문지를 이용한 온라인조사	구조화된 설문지를 이용한 온라인조사
2020년 8월 19일 ~ 2020년 8월 24일	2021년 8월 19일 ~ 2021년 8월 30일	2022년 4월 26일 ~ 2022년 5월 6일	2020년 2월11일 ~ 2023년 5월30일
한국리서치	한국리서치	코리아리서치	한국리서치

이상의 물음에 답하기 위해 본 연구에서는 총 네 개의 개인 수준 설문조사 자료를 활용한 분석을 진행한다. 특히 분석에 주로 활용된 자료는 한국리서치에서 2020년 2월부터 코로나 종식이 선언된 2023년 5월에 이르는 기간 동안 83회에 걸쳐 실시한 코로나19 정기 인식조사이다. 해당 데이터는 코로나19 발생 초기인 2020년부터 정점을 지나 종식 단계인 2023년 중반에 이르는 기간을 포괄적으로 살펴볼 수 있게 한다는 점에서 대단히 유용하다. 그러나 팬데믹 거의 전 기간에 걸친 해당 데이터는 질문의 수가 제한되어 있다는 점에서 여타 자료와 함께 살펴볼 필요가 있다. 이러한 측면에서 코로나19의 사회적 영향과 정부 신뢰에 관해 다양한 문항을 담고 있는 다음의 세 가지 설문조사가 분석에 함께 활용되었다. 먼저, 고려대학교 거버넌스

다양성센터(VoG)의 의뢰로 한국리서치에서 실시한 2021년 VoG 팬데믹 조사와 2022년 VoG ABS 6차 한국 조사, 그리고 한국행정연구원과 코리아리서치가 실시한 2022년 KIPA 코로나19 감염병 조사가 그것이다. 이러한 복수의 자료를 검토함으로써 코로나19 기간 한국의 정부 신뢰가 어떠한 변화를 보였는지, 그리고 신뢰 수준이 코로나19 방역 준수에 어떠한 영향을 미쳤는지를 다각도로 분석할 수 있으리라 기대된다.

그러나 이들 조사 역시 단일 시점에 조사된 것으로서 조사 기간 중의 코로나19 감염자 수, 팬데믹에 대한 피로도, 조사 기간에 발생한 여러 이슈, 정부의 방역 조치 등이 설문에 영향을 주었을 것이라는 점을 유념해야 한다(각각의 설문조사에 대한 보다 자세한 내용은 위의 〈표 3-2〉를 참고).

Ⅳ 분석 결과

① 코로나19 팬데믹이 정부 신뢰에 미친 영향

(1) 기관 신뢰의 변화 추이

기존의 연구를 통해 살펴본 바와 같이 코로나19는 정부에 대한 신뢰에 큰 영향을 미칠 수 있다. 일찍이 Mayer et al.(1995)이 지적한 것처럼 정부 기관의 역량, 투명성, 부패 여부가 정부 신뢰 수준과 큰 관련을 갖는다. 방역 위기 상황에서의 코로나19는 각 사회의 시민들로 하여금 정부 위기 관리 역량을 직접적으로 체감하게 하였고, 이는 정부에 대한 신뢰 수준을 결정짓는데 일정한 역할을 했을 것이라는 점은 어렵지 않게 유추해볼 수 있다(노민정, 2020 참고). 이는 또한 코로나19의 미국과 영국의 초기 대응에 있어서의 혼란상이 정부에 대한 시민의 신뢰를 감소시키고, 결과적으로 정부 조치에 대한 불응과도 연결되었다는 Cairney & Wellstead(2021)의 실증 연구를 통해서도 확인된다.

그렇다면 실제로 코로나19의 와중에 한국 사회의 정부 신뢰는 어떠한 변화를 보였는가? 이를 파악하기 위해 2021년과 2022년에 각각 실시된 VoG의 설문조사와 2022년에 실시된 한국행정연구원의 설문조사 결과를 정리하면 다음의 〈표 3-3〉 및 〈표 3-4〉와 같다.

표 3-3 기관 신뢰: VoG 자료

다음 기관들을 얼마나 신뢰하십니까	2021년 VoG 팬데믹 조사	2022년 VoG ABS 6차 한국 조사	격차 (2021-2022)
대통령	57.3%	48.9%	-8.4%
행정부	49.5%	41.1%	-8.4%
국 회	12.5%	10.8%	-1.7%

자료: VoG의 코로나 패널조사 가운데 기관 신뢰 문항. 2021년 조사는 33-1, 33-2, 33-3번 문항이며, 2022년 설문조사에서는 각각 32-1, 32-2, 33-3번 문항에 해당한다.
주: VoG 데이터의 경우 매우신뢰에서 매우불신의 4점 척도 중에서 매우신뢰 및 약간신뢰를 선택한 응답자의 비율을 나타낸 것임.

표 3-4 코로나19 대응 기관에 대한 신뢰: 한국행정연구원 자료

코로나19 극복과정에서 다음 각 주체들을 얼마나 신뢰하게 되었습니까	
청와대	37.6%
중앙부처	41.5%
지자체	39.9%
보건·의료계	59.1%

자료: 행정연구원의 설문조사 가운데 기관 신뢰 문항(문37-2).
주: 전혀 신뢰하지 않게 되었다(1점)에서 매우 신뢰하게 되었다(5점)의 척도이며, 위의 표는 이 가운데 4점과 5점을 택한 긍정 답변 비율임.

구체적으로 코로나19 첫 해와 두 번째 해인 2020년과 2021년에 걸쳐 조사된 VoG 설문조사는 "귀하께서는 다음 기관들을 얼마나 신뢰하십니까?"라는 질문을 통해 대통령과 행정부, 국회에 대한 기관 신뢰의 문항을 담고 있다. 해당 질문에 대한 응답에 있어서 긍정적으로 응답한 사람의 비율은 두 해 모두 대통령, 행정부, 국회의 순으로 나타났으며, 대통령의 경우 각 연도별로 57.3%와 48.9%, 행정부의 경우 각각 49.5%와 41.1%, 그리고 국회의 경우 각각 12.5%와 10.8%로 나타났다.

이로부터 1년여가 지난 시점에 실시된 한국 행정연구원의 조사 역시 코로나19가 기관 신뢰에 미친 영향을 파악하기 위해 참고할 만하다. 해당 설문에서는 "귀하는 코로나19 위기 극복과정에서 다음 각 사회 주체들을 얼마나 신뢰하게 되었습니까?"라는 질문을 통해 청와대, 중앙정부 및 지방자치단체, 보건의료계 등에 대한 신뢰 변화 여부를 묻고 있다.[5] 이를 통해 살펴보면 코로나19 이후 청와대에 대해 신뢰하게 되었다는 설문에 대한 긍정적 답변은 37.6%로 보건·의료계는 물론 중앙부처나 지방자치단체에 비해 낮은 수준으로 나타났다.

이상에서 살펴볼 수 있듯이 정부 기관에 대한 신뢰는 코로나19가 진행됨에 따라 점차 감소하는 모습이 확인된다. 이는 코로나19 직후인 2020년 5월 조사를 바탕으로 한 임동균(2020)의 연구에서 나타났던 청와대와 정부에 대한 신뢰 제고, 국민연금, 건강보험 등의 사회 시스템에 대한 시스템 정당화의 경향이 시간이 지남에 따라 감소하고 있는 것이라 해석될 수 있다. 또한 앞서 언급한 위기 상황에서의 결집 효과가 줄어드는 것으로도 여겨질 수 있다. 아울러 청와대 및 지자체와 같은 선출기관에 대한 신뢰가 코로나19 후반기에 낮게 나타나는 반면, 비선출 기관인 중앙부처나 전문성을 지녔다고 볼 수 있는 보건·의료기관에 대한 신뢰가 상대적으로 높다는 점에도 주목할만

---

5 다만, VoG의 조사와는 달리 "보통이다"의 항목이 포함되어 있기 때문에 두 데이터를 비교하여 해석할 경우 유념해야 한다.

하다. 그러나 이상의 설문들은 기본적으로 서로 다른 기관을 통해 수행된 설문 조사이며, 횡단면 분석의 한계에 따라 설문 시점의 사건, 코로나19의 확산세 등을 고려할 필요가 있다는 점에서 한계가 지적될 수 있다.

이와 관련하여 한국리서치에서 83회에 걸쳐 실시한 코로나19 정기 인식 조사는 대통령실과 보건복지부, 질병청, 국립중앙의료원, 지자체 및 공공의료기관에 대한 신뢰 여부를 조사한 시계열 데이터를 제공하고 있다. 이를 통해 코로나19 팬데믹의 3년 5개월여에 걸쳐 우리 사회에서 정부 각 기관에 대한 신뢰의 변화 추이를 나타내보면 아래의 〈그림 3-2〉와 같다.[6]

다음의 그림은 코로나19 발생 초기인 2020년 2월에서부터 정부가 공식적으로 코로나19 종식을 선언한 2023년 5월에 이르는 기간에 걸쳐 83회 동안 실시된 한국리서치의 설문을 토대로 작성한 정부 기관에 대한 신뢰 변화 추이 그래프이다. 해당 설문에서는 "코로나19 대응을 하는 다음의 공적인 주체를 현재 어느 정도 신뢰하고 계십니까?"라는 4점 척도의 질문을 통해 총 일곱 가지 기관에 대한 신뢰를 조사하고 있다.[7] 전반적으로 살펴보면 모든 기관에 대한 신뢰는 등락을 거듭하는 와중에 코로나19 초기에 비해 후기로 갈수록 하락하는 추세를 보인다. 특히 코로나 대유행 1기로 구분되는 20년 2월에서 8월 사이 모든 기관들에 대한 신뢰가 크게 증가했던 반면에, 오미크론 하위 변이가 등장한 22년 6월 이후의 감소세는 가파른 편이다. 신뢰 점수에 있어서 가장 큰 등락을 보여주는 기관은 질병관리청과 대통령실이다. 구체적으로 코로나19 초기 질병관리청에 대한 신뢰도는 4점 만점에 3.5점 수준까지 높아지기도 하였으나, 코로나19 종식 선언 무렵인 2023년 4월 이후가 되면 공공의료기관이나 국립중앙의료원보다 낮은 2.5점(보통)을 약간 상회하는 수준으로 떨어지는 모습을 보인다. 대통령실에 대한 신뢰 역

---

6 83회의 조사 가운데 정부기관 신뢰에 대한 설문은 총 51회에 걸쳐 이루어졌다.

7 매우 신뢰함(1점)에서 전혀 신뢰하지 않음(4점)의 척도이며, 원 자료에서는 언론에 대한 신뢰도 포함되어 있었으나, 정부 기관이 아닌 관계로 본 연구의 분석에서는 제외하였다.

시 코로나19 초기 보통 수준(2.5점)에서 확산세를 억제하는 데 성공했던 코로나 1차 유행 중반에는 3점(다소 신뢰함)에 가까운 수준까지 상승하기도 하였으나, 이후 하락을 거듭하면서 2022년 중반 이후에는 2점(다소 신뢰하지 않음) 수준으로 수렴되어 간다.

그림 3-2 코로나19 대응 기관에 대한 신뢰의 변화 추이

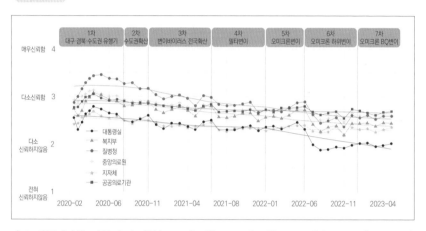

자료: 한국리서치, 여론 속의 여론(2020년 2월~2023년 5월). B6-1에서 B6-6 질문. 코로나19 대응을 하는 다음의 공적인 주체를 현재 어느 정도 신뢰하고 계십니까? ① 매우 신뢰함에서 ④ 전혀 신뢰하지 않음의 4점 척도를 역산 하여 나타냄(1=전혀신뢰하지않음, 4=매우신뢰함).

정부 신뢰의 증감에 영향을 미치는 요인은 다양하겠으나, 가장 기본적으로 코로나19에 대한 방역 성과와 확진자 수가 영향을 주었으리라 생각될 수 있다. 예컨대 코로나 대유행 1기인 2020년 1월 20일부터 2020년 8월 11일까지의 초기[8], 한국은 상당히 성공적으로 코로나19 방역에 대처하면서 확진자 증가를 막아냄으로써 전 세계적인 주목을 받기도 하였다(Fisher & Choe,

---

8 한국의 코로나 유행기에 대한 구분은 하진호 외(2023)에, 2022년 11월 이후 오미크론 BQ변이 확산을 더해 총 7차 유행기로 구분하였다.

2020). 해당 시기에는 실제로 모든 정부 기관에 대한 신뢰 수준이 높아지는 것이 확인된다. 반면 2021년 7월 이후 4차 유행에서의 델타 변이 확산과, 2022년 6월 말 이후의 5차 오미크론 변이 확산 시기에는 일일 전국 확진자 수가 각각 십만명과 백만명을 처음으로 돌파하는 등 엄청난 숫자의 확진자 증가로 인해 정부 방역에 대한 부정적 평가가 증가하게 되었으며, 정부 신뢰 수준에도 이에 따른 부정적인 여파가 목격되고 있다.[9]

여기에서 한 걸음 더 나아가서 한국리서치에서 조사한 총 여섯 개의 정부 기관 가운데 어떠한 기관들의 신뢰가 동조화되어 변화하였는가를 살펴본 시계열 군집분석의 결과는 〈그림 3-3〉과 〈그림 3-4〉에 제시되어 있다.

〈그림 3-3〉의 덴드로그램은 군집분석의 결과에 대한 시각적 요약을 제공한다. 두 선이 합쳐져 '역V자' 모양을 형성하면 해당 기관이 추세의 유사성을 기준으로 함께 그룹화되었음을 의미한다. 즉, 이는 각 기관에 대한 시민들의 신뢰가 어떠한 패턴을 나타내고 있는지를 보여주는 것이다. 하나의 군집으로 묶여있는 기관들은 유사한 외부 환경의 변화를 경험했거나 비슷한 방식으로 대중에게 인식되었을 가능성이 높다. 이에 따르면 각 기관들에 대한 신뢰의 변화에 있어서 대통령실과 질병관리청, 지자체와 공공의료기관(보건소, 지방의료원, 국립대병원 등), 아울러 보건복지부와 국립의료원의 세 가지 차원으로 묶일 수 있다는 것이 확인된다. 각각 그룹에 따라 시기별 신뢰의 변화 추이가 유사한 경향을 보여준다는 것이다.

---

9 코로나19 확산세에 따른 정부의 방역에 대한 평가 추이는 2장을 참고.

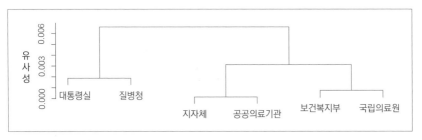

그림 3-3 코로나19 대응 기관의 유형: 시계열 군집분석 결과 (덴드로그램)

주: 군집분석의 방법 = 최장연결법(complete); 유클리드 거리를 활용하여 구분함.

아울러 〈그림 3-4〉는 총 3년 5개월에 걸친 팬데믹 기간 동안 어떠한 정부기관의 신뢰 변화폭이 가장 컸었는지를 나타내는 기울기 변화폭이다. "기울기"라고 표시된 막대 그래프의 Y축은 각 기관의 시계열 데이터에 맞춰진 선형 회귀 모델에서 얻은 기울기 계수를 나타낸다. 즉, Y축의 값은 83회의 설문 기간 동안 각 기관별 신뢰의 평균 변화율, 〈그림 3-2〉에 나타난 꺾은 선 그래프 경사의 크기를 나타내고 있다. 이는 기관 간 신뢰 점수의 상대적 변화율을 비교하는 데 유용한 자료를 제공하면서, 대중의 신뢰가 더 크게 변화하는 기관을 식별하는 데 도움을 준다. 이에 따르면 질병관리청에 대한 신뢰가 코로나19 기간 동안 가장 큰 폭의 변화를 나타냈으며, 이어 대통령실에 대한 신뢰의 변화가 그 뒤를 따랐다. 반면 지방자치단체와 공공의료기관에 대한 신뢰의 변화는 가장 작은 수준이었으며, 보건복지부와 국립의료원에 대한 신뢰는 이들의 중간 수준에 위치하였다.

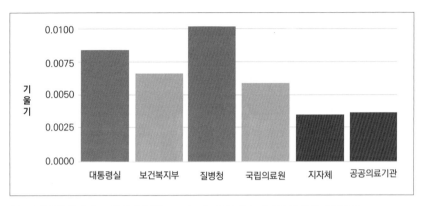

그림 3-4 코로나19 대응 기관에 대한 신뢰의 역동성: 시계열 군집분석 결과 (기울기 변화량)

주: 군집분석의 방법 = 최장연결법(complete); 유클리드 거리를 활용하여 구분함.

　이상의 시계열 군집분석 결과가 시사하는 바는 흥미롭다. 먼저, VoG와 한국행정연구원의 횡단면 분석 결과를 통해 나타난 바에 따르면 정부의 주요 기관들에 대한 일반 대중의 신뢰는 선출기관보다는 비선출기관이, 그리고 전문행정기관이 높은 것으로 추측해볼 수 있었다. 실제로 83회에 걸친 시계열 데이터 역시 대통령과 지자체 같은 선출기관보다는 중앙의료원이나 질병청, 그리고 보건소와 같은 공공의료기관 등의 방역 전문행정기관에 대한 신뢰가 일관되게 높은 것으로 나타나고 있다. 다만 질병청의 경우, 코로나19 초기 모든 행정 기관에 걸쳐 가장 높은 수준의 신뢰를 보여주다가 코로나19 말엽에는 중앙의료원 및 공공의료기관에 비해 낮은 신뢰 수준을 기록하고 있다는 점, 아울러 대통령실과 유사한 신뢰 변화 추세를 보이고 있다는 점이 여타 전문행정기관과는 차별화되는 점으로 지적될 수 있다. 뒤이어 살펴보겠지만, 대통령실과 질병관리청의 코로나19 대응은 상당히 정파적으로 해석되면서 이슈에 따라서 기관에 대한 신뢰가 큰 폭의 증감을 경험한 것으로 보인다.

(2) 기관 신뢰의 결정 요인

그렇다면 코로나19 대응 기관에 대한 신뢰 여부를 결정한 요인은 무엇이었을까?

먼저 생각해 볼 수 있는 것은 정파성에 따른 신뢰 여부의 차이이다. 기존의 많은 연구들에서 정파성은 정부 신뢰를 결정짓는 요인으로서 탐색되어 왔다. 시민과 정당, 혹은 정치인 사이에 공유된 당파적 정체성은 정치적 신뢰 여부를 결정짓는 요인으로 작용할 뿐만 아니라 규정 준수를 이끌어 내는 역할을 지닌다고 여겨지고 있다(Goldstein & Wiedemann, 2022). 실제로 앞서 언급한 바와 같이, 외부적 충격으로 인한 사회 위기 상황에서 나타나는 정부 신뢰의 제고 효과(국가결집효과; Rally-around-the-flag)가 프랑스와 같이 정파적 대립이 극심한 사회에서는 잘 관찰되지 않는다는 연구 결과도 존재한다. 한국 사회는 어떠한가? 코로나19 기간 동안 정파와 이념에 따른 기관 신뢰의 변화는 어떻게 나타났을까?

실제로 한국 사회에 있어서도 코로나19에 대한 평가는 국민적 합의가 이루어진 객관적 위기 상황이 아닌 첨예한 갈등 사안임을 지적하는 연구들이 존재한다(박선경·신진욱, 2021). 일례로 국내 코로나19 방역 정책에 대해 2022년 1월 4주 차의 전국지표조사(National Barometer Survey: NBS) 결과는, 18세 이상 성인들의 국내 코로나19 방역 정책에 대한 긍정 평가 비율 55%, 부정 평가 비율 42%의 결과를 보인다. 정부 조치에 대한 평가는 코로나19의 확산세와 더불어 그 양상이 달라지기도 했지만, 기본적으로 긍정적 평가와 부정적 평가가 공존하고 있다는 사실을 보여주는 것이다. 또한, 코로나19로 인해 동시다발적으로 발생한 방역 위기는 정부 역할과 시민권에 대한 논쟁을 촉발시켰으며, 이는 나아가 정부 신뢰에 대한 논의로까지 연결되고 있다(박선경·신진욱, 2021).

실제 데이터는 어떠한 모습을 보여주고 있는가? 한국에서도 정파성에 의해 정부 기관에 대한 신뢰가 상이하게 나타나는가?

이를 확인하기 위해 이념 성향별로 각급 행정기관에 대한 신뢰 수준을 구분하여 살펴본 결과는 아래의 〈표 3-5〉에 제시되어 있다.

표 3-5 이념 성향에 따른 기관 신뢰

VoG	다음의 각 기관들을 얼마나 신뢰하십니까?			
	2021		2022	
대통령	진보	83.8%	진보	82.4%
	중도	56.2%	중도	48.9%
	보수	21.5%	보수	15.2%
행정부	진보	69.0%	진보	64.3%
	중도	48.8%	중도	40.7%
	보수	22.4%	보수	20.4%
국 회	진보	12.6%	진보	11.0%
	중도	12.1%	중도	11.1%
	보수	10.5%	보수	8.9%

행정연구원	코로나19 극복과정에서 다음 각 주체들을 얼마나 신뢰하게 되었습니까 (2022)	
청와대	진보	63.4%
	중도	33.6%
	보수	17.5%
중앙부처	진보	60.3%
	중도	38.3%
	보수	27.7%
지자체	진보	40.1%
	중도	39.2%
	보수	33.2%
보건·의료계	진보	71.3%
	중도	55.3%
	보수	54.5%

주: VoG의 자료는 이념(2021년과 22년 자료의 Q20번 문항과 Q17번 문항)을 진보(0)에서 보수(10)의 총 11점 척도로 구분하고 있으며, 여기에서는 0~3점을 진보, 4~6점을 중도, 7~10점을 보수로 구분하였다. 아울러 행정연구원의 자료는 정치적 성향(DQ6번 문항)을 5점 척도(매우진보에서 매우보수)로 구분하며, 여기에서는 매우진보+다소진보=진보, 다소보수+매우보수=보수로 구분하였다.

먼저, VoG의 조사에 따르면 두 해에 걸쳐 전반적으로 모든 기관에 대한 신뢰가 하락하는 와중에 대통령과 행정부에 대한 신뢰에 있어서 진보 집단의 신뢰 감소폭이 가장 작았으며, 중도 및 보수 집단의 경우 대통령에 대한 신뢰의 감소폭은 각각 7.3%, 6.3%로 진보집단에 비해 큰 것으로 나타났다. 행정부에 대한 신뢰의 긍정 비율에 있어서는 중도 집단이 8.1%의 감소폭을 기록함으로써 진보(4.7% 감소)와 보수(2.0% 감소)에 비해 감소폭이 컸다. 행정 연구원의 자료를 통한 2022년의 결과 역시 이와 비슷하다. 중도와 보수 집단의 경우 코로나19를 거치면서 청와대 및 중앙부처에 대한 신뢰가 증가했다고 응답한 비율은 17.5%에서 38.3%로 나타났지만, 진보 집단의 경우에는 동일한 문항에 대한 긍정 답변의 비율이 60%를 넘었다. 다만 보건·의료계에 대한 신뢰에 있어서는 모든 이념집단에 걸쳐 신뢰가 증가하였다고 응답한 비율이 절반을 상회하는 것으로 나타났으며, 특히 보수 집단의 경우에는 중도 집단과 비교해서도 약간이나마 더 긍정 비율이 높은 것으로 보고되었다. 이상의 결과는 이념 성향에 따라 각 기관에 대한 신뢰 수준에 큰 차이가 존재한다는 사실을 보여준다. 특히 대통령과 중앙부처에 대한 신뢰에 있어서는 지자체나 전문의료기관에 비해 정파성이 더 큰 영향을 미치고 있다는 것이 확인된다.

위의 군집분석을 토대로 코로나19 대응기관을 3개 유형(대통령과 질병청, 복지부와 중앙의료원, 그리고 지자체와 공공의료기관)으로 구분하고 팬데믹 기간 동안 각 유형의 기관에 대한 신뢰 변화를 살펴본 결과가 〈그림 3-5〉와 〈그림 3-6〉에 제시되어 있다. 이를 통해 확인해보면 정파성이 정부 기관에 대한 신뢰에 미친 영향이 보다 극적으로 나타난다.

그림 3-5 　이념 성향에 따른 기관 신뢰의 변화: 기관 유형(대통령실과 질병청)

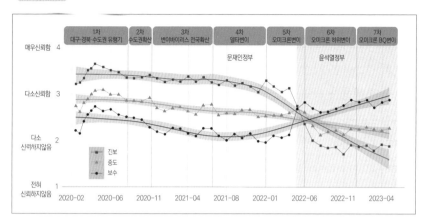

자료: 한국리서치의 기관신뢰 문항(B6; 4=전혀 신뢰하지 않음; 1=매우 신뢰함)을 역산하여 나타냄.
　　　이념성향의 경우 11점 척도의 BQ13을 0~3점=진보, 4~6점=중도, 7~10점=보수로 구분.

　　　앞선 군집분석의 결과를 토대로 대통령실과 질병관리청을 한 유형의 기관으로 묶고 이에 대한 신뢰 점수 평균값이 이념에 따라 어떠한 차이를 보이는지 먼저 살펴본 결과는 〈그림 3-5〉에 제시되어 있다. 진보 집단의 경우 코로나 1차 유행에서 5차 유행 중반(2022년 4월)에 이르기까지 다소의 등락에도 불구하고 정부 신뢰 점수가 3점(다소 신뢰함) 이상을 기록하고 있는 것으로 확인된다. 반면, 보수 집단의 경우 바이러스 확산세 억제에 비교적 성공적이었던 코로나 1차 유행기에 대통령 및 질병관리청에 대한 신뢰가 상승하는 모습을 보이지만 이후 하락을 이어가면서 2022년 4월까지 신뢰점수가 2점(다소 신뢰하지 않음) 수준으로 수렴하는 모습을 보인다. 더욱 놀라운 점은 비교적 일관된 간격을 보이며 움직이던 진보-보수의 기관 신뢰가 정권 교체가 있었던 5월 초를 기점으로 긍정과 부정의 평가를 뒤집는 모습을 보인다는 것이다.[10]

10　두 집단의 평가가 극적으로 변화하는 시점은 57회 조사에서 58회 조사의 사이 기간이다. 각각의 조사 기간은 22년 5월 6일~9일과 5월 20일~23일이며, 정권교체는 22년 5월 10일에 이루어졌다. 이념에 따라 정부 신뢰 점수가 극적으로 엇갈리는 것은 정권교체에 따른 결과라고 해석하는 것이 타당하다.

이러한 모습은 여타 기관에 대한 신뢰와 비교할 때에도 더욱 극명하게 나타난다. 아래의 〈그림 3-6〉은 지방자치단체와 공공의료기관에 대한 신뢰, 그리고 보건복지부와 국립중앙의료원에 대한 신뢰값을 나타낸 것이다.

그림 3-6 이념 성향에 따른 기관 신뢰의 변화: 기관 유형 II와 III

A. 기관 유형 II(복지부와 중앙의료원)

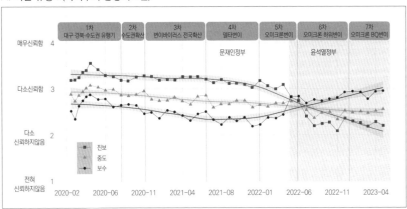

B. 기관 유형 III(지자체와 공공의료기관)

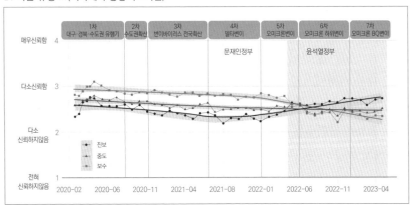

자료: 한국리서치의 기관 신뢰 문항(B6; 4=전혀 신뢰하지 않음; 1=매우 신뢰함)을 역산하여 나타냄. 이념성향의 경우 11점 척도의 BQ13을 0~3점=진보, 4~6점=중도, 7~10점=보수로 구분.

〈그림 3-6〉은 이념이 다양한 정부 기관에 대한 신뢰에 중요한 영향을 미치고 있음을 보여준다. 그러나 대통령과 질병청에 대한 신뢰와 비교할 때, 이념에 따른 신뢰 변화는 다른 기관들에서 덜 극적이다. 특히 지방자치단체와 공공의료기관에 대한 신뢰는 이념 성향에 따른 차이가 가장 적게 나타난다. 이러한 결과는 코로나19 기간에 걸쳐 대통령실과 질병청에 대한 신뢰를 결정하는 데 있어서 정파성이 가장 큰 영향을 미쳤으며, 복지부와 중앙의료원 그룹, 그리고 지자체와 공공의료기관 그룹 순으로 그 영향력이 줄어든다는 것을 보여준다. 또한, 이는 VoG와 행정연구원의 횡단면 분석에서 청와대에 대한 신뢰가 이념 성향에 따라 다른 기관들보다 크게 변화한다는 결과와 일치하는 것이다.

이러한 분석 결과를 어떻게 해석해야 할까? 앞서 언급한 바와 같이 정부 기관에 대한 신뢰는 해당 기관의 특성에 따라 달라질 수 있다(Mayer et al., 1995). 다시 말해, 정책 수립 및 승인에 관여하며 정파성의 정점에 있는 대통령실에 대한 신뢰를 결정하는 데에 있어서 이념 성향이 가장 큰 영향을 미치는 반면, 보건소, 국립의료원 등을 포함하는 공공보건 의료기관에 대한 신뢰 여부를 결정짓는 데 있어서는 이념이 이보다 덜 주요한 영향을 미친다는 것이다. 지자체에 대한 신뢰에 대해 이념의 역할이 상대적으로 작다거나, 질병청에 대한 신뢰를 결정하는 데 있어 이념이 중요한 역할을 했다는 것은 코로나19 대응 과정에서의 기관별 역할 인식에 있어서 선출-비선출 기관의 여부가 크게 중요하지는 않다는 것을 보여준다. 오히려 지방자치단체는 중앙정부의 결정을 집행하는 집행기관으로서 인식되었을 가능성이 있고, K방역의 중심에서 위상이 높아진 질병관리청은 역학조사, 진단검사, 검역 및 치료 등의 방역 전반을 담당한 집행기관임에도 불구하고 그 조치가 정파적으로 인식되었을 수 있다(김명일, 2022). 요컨대, 이념은 정부기관에 대한 신뢰의 태도를 결정하는 데 있어서 결정적인 역할을 수행했으며, 이러한 이념의 위력은 기관별로 상이하게 나타났다. 특히 코로나19 대응 과정에서 대통령실과 질병관리청의 대응은 정치적 상징성을 가장 갖게 되면서 정파성에 따라 무조건적 적대나 우호의 양상을 띠게 되었음을 짐작게 한다.

아울러 Olsen & Hjorth(2020)가 덴마크에서, Kritzinger et al.(2021)이 오스트리아와 프랑스에서 관찰한 것처럼, 혹은 박종민(2023)에 나타난 한국의 사례처럼, 코로나19 상황 하에서도 이념을 초월한 정부 신뢰 제고와 결집이 나타났는지 여부는 다소 불분명하다. 코로나19 1차 유행시기, 모든 이념 집단에서 정부 기관들에 대한 신뢰가 제고되는 모습을 보이고 있으며, 이념에 따른 신뢰도의 격차는 이후 3차, 4차 감염 때와 비교하여 다소 작은 모습을 보이고 있기는 하지만 이러한 결과가 팬데믹 초기 이른바 K방역으로 일컬어지는 정부 성과에 기인한 것인지 혹은 위기 상황에서의 결집 효과인 것인지를 명확히 하기 위해서는 보다 면밀한 검토가 요청된다.

정치적 이념 이외에도 정부 기관에 대한 신뢰 수준을 결정짓는 변수로는 경제적 요인이 검토될 수 있다. 일반적으로 경제적, 사회적으로 취약한 계층일수록 코로나19로 인한 영향을 더욱 크게 받았다는 국내외 연구 결과가 존재하기 때문이다(박선경·신진욱, 2021; van der Cruijsen et al., 2022).

〈표 3-6〉의 횡단면 자료 분석 결과, 모든 정부 기관에 대한 신뢰 점수는 저소득 집단에서 고소득 집단보다 일관되게 낮게 나타났다. VoG 자료에 따르면, 월 가구소득 100만원 미만 집단의 대통령 신뢰도는 2020년부터 2021년 사이에 9.7% 감소했으나, 1,000만원 이상 가구에서는 4.2% 감소하여 감소 폭이 상대적으로 작았다. 행정부에 대한 신뢰 역시 이와 비슷한 수준을 기록하였다.

한국행정연구원의 자료 역시 비슷한 결과를 나타낸다. 코로나19 과정에서 청와대 및 중앙부처에 대해 신뢰하게 되었다고 응답한 가구소득 1,000만원 이상 집단이 각각 34.4%와 44.3%인 데 반해 가구소득 200만원 미만에서는 동일한 응답이 각각 25.5%와 26.9%에 그쳤다. 중앙부처 및 지자체에 대한 신뢰 문항 역시 비슷한 양상을 보이고 있으나 보건·의료계에 대한 신뢰 여부를 묻는 질문은 상대적으로 가장 양호한 것으로 나타났으며 가구소득에 따른 신뢰 수준의 격차도 가장 작았다.

표 3-6 가구 소득에 따른 기관 신뢰

VoG	다음의 각 기관들을 얼마나 신뢰하십니까?			
	2021		2022	
대통령	100만원 미만	48.5%	100만원 미만	37.8%
	1,000만원 이상	44.2%	1,000만원 이상	40.0%
행정부	100만원 미만	42.6%	100만원 미만	33.3%
	1,000만원 이상	44.2%	1,000만원 이상	40.0%
국 회	100만원 미만	19.1%	100만원 미만	11.1%
	1,000만원 이상	13.5%	1,000만원 이상	16.7%

행정연구원	코로나19 극복과정에서 다음 각 주체들을 얼마나 신뢰하게 되었습니까 (2022)	
청와대	200만원 미만	25.5%
	1,000만원 이상	34.4%
중앙부처	200만원 미만	26.9%
	1,000만원 이상	44.3%
지자체	200만원 미만	28.6%
	1,000만원 이상	34.2%
보건·의료계	200만원 미만	44.1%
	1,000만원 이상	48.8%

주: VoG의 자료는 가구소득(2021년과 22년 자료의 Q13번 문항과 Q10번 문항)을 통해 100 만원 미만 집단과 1,000만원 이상 집단을 구분하였으며, 행정연구원의 자료는 가구소득 (DQ5번 문항)에서 200만원 미만과 1,000만원 이상 집단을 구분하여 활용하였다.

〈그림 3-7〉은 정부 기관 중에서도 이념 성향에 따른 신뢰의 격차가 큰 것으로 나타났던 대통령실과 질병관리청에 대한 신뢰를 가구소득 1분위와 5분위로 구분하여 그 변화 추이를 나타낸 것이다. 가구 소득은 이념과 비교하여 정부 기관에 대한 신뢰에 결정적인 영향을 미치지는 않은 것으로 보인다. 그러나 여기에서도 한 가지 특기할 만한 것은 델타 변이가 확산되기 이전까지(21년 여름 이전), 가구 소득 1분위의 정부 기관 신뢰가 대부분의 경우에 소득 5분위 집단보다 낮게 도출되었다는 것이며, 예외적인 경우는 2020년 11월 한차례에 불과하다는 점이다. 델타 변이 출현 이후 바이러스 확산세가 크게 증가한 뒤로는 가구 소득에 따른 정부 신뢰의 차이는 분명하게 확인하기 어렵다. 흥미로운 것은 2020년 초기에 소득 1분위 가구의 기관 신뢰가 5분위 가구에 비해 크게 증가하고 있다는 점, 그리고 이와 유사한 추세가 2020년 10월 이후에도 나타나고 있다는 점이다. 공교롭게도 두 지점은 1,2차 재난지원금 지급 시기와 일치한다. 재난지원금이 복지정책에 대한 효능감에 긍정적인 영향을 주었고(문진영·유미선, 2021), 특히 1분위 가구의 지출에 큰 영향을 주었다는 기존의 분석 결과(이승호·홍민기, 2021)들로 미루어 짐작해볼 때, 정부 신뢰 제고에도 긍정적인 역할을 했을 가능성이 존재한다. 3차 재난지원금 지급 시기 이후에 유사한 현상이 관찰되지 않는 것은 재난지원금의 대상 범위와 규모가 줄어들고 코로나19가 장기화되면서 그 효과가 감소하였기 때문일 수 있다. 물론 애초에 1,2차 재난지원금 지급 시기의 1분위 정부 신뢰 제고가 다른 변수에 기인했을 가능성도 배제할 수는 없다.

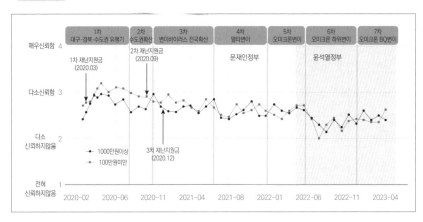

그림3-7 　가구 소득분위별 기관 신뢰의 변화: 기관 유형I(대통령실과 질병청)[11]

자료: 한국리서치, 여론 속의 여론(2020년 2월 ~ 2023년 5월).
　　　1점= 전혀 신뢰하지 않음. 4점= 매우 신뢰함.

　경제적 요인이 정파성에 비해 정부 기관에 대한 신뢰에 영향력이 덜하다는 사실은 여타 기관에 대한 신뢰 추이를 통해서도 확인할 수 있다. 〈그림 3-8〉에 나타나 있듯이 복지부, 중앙의료원, 지자체, 공공의료기관에 대한 가구소득별 신뢰 추이는 저소득 가구에서 고소득 가구에 비해 일반적으로 낮으며, 그 변화 추이는 대통령실 및 질병청의 신뢰 변화와 비슷하다. 다만 소득 수준에 따른 신뢰의 격차는 대통령 및 질병청에 대한 신뢰와 비교하였을 때는 작은 편이었으며, 정권 교체에 따른 차이도 이념에 따른 변화처럼 극적이지는 않았다.

11　소득 분위 기준을 나누는 데에는 2023년 1분기 통계청 가계동향조사 결과를 활용하였다. 이에 따르면 가구소득 1분위 기준은 월 107만원, 소득 5분위 기준은 1,148만원 수준으로 본 분석에서는 한국리서치의 소득 문항 중에 이와 가까운 기준점(1분위의 경우 100만원 미만, 5분위의 경우 1,000만원 이상 가구)이 적용되었다.

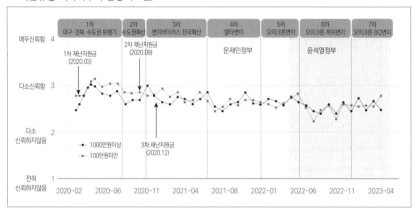

그림 3-8   가구 소득분위별 기관 신뢰의 변화: 기관 유형 II와 III

A. 기관유형 II(복지부와 중앙의료원)

B. 기관유형 III(지자체와 공공의료기관)

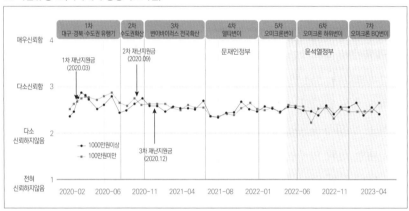

자료: 한국리서치, 여론 속의 여론(2020년 2월 ~ 2023년 5월).
    1점= 전혀 신뢰하지 않음. 4점= 매우 신뢰함.

이제까지의 분석을 통해 확인할 수 있는 내용은 다음과 같다. 먼저 팬데믹 기간에 걸쳐, 정부 기관에 대한 신뢰는 코로나19 초기에 비해 후기로 갈수록 점차 하락하는 모습을 보였다. 특히, 성공적인 방역 성과를 기록하던 1차, 2차 유행기와 비교하여 특히 델타와 오미크론 변이가 출현한 이후에는 모든 정부 기관에 대한 신뢰가 부정적으로 변하는 양상을 보였다. 아울러 정치적 이념은 정부 신뢰에 대한 평가를 내리는 데 있어서 결정적인 영향을 미친 것으로 보이며 경제적 요인의 영향력은 상대적으로 미미했다. 또한 정부 신뢰에 대한 정파성 및 경제적 요인의 영향력은 기관에 따라 차별적으로 나타났는데, 특히 대통령실과 질병관리청의 경우에는 여타 전문행정기관에 비해 정파성이 미치는 영향이 대단히 큰 것으로 나타났다.

② 정부 신뢰가 방역지침 준수에 미친 영향

이제까지 코로나19가 정부 신뢰에 어떠한 변화를 초래하였는지에 대하여 살펴보았다. 3년 반에 걸친 보건 방역의 위기가 사회의 신뢰 변화에 영향을 미칠 수도 있지만, 이 과정에서 신뢰가 일종의 독립적인 변수로서 코로나19 대응에 영향을 주었을 수도 있다. 기존의 연구를 통해 살펴보았듯이 정부에 대한 신뢰 여부는 제한적인 정책의 도입의 시기를 늦춘다거나 바이러스에 대한 위험 인식에 영향을 준다거나 심지어 치명률에도 영향을 미칠 수 있는 것이다. 그 중에서도 가장 많은 논의가 이루어지고 있는 부분은 정부에 대한 신뢰 수준에 따라 정부 방역 조치에 대한 시민들의 순응 여부가 달라진다는 부분이다. 이를 긍정하는 연구들은 다양하게 존재한다.

앞서 언급한 바와 같이 우미숙 외(2021)는 정부에 대한 시민들의 신뢰가 사회 문제 해결을 위한 시민 행동에 영향을 미친다는 사실을 지적하면서, 높은 정부 신뢰는 정책과정에서 시민들의 자발적 참여를 활성화하고, 이는 다시 정부의 대응 능력을 제고시켜 정부 신뢰가 높아지는 선순환의 과정을 불러올 수 있다고 주장한다. Tsai et al.(2020)에 수행된 실증 연구는 2014~2015년 에볼라 바이러스가 확산되는 동안 정부 신뢰와 방역 지침 준수여부의 관계를 규명하면서 정부에 대해 더 큰 신뢰를 표명한 응답자들이 정부의 완화 조치에 더 잘 따르는 경향이 있다는 점을 발견하기도 했다. 더해, 정부가 초당파적으로 행동한다고 여겨지는 경우, 정부에 대한 신뢰가 강화되고 시민들이 정부의 정책에 보다 협조적으로 행동한다는 연구들도 존재한다(Druckman & Lupia, 2016; Krupenkin et al., 2020).

한국 사회에서도 이처럼 지난 코로나19 기간 동안 정부에 대한 신뢰가 방역 규칙의 준수로 이어졌는가?

이를 확인하기 위하여 먼저 VoG와 한국행정연구원의 자료를 활용하여 코로나19 방역 지침에 대한 준수 여부가 어떠한 변화를 보였는지 살펴본 결과는 다음의 〈표 3-7〉과 같다.[12]

---

12 한국리서치의 시계열 데이터에는 방역 지침 준수여부에 관한 설문 문항이 없는 관계로 방역 지침 준수여부와 관련해서는 VoG와 한국행정연구원의 횡단면 데이터를 중심으로 분석을 실시한다.

표 3-7 **방역 지침 준수 여부**

VoG	정부에서 권고한 방역수칙(마스크 착용, 손씻기, 거리 두기)을 얼마나 준수하고 계십니까?	
	2021	2022
긍정답변비율[13]	95.8%	94.1%

마스크 착용이나 거리 두기를 지키지 않는다면 그 이유는 무엇일까요?[14]		
잊어버려서	19.0%	13.8%
귀찮거나 불편	49.2%	38.5%
경제적 부담	6.3%	10.8%
직장 사정	9.5%	7.7%
쓸모 없어서	7.9%	15.4%
정부가 개입할 문제가 아님	3.2%	4.6%
기타	4.8%	9.2%

행정연구원 (2022)	귀하는 본인 스스로 (혹은 가족과 지인의 경우) 코로나19 발생 동안 사회적 거리두기, 마스크 착용하기 등 정부의 방역수칙을 얼마나 잘 지키고 있다고 생각하십니까?	
	본인의 경우	가족과 주변 지인의 경우
긍정답변비율[15]	88.0%	85.9%

---

13 1=철저히 지키고 있다에서 4=전혀지키지 않는다의 4점 척도 가운데 1점과 2점을 긍정답변으로 합친 비율.

14 표에 나타난 VoG의 문항은 2021년의 경우 Q34와 Q34-1, 그리고 2022년의 경우 Q35와 Q35-1번 항목임. 정부 지침을 준수하지 않는다고 응답한 사람의 수는 2021년의 경우 조사대상자 가운데 63명, 22년의 경우 65명임.

15 이와 관련한 문항은 1=전혀 지키지 않고 있다에서 5=매우 잘 지키고 있다의 5점 척도 가운데 4점과 5점을 긍정 답변으로 합친 비율. 즉, 보통이다와 부정 답변은 제외한 비율임.

이를 통해 살펴보면, 모든 자료에서 2022년까지 방역 지침에 대한 준수 여부는 90% 안팎으로 매우 높은 수준을 기록하고 있다. 다만 해당 설문들이 자기 보고식 문항이며, 비교적 제한적이지 않은 방역지침(즉, 사적 모임 금지나 운영시간 제한 조치가 아닌 기본권 차원에서의 제약이 덜한 마스크 착용, 거리 두기 등)이라는 점을 염두에 둘 필요가 있다. 그럼에도 불구하고 VoG의 2021년과 22년, 그리고 행정연구원의 데이터를 활용한 22년 자료에서 나타난 바에 따르면 방역 지침을 준수하는 비율이 계속해서 감소하고 있는 것으로 나타난다. 특히 방역 지침을 준수하지 않는 이유를 물어본 VoG의 자료에 따르면 단순히 잊어버렸다거나 귀찮아서라는 답변의 비율은 감소하고 있는 반면, 방역 지침에 대한 효과성이 떨어진다고 생각하거나(즉, 쓸모가 없음), 경제적 부담에 의한 것이라고 응답하거나, 혹은 정부가 개입할 문제가 아니라고 응답한 사람들의 비율이 증가하고 있다는 점은 눈여겨볼 만하다.

표 3-8	방역지침 준수 여부의 결정 요인: 회귀분석

행정연구원 (2022)	귀하는 본인 스스로 (혹은 가족과 지인의 경우) 코로나19 발생 동안 사회적 거리 두기, 마스크 착용하기 등 정부의 방역수칙을 얼마나 잘 지키고 있다고 생각하십니까?
기관 신뢰 변수	
청와대에 대한 신뢰	-.001
중앙정부에 대한 신뢰	-.005
지자체에 대한 신뢰	-.045
보건·의료계에 대한 신뢰	.153 **
인구통계학적, 심리적 변수	
이념	-.006
성별	-.122 **
연령대	.060 **
가구소득	.020 **
학력	.022 **
자녀유무	.063
건강,소득 등에 대한 우려	.182 **
수정된 R²	.172

주: ** 〈.001; *〈.05; 기관 신뢰 변수는 각 기관에 대해 얼마나 신뢰하게 되었는지에 관한 5점
척도 문항(Q37-2); 이념(DQ7; 1=매우진보에서 5=매우보수); 성별(SQ2; 남성=0, 여성=1);
연령대(SQ1; 20대=1에서 60대 이상=5); 가구소득(DQ5; 200만원 미만=1에서 1,000만
원 이상=10); 학력(SQ4; 1=초등학교 졸업 이하에서 5=대학원 재학·졸업 이상); 자녀유무
(DQ2; 1=무자녀, 2=유자녀); 건강, 소득, 사회관계 등에 대한 우려(문9; 1=매우 불안하다
에서 5=전혀 불안하지 않다의 문항을 역산함).

다음으로 행정연구원의 2022년 자료를 바탕으로 개인의 방역 지침 준
수 여부와 기관에 대한 신뢰의 관계를 확인하기 위한 분석의 결과값은 〈표

3-8〉에 나타나 있다.[16] 위의 표는 주요 기관들에 대한 신뢰와 기본적인 인구 통계학적 변수, 그리고 코로나19로 인한 불안 심리를 반영한 요인들을 추가한 회귀분석 결과를 나타낸 것이며, 이에 따라 방역 지침에 대한 준수 여부에 통계적으로 유의미한 영향을 미치는 변수들을 확인할 수 있다.

구체적으로 회귀분석의 결과를 살펴보면, 주요 정부 기관들에 대한 신뢰는 방역 수칙의 준수 여부와 유의미한 관계를 갖지 않는 것으로 나타났다. 다만 보건 및 의료계에 대한 신뢰 여부는 개인으로 하여금 방역 수칙을 잘 지키도록 하는 데 유의미한 영향을 행사하고 있었으며, 통계적 유의미성이나 그 강도 역시 코로나19로 인한 우려 다음으로 높은 것으로 나타났다. 주요 인구 통계학적 변수 및 심리적 변수들 가운데에서는 성별, 연령대, 가구 소득, 건강과 소득, 사회관계에 대한 우려 수준이 방역 지침의 준수와 유의미한 관계를 갖는 것으로 보고되었다. 남성에 비해 여성이, 저연령 층에 비해 고연령 층으로 갈수록, 가구 소득이 높을수록, 그리고 코로나19로 인한 우려 수준이 높을수록 방역 지침을 잘 준수하는 것으로 나타난 것이다.

이러한 통계분석 결과는 추후 보다 심층적인 데이터를 통해 재검토되어야 할 필요성이 있지만, 몇 가지 시사점을 제공해준다. 먼저 주요 정부 기관에 대한 신뢰가 높을수록 방역 지침을 잘 따를 것이라는 기존의 연구 결과와 달리 신뢰와 방역지침 준수 사이에 통계적 유의미성이 발견되지 않은 것이다.

다만, 과학 일반과 과학 전문가 집단에 대한 신뢰가 방역 정책 준수 여부를 결정짓는 요인으로 작용한다는 일부 연구 결과는 회귀분석 결과와 부합하는 것으로 나타났다. 예컨대 Goldstein & Wiedemann(2022)는 미국과

---

16 2020년, 21년의 VoG 데이터는 방역 지침을 준수하지 않는다는 응답자가 전체의 4% 미만인 각각 60명 대에 불과하기 때문에 회귀분석을 실시하는 데 적합하지 않다고 판단하였다. 행정연구원의 데이터 역시 방역 지침을 준수한다는 응답이 〈표 3-7〉에 나타난 것과 같이 88%에 달하였으나, VoG 조사와는 달리 보통수준의 준수를 포함하는 5점 척도로 구성되어 있고 약 120명 이상의 인원이 보통 이하에 포함되기 때문에 통계분석에 보다 적합한 자료로 판단된다.

독일의 사례에 대한 실증 연구를 통해 과학자 및 전문가 집단의 조언을 신뢰하는 이들일수록 이동제한 조치 등에 대한 정부 지침에 더욱 잘 따른다는 사실을 발견한 것이다.

한편으로 이념 성향과 같은 요인들이 정부 기관에 대한 신뢰에 결정적인 영향을 주는 것으로 나타났음에도 불구하고, 그러한 성향이 방역 지침 준수 여부에는 유의미한 영향을 주지 않는다는 사실도 흥미롭다. 해외의 사례를 살펴보면 이념 성향에 따른 방역 지침 준수 여부는 드러나기도 하기 때문이다. 미국의 경우 공화당 지지자들은 일반적으로 정부의 일방적인 방역 조치를 따를 가능성이 낮다고 여겨진다는 보고도 있으며(Goldstein & Wiedemann, 2022), 다른 한편으로는 오히려 법과 원칙에 대한 준수를 강조하는 경향이 나타난다는 연구도 있다(Brown, 2017). 그러나 한국의 경우 이러한 경향성은 해당 분석을 통해서는 확인되지 않았다.

위의 회귀분석은 정부 신뢰와 방역 지침에 대해 기초적인 밑그림을 제공해준다는 의의가 있지만, 다음과 같은 한계도 지닌다.

먼저, 앞서도 이야기 했지만 분석에 활용한 설문 조사가 본인의 행동에 대한 자기 보고에 기반한 것이라는 점이다. 실제 자기 보고를 통해 방역 조치를 준수한다고 응답한 응답자가 행동상으로 방역 지침을 철저히 지켰는지 여부는 객관적인 데이터를 활용한 추가적 검토를 필요로 한다.[17] 또한 위의 설문조사는 마스크 착용과 손씻기와 같은 기본적 방역 수칙에 대한 준수 여부를 물어보았기 때문에 이보다 논쟁적인 제한적 조치들에 있어서 기관에 대한 신뢰, 혹은 이념 등의 요인들이 유의미한 영향을 미쳤는지에 대한 검토도 필요하다. 개인의 자율성을 제한하는 정부 방역 조치들은 공공 복리에 이익이 되는 방향으로 개인의 희생적 행동을 요구하며(Braithwaite & Levi,

---

17 이러한 한계로 말미암아 Goldstein & Wiedemann(2022)의 경우는 미국 Cuebiq사에서 제공한 핸드폰 접속 기록 데이터를 활용하여, 실제 봉쇄 조치에 대해 미국 카운티별 준수 여부를 검토하였으며, Ding et al.(2020) 역시 유사한 맥락에서 구글의 위치 기반 빅데이터를 활용한 분석을 실시하기도 하였다.

1998), 이 과정에서 정파성이 판단의 근거가 될 수 있기 때문이다. 다음으로 본 연구에서는 정부 신뢰를 중심으로 논의를 이끌어 갔지만 동료 시민들에 대한 신뢰가 코로나19 방역 지침 준수에 더 중요한 역할을 수행했다는 연구들도 존재한다(Hartley & Jarvis, 2020). 낯선 이들에 대한 신뢰로부터 파생되는 친사회적 행동의 내면화야말로 자가 격리나 봉쇄 조치 준수와 같이 개인의 희생을 요청하는 규범에 대한 준수의 근거로 작용할 수 있다. 이러한 변수들은 추후 다른 데이터를 활용한 분석을 통해 보다 심도있게 검토되어야 할 것으로 보인다.

 ## 맺음말

코로나19는 전 세계적으로 보건, 사회, 정치, 경제 등 다양한 분야에 걸쳐 광범위한 영향을 끼쳤다. 신뢰는 전 세계적인 팬데믹 상황에서 때로는 방역 조치 등에 영향을 준 원인변수로서, 때로는 코로나19로 인해 변화한 결과변수로서 다양한 차원에서 연구되어왔다. 한국에 있어서도 신뢰와 코로나19의 관계는 중요한 주제이다. 특히 우리나라의 코로나19 대응은 많은 논란 속에서 긍정과 부정의 평가를 오갔다. 초기 대응에 있어서는 투명한 정보 공유와 신속한 공중보건 조치를 통해 국제적인 모델로 평가받기도 한 반면, 백신 도입의 지체로 인해 지탄을 받기도 하였고(류미나, 2020), 델타 및 오미크론 변이 출현 이후에는 엄청난 감염자의 폭증을 경험하기도 하였다(하진호 외, 2023). 이런 상황에서 정부를 향한 대중의 신뢰가 어떠한 변화 과정을 겪었는지를 살펴보는 것은 코로나19가 우리 사회에 던지는 교훈을 이해하는 데 있어서 중요한 작업이라고 할 수 있다. 이에 본 장에서는 먼저 팬데믹 기간에 걸쳐 주요 정부 기관에 대한 신뢰는 어떠한 추이를 보여주었는지를 여러 데이터를 활용하여 검토하였다. 다른 한편으로 신뢰가 코로나19에 어떠한 영항을 미쳤는지에 대해 방역 지침 준수 여부와 정부 신뢰의 관계를 살펴보는 작업도 진행하였다.

II장에서는 정부 신뢰라는 키워드를 중심으로 기존의 논의를 검토하였다. 특히 코로나19와 관련하여 정부 신뢰가 왜 중요한지, 그 역할은 무엇인지, 아울러 한국 사회에서 팬데믹 기간에 신뢰는 어떠한 변화 양상을 거쳤는지에 대한 선행 연구를 살펴보았다.

이어지는 III장에서는 코로나19 상황 속에서 한국의 정부 신뢰가 어떠한 변화 양상을 가졌는지 다양한 측면에서 살펴보았다. 이에 따르면 한국의 정부 신뢰는 코로나19가 장기화 됨에 따라 지속적으로 하락하는 모습을 보였으며, 특히 기관의 유형에 따라 그 하락 추세가 다르다는 점이 확인되었다. 대통령실과 질병관리청 같이 코로나19 방역의 중심에 있었던 기관들의 신뢰 수준은 상당히 정파적으로 해석되면서 이념과 같은 변수들에 의해 큰 영향을 받았다. 반면, 지자체와 보건소 등의 공공의료기관에 대한 신뢰는 하락을 경험하는 와중에도 그 감소폭이 상대적으로 작았다. 이는 각급 행정기관을 바라봄에 있어서 대중의 판단이 어떠한지를 가늠케 하는 실마리를 제공한다. 이는 곧, 선출-비선출 기관인지의 여부보다는 정책 결정기관인지, 혹은 집행기관인지에 따라 그 신뢰의 양상이 달라질 수 있다는 점을 시사하는 것일 수 있다. 또한 국립중앙의료원이나 보건지소에 대한 신뢰가 여타 기관에 비해 일관되게 높은 수준을 기록하는 와중에 질병관리청에 대한 신뢰가 대통령실에 대한 신뢰와 동조화되면서 팬데믹 기간에 걸쳐 급변하는 모습은 전문행정기관에 대한 신뢰 역시 정파적으로 해석될 수 있음을 시사한다. 이는 코로나19 대응 과정에 있어서 질병청이 K방역 대응의 전면에 등장하고 정치적 상징성을 얻게 됨으로써, 질병청에 대한 대중의 신뢰가 전문기관에 대한 제도로서의 신뢰가 아닌, 정서적 양극화의 영역으로 해석되었음을 보여주는 사례라고 할 수 있는 것이다.

이러한 결과는 일찍이 Henderson(2000)이 주장했던 바와 같이 행정기관의 역할 및 특성과는 관계없이 중앙 권력과의 거리에 의해 모든 것이 결정되는 공공부문의 특성을 반영한 것일수도 있다. 코로나19 대응 과정에서 승격되며 K방역의 중심에 있었던 기존의 질병관리본부는 중앙 권력과의 거리가 가까워지면서 이에 대한 대중들의 신뢰 여부 역시 대통령실과 동행하였을 가능성이 있다는 뜻이다. 한편으로 소득과 같은 경제적 변수 역시 기관에 대한 신뢰 수준을 결정하는 데 일정한 영향을 행사한 것으로 보이지만, 그 영향력은 정치적 이념에 비해 미약한 것으로 보이며, 코로나19가 장기화됨에 따라 그 차이도 불분명해지는 것으로 나타났다. 이와 관련하여 재난지원금이 (특히 저소득 가구에 있어서) 정부 기관에 대한 신뢰를 증진시켰는지 여부도 검토해볼 만하다.

다음으로 정부 신뢰와 방역 지침 준수의 상호작용에 대해서도 개괄적으로 살펴보았다. 회귀분석의 결과 정부 기관에 대한 신뢰가 개인의 방역 지침 준수에 유의미한 영향을 행사하는지는 불분명하였다. 다만 정부 기관이 아닌 보건 및 의료 기관에 대한 높은 신뢰는 방역 지침의 준수와 긍정적인 관계를 갖는 것으로 나타났다. 기관 신뢰에 유의미한 영향을 주는 것으로 보이는 이념의 경우는 방역 지침 준수 여부와는 별다른 관계를 보여주지 못했으며, 성별, 연령, 교육 수준과 가구소득, 그리고 코로나19로 인한 심리적 우려 수준이 방역 지침 여부에 일정한 역할을 하는 것으로 나타났다. 이는 신뢰 수준이 정부 방역 지침 준수에 긍정적인 역할을 한다는 몇몇 연구 결과와는 상이한 것인데, 이는 데이터의 한계에 기인한 것일 수도 있고 혹은 한국의 대중이 전반적으로 다른 사회에 비해 이념 및 정부 신뢰 수준과 관계없이 실제로 방역 지침을 잘 따른 결과이기 때문일 수도 있다.[18]

---

18 실제로 Bazzi et al.(2021)이 미국에서 진행한 연구에 따르면 마스크 착용과 같은 방역 조치 준수에 역할을 한 것은 신뢰라기 보다는 협력과 공동선 추구를 촉진하는 공동체주의 (collectivism)이다.

이상의 분석 결과는 코로나19와 같은 방역 위기에 있어서 정부 신뢰와 관련해 여러 시사점을 남긴다. 먼저, 한국 사회에서 정부 신뢰는 정파성에 따라 결과가 뒤바뀌는 양극화의 모습을 보인다는 점이다. 특히, 대통령실과 같은 정무적 기관들은 그 높은 정치적 상징성으로 말미암아 정권 교체에 따른 대중의 신뢰 여부 역시 급변하는 결과로 나타났다. 반면, 방역 및 의료 전문성을 가진 국립중앙의료원이나 공공의료기관에 대한 신뢰가 팬데믹 기간 동안 상대적으로 일관되게 높은 수준을 기록했다는 점은 전문행정기관을 통한 방역 조치의 중요성을 시사하는 것이기도 하다. 특히 방역 조치 준수 여부에 있어서도 보건·의료계에 대한 신뢰가 여타 기관에 대한 신뢰와는 달리 유의미한 상관관계를 보이고 있다는 점은 전문성에 바탕을 둔 방역 조치의 필요성을 더욱 강조하는 근거로 제시될 수 있다.

한편으로 본 연구는 다음과 같은 질문을 던진다. 한국 사회의 정부 신뢰는 정말 정파적인가 혹은 설문 문항의 한계로 인한 착시인가? 그리고 실제로 신뢰가 방역 준수 촉진과 같은 기능을 수행하지 못한다면 정부 신뢰는 왜 중요한 것인가?

진실로 우리 사회의 정부 신뢰가 정파성에 의해 뒤바뀌게 된다면, 이는 신뢰의 문제라기 보다는 신뢰성(trustworthiness)의 부재로 인한 문제일 수 있다(Hardin, 2002). 결국 이러한 방역 위기 앞에서 과학적 근거에 기반한 신속한 대응, 투명한 정책집행, 국민과의 적극적인 소통을 통한 지난한 과정만이, 정파적으로 구분되는 정부 신뢰가 아닌 제도와 체제에 대한 신뢰, 신뢰성의 블록을 쌓아가는 방향이 될 것이다. 즉, Citrin & Stoker(2018)가 미국의 사례를 통해 강조한 바와 같이 정파성에 따른 신뢰가 아닌 하나의 제도에 대한 *선의의 저수지*(a reservoir of good will)'를 구축하는 마중물이 될 수 있는 것이다(박종민, 2023: 8에서 재인용). 아울러 이는 정책 준수를 강화하는 선순환을 이끌어내면서 향후 다양한 위기 상황에 대응하는 데 있어서의 초석이 될 수 있을 것이다.

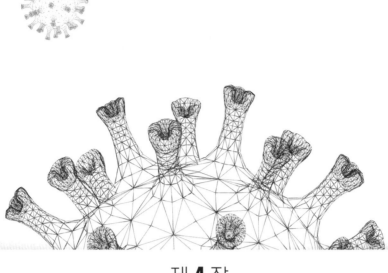

제 **4** 장

우리는 여전히 백신 친화적인가

— 심동철 · 최용진[1] —

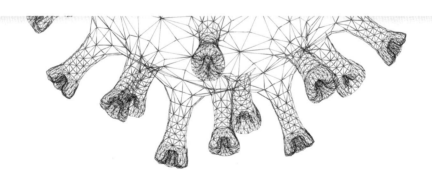

I **서론**

코로나19 팬데믹의 발발은 전 세계 보건 환경과 공중보건 시스템에 다양한 도전을 야기하였고, 세계 각국은 팬데믹 조기 종식을 위해 신속한 백신 개발과 보급에 많은 노력을 기울였다. 코로나19 예방접종 프로그램에 대한 대중들의 광범위한 참여는 코로나19 예방접종률을 높이고 전염병 확산을 막기 위한 필요조건이었다. 그러나 많은 국가들에서는 코로나19 백신에 대한 대중들의 반응이 정치적 성향에 따라 첨예하게 나뉘고 허위 정보가 확산하는 등 다양한 이유로 인해 백신에 대한 부정적인 인식이 높아졌다. 게다가 미국, 캐나다, 그리고 다수의 유럽 국가들에서는 코로나19 백신 예방접종을 거부하는 시위가 일어나기도 하였다. 사람들이 백신을 거부하는 현상이 코로나19 팬데믹 기간 동안에만 특별히 발생했던 것은 아니다. 18세기 말 개발된 천연두 백신은 개발된 직후부터 대중들의 반대에 직면했으며, 지금까지 세계 각국에서 시행된 예방접종 프로그램들은 역사적으로 반백신 운동에 빈번하게 시달려왔다. 일부 저개발국가나 개발도상국들은 의료시스템과 보건 인프라의 부재로 인해 만성적으로 예방접종뿐만 아니라 의료서비스 접근성에 관한 문제를 겪고 있기도 하다. 코로나19 팬데믹 동안에 나타난 백신 관련 논란은 이미 존재하던 백신에 대한 불신을 심화시키고 다양한 지역적 문제와 결합하여 각국에서 복잡한 도전들을 초래하는 새로운 상황을 조성하였다.

한국은 2021년 2월 말경에 예방접종을 시작하여 약 5개월 만인 7월 중순에 전 국민의 30%가 코로나19 예방접종을 완료하고, 같은 해 11월에 80%의 예방접종률을 달성하였다. 한국이 코로나19 백신 확보가 다른 선진국들보다 상대적으로 늦었음에도 불구하고 백신 접종이 매우 빠르게 진행

---

1 본 연구에서 사용된 데이터의 수집은 2022년도 한국학중앙연구원 해외한국학지원사업의 지원에 의하여 수행되었음(AKS-2022-R-000 설문조사)

될 수 있었던 것은 의료시스템에 대한 높은 신뢰와 코로나19 팬데믹 이전까지 유지되어 오던 한국인의 높은 백신 신뢰도, 의무 예방접종 정책 등 다양한 요인들이 기인한 것으로 평가된다. 백신 신뢰도의 형성은 다면적이고 복잡하며, 그 사회의 특유의 문화적 사회적 역학을 반영한다(Larson et al., 2014; Macdonald et al., 2015; Larson, 2022). 특히 한국 대중들 사이에서 백신에 대한 인식과 태도가 코로나19 팬데믹을 거치면서 급격하게 부정적으로 바뀌고 있는 것으로 보고되어, 한국의 백신 수용성에 대한 보다 심층적인 논의가 필요한 상황이다(UNICEF, 2023).

본 장에서는 한국에서 백신에 대한 태도와 평가가 어떻게 변화하였는지, 그리고 이에 영향을 미치는 동인은 무엇인지 살펴보고자 한다. 백신에 대한 태도를 형성하는 요인들을 다각도에서 살펴보는 것은 예방접종과 관련한 의사결정의 복잡성을 이해하고 보다 현실적인 해결방안을 모색하는 데 도움을 준다. 보건학을 중심으로 이루어진 백신 수용성에 관한 연구는 보건신념모델, 상황인식이론, 앤더슨의 건강행동모형, 프레임이론 등 다양한 이론에 바탕을 두고 이루어져 왔다. 초기 이론들은 백신에 대한 태도와 수용성이 팬데믹이나 전염병의 위험이 얼마나 심각한가에 대한 위험인식과 같은 상황인식과 백신이 제공하는 질병으로부터의 보호 수준이나 부작용 가능성과 같은 백신에 대한 신뢰도의 믿음의 함수로 결정된다고 가정한다. 이러한 관점에서 개인은 위험과 이익을 평가할 수 있는 독립적 의사결정자이며, 자신의 건강을 보존할 수 있는 방향으로 백신에 대한 태도를 결정한다는 측면에서 합리적 의사결정자이다. 예를 들어, 코로나19 백신의 부작용이 광범위하게 논란이 되는 상황에서 건강의 증진을 최우선으로 생각하는 합리적 개인 입장에서는 백신을 접종하기보다는 타인에 의해 달성된 집단 면역에 무임승차 하는 것이 더 합리적인 선택일 수 있다. 이러한 선택은 집단 행동 문제(collective action problem)를 일으켜 집단 면역이라는 사회적 목표의 달성을 어렵게 한다. 이러한 상황에서 정부와 사회는 백신의 안전성과 효과성을 적극적으로 해소하기 위한 캠페인 등을 통해 개인들의 불안을 해소함으로써 집단 면역 실패라는 공공재의 비극을 피해야 한다(김한나 외, 2021).

반면 백신 수용성에 관한 최근 연구들은 정치시스템, 제도, 인구사회학적 특성 등 다양한 정치사회학 요인들로 논의를 확장하였다. 특히 전례 없는 속도로 백신을 빠르게 개발하고 보급했던 코로나19 팬데믹 기간 동안에 수행된 연구들에서는 정치성향, 신뢰, 허위 정보, 종교적 믿음 등 복합적 요인들이 다양한 맥락에서 서로 얽히며 국가마다 다른 문제지형을 형성하는 것을 확인하였다(Kreps et al., 2020; Callaghan et al., 2021; Ackah et al., 2022; Choi & Fox, 2022). 그러므로 코로나19 팬데믹 이후 한국 사회에서 백신에 대한 태도를 형성하는 요인들을 다각도에서 검토하는 것은 팬데믹 이후 급격하게 하락한 백신 신뢰도를 회복하고 미래에 발생할 수 있는 또 다른 전염병에 대비하는 데 매우 중요한 초석이라고 볼 수 있다.

본 연구는 코로나19 백신에 대한 경험과 정보가 축적되어 가던 2022년에 수집한 설문조사 데이터를 분석했다는 점에서 기존연구와 차별된다. 따라서 본 연구는 향후 백신 보급 정책을 수립하기 위한 중요한 추가 정보로 활용될 수 있을 것으로 기대된다. 기존 코로나 백신 태도에 대한 연구는 코로나 백신 보급이 시작되던 시기에 이루어진 것이 대부분이었다. 이들 연구는 초기 코로나 백신 순응에 영향을 주는 동인을 살펴본다는 측면에서 시의적절한 연구로 평가된다. 다만 백신에 대한 태도는 관련 정보나 백신의 효과성 그리고 조사시점에서의 정치 사회적 환경에 따라 민감하게 변화하기 때문에, 초기 코로나 백신 보급 당시의 한국의 백신 태도와 이에 영향을 미치는 선행 요인들이 여전히 유효한지 다시 한 번 살펴볼 필요가 있다.

구체적으로 본 장에서는 다음의 세 가지 질문에 답하고자 한다. 첫째, 본 연구에서는 코로나 백신 수용이 성, 연령, 교육 수준, 소득 수준, 가구 구성원에 따라 어떻게 다른가를 살펴본다. 우리 사회에서 어느 집단이 백신에 대해 수용성이 낮은가를 파악하는 것은 향후 한국의 백신 정책에 있어서 어떤 사회적 그룹을 설득해야 하는가에 대한 전략을 파악하는 데 중요하다.

둘째, 개인의 보건위험성에 대한 인식과 개인의 건강 자존감이 백신 수용성에 영향을 미친다는 기존 보건학에서의 연구결과가 코로나19 추가접종의도에 어떻게 적용되는지 살펴볼 것이다. 보다 구체적으로 코로나 백신수용이 백신의 효과와 부작용 등 백신 자체에 대한 평가와 개인의 감염병 및 위중성 인식과 어떠한 관계를 보이는지 살펴보고자 한다.

셋째, 최근 주목받고 있는 친사회적 예방접종 의도에 관한 이론적 배경을 바탕으로 백신의 사회적 효용성에 대한 인식과, 정부와 사회에 대한 신뢰가 백신 수용성에 어떠한 영향을 미치는지 살펴볼 것이다. 접종에 대한 의사결정이 개인의 보건 혜택을 넘어 사회적 편익이라는 공공재 달성을 위한 정치적 노력이라면, 국가나 사회에 대한 신뢰가 개인의 친사회적 행동을 결정하는 데 중요한 동인이 될 수 있다. 특히 정부의 코로나19 대응 성과에 대한 개인의 평가는 신뢰 형성에 중요한 요인이 될 수 있으므로, 이러한 개인의 평가가 코로나 추가접종 태도에 어떻게 영향을 미치는지 살펴볼 것이다. 또한 정부에 대한 신뢰뿐 아니라 사회신뢰가 백신 접종태도에 어떤 영향을 미치는지 살펴볼 것이다.

마지막으로 본 장에서는 코로나19 백신 수용성과 관련된 변수들에 초점을 두어 코로나 백신 추가접종의 선행 요인들의 영향을 종합 모형 분석을 통해 살펴볼 것이다. 코로나 백신 수용성에 직간접적으로 관련이 있는 변수들의 영향력을 통계분석을 통해 탐색해 봄으로써, 백신 추가접종에 대한 이해를 높이고자 한다.

본 장에서는 전국 18세 이상 6,000명의 성인을 대상으로 수행한 온라인 설문조사 결과를 활용하였다. 이 설문조사는 트랜드리서치(trendmr.com)의 온라인 패널을 사용하여 2022년 5월, 7월, 9월, 11월에 각각 1,500명의 응답을 수집하였다. 이 설문조사 프로젝트는 한국학중앙연구원의 지원을 받았으며, 미국 뉴욕주립대 알바니 대학교(University at Albany, State Univeristy of

New York)의 연구윤리위원회의 검토를 받아 수행되었다(프로토콜 번호 22X058). 설문조사를 시작하기에 앞서 과제의 목표, 연구방법, 연구참여에 따른 관련 이익 및 위험, 연구참여자의 권리 등이 설명된 동의서가 제시되었으며, 응답자가 참여의사를 밝힌 후 본격적으로 설문 응답을 시작할 수 있도록 구성하였다. 표본은 연령, 성별, 광역시 · 도 비례 할당을 하여 추출하였다.

Ⅱ 한국의 백신 수용성

코로나19 팬데믹 이전까지 한국은 백신 신뢰도가 높은 국가였다. 비록 1990년대 일본뇌염 백신 파동, 2000년대 DPT(Diphtheria, Pertussis & Tetanus) 예방접종과 홍역 · 풍진 · 볼거리(Measles, Mumps & Rubella: MMR) 예방접종의 부작용과 관련한 크고 작은 논란들이 있었지만, 2010년 말까지 한국 사회에서 백신에 대한 전반적인 신뢰도는 매우 높은 수준이었다(UNICEF, 2023). 코로나19 팬데믹 당시에는 코로나19 백신의 초기 공급량이 매우 제한적이었음에도 불구하고 한국은 백신이 국내에 보급되기 시작한 2021년 2월부터 매우 빠른 속도로 예방접종 목표를 달성하였다. 코로나19 극복에 관한 국민적 관심과 정부의 정책적 노력에 힘입어 2022년 2월에 한국의 코로나 백신 2차 접종 완료율은 85% 이르렀다(《그림 4-1》 참조). 1차 접종률은 2022년 2월에 87%에 이르렀는데, 2차 접종과 1차 접종의 비율을 살펴보면, 한국은 1차 접종을 맞은 사람은 대부분 2차 접종까지 완료한 것으로 나타났다. 이는 경제협력개발기구(OECD) 38개 회원국들 중에서도 포르투갈, 칠레, 아이슬란드, 일본 등과 함께 가장 높은 수준이다. 다만 2022년 11월까지 한국에서 인구 100명당 3차 예방접종자 수는 79명 수준으로 2차 접종보다는 다소 낮은 수치를 기록했다. 이는 유럽, 아시아, 미국 등의 평균과 비교했을 때 여전히 높은 수치이나, 일본이 인구 100명당 추가 접종자 수가 111.5명이었던 것과 비교하면 낮은 수치이다.

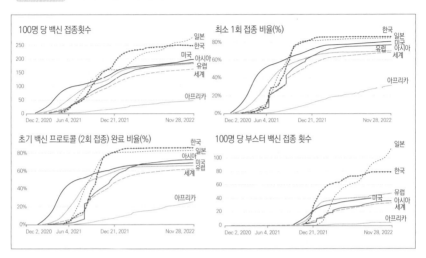

그림 4-1 세계 백신 접종 현황 비교

출처: Our World in Data(https://ourworldindata.org/coronavirus)

　　본 연구에서 사용한 설문조사 데이터에서는, 응답자의 93% 이상이 2번 이상의 코로나19 백신을 접종 받은 것으로 나타났으며, 3회 이상 접종을 한 비율도 67.5%인 것으로 나타났다(〈그림 4-2〉 참조). 다만, 2022년 5월부터 11월까지 네 번의 조사기간 동안 부스터 샷을 접종한 비율은 응답자의 65% 수준에서 크게 달라지지 않았음을 확인할 수 있어, 조사기간 동안 2차 접종 이후 추가접종에 대해서는 응답자들이 다소 유보적인 것을 확인할 수 있다. 이러한 경향은 향후 백신의 추가접종에 대한 의향을 묻는 질문에서도 나타난다. 같은 조사에서 "향후 필요하다면 추가 접종계획이 있는가"에 대한 질문에서 응답자의 57%가 추가 접종계획이 없다고 응답했으며, 이러한 추세는 설문조사 기간 동안 큰 변화가 없었던 것으로 확인되었다(〈그림 4-3〉 참조).

그림 4-2 2022년 한국의 백신 접종률

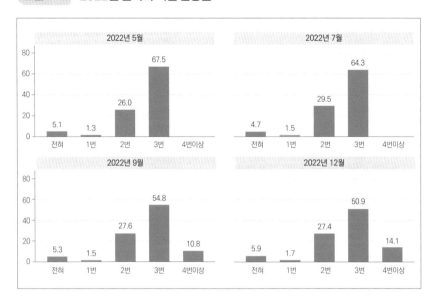

그림 4-3 추가접종 계획

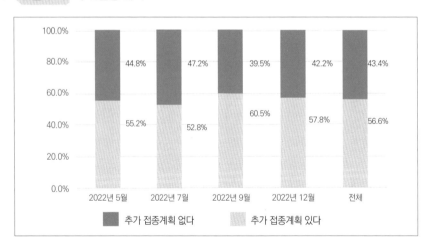

백신을 3회 이상 접종한 그룹에서는 "향후 필요하다면 추가 예방접종을 받겠다"는 비율이 긱긱 51%(세 번 접종), 79%(네 번 접종)로 높은 것을 확인할 수 있었다(2022년 9월과 11월 설문조사만을 포함). 반면, 백신을 전혀 접종하지 않았거나 백신을 한 번만 접종했던 응답자 중 백신 추가접종 의도를 보인 경우는 각각 7%(접종 경험 없음), 13%에 그치는 것으로 나타나, 예방접종 횟수에 따라 추가 예방접종 의지에 큰 차이가 있는 것으로 유추할 수 있다.

표 4-1 **백신 접종 집단별 추가 접종 계획**

	접종한 적 없음	1회 접종	2회 접종	3회 접종	4회 이상	전체
추가접종계획 없다	293	78	1,212	1,732	80	3,395
	93%	87%	73%	49%	21%	57%
추가접종계획 있다	23	12	446	1,830	294	2,605
	7%	13%	27%	51%	78%	43%
전체	316	90	1,658	3,562	374	6,000
	100%	100%	100%	100%	100%	100%

코로나19 팬데믹을 거치면서 한국 대중들 사이에서 백신에 대한 긍정적인 인식이 크게 하락한 것도 주목할만 하다. 런던 위생열대의학대학원의 Vaccine Confidence Project에서 제공한 설문조사데이터에 따르면 코로나19 팬데믹 이전 2015년과 2019년 한국에서는 87% 이상의 응답자들이 전반적으로 백신이 안전하고 효과적이라고 응답한 반면, 팬데믹 이후 2021년과 2022년에는 그 비율이 각각 65%와 54%로 하락하였다. 또한 백신이 효과적이라는 인식에 관해서는 2019년에는 91%의 사람들이 동의한 반면, 2021년과 2022년에는 그 비율이 각각 73%와 62%로 급격하게 하락하였다(〈그림 4-4〉 참조). 한국과 같이 백신 공급망이나 의료서비스 접근성에 큰 문제가 없는 국가의 경우, 백신에 대한 주관적인 인식이 예방접종 의사결정에 있

어서 매우 중요한 요인이다. 따라서 백신에 대한 신뢰도가 전반적으로 하락하는 이러한 현상은 향후 코로나19 대응뿐만 아니라 다른 유형의 감염병 대응과 예방접종 프로그램에도 중대한 도전이 될 수 있다.

그림 4-4   코로나19 팬데믹 전후 한국의 백신 신뢰도 변화

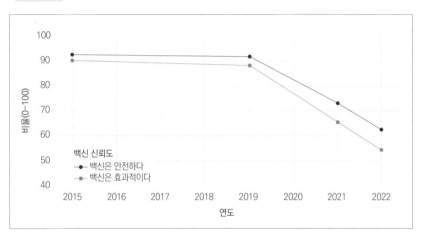

출처: Vaccine Confidence Project(www.vaccineconfidence.org/vci/map)

이러한 차이는 본 연구에서 사용한 설문조사에서도 유사하게 발견된다. 설문조사에서 "코로나 백신이 심각한 부작용을 일으킬 수 있다"고 대답한 사람들의 비율은 45%인 것으로 나타났다. 또한 코로나19 백신이 전염병 예방에 효과적이라고 응답한 사람들은 53%, 코로나19 백신이 우리 사회에 사회적 편익을 가져온다고 응답한 사람들은 54%인 것으로 조사되어, 코로나19 백신의 부작용에 대한 우려는 높은 반면, 코로나 접종의 효과성과 사회적 편익에 대한 확신은 높지 않다는 것을 확인할 수 있다.

표 4-2 코로나19 백신에 대한 한국인의 인식

백신신뢰도	설문결과
응답자 수	6,000명
코로나19 백신은 심각한 부작용을 일으킬 수 있다	45.3%
코로나19 백신은 전염병 예방에 효과적이다	52.8%
코로나19 백신은 사회적 편익을 가져온다	53.5%

Ⅲ 예방접종 의도에 관한 이해

① 선행 연구

그렇다면, 사람들은 왜 백신에 대해 상반된 태도를 보이는가? 기존 연구들은 예방접종의 수용성을 결정하는 요인을 설명하기 위해 여러 이론적 모형을 제시하였다. 이 중 빈번하게 인용되는 고전적인 이론 중 하나는 앤더슨과 동료들(Andersen & Newman, 1973; Andersen & Aday, 1978)이 개발한 건강행동모형(Behavioral Model of Health Services Use)이다. 건강행동모형은 예방접종 의도만을 설명하기 위한 이론이라기보다는 사람들의 의료서비스 이용 패턴을 설명하기 위해 개발된 이론이지만, 이후 많은 학자들의 수정을 거치면서 개인의 다양한 의료 서비스 이용 의도를 설명하는 이론으로 확장 사용되어 왔다(배수연·김희주, 2021).

이 모형은 건강 증진을 위한 의사결정의 요인들을 선행요인(predisposing factors), 가능요인(enabling factor), 그리고 욕구요인(need factor)으로 구분한다. 선행요인은 나이, 성별, 교육 수준, 소득 등의 인구사회학적 특성과 심리적 요인이 포함될 수 있다. 특히 인구사회학적 특성은 누가 백신에 부정적이며,

백신 확산을 위해서 어디를 공략해야 하는가에 대한 함의를 제공해 준다는 점에서 중요하다. 심리적 요인은 개인이 왜 백신을 기피하는가를 이해하기 위해 유용하며, 특히 백신 접근성이 문제가 되지 않는 선진국의 백신 거부 이유를 설명하는 데 중요하다.

이러한 맥락에서 백신 접종의 심리적 요인을 설명하는 데 초점을 맞춘 이론들도 존재한다. 개인의 건강관련 의사결정에 관한 심리적 요인을 설명하기 위해 개발된 건강신념모델(Health Belief Model: HBM)은 개인의 예방접종 관련 행동을 설명하는 데에도 시사점을 제공한다(Janz & Becker, 1984; Champion & Skinner, 2008). 건강신념모델은 인지된 취약성, 인지된 심각성, 인지된 이득, 인지된 장애, 자기효능감을 건강행동을 결정하는 중요한 보건 신념으로 제안한다. 인지된 취약성(Perceived Susceptibility)은 개인이 얼마나 특정 감염병에 감염될 확률이 높다고 생각하는가에 대한 인지이다. 인지된 심각성(Perceived Serverity)은 개인이 감염이 되었을 경우, 그 질병이 개인에게 미치는 심각성의 정도를 의미한다. 인지된 이득(Perceived Benefits)은 백신이나 개인의 건강행동이 가지고 올 수 있는 긍정적 결과에 대한 인식이다. 인지된 장애(Perceived Barriers)는 백신 접종 등의 건강행동을 취함에 있어서 개인이 인지하는 물리적 장애와 심리적 두려움을 포함한다. 마지막으로 자기효능감은 개인이 백신 접종을 비롯해 건강행동을 성공적으로 수행할 수 있다는 믿음으로 정의할 수 있다.

또한 Bestsch et al.(2018; 2019)은 개인이 백신 접종을 주저하는 것을 측정하는 심리적 척도로 5C(Confidence, Complacency, Constraint, Calculation, Collective Responsibility)를 제안하였다. 신뢰도(Confidence)는 백신의 효과성과 안전성을 포함하며, 신뢰도가 낮을수록 개인은 백신을 접종받기를 꺼려하게 된다. 안일함(Compacency)은 질병에 대한 위험을 낮게 평가해 백신 접종의 필요성을 못 느끼는 상태를 말한다. 제약조건(Contraint)은 백신을 접종 받는 데 있어서 물리적, 경제적, 시간적 제약이 있다고 느끼는 것을 말한다. 계산성(Calculation)은 백신 접종에 대한 의사결정을 하는 데 있어서 정보를 찾아보고 비교 분석히고자 하는 노력의 정도를 말한다. 집단적 책임감(Collective Responsibility)은 자신뿐만 아니라 다른 사람을 보호해야 한다는 사회적 책임감에 바탕을 둔 예방접종 의사결정을 말하며, 특히 코로나 바이러스에 대한 집단 면역과 연결되어 강조되어진 개념이다.

본 장에서는 코로나 예방접종 의도에 관련한 국내 연구를 참고하여 한국인의 백신에 대한 태도에 영향을 미치는 요인을 살펴볼 것이다. 앞서 언급했듯이, 기존 예방접종 의도에 관한 연구들이 대부분 2021년 예방접종이 이루어지기 이전에 조사가 이루어진 데 반해, 본 장에서의 조사결과는 2022년에 이루어진 결과에 바탕을 두고 있어서 한국의 백신 수용성에 어떠한 변화가 있는지를 살펴보는 데에도 유용할 것으로 판단된다.

② 백신태도의 인구학적 특성

본 장에서는 나이, 성별, 교육 수준, 소득, 직업여부, 종교여부 등에 따른 예방접종 의도를 살펴보았다. 나이와 백신 수용성 간의 관계에 주목한 연구들에서는 대체로 고령층이 청년층보다 백신 수용성에서 보다 긍정적인 태도를 보이는 경향이 있다(Al-Mohaithef & Padhi, 2020; Fisher et al., 2020; Freeman et al., 2020; Gagneux- Brunon et al., 2021; Grech et al., 2020). 하지만 몇몇 연구에서는 청년층의 백신 수용성이 고령층보다 더 높은 것으로 보고되기도 하였다(Guidry et al., 2020; Harapan et al., 2020; Kreps et al., 2020). 코로나19 팬데믹 이후 한국에서 수행된 연구들에 따르면 대체로 고령층에서 백신 수용성이 더 높은 것으로 나타난다. 김한나 외(2021)는 연령이 높을수록 예방접종 의도가 높은 것을 확인하였고, 장경은·백영민(2023)은 예방접종 주저집단의 평균 나이가 백신 수용집단이나 백신 거부집단의 평균 나이보다 상대적으로 낮은 것을 확인하였다.

본 연구에서도 나이에 따른 백신에 대한 부정적 태도는 20대와 30대에서 더 많이 나타남을 확인할 수 있었다. 우선 30대 이하에서는 백신 추가접종 의향이 30% 수준으로 상대적으로 낮은 것으로 조사된 반면, 60대 이상에서는 추가접종 의향이 56% 가까이 되는 것으로 나타났다(〈그림 4-5〉 참조).

그림 4-5 연령별 백신 추가접종 의도

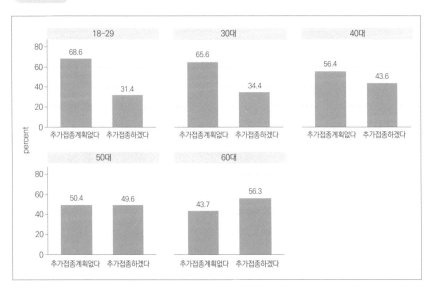

백신에 대한 긍정적 인식 또한 나이에 따라 높아지는 경향이 있는 것으로 나타났다. 대체로 젊은 세대에서는 백신에 대한 불신이 높고 백신 효과성을 낮게 평가하는 것으로 나타났다. 20대의 경우 백신이 심각한 부작용이 있다고 응답한 비율이 53%에 달하는 데 반해, 백신의 효과성(35%)과 백신의 사회적 편익(37%)에 대해 긍정적으로 응답한 비율은 낮은 것으로 나타났다. 이에 비해 50대 이상에서는 40% 정도의 응답자가 코로나백신이 심각한 부작용을 일으킬 수 있다고 응답한 반면, 65% 정도의 응답자가 백신에 대한 효과성과 사회적 편익에 대해 긍정적으로 평가하는 것으로 나타났다(〈표 4-3〉 참조).

표 4-3 **연령별 코로나 백신 평가 의견 차이**

연령	백신신뢰도		
	심각한 부작용	효과성	사회적 편익
18-29세	52.7%	36.6%	36.8%
30대	50.5%	39.4%	41.5%
40대	44.6%	52.7%	54.3%
50대	39.4%	62.8%	65.4%
60세 이상	41.5%	67.3%	64.3%
전체	45.3%	52.9%	54.3%

기존 연구에서는 남성이 대체로 백신에 더 우호적인 평가를 보이는 경향이 있다고 보고되었다(예. Dror et al., 2020; Freeman et al., 2020; Gagneux- Brunon et al., 2021; Grüner · Krüger, 2021; Nzaji et al., 2020; Kreps et al., 2020; Malik et al., 2020; Wang et al., 2020). 이러한 연구들에서 보이는 남녀 간격 차이는 여성들이 남성들에 비해 백신의 부작용에 더욱 민감하기 때문인 것으로 해석이 된다. 한국에서는 연구에 따라 혼합된 결과를 보인다. 김한나 외(2021)와 황선재 외(2021)의 연구에서는 남성의 백신 수용성이 여성보다 높은 것을 확인하였다. 그러나, 장경은 · 백영민(2023)은 백신접종 거부집단, 주저집단, 수용집단에서 성별차이를 발견하지 못했다. 또한 대학생을 표본으로 한 배수연 · 김희주(2021)와 백민아 외(2022)의 연구에서도 성별 차이는 발견되지 않았다.

본 조사에서는 여성이 남성보다 백신 추가접종에 더 부정적인 것을 확인할 수 있었다. 〈그림 4-6〉을 살펴보면, 남성의 경우 53%가 추가접종할 의사가 없다고 응답한 반면, 여성의 경우 61%가 백신을 추가접종할 의사가 없음을 밝혔다. 이러한 경향은 4번의 조사에서 큰 차이가 없는 것으로 나타났다.

그림 4-6   성별 백신 추가접종 의도

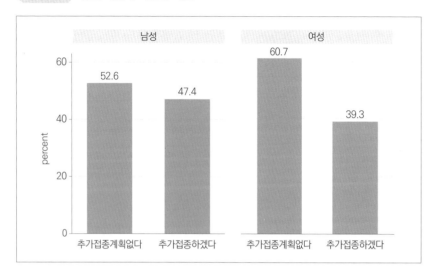

또한 남성이 여성보다 코로나 백신의 효과성(남성 55%, 여성 51%)과 사회적 편익(남성 57%, 여성 51%)을 더 높게 평가한 것으로 나타나 성별 백신 신뢰도에도 근소한 차이가 있는 것으로 나타났다. 백신 평가에 대한 성별 차이는 주로 부작용에 대한 우려에서 크게 나타났다. 남성은 40%가 백신에 심각한 부작용이 있다고 응답한 반면 여성은 50%가 백신 부작용에 우려를 표명한 것으로 나타났다. 이러한 차이는 남성과 여성의 추가예방접종 의도 차이에 영향을 미치는 것으로 판단된다.

표 4-4   성별 코로나 백신 평가

성별	백신신뢰도		
	심각한 부작용	효과성	사회적 편익
남성	40.2%	54.6%	57.1%
여성	50.5%	51.1%	51.4%
전체	45.3%	52.9%	54.3%

교육 수준별 예방접종 의도에 관한 연구에서는 교육 수준이 높을수록 백신 태도에 보다 긍정적인 것으로 나타났다(예. Al- Mohaithef & Padhi, 2020; Dodd et al., 2020; Fisher et al., 2020; Freeman et al., 2020; Guidry et al., 2020; La Vecchia et al., 2020; Malik et al., 2020; Szilagyi et al., 2021). 또한 한국 연구에서도 장경은·백영민(2023)은 백신 수용집단의 교육 수준이 백신 거부집단의 교육 수준보다 높은 것을 확인했다. 백민아 외(2022)는 대학생들을 대상으로 한 조사에서 학년 차이가 백신 수용성에 영향을 미치지는 않는 것을 확인했으나, 전공이 보건의료 전공인 경우, 그렇지 않은 학생보다 백신 수용성이 더 높은 것을 발견하였다.

본 연구에서는 백신 수용성은 교육 수준에 따라 큰 차이가 없는 것으로 나타났다. 백신 추가 접종 가능성에 관한 질문에서 응답자 중 대학 재학이나 졸업생의 58%가 백신 추가접종 계획이 없다고 응답한 반면, 고졸 및 고졸 이하 응답자들은 54%가 백신 추가 접종 계획이 없다고 응답한 것으로 나타나, 대학 재학이나 졸업생의 백신 추가접종 의도가 오히려 상대적으로 낮은 것으로 나타났다.

그림 4-7 교육 수준별 백신 추가접종 의도

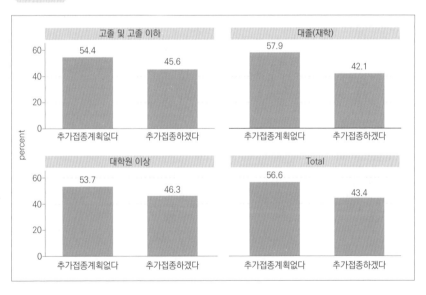

교육 수준별 백신 신뢰도의 차이도 크지 않은 것으로 나타났다. 고졸 및 고졸 이하 그룹과 대학원 이상의 부작용에 대한 우려 차이는 1.7% 수준인 것으로 나타났으며(고졸 및 고졸 이하 45.5% vs. 대학원 이상 47.2%), 효과성에 대한 평가도 2% 정도의 차이만을 나타낸 것으로 나타났다(고졸 및 고졸 이하 54% vs. 대학원 이상 55%). 다만, 교육 수준별 사회적 편익에 관한 이득에는 유의한 차이가 있는 것으로 나타났다. 고졸 및 고졸 이하의 응답자들의 52%가 백신이 사회적 편익을 가지고 올것이라는 응답에 긍정적으로 답했지만, 대학원생 그룹에서는 59%가 백신이 사회적 편익이 있다고 응답한 것으로 조사되었다.

표 4-5 교육 수준별 백신 평가

교육 수준	백신신뢰도		
	심각한 부작용	효과성	사회적 편익
고졸 및 고졸 이하	45.5%	53.0%	52.0%
대졸 및 대학 재학	44.8%	52.4%	54.2%
대학원 이상	47.2%	55.0%	58.6%
전체	45.3%	52.9%	54.3%

소득 수준과 예방접종 의도의 관계는 여러 연구에서 확인되었다. Freeman et al.(2020)은 영국에서 수집한 데이터를 바탕으로 소득 수준이 낮은 집단에서 예방접종에 더 주저하는 경향이 있는 것을 확인하였다. Lazarus et al.(2020a)은 19개 국가에서 데이터를 수집해 소득 수준과 백신 수용성 간에 정(+)의 관계가 있음을 발견하였다. Pogue et al.(2020)도 미국에서 수집된 데이터를 바탕으로 소득과 예방접종 의도 간의 관계를 구조방정식 모형을 사용하여 살펴보았다. 이 모형에서는 소득 수준과 백신 수용성 간에 유의한 관계를 발견하지 못했으나, 상관관계 분석에서는 소득 수준과 백신 수용성은 정(+)의 관계가 있음을 확인하였다. 반면 Harapan et al.(2020)과 Head et al.(2020)은 소득 수준과 예방접종 의도 간에 유의한 관계를 발견하지 못했다. 한국 연구에서는 장경은·백영민(2023)이 백신 수용집단의 소득 수준이 백신 거부집단의 소득 수준보다 높은 것을 확인하였으며, 김한나 외(2021)는 소득수준이 높을수록 백신 수용성이 높은 것을 보고하였다.

〈표 4-6〉은 본 연구에서 나타난 소득 수준과 예방접종 의도, 백신 신뢰도와의 관계를 정리한 것이다. 본 조사에서 추가 예방접종 의도는 소득 수준이 높을수록 더 높은 것을 확인할 수 있었다. 200만원 미만의 소득 수준을 가진 응답자의 41%가 추가 예방접종 의도가 있다고 응답한 반면, 600-799만원과 800만원 이상의 소득 수준에서는 각각 46%와 47%의 응답자가 추가 예방접종 의도가 있다고 응답한 것으로 나타났다. 또한 백신의 부작용에 대한 우려는 저소득층에서 더 높은 것으로 나타났다. 200만원 미만의 소득 수준을 가진 응답자의 48%가 백신의 심각한 부작용이 있다고 응답한 반면, 800만원 이상의 소득을 가진 응답자 중 42%가 백신에는 심각한 부작용이 있다고 응답하였다. 특히 백신 효과성에 대한 믿음은 저소득층(200만원 미만: 47%)에서보다 고소득(800만원 이상: 57%)에서 10% 이상 높은 것으로 나타났다. 사회적 편익에 대한 믿음도 저소득층(200만원 미만: 47%)에서보다 고소득층(800만원 이상: 62%)에서 긍정적으로 응답한 비율이 더 높은 것으로 나타났다.

표 4-6 소득 수준별 예방접종 의도와 신뢰도

소득 수준	예방접종 의도	백신신뢰도		
		심각한 부작용	효과성	사회적 편익
200만원 미만	41.0%	47.8%	46.9%	47.3%
200-399만원	40.9%	45.9%	50.6%	51.1%
400-599만원	44.5%	46.3%	55.2%	55.0%
600-799만원	45.5%	43.4%	54.9%	59.3%
800만원 이상	47.3%	41.7%	57.1%	61.5%
전체	43.4%	45.3%	52.9%	54.3%

본 연구에서는 결혼 유무와 예방접종 의도와의 관계도 살펴보았다. 미혼 중 39%만이 추가 접종 계획이 필요하면 하겠다고 응답한 반면 기혼은 47% 가 백신을 추가접종할 의향이 있다고 응답한 것으로 나타났다(〈그림 4-8〉 참조). 결혼 유무는 백신에 대한 평가에도 유의한 차이를 나타내는 것으로 확인되었다(〈표 4-7〉 참조). 미혼의 경우 48%가 백신이 효과적이라고 응답한 반면, 기혼은 58%가 백신이 효과적이라고 평가하는 것으로 나타났다. 또한 미혼은 48%만이 백신이 사회적 편익이 있다고 응답한 반면, 기혼은 60%가 백신이 사회적 편익이 있다고 응답했다. 다만, 결혼 유무는 백신의 부작용에 대한 평가에서는 큰 차이를 보이지 않았다(미혼:46%, 기혼:44%). 이러한 차이는 보호해야 할 사람이 있을 때 백신에 대한 태도가 그렇지 않을 때보다 긍정적일 수 있다는 가능성을 보여준다는 점에서 흥미롭다고 하겠다.

그림 4-8   결혼 유무와 백신 추가접종 의도

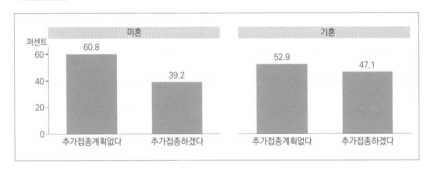

표 4-7   결혼 유무와 백신 평가

결혼 유무	백신신뢰도		
	심각한 부작용	효과성	사회적 편익
미혼	46.2%	47.6%	48.1%
기혼	44.4%	57.5%	59.7%
전체	45.3%	52.9%	54.3%

직업과 예방접종 의도에 관한 연구가 많이 존재하지는 않으나, 김한나 외 (2021)는 정규직을 가시고 있는 응답자가 그렇지 않은 응답자보다 더 높은 예 방접종 의도를 보이는 것을 확인하였다. 또한 황선재 외(2021)도 취업을 한 응답자가 그렇지 않은 응답자보다 더 높은 예방접종 의도를 보이는 것을 확 인했다. 그러나 본 연구에서는 직업별 예방접종 의도에는 큰 차이가 없는 것 으로 나타났다. 〈그림 4-8〉을 보면 임금근로자와 그렇지 않은 응답자의 추 가 예방접종 의도의 차이는 2.5%p에 불과한 것으로 나타났다(임금 근로자:45%, 기타:42%). 또한 의료기관에 종사하는 응답자의 추가 접종의도(44%)도 임금 근로자의 추가 접종의도 비율과 차이가 없는 것으로 조사되었다. 또한 직업 별 백신 신뢰도에서도 큰 차이는 나타나지 않았다. 임금근로자, 의료기관 종 사자, 그리고 기타 그룹 모두 백신 부작용과 백신 효과성에 비슷한 평가를 내린 것으로 나타났다. 다만 임금근로자의 57%가 백신의 사회적 편익에 대 해 긍정적으로 응답한 것에 반해, 의료기관 종사자들 중에서는 52% 정도가 긍정적으로 응답해 약간의 차이를 보였다(〈표 4-8〉 참조).

그림 4-9 직업별 예방접종 의도

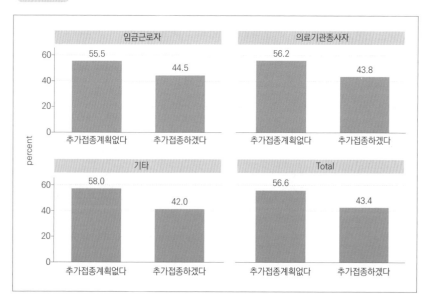

표 4-8 **직업별 백신 평가**

직업	백신신뢰도		
	심각한 부작용	효과성	사회적 편익
임금 근로자	44.5%	54.0%	57.0%
의료기관 종사자	45.9%	51.3%	51.6%
기타	45.9%	52.1%	52.1%
전체	45.3%	52.9%	54.3%

기존 몇몇 연구들에서는 코로나 백신태도와 종교적 믿음과의 관계를 살펴보았으나 대체로 유의한 결과를 발견하지는 못했다. Sherman et al.(2021)은 영국에서 수집한 데이터를 바탕으로 종교와 예방접종 의도와의 관계를 살펴보았으나 유의한 관계를 찾지 못했다. 인도네시아를 중심으로 진행된 Harapan et al.(2020)의 연구에서도 종교와 예방접종 의도 간에는 유의미한 관계가 없는 것으로 나타났다. 황주연·오세정(2023)은 Q 방법론을 사용해 분석한 결과, 종교적 신념으로 백신 접종을 거부하는 것은 한국적 맥락에서는 무관하다는 결론을 내렸다. 또한 황선재 외(2021)는 백신 접종을 거부하는 응답자를 대상으로 그 이유를 조사한 결과 종교적인 이유로 백신을 맞지 않겠다는 비율은 4.7%에 불과한 것을 확인하였다.

본 연구의 설문조사에서도 종교의 유무에 따라 추가 예방접종 의도에 차이가 나타나지는 않았다. 다만 종교를 믿는다고 대답한 응답자가 종교를 믿지 않는다고 대답한 응답자에 비해 코로나19 추가백신 접종에 더 긍정적인 태도를 보이는 것은 주목할만 하다. 종교를 믿는다고 대답한 응답자의 46%가 백신 추가접종에 긍정적이었던 것에 반해 종교를 믿지 않는다고 대답한 응답자의 41%만이 백신의 추가접종에 긍정적으로 응답했다(〈그림 4-10〉 참조). 백신 신뢰도에 있어서도 종교를 믿는 응답자가 종교를 믿지 않는 응답자보다 백신의 효과성과 사회적 편익을 비교적 더 높게 평가하는 경향이 있는 것으로 나타났다(〈표 4-9〉 참조). 종교를 믿지 않는다고 대답한 설문 응답자의 50%가 백신이 효과적이라고 응답한 반면, 종교를 믿는 응답자들 중에서는 57%가 백신이 효과적이라고 응답한 것으로 나타났다. 또한 종교를 믿지 않는 응답자(52%)보다 종교를 믿는 응답자(57%)가 백신의 사회적 편익에 보다 긍정적으로 응답한 것으로 나타났다. 그러나 백신의 부작용에 대한 우려는 두 집단에서 큰 차이가 없었다.

그림 4-10 종교의 유무와 예방접종 의도

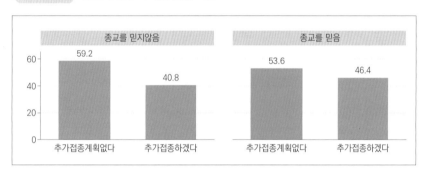

표 4-9 종교 유무와 백신 평가

종교유무	백신신뢰도		
	심각한 부작용	효과성	사회적 편익
종교를 믿지 않음	44.8%	49.6%	52.0%
종교를 믿음	45.9%	56.6%	57.0%
전체	45.3%	52.9%	54.3%

③ 개인의 건강신념과 예방접종 의도

보건학에서는 예방접종을 개인이 건강 위협으로부터 자신을 보호하기 위한 의사결정으로 정의하고 건강 위험의 심각성과, 백신 효과성, 그리고 건강을 지키기 위한 자기 규율 등이 예방접종 의도에 영향을 미친다고 가정한다. 건강신뢰모형에 기반해 코로나 백신 접종이론을 살펴본 기존 연구에서는 개인이 코로나를 건강위협이라고 인식한 경우에 백신에 대한 접종의도가 높은 것으로 확인되었으며, 반대로 코로나에 대한 위협이 과장되었다고 생각할수록 예방접종에 회의적인 것을 확인하였다(Al-Mohaithef & Padhi, 2020; Bogart et al., 2021; Dodd et al., 2020; Harapan et al., 2020; Malik et al., 2020; Williams et al., 2020; 백민아 외, 2022).

본 연구에서는 응답자의 36%가 코로나19에 대한 위험성이 과장되었다고 생각한다고 응답했으며 그 수치는 2022년 5월에 34%에서 2022년 12월에는 37%로 다소 높아진 것을 확인할 수 있었다. 그러나 코로나19 위험성이 과장되었다고 생각한 그룹과 그렇지 않다고 생각한 그룹 간 백신 추가접종 의도는 각각 43.7%와 43.2%로 그 차이가 크지 않은 것으로 나타났다(〈그림 4-11〉 참조).

그림 4-11 　코로나 위험성 인식과 예방접종 의도

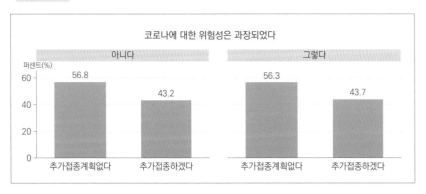

기존 연구에서는 개인이 팬데믹이 자신의 건강을 심각하게 위협한다고 느끼는 경우에 예방접종 의도가 높았던 것으로 확인했으며(Graffigna, 2020; Grüner & Krüger, 2021; Head et al., 2020), 개인이나 가족이 건강상 결격사유가 없는 경우(Goldman et al., 2020)에 코로나 예방접종 의도가 높은 것으로 확인되었다. 본 연구에서는 5월에서 7월까지 3번의 조사에서 "자신이 코로나에 감염되었을 때 사망할 위험이 얼마나 된다고 생각하는가?"에 관한 질문을 하였는데, 응답자의 평균 사망확률 예상률이 30%로 나타나, 코로나19에 대한 인지된 취약성(Perceived Susceptibility)이 상대적으로 높은 것으로 나타났다. 다만, 인지된 취약성은 백신 수용 집단(32%)과 백신 회피집단(30%)에서 큰 차이를 보이지는 않는 것으로 나타났다(〈그림 4-12〉 참조). 이는 코로나가 장기화되면서 코로나에 대한 위험성이나 취약성에 대한 인식이 사회에서 어느 정도 공유되기 때문으로 판단된다.

반면, 예방접종 의도는 개인의 건강상태에 대한 확신에 따라서는 소폭의 차이를 보이는 것으로 나타났다. 건강이 전혀 좋지 않거나 좋지 않다고 대답한 설문 응답자는 40% 정도가 백신 추가접종 의도가 있다고 응답한 반면, 건강이 비교적 좋거나, 매우 좋다고 대답한 설문 응답자는 47%가 백신 추가접종 의도가 있다고 응답한 것으로 나타났다(〈표 4-10〉 참조).

그림 4-12 인지된 취약성과 예방접종 의도

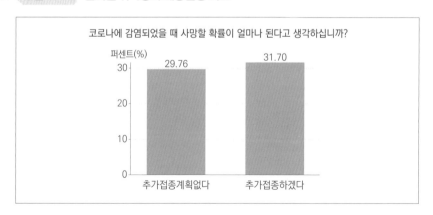

표 4-10 **개인의 건강 걱정과 예방접종 의도**

	전혀 좋지 않다	다소 좋지 않다	비교적 좋다	매우 좋다	전체
추가접종 계획 없다	39	632	1,666	278	2,615
	(60.0%)	(60.8%)	(53.5%)	(53.2%)	(55.2%)
추가접종 계획 있다	26	407	1,448	245	2,126
	(40.0%)	(39.2%)	(46.5%)	(46.9%)	(44.8%)
전체	65	1,039	3,114	523	4,741
	(100%)	(100%)	(100%)	(100%)	(100%)

기존 연구들은 백신 효과성에 관한 신뢰가 예방접종 의도에 긍정적인 영향을 미치는 반면(Bogart et al., 2021; Fisher et al., 2020; Graffigna et al., 2020; Guidry et al., 2020; Harapan et al., 2020; Kreps et al., 2020; Palamenghi et al., 2020; Wang et al.,2020; 배수연·김희주, 2023), 백신 부작용에 대한 우려는 백신 회피현상을 일으킬 수 있음을 지적하였다(Freeman et al., 2020; Grech et al., 2020; Pogue et al., 2020; Sherman et al., 2021).

본 조사에서도 백신 효과성에 대한 믿음과 부작용에 대한 우려는 예방접종 의도와 밀접한 관계가 있는 것으로 나타났다. 백신이 효과적이라고 대답한 응답자의 64%는 백신의 추가접종에 대해 긍정적으로 대답한 반면, 백신의 효과성에 부정적이거나 회의적으로 대답한 응답자의 80%는 백신 추가접종에 부정적으로 응답해 대조를 이루었다(〈그림 4-13〉 참조). 또한 백신 부작용에 대한 우려를 표명한 응답자의 70%는 백신 추가접종에 대해 부정적으로 응답한 반면, 백신 부작용에 대한 우려가 없는 응답자 중 50%는 백신 추가접종에 대해 긍정적으로 응답해 대조를 이루었다. 특히 이러한 대조는 기존의 인구통계학적 특징에 따른 차이보다 매우 큰 것을 확인할 수 있었다.

그림 4-13 **백신의 효과성과 예방접종 의도**

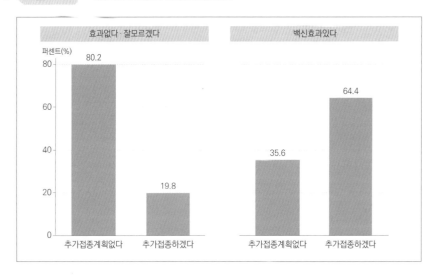

그림 4-14 **백신 부작용에 대한 우려와 예방접종 의도**

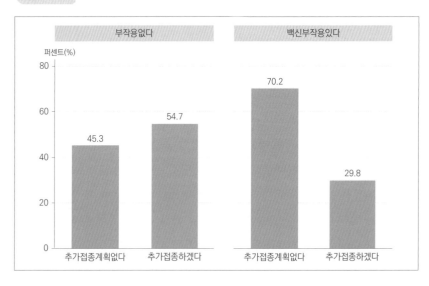

이전 연구들은 코로나 백신 접종도 일반 백신 접종 행태의 일환으로 파악하고 코로나 예방접종 의도와 전년도 독감 접종여부 사이에 밀접한 관계가 있음을 발견하였다(Dror et al., 2020; Goldman et al., 2020; Gagneux-Brunon et al., 2021; Grech et al., 2020). 또한 코로나 방역수칙을 잘 지키는 것도 예방접종 의도와 관련이 있는 것으로 보고 되었다(Freeman et al., 2020; 장경은·백영민, 2023). 본 연구에서도 독감예방접종과 코로나19 백신 추가접종의도에는 밀접한 관계가 있는 것으로 나타났다. 1년간 독감 예방접종을 하지 않은 응답자의 41%가 코로나19 백신 추가접종의도에 긍정적으로 대답한 반면, 독감 예방접종을 한 응답자는 52%가 추가 예방접종 의도에 긍정적으로 대답한 것으로 나타났다(〈그림 4-15〉 참조).

>─◦그림 4-15 독감 예방접종과 코로나19 백신 추가접종 의도

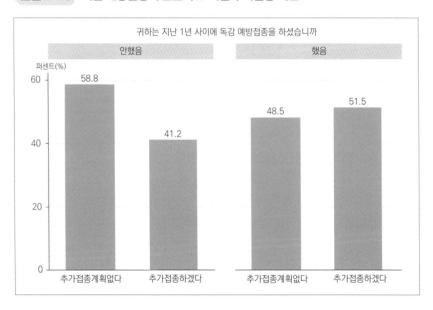

방역수칙 준수여부에 따라 백신 추가접종 의도도 차이가 있는 것으로 나타났다. 사람이 붐비는 장소에서 예방 목적으로 마스크를 착용했던 응답자

의 경우 47%의 응답자가 백신 추가 접종을 하겠다고 응답한 반면, 마스크 착용을 잘 하지 않았다는 응답자의 24%만이 백신 추가 접종을 하겠다고 응답한 것으로 나타났다(〈그림 4-16〉 참조).

그림 4-16   방역수칙 준수와 코로나 예방접종 의도

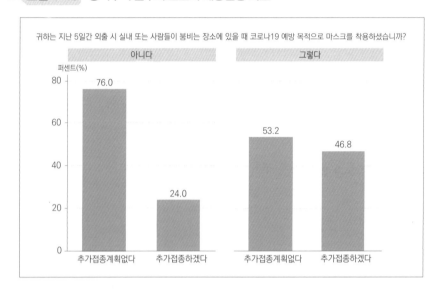

④ 친사회적 행동으로서의 예방접종 의도

전통적 건강신념 모델에 바탕을 둔 연구들에서는 개인들이 인지하는 예방접종 부작용 등의 인지적 위험보다 예방접종의 기대 효용이 높을 때 백신을 접종한다고 주장한다. 여기서 개인들은 자신의 건강이익을 극대화하기 위해 질병예방 수단인 백신을 사용하며, 개개인의 예방접종 결정은 타인의 의사결정과 서로 영향을 미치지 않는 독립적인 의사결정이라고 가정한다.

반면, 최근의 몇몇 연구들은 코로나와 같은 팬데믹 상황에서 예방접종에 대한 의사결정은 단순히 개인의 효용만을 극대화하기 위한 의사결정이 아니라 친사회적 행동일 수도 있다는 점을 지적하였다(Böhm & Betsch, 2022;

Hershey et al., 1994). 개인이 팬데믹 상황에서 백신을 접종하는 것은 개인의 감염위험을 떨어뜨릴 뿐 아니라, 병원균을 옮길 가능성을 낮춤으로써 타인에게도 혜택을 줄 수 있다. 이 경우 예방접종의 혜택은 백신을 접종한 사람 뿐만 아니라 기저질환, 경제적 사정, 또는 불신을 이유로 백신을 접종받지 못하는 취약한 집단들에게까지 혜택이 파급된다는 점에서 예방접종은 긍정적 외부효과를 갖고 있다. 이러한 맥락에서 개인의 백신 접종에 대한 동기는 단순히 자신을 보호하려는 건강신념을 넘어서 사회구성원을 보호하려는 이타적 동기(altruistic motivation)가 포함된 친사회적 행동으로 이해할 수 있다. 특히 코로나19 팬데믹의 맥락에서는 백신의 효과가 충분히 입증되지 못했고 백신 부작용의 가능성이 완전히 통제되었다고 확신하지 못하는 상태이기 때문에 개인의 백신 접종은 건강 신념뿐 아니라 이타적인 동기에 기반할 수 있다.

Kraaijeveld(2020)는 예방접종이 완전한 이타적 동기에 기반하려면 백신을 접종받는 사람과 백신 접종 수혜자가 구분될 수 있을 때 가능하다고 지적한다. 예를 들어 인유두종 바이러스에 의한 여성의 자궁경부암을 예방하기 위해 남성에게 예방접종이 권고된다면, 이를 수용하는 남성은 자신 뿐 아니라 자신의 성적 접촉을 할 수 있는 미래의 누군가를 위해서 백신을 접종받는다는 점에서 이타적인 동기가 포함된 백신 접종이라고 할 수 있다(Kraaijeveld & Mulder, 2022). 기존에 백신 접종 기피에 대한 심리적 원인을 설명했던 5C 모형에서도 백신을 접종하지 않았을 때 일어날 수 있는 사회적 문제에 대한 개인의 집단적 책임감(Collective Responsibility)이 백신 접종의 동인이 될 수 있음을 지적하였다(Betsch et al., 2015).

기존 연구들은 개인이 이타적 동기를 유발해 친사회적 행동이 일어나기 위해서는 여러 가지 조건이 필요함을 제시해 왔다. 우선 개인이 친사회적 행동을 하는 이유에는 여러 다른 이론적 설명이 있으나, 사회와 합일할 수 있는 자아개념(self concept)을 높이기 위해서라는 설명이 가장 우세하다. 즉 개인은 자신의 행동이 사회적으로 바람직한 의미를 일으킬 수 있으며, 그러한 행동에 동참함으로써 자신이 사회적으로 바람직한 사람이라는 확신을 가지기 위해 친사회적 행동을 한다는 것이다(Cauley & Tylor, 1989; Brown & Smart, 1991). 따라서, 개인이 이타적 동기로써 백신 접종을 하기 위해서는 백신 접종이 집단 면역이라는 사회적 혜택을 가지고 올 수 있을 것이라는 확신이 필요하다. Betsch et al.(2017)은 미국과 독일에서 집단 면역에 대한 가능성을 설명하게 되면 예방접종 의도를 증가시킬 수 있다는 것을 확인하였다. 또한 한국과 베트남과 같이 아시아 국가들에서는 예방접종 의도가 높게 나타남을 확인하기도 하였다.

본 연구에서도 응답자의 백신의 사회적 효용에 대한 확신은 백신의 추가 접종 의도와 매우 밀접한 관계가 있는 것으로 나타났다. 백신의 사회적 편익에 대해 회의적으로 대답한 응답자 중 78%는 백신에 대한 추가 접종을 하지 않겠다고 응답한 데 반해, 백신이 사회적 편익이 있다고 대답한 응답자 중 60%가 백신에 대한 추가 접종의도가 있음을 보여주었다(〈그림 4-17〉 참조). 또한, 코로나 백신에 대한 사회적 편익이 있다는 응답이 조사기간 동안 다소 감소하고 있는 점은 주목할 만하다. 2022년 5월 첫 조사가 실시되었을 때에는 응답자의 56%가 코로나 백신이 사회적 효용이 있다고 응답했으나, 2022년 12월에는 52%만이 백신의 사회적 효용에 긍정적으로 응답한 것으로 나타났다. 앞서 백신의 사회적 효용성에 대한 인식이 젊은 세대, 여성, 저소득층에서 낮은 것으로 파악되었는데, 이들에게 어떻게 백신의 사회적 효용을 설득할 것인가에 대한 대책 마련이 필요할 것으로 판단된다.

그림 4-17 백신의 사회적 효용과 예방접종 의도

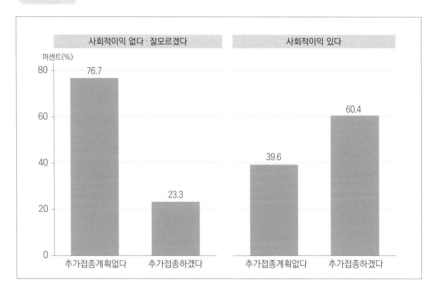

표 4-11 백신의 사회적 편익에 대한 인식 변화

	2022년 5월	2022년 7월	2022년 9월	2022년 12월	전체
사회적 편익 없다·모르겠다	666	44.40	722	724	2,742
	(44.4%)	(42.0%)	(48.1%)	(48.3%)	45.7%
사회적 편익 있다	834	870	778	776	3,258
	(55.6%)	(58.0%)	(51.9%)	(51.7%)	54.3%
전체	1,500	1,500	1,500	1,500	6,000
	(100%)	(100%)	(100%)	(100%)	00%

전 세계적으로 백신의 개발과 보급에는 정부가 깊게 개입하기 때문에 정부에 대한 인식은 예방접종 의도와 여부를 결정하는 중요한 요인으로 여겨진다. 기존 연구들은 정부 신뢰가 예방접종 의도에 미치는 영향에 대한 연구를 진행해 왔으며 여러 국가의 설문조사들에서는 대체로 정부 신뢰와 백신에

대한 수용성이 긍정적으로 유의미한 관계가 있음을 확인할 수 있다(Liu, 2021; Prickett & Chapple, 2021, Schernhammer et al., 2022; 노환호·이태준, 2022; 황선재 외, 2021). 예를 들어 Prickett & Chapple(2021)은 뉴질랜드에서 수집된 데이터를 바탕으로 정부에 대한 신뢰가 높을수록 예방접종에 있어서의 주저함이 떨어지는 것을 확인하였다. 특히 정부에 대한 신뢰가 낮은 그룹은 COVID-19로부터 심각한 질병의 위험을 과소평가하고 팬데믹의 심각성이 크게 과장되었다고 평가하는 것으로 나타났다. 또한 정부를 더 신뢰하고 백신 접종 의지를 보인 응답자들은 집단면역을 위한 이타적 이유를 백신 접종 동기로 더 많이 지적한 것으로 나타났다.

본 조사에서도 중앙정부에 대한 신뢰와 백신의 사회적 편익, 백신 수용성 간에는 긍정적 관계가 있는 것으로 나타났다. 중앙정부를 신뢰하는 응답자의 71%는 백신이 사회적 편익이 있다고 생각한다고 응답한 반면, 중앙정부에 대한 신뢰가 낮은 그룹에서는 42%만이 백신의 사회적 편익이 있다고 생각한다고 응답한 것으로 나타났다. 또한 중앙정부를 신뢰하는 응답자의 56%가 백신에 대한 추가접종 의도가 있다고 응답한 반면, 중앙정부를 신뢰하지 않는 응답자는 42%만이 백신에 대한 추가 접종에 긍정적인 응답을 한 것으로 나타났다.

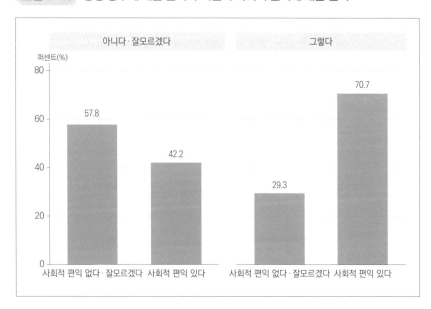

그림 4-18 중앙 정부에 대한 신뢰와 백신의 사회적 편익에 대한 인식

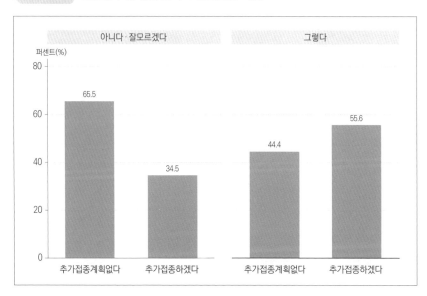

그림 4-19 중앙정부에 대한 신뢰와 예방접종 의도

이러한 결과는 응답자의 질병관리청에 대한 신뢰와 사회적 편익에 대한 관계에서노 일관적으로 관찰되었다. 질병관리청에 대한 신뢰를 보인 응답자의 66%가 백신이 사회적 편익이 있다고 생각하는가에 대한 질문에 대해 긍정적으로 응답한 반면, 질병관리청에 대한 신뢰를 보이지 않는 응답자 중 64%는 백신이 사회적 편익이 없거나 모르겠다고 응답해 대조를 이루었다(〈그림 4-20〉 참조). 또한 질병관리청을 신뢰한다고 응답한 응답자의 53%가 추가 접종 의도에 긍정적인 태도를 보인 것으로 나타났다.

━⟫ 그림 4-20 질병청에 대한 신뢰와 사회적 편익에 대한 인식

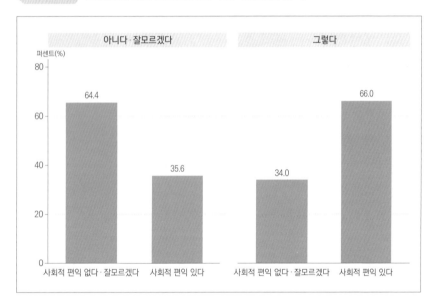

그림 4-21 질병관리청에 대한 신뢰와 예방접종 의도

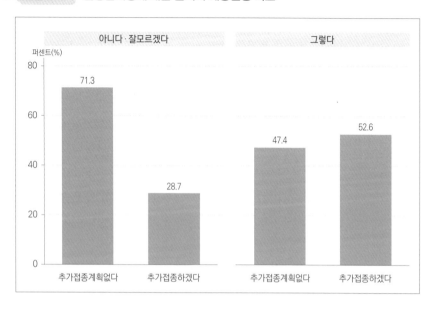

다만, 본 연구는 한국의 정권교체가 이루어진 시기인 2022년 5월부터 설문조사를 실시한 특수성으로 인해 중앙정부에 대한 신뢰가 정권과 자신의 정치적 성향과의 정합에 따라 급격히 변할 수 있다는 가능성을 확인할 수 있었다(《그림 4-22》 참조). 한국의 정권교체가 이루어지던 2022년 5월에 실시된 설문조사에서는 진보적 성향을 가지고 있던 응답자의 중앙 정부에 대한 신뢰가 69.5%인 것에 반해, 정권교체 이후 6개월 뒤에는 그 신뢰도가 37%로 급락한 것을 확인할 수 있었다. 반면, 2022년 5월에는 자신을 정치적으로 보수적이라고 정의한 응답자 중 33%만이 중앙정부를 신뢰한다고 응답했으나, 2022년 12월에는 45%가 중앙정부를 신뢰한다고 응답해 대조를 이루었다.

이러한 경향은, 중앙정부의 신뢰를 통해 백신에 대한 사회적 편익과 백신 수용성을 높일 수 있는 방안을 도모하는 데는 정책적으로 어려움이 있을 수 있음을 시사한다. 예를 들어, 자신의 정치적 신념으로 정부에 의한 백신접종과 건강통제에 대해 거부감이 있던 개인은 자신이 지지하지 않는 정당이 정권을 잡고 적극적으로 백신과 공공보건에 개입하는 정책을 펼친다면, 이들은 사회적 편익을 위한 백신 접종에 대한 거부감이 매우 높을 수 있다. 반대로 자신이 지지하는 정당이 정권을 잡고 있는 경우, 중앙정부가 추구하는 공공보건 정책이 자신의 정치적 신념과 다르다 하더라도 이를 수용할 가능성도 있다. 또한 Trent et al.(2022)은 코로나19 백신에 대한 수용도와 정부 신뢰도의 관계를 미국, 영국, 호주의 다섯 개 도시에서 비교했는데, 정부 신뢰도와 백신 수용성은 도시마다 다른 결과를 보이는 것으로 나타났다. 시드니와 멜버른에서는 정부 신뢰도가 높을수록 백신 접종 의향이 높았으나, 뉴욕과 피닉스에서는 정부 신뢰도가 높을수록 백신 접종 의향이 낮은 것으로 나타났는데, 이러한 결과는 정부 신뢰도와 정치적 자아(political identity)의 상호작용으로 나타난 결과일 가능성이 있다.

그림 4-22 정치적 정체성과 중앙정부에 대한 신뢰

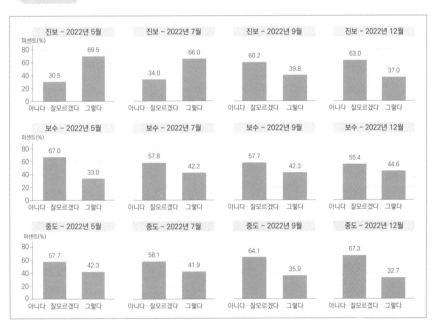

중앙정부에 대한 신뢰가 정권의 변화에 따라 크게 흔들리는 반면, 질병관리청에 대한 신뢰는 응답자의 정치적 정체성에 크게 좌우되지 않는 것으로 나타났다. 〈그림 4-23〉을 살펴보면, 자신을 정치적으로 진보라고 대답한 응답자의 경우 2022년 5월에는 81%가 질병관리청을 신뢰한다고 응답했으며, 이후 2022년 12월에는 60%가 질병관리청을 신뢰한다고 응답한 것으로 나타나, 그 수치에는 변화가 있으나 여전히 과반수가 넘는 응답자가 질병관리청을 신뢰한다고 응답했다. 또한 자신을 보수 혹은 중도라고 대답한 응답자도 질병관리청에 대한 신뢰에는 중앙정부의 신뢰만큼의 큰 변화가 있지 않음을 확인할 수 있다. 또한 질병관리청에 대한 신뢰는 나이, 성별, 학력 등 인구통계학적 특징에 따른 분포의 차이가 크지 않은 것으로 나타났는데(〈표 4-12〉 참조), 이는 코로나19 대응에 대한 평가를 반영한 정부 기관에 대한 신뢰는 질병관리청에 대한 신뢰에서 더 발현되기 때문으로 판단된다.

그림 4-23 정치적 정체성과 질병청에 대한 신뢰

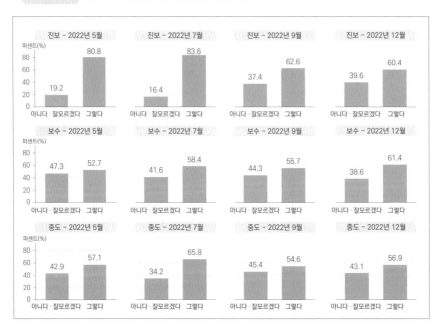

표 4-12 인구통계학적 특징과 질병관리청에 대한 신뢰

구분		질병관리청에 대한 신뢰		전체
		아니다·잘 모르겠다	그렇다	
나이	18-29	559 (47.7%)	612 (52.3%)	1,171
	30대	495 (47.0%)	559 (53.0%)	1,054
	40대	507 (39.9%)	763 (60.1%)	1,270
	50대	414 (30.5%)	942 (69.5%)	1,356
	60대	338 (29.4%)	811 (70.6%)	1,149
성별	남성	1,277 (41.8%)	1,781 (58.2%)	3,058
	여성	1,036 (35.2%)	1,906 (64.8%)	2,942
학력	고졸 및 고졸 이하	535 (39.7%)	812 (60.3%)	1,347
	대졸(재학)	1,492 (38.5%)	2,379 (61.5%)	3,871
	대학원이상	286 (38.6%)	496 (63.4%)	782
직업	임금 근로자	1,024 (36.8%)	1,758 (63.2%)	2,782
	의료기관 종사자	299 (40.6%)	438 (59.4%)	737
	기타	990 (39.9%)	1,491 (60.1%)	2,481
결혼유무	미혼	1,210 (43.3%)	1,588 (56.7%)	2,798
	기혼	1,103 (34.4%)	2,099 (65.6%)	3,202
소득	200만원 미만	333 (46.8%)	379 (53.2%)	712
	200만원-399만원	804 (40.0%)	1,205 (60.0%)	2,009
	400-599만원	538 (34.7%)	1,012 (65.3%)	1,550
	600만원-799만원	344 (36.4%)	601 (63.6%)	945
	800만원이상	294 (37.5%)	490 (62.5%)	784
종교 유무	없음	1,298 (40.5%)	1,910 (59.5%)	3,208
	있음	1,015 (36.4%)	1,777 (63.6%)	2,792
전체		2,313 (38.5%)	3,687 (61.4%)	6,000

친사회적 동기로 인한 예방접종을 활성화하려고 한다면, 집단 면역 등 백신 접종이 가지고 올 수 있는 사회적 효능에 대한 지식전달이 효과적으로 이루어져야 한다. 이를 위해서는 시민에게 백신 효용성을 홍보할 수 있는 매개체인 미디어의 신뢰가 중요할 수 있다. 실제로 이스라엘은 무증상 소아마비를 치료하기 위한 백신에 대한 홍보를 진행하기 위해 '두방울의 백신이 가족을 소아마비로부터 보호할 수 있다'는 슬로건을 미디어를 통해 홍보함으로써 백신의 접종률을 80%까지 높인 사례가 있다(Böhm & Betsch, 2022). 특히 자신이 믿는 정보만을 더 강화시킬 가능성이 높은 소셜 미디어에 비해 전통 미디어의 정보는 보다 공신력을 가지고 백신 효용성을 높일 수 있다는 점에서 그 중요성이 더 높다고 할 수 있다.

그림 4-24 미디어에 대한 신뢰와 사회적 편익에 대한 인식

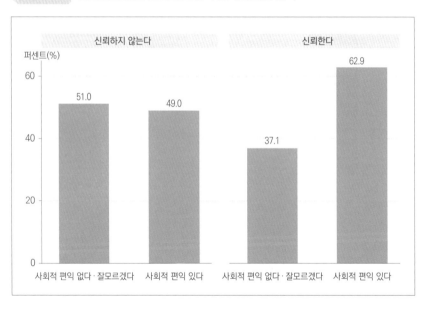

본 연구에서는 미디어에 대한 신뢰가 높은 응답자의 경우 백신이 사회적 편익이 있다고 생각한다는 응답자가 63%인 반면, 미디어를 신뢰하지 않는 응답자의 경우 사회적 편익이 있다고 생각한다는 응답이 49%에 머무는 것을 확인할 수 있었다(〈그림 4-24〉 참조). 또한 미디어를 신뢰하는 응답자의 51%가 백신을 추가접종할 의향이 있다고 응답한 데 반해, 미디어를 신뢰하지 않는 응답자의 39%만이 백신 추가접종 의향을 밝힌 것으로 나타났다(〈그림 4-25〉 참조).

그림 4-25 미디어에 대한 신뢰와 예방접종 의도

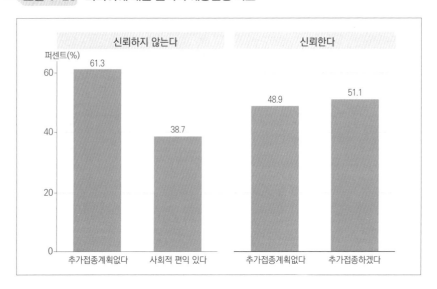

친사회적 행동을 연구해 온 학자들은 친사회적 행동을 높이기 위해서는 단순히 개인의 이타적 동기에 의존하기 보다는 친사회적 행동을 높일 수 있는 사회적 기반 마련이 중요함을 지적하고, 사회적 자본이 그 핵심이 될 수 있음을 제안했다. Simpson & Willer(2015)는 친사회적 행동에 대한 기존 연구들을 고찰하고 네트워크의 구조, 규범, 평판, 관계와 같은 사회적 자본이 친사회적 행동을 유지하는 데 중대한 영향을 미친다는 점을 지적하였다.

사회적 친밀도가 높고 강력한 규범 및 평판 체계가 확립된 사회는 개인의 이익과 사회의 목표를 일치시켜 친사회적 행동을 촉진시킬 수 있다는 것이다. 이러한 맥락에서 개인의 사회에 대한 신뢰는 개인이 인지하는 사회적 자본을 발현한다는 점에서 중요하다.

기존 연구들은 사회적 신뢰가 개인의 백신 수용 결정에 영향을 미치는 데 중요한 역할을 한다는 점을 확인했다. 특히 이들은 과학 및 의료 시스템에 대한 신뢰가 백신에 대한 신뢰와 수용의 핵심 결정 요인이 될 수 있음을 지적했다. 즉 그 사회에서 과학적 전문성과 기관에 대한 신뢰도가 높을수록 백신의 안전성과 효능에 대한 신뢰도가 높아져 백신 접종 주저를 줄일 수 있다는 것이다. 최용진·심동철(2023)은 147개국에 대한 데이터 분석을 바탕으로 이웃에 대한 신뢰가 정부 신뢰를 통제한 이후에도 백신 수용에 주요한 역할을 함을 확인하였다. 또한 Rozek et al.(2021)은 코로나 상황에서 17개국에서의 백신 수용성을 조사했으며, 과학자, 의료 전문가에 대한 신뢰가 백신 수용에 중요한 역할을 한다는 것을 발견했다. Sturgis et al.(2021)은 2018년 웰컴 글로벌 모니터 설문조사 데이터를 분석하여 국가 내 과학에 대한 평균 신뢰 수준이 높을수록 백신에 대한 신뢰 수준도 높아지는 것을 확인하였다.

본 연구에서도 사회신뢰와 응답자의 예방접종 의도는 밀접한 관계가 있는 것으로 나타났다. 〈그림 4-26〉에서 낮은 사회 신뢰를 보인 응답자 중 31%만이 예방접종 의도가 있다고 응답한 반면, 높은 사회신뢰를 보인 응답자 중 62%가 추가 예방접종 의사가 있음을 밝혀 대조를 이루었다. 또한, 가족, 친구, 의사, 과학자에 대한 신뢰와 예방접종 의도를 살펴본 〈표 4-13〉을 살펴보면 사회구성원에 대한 높은 신뢰를 보인 응답자가 그렇지 못하다는 응답자보다 높은 수준의 접종의도를 보인 것으로 확인되었다. 예를 들어, 의사를 신뢰하지 않는 응답자는 30%만이 백신 추가접종에 대한 긍정적 태도를 보인 반면, 의사를 신뢰하는 응답자는 47%가 백신 추가접종 의향이 있다고 응답했다. 이러한 경향은 과학자에 대한 신뢰, 가족과 친척, 친구와 직장 동료와의 관계에서도 일관되게 나타나고 있다. 다만, 가족, 친구, 의사,

과학자에 대한 신뢰는 예방접종 의도에 있어서 그만큼의 차이를 보이지는 않은 것으로 나타났다.

그림 4-26 사회신뢰와 예방접종 의도

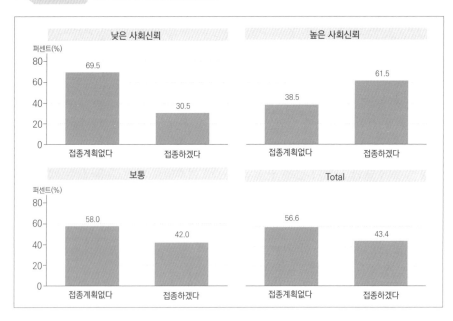

표 4-13 가족, 친구, 의사 과학자에 대한 신뢰와 예방접종 의도

신뢰도	가족과 친척		친구와 직장 동료		의사		과학자	
	아니다· 잘 모르겠다	신뢰한다	아니다· 잘 모르겠다	신뢰한다	아니다· 잘 모르겠다	신뢰한다	아니다· 잘 모르겠다	신뢰한다
접종계획 없다	367	3,028	672	2,723	708	1859	901	1,666
	69.3%	55.4%	67.1%	54.5%	70.0%	53.3%	67.3%	52.7%
접종하겠다	163	2,442	330	2,275	303	1,630	437	1,496
	30.7%	44.6%	32.9%	45.5%	30.0%	46.7%	32.7%	47.3%
전체	530	5,470	1,002	4,998	1,011	3,400	1,338	3,162
	100%	100%	100%	100%	100%	100%	100%	100%

⑤ 종합모형 분석

본 연구에서는 1) 인구 통계학적 변수, 2) 건강확신 모형과 관계된 변수, 3) 친사회적 백신 접종과 관계된 변수를 중심으로 이들 변수와 예방접종 의도와의 관계를 살펴보았다. 〈표 4-14〉는 개별적 관계 탐색에서 유의한 차이를 보였던 주요 변수들을 중심으로 종합 모형을 분석한 결과를 요약한 것이다. 모델 1은 예방접종 의도에 영향을 미칠 수 있는 기본적인 인구통계학적 요인들(예. 나이, 성별, 교육 수준, 결혼 여부, 소득, 종교)을 파악하는 데 초점을 맞추고 있다. 모델 2는 건강확신모형을 중심으로 인구통계학적 변수에 더해 코로나19에 대한 인식된 위협, 건강 상태, 백신의 효과성 및 부작용에 대한 인식 등 건강 관련 자신감과 인식을 포함하는 변수들을 추가한 모형이다. 모델 3은 사회적 백신 모델로, 모델 2의 변수들에 백신의 사회적 효과, 중앙 정부 및 질병관리청에 대한 신뢰도, 사회 및 미디어 신뢰도 등 사회적 요인을 강조하는 변수들이 포함되었다. 모델 4는 사회적 신뢰의 대상을 좀 더 세분화해, 가족에 대한 신뢰, 친구와 회사 동료에 대한 신뢰, 의사에 대한 신뢰, 과학자에 대한 신뢰를 포함한 모형을 제시하였다. 또한 본 연구는 4번의 다른 시기에 이루어진 설문조사에 바탕을 두고 있으므로, 설문조사 시점을 고정효과 모형으로 추가해 분석을 진행하였다.

우선 인구통계학적 변수만을 살펴보았을 경우, 앞서서 개별 관계를 살펴보았을 때와 일관된 결과를 확인할 수 있었다. 고령층에서의 예방접종 의도가 20대의 예방접종 의도보다 더 높은 것으로 확인 되었고, 여성보다 남성이, 그리고 낮은 소득 수준보다 높은 소득 수준의 응답자가 높은 예방접종 의도를 가지고 있었던 것으로 파악되었다. 여기에 종교를 가지고 있는 응답자, 그리고 보수보다는 자신을 진보로 정의한 응답자가 더 높은 수준의 예방접종 의도를 보이는 것으로 나타났으며, 이러한 결과는 앞서서 개별 관계를 살펴본 것과 일치한다. 다만, 건강신념 관련된 변수를 고려한 모델 2와 친사회적 행동관점을 고려한 변수를 고려한 모델 3과 모델 4에서 일관된 유의성을 보인 변수는 나이와 성별 뿐이었다. 따라서 인구통계학적 변수들은 예방접종 의도에 직접적 영향을 미친다기보다는 다른 심리적 변수(예. 백신 효과성, 백신의 사회적 효용 등)들을 통해서 예방접종 의도에 간접적 효과를 보이고 있는 것으로 해석된다.

건강신념모델을 기본으로 구성된 모델 2에서는 백신 효과성에 대한 확신, 그리고 백신 부작용에 대한 우려, 코로나에 대한 인지적 위험이 코로나19 백신 추가접종의도와 통계적으로 유의한 관계가 있는 것으로 나타났다. 특히 이들 변수의 고려 이후 유사 결정계수가 0.04(모델1)에서 0.20(모델2)으로 증가한 것으로 나타나, 건강신념모델이 제시했듯이 이들 변수들이 코로나19 예방접종 의도에 대한 설명력이 높음을 확인할 수 있었다. 다만 모델 2에서 고려된 변수 중 자신의 건강상태에 대한 확신은 코로나19 예방접종 의도와 통계적으로 유의한 차이가 없는 것으로 나타났다. 반면, 코로나19 백신의 효용성과 부작용에 대한 우려, 그리고 코로나19의 심각성에 대한 인지정도가 예방접종 의도에 직접적인 영향을 미치는 것으로 나타났다.

예방접종을 친사회적 행동의 관점에서 살펴본 모델 3에서는 백신의 사회적 편익에 대한 확신이 높을수록 코로나 예방접종 의도가 높은 것을 확인할 수 있었다. 또한, 정부에 대한 신뢰를 중앙정부에 대한 신뢰와 질병청에 대한 신뢰로 나누어 살펴보았을 때, 질병청에 대한 신뢰가 높은 집단이 그렇지 않은 집단보다 예방접종 의도가 높은 것을 확인할 수 있었다. 마지막으로, 높은 사회적 신뢰를 보이는 집단은 사회적 신뢰가 낮은 집단보다 예방접종에 더 적극적인 것을 확인할 수 있었다. 다만, 미디어에 대한 신뢰나 중앙정부에 대한 신뢰정도에 따른 예방접종 의도 차이를 찾아볼 수는 없었는데, 이들 변수들은 앞서 살펴본 백신의 사회적 효용이나 백신 효과성 등 다른 심리적 변수 요인과의 상호작용을 통해 예방접종 의도에 영향을 미칠 것으로 해석된다.

모델 4에서는 가족애, 친구와 동료, 의사, 과학자에 대한 신뢰와 예방접

종 의도와의 관계를 추가로 살펴보았다. 일반적 사회에 대한 신뢰가 모델 3
과 모델 4에서 일관적으로 유의하게 나타난 반면, 가족, 친구, 의사, 과학자
에 대한 신뢰차이에 따른 예방접종 의도의 차이를 종합 모형에서 찾아보기
는 어려웠다. 이는 일반적 사회신뢰가 특수한 집단에 대한 신뢰보다 예방접
종 의도에 더 일관적인 영향을 미침을 암시한다는 점에서 흥미롭다.

표 4-14 예방접종 의도의 관한 로지스틱(Pooled Logistic) 회귀 분석 결과

독립변수		결과변수: 예방접종 의도			
		모델1	모델2	모델3	모델4
나이	30대	0.15	0.11	0.09	0.27*
	40대	0.53***	0.32***	0.25**	0.38**
	50대	0.74***	0.42***	0.28**	0.34**
	60대	1.05***	0.60***	0.48***	0.56***
성별	여성	−0.39***	−0.32***	−0.33***	−0.36***
교육	대졸(재학)	−0.11	−0.22***	−0.26***	−0.25**
	대학원이상	−0.05	−0.10	−0.15	−0.01
결혼	기혼	−0.10	−0.04	−0.07	−0.03
소득	200만원-399만원	0.001	−0.03	−0.06	−0.06
	400만원-599만원	0.09	0.05	−0.00	−0.06
	600만원-799만원	0.21*	0.16	0.09	−0.01
	800만원이상	0.24**	0.11	0.05	−0.08
종교	종교 믿음	0.11*	0.08	0.09	0.05
정치	중도	−0.29***	−0.01	0.08	0.12
	보수	−0.39***	−0.11	−0.02	−0.06
설문조사 시기	2022년 7월	0.10	0.04	0.03	
	2022년 9월	−0.23***	−0.22**	−0.18*	−0.26**
	2022년 12월	−0.12	−0.14	−0.14	−0.17***
코로나 인지된 위험 (그렇다)			0.13*	0.15*	0.15*

인지된 건강	다소 좋지 않다		-0.15	-0.21	-0.00
	비교적 좋다		0.04	-0.05	-0.13
	매우 좋다		0.24	0.14	0.20
백신 효과성 (그렇다)			1.86***	1.44***	1.48***
백신 부작용 (부작용있다)			-0.77***	-0.71***	-0.73***
백신의 사회적 편익 (있다)				0.71***	0.67***
중앙정부 신뢰 (그렇다)				0.07	-0.12
질병관리청 신뢰 (그렇다)				0.33***	0.29***
사회 신뢰	사회적 신뢰 보통			0.10	0.09
	높은 사회 신뢰			0.27**	0.27*
미디어 신뢰 (그렇다)				-0.03	-0.00
가족신뢰	보통				-0.02
	높은 가족신뢰			0.31	
친구·동료신뢰	보통				-0.06
	높은 친구·동료신뢰			0.02	
의사에 대한 신뢰	보통				-0.22
	높은 의사에 대한 신뢰			0.02	
과학자에 대한 신뢰	보통				0.21
	높은 과학자에 대한 신뢰			-0.00	
절편		-0.27**	-0.97***	-1.36***	-1.57***
관측수(n)		6000	4741	4741	3,241
LR chi^2		324.91	1285.04	1419.03	1013.24
Prob 〉 chi^2		0.00	0.00	0.00	0.00
유사결정계수(Pseudo R^2)		0.04	0.20	0.22	0.23

* p〈0.1; ** p〈0.05; *** p〈0.01

본 장에서는 백신 신뢰도에 관한 전국 단위 설문조사 결과를 바탕으로 코로나19 예방접종 수용성과 주저에 영향을 미치는 요인을 분석하였다. 특히 한국의 백신 변화 태도에 주목하고, 그러한 백신 태도 변화의 동인이 무엇이었는지 알아보고자 하였다. 이를 위해서 기존 연구에서 백신 수용에 영향을 미치는 것으로 보고된 동인들을 인구통계학적 요인, 건강확신모형에 근거한 동인, 친사회적 행동에 근거한 동인으로 나누어 예방접종 의도와의 관계를 살펴보았다.

연구결과는 기존에 건강확신모형에서 제시했던 백신 효과성에 대한 신뢰, 부작용에 대한 우려 등이 백신 접종 여부를 결정하는 데 중요한 요인이 될 수 있음을 확인하였다. 또한 최근 친사회적 행동이론에 근거한 예방접종 행동을 살펴보기 위해, 백신의 사회적 효능, 정부 신뢰, 사회신뢰가 백신 접종에 추가적인 동인이 될 수 있음을 확인할 수 있었다. 이러한 결과는 최근 한국의 백신에 대한 신뢰와 접종의도에 변화가 감지되는 상황에서 정부가 백신 신뢰도를 회복하기 위해서 무엇을 해야 하는가에 관한 정책적 함의를 제공할 수 있을 것으로 기대된다. 특히 본 연구는 정부의 대응과 사회적 신뢰가 백신 태도에 미치는 영향을 탐구하여 백신 주저 현상을 해결하기 위한 공중보건 전략의 복잡성에 대한 이해를 높이고자 하였다는 점에서도 공헌점이 있다고 하겠다. 또한 본 연구는 대부분의 코로나 예방접종 의도의 연구가 코로나 백신 접종 전인 2021년 데이터에 바탕을 두고 있다는 점에서, 코로나 접종 이후 국민들의 백신에 태도변화를 반영한 연구라는 점에서도 그 중요성이 있다.

그러나 본 연구는 다음의 한계점을 가지고 있으므로 그 해석에 좀 더 신중을 기할 필요가 있으며, 추가 연구를 통해 그 관계를 좀 더 면밀히 살펴볼 필요가 있다. 우선 본 연구는 표본 추출 방법으로 인해 데이터가 전체 집단을 완전히 대표하지 못할 수 있으며, 이는 연구 결과의 일반화 가능성에 영향을 미칠 수 있다는 점을 밝혀둔다. 특히 코로나19 팬데믹의 역동적인 특성으로 인해 데이터 수집 이후 대중의 태도와 행동은 다시 한번 변화했을 수 있으므로, 2022년 이후, 특히 팬데믹을 빠져나온 2024년의 시점에서 향후 백신에 대한 수용성에 어떠한 변화가 있었는지를 다시 한 번 살펴볼 필요가 있을 것이다. 둘째, 이 연구는 자가 보고 데이터에 의존하기 때문에 백신 접종과 관련된 태도 및 행동 보고에 편견이나 부정확성이 개입될 수 있다. 즉, 본 연구는 실제 백신 접종이 아닌 예방섭종 의도에 초점을 맞추고 있어, 실제 백신 접종을 이끄는 상황적 동인을 고려하지는 못했다는 한계가 있으므로, 접종의도와 실제 백신 접종 사이에 간극을 설명할 수 있는 추가적인 연구가 필요할 것으로 판단된다.

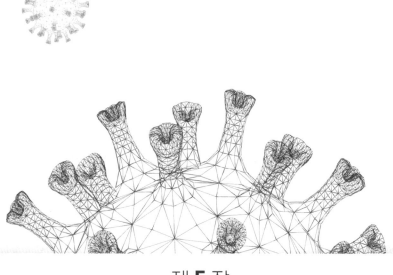

제 **5** 장

코로나19 팬데믹과 정부개입의 명암

— 왕재선 —

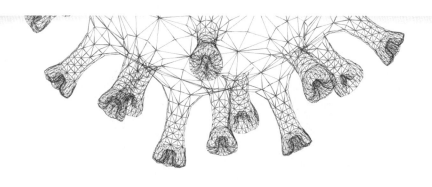

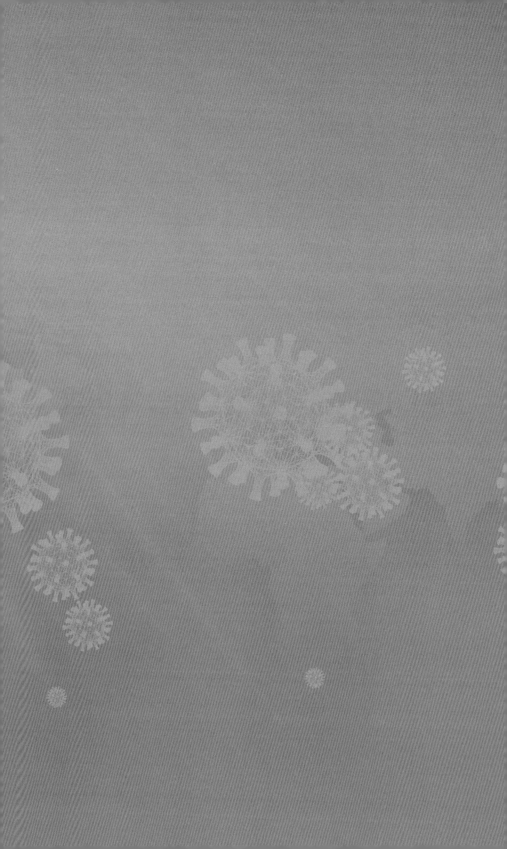

21세기 전 세계적으로 유행했던 몇 차례의 팬데믹 경험은 공중보건 위기 상황에서의 정부역할에 대해 생각 할 수 있는 기회를 제공한다. 특히 가장 최근 유행했던 코로나19 팬데믹은 전 세계인의 삶을 변화시켰고, 과거에 경험했던 다른 팬데믹에 비해 차별적인 정부역할을 요구했다.

3년에 걸친 코로나19 팬데믹 시기에 주요 국가들에서 나타났던 정부의 대응은 집합 금지, 학교폐쇄, 국경봉쇄 등의 사회적 거리 두기를 포함하는 장·단기의 강력한 조치를 수반했다. 이러한 조치는 팬데믹으로 인한 일반 대중의 건강위협을 감소시키려는 정부의 정당한 권한의 행사라고 할 수 있지만, 한편으로는 대중의 기본적 권리를 제한하는 조치이기도 하다. 즉 과거에는 찾아보기 힘들었던 권리제한조치들이 코로나19 팬데믹 시기에는 많은 국가에게서 나타났던 것이다.

팬데믹 초기에는 평상시 문제가 될 수 있는 대중의 권리제한조치에 대해서 공중보건 위기라는 명분하에 상충적(trade off)이지만 수용가능한 분위기가 형성되었다.[1] 그러나 초기에 정당화되었던 정부의 권리 제한 조치들은 시간이 지날수록 일반 대중의 반대에 직면하였다. 특히 일부 학자들은 팬데믹의 장기화로 인해 예외적이고 비정상적인 상황이 정상적인 상황으로 인식될 수 있는 부작용의 가능성도 지적한다(Gozdecka, 2021).

우리나라의 경우도 다르지 않다. 우리나라는 코로나19 팬데믹이 시작된 2020년부터 급속하게 확산된 2022년까지 사회적 거리 두기를 비롯하여, 집합금지, 영업제한 등 대중의 사회·경제적 권리를 제한하는 조치를 시행하였다. 초기에는 공중보건 위기라는 시급성에 의해서 이러한 조치들이 받아들여졌으나, 시간이 지날수록 이러한 조치가 유발하는 사회경제적 결과에 대

---

1   Zhebit(2020)은 이러한 상황을 딜레마 상황으로 표현하기도 한다.

한 일반 대중들의 관심이 높아졌다.

조민징·이신행(2021)의 연구에 따르면 코로나19 팬데믹 관련 언론보도의 내용을 총 다섯 시기별로 분석한 결과 팬데믹 초기라고 할 수 있는 1기에는 위험발생과 정부 대응의 내용이 다수를 차지하였다. 반면, 2기 이후에는 정부 대응조치의 결과라고 할 수 있는 사회적·경제적 영향과 관련된 보도의 양이 증가하는 경향을 보였다.

이러한 연구결과를 통해 팬데믹의 경험이 지속되어감에 따라 국민들의 주요 관심이 정부 대응조치의 내용에서 이러한 조치들의 사회경제적 영향으로 변해가는 것을 알 수 있다. 이는 곧 팬데믹이 장기화될수록 정부의 각종 조치들이 초래하는 결과에 대해서 일반 대중들이 판단할 수 있음을 의미한다.

코로나19 팬데믹을 통해 우리는 공중보건 위기를 극복하기 위한 정부의 노력은 불가피하게 대중의 권리를 제한하는 조치를 수반할 수 있음을 경험하였다. 특히 팬데믹이 장기화 될 경우 이러한 권리제한조치들은 대중의 사회경제적 활동을 제약하게 되며, 이는 곧 사회경제적 차별을 더욱 심화시키는 결과를 초래할 수 있다. 또한 국가권력의 권위적인 조치에 의해서 민주주의 원칙들이 훼손되는 상황이 발생할 수 있다. Gozdecka(2021)가 지적한 바와 같이 이러한 상황이 장기화 될 경우 민주주의 원칙이 훼손된 상태가 일상화될 가능성도 배제할 수 없다.[2]

따라서 공중보건 위기 상황이라 하더라도 대중의 권리를 제한하고 민주주의 가치를 훼손할 수 있는 정부의 대응조치는 예외적·비례적으로 이루어져야 하고 이러한 상황이 장기간 지속될 경우 국민적 동의가 전제되어야 할 필요가 있다.

본 장에서는 이러한 필요성을 전제로 공중보건 위기 상황에서 정부의 구

---

2   팬데믹으로 인한 정부의 조치에 대해서 Kissinger(2020)는 "시대착오적인 성곽도시(walled city)"를 촉진한다고 하였으며, Haass(2020)는 "팬데믹이 민주적 후퇴를 더욱 가속화시킬 수 있다"고 주장한다. 프랑스 대통령 엠마누엘 마크롱 역시 "질병을 막기 위해 자유를 희생하는 것은 서구민주주의에 대한 위협"으로 규정한다(Mallet & Khalaf, 2020).

체적인 대응조치들에 대한 일반 대중들의 태도를 분석한다. 또한 공중보건과 개인의 자유 및 민주주의 가치라는 상충적 상황에서 어떤 가치를 우선시하는지에 대해서 분석한다. 특히 사회를 구성하는 다양한 집단별로 내재되어 있는 인식의 차별성을 탐색한다. 이러한 분석을 통해서 본 장에서는 공중보건 위기 상황에서의 정부조치와 그로 인한 국민의 권리제한이 모든 국민에게서 동일한 혹은 차별적 효과를 나타낼 것인지에 대한 예측이 가능할 것이다. 또한 정부 대응조치에 대한 일반 대중들의 태도차이로 인해 나타날 수 있는 사회적 갈등의 가능성과 양태에 대해서 탐색할 수 있는 단초를 제공할 것으로 기대한다.

II 공중보건 위기 상황에서 정부 대응

1 정부 대응조치의 유형과 특징

코로나19 팬데믹이 급격하게 확산되었던 시기 세계 주요 국가들은 팬데믹의 확산을 저지하기 위한 다양한 대응조치들을 마련하였다. 팬데믹에 대응하는 정부의 조치는 다양한 학자들에 의해서 제시되었다(Toshdov et al., 2020; Engler et al., 2021; González-Bustamante, 2021; Rahmouni, 2021). 이들의 내용을 종합하면 정부 대응의 주요 조치내용은 정부의 적극적 개입을 통한 개인의 자유 제한과 정부권한의 집중화로 요약된다. 대표적으로 사회적 거리두기를 위한 학교폐쇄, 집합제한, 이동제한, 영업제한, 외출 및 여행금지, 국가폐쇄 등이 포함된다. 여기에 정부가 국가비상사태를 선포함으로써 행정부 혹은 관련 기구의 권한을 강화하는 것도 대응조치에 포함된다(Toshkov et al., 2020).

González-Bustamante(2021), Ferguson et al.(2020) 등은 정부의 방

역조치에 확진자에 대한 한정된 격리, 고위험군을 대상으로 한 제한된 사회적 거리 두기, 학교 및 직장폐쇄, 이동제한, 여행통제, 전국민 사회적 거리 두기 등 전체 대중을 대상으로 통제의 범위를 확장시키는 조치를 포함시키고 있다.

한편 과거 거의 모든 팬데믹이 그랬듯이 코로나19 팬데믹 역시 국민의 경제적 활동에 심각한 제약을 가져옴으로써 국민건강뿐만 아니라 국민경제에도 부정적 영향을 미쳤다. 세계은행(World Bank, 2020)에 따르면 팬데믹 초기인 2020년 세계 GDP는 2019년에 비해 약 5.2% 하락할 것으로 예측되었으며, OECD는 6.0%~7.6%의 하락을 예상하였다(OECD, 2020). 또한 국제통화기금(IMF, 2020)은 2020년 5월과 6월 봉쇄를 해제한 선진국의 예상보다 강한 회복세를 고려했음에도 불구하고 4.4%의 위축을 예상했다. 각 국가는 전례없는 재정 및 통화정책을 통해 가계 가처분 소득 유지, 기업의 현금 흐름 보호, 신용 제공 등을 지원하기 위한 정부의 정책적 대응노력을 하였다(Brodeur et al., 2021).

이러한 현상을 고려할 때 코로나19 팬데믹에 대응하기 위한 정부의 개입은 단순히 공중보건 및 질병완화나 예방과 관련된 문제를 초월하는 더욱 광범위한 문제를 다루어야 한다(Capano et al., 2020). 여기에는 '봉쇄', '격리'와 같은 팬데믹과 관련된 건강 문제에 초점을 맞춘 대응조치뿐만 아니라 팬데믹의 출현으로 인한 실업, 경제적 손실 등에 대응하기 위한 조치도 포함된다. 이와 관련하여 Maor & Howlett(2020)은 코로나19에 대한 정부정책 중 공중보건을 위한 방안으로 폐쇄, 바이러스 테스트, 동선추적뿐만 아니라 팬데믹의 경제적 비용(예. 국민의 소득손실, 실업, 기업에 전가되는 비용 등)에 대한 대응 등 크게 규제와 지원이라는 시각에서 구분하고 있다.

Hale et al.(2021)은 옥스포드 코로나19 정부 대응 추적기(Oxford COVID-19 Government Response Tracker: OxCGRT)를 개발하여 코로나19 팬데믹에 대응하는 정부의 다양한 조치들에 대한 정보를 제공하였다. 그들은 정부 대응의 유형을 '봉쇄 및 폐쇄(Containment and closure)', '경제적 대응(Economic response)', '보건의료시스템(Health systems)', '기타 조치' 등 다양한 분야에서의 조치들로 구분하였다. 여기에 '경제적 대응'으로는 소득지원, 가계부채 구제 등이 포함되어 있다.

많은 학자들이 팬데믹에 대응하기 위한 정부 대응의 내용을 제시하고 있지만 이들의 공통점은 정부가 가진 권력을 바탕으로 대중의 생활에 적극적으로 개입하여 개인이나 조직의 자유를 강하게 제약하는 조치들이 주를 이루고 있다는 점이다. 이러한 조치들은 평상시에는 개인의 자유권을 심각하게 침해하는 조치이며, 민주주의 국가에서는 정부의 권한을 남용하는 행위가 될 수 있다.

이와 함께 일부 학자들은 코로나19 팬데믹에 대한 정부의 대응은 매우 광범위하게 이루어졌다고 주장하며, 직접적인 국민건강과 관련된 정부의 개입과 규제에 초점을 맞춘 대응 뿐만 아니라 국민들의 경제적 손실에 대한 지원정책도 포함했다(Capano et al., 2020; Maor & Howlett, 2020; Hale et al., 2021).

본 장에서 다루는 우리나라의 정부 대응으로는 주로 팬데믹의 확산 방지를 위한 정부의 개입조치에 초점을 맞춘다. 사회적 거리 두기 등 다양한 방역조치들이 여기에 포함된다. 이와 함께 정부는 국민의 경제적 손실에 대한 지원정책도 병행하였다. 재난지원금을 통해 소상공인과 국민들의 경제적 손실을 감소시키기 위한 정책적 노력을 하였다. 본 장에서는 개입적 정부 대응 조치와 함께 경제적 지원정책인 재난지원금에 대한 여론도 함께 분석한다.

② 정부 대응조치와 개인권리보호 간 상충관계

팬데믹으로부터 공중보건을 지키기 위한 정부의 조치와 권리제약이라는 주제는 팬데믹 위기 동안 다양한 정치·사회·인간현상을 다루는 데 있어서 중요한 주제로 간주되었다. 일부 연구들은 "비록 인간권리의 보편성과 불가

분성이 존재하지만 팬데믹 기간과 이후에 '새로운 정상성(new nomality)'의 상황에서 권리제한과 훼손이 어느 정도 불가피하다"는 주장에 대해서 의문을 제기하고 있다(Zhebit, 2020). 또한 이러한 문제제기는 정부의 조치로 인한 각종 권리제한이 기존의 불평등을 더욱 심화시키는 부작용을 지적하고 있다.

코로나19 팬데믹에 대한 정부의 조치들은 시민과 정치에 관한 자유, 경제·사회·문화적 평등, 집단 및 공동체의 연대 등과 관련된 권리의 이분법적 논쟁과 함께, 상충적인 정책의 딜레마 상황을 유발하였다(Zhebit, 2020).

Zhebit(2020)은 팬데믹 시기에 발생하는 상충적 상황을 몇 가지로 구분하고 있는데 그 중 권리제한과 관련된 내용은 다음과 같다. 먼저 시민·정치적 권리와 사회·경제·문화적 권리간의 상충이다. 그에 따르면 이 두 가지권리의 유형은 어느 하나가 충족되었다고 해서 다른 하나의 권리가 자동으로 충족되는 것이 아니라 오히려 상충되는 상황까지 발생될 수 있다고 한다. 다음으로 경제적 회복가능성과 신체적 안전 사이의 상충이다. 팬데믹에 대응하는 정부의 대응조치는 대중의 신체적 안전을 추구하고 있으나 한편으로는 대중의 경제적 회생가능성을 위축시키는 결과를 가져온다고 한다. 이러한 상황은 우리나라에서도 정부의 영업제한, 모임제한 등의 조치를 통해 대중의 안전을 지키는 것과 경제적 손실을 감수해야하는 것에 대한 상충적 상황과 관련된다. 또한 팬데믹으로 인한 대량해고, 실직 등은 경제적 어려움을 가중시켰으며, 특히 저소득층, 소수자, 고령층 등 사회적 약자들에게 더욱 강한 영향을 미치는 결과를 가져왔다.

또 다른 상충적 상황으로 다른 사람의 건강권을 보존하려는 연대적인 자기제한(solidary self-limitation)과 집회 및 표현의 자유(사교행사, 군중집회, 마스크 미착용, 거리 두기 위반 등)와 같은 개인적 자유를 강조하는 상황이다. 이러한 상황에서 하나의 권리는 다른 권리의 향유를 허용하기 위해 제한되어야 한다. 팬데믹 상황에서 대중의 건강은 개개인의 자발적인 제약을 전제로 한다. 따라서 자신의 권리를 일정부분 희생할 때 타인의 건강권을 보존할 수 있다. 반대로 자신의 자유를 강조할 경우 타인의 건강권을 훼손할 수 있다.

팬데믹 기간 동안 안전을 유지하기 위해서 정부는 격리, 봉쇄, 이동금지 등을 통해 개인의 자유를 제한하였다. 즉 사회의 안전과 개인 이동의 자유 사이의 상충적 상황이 형성된 것이다. 이는 앞서 언급한 타인의 건강권과 개인의 자유 간의 상충과도 관련된다.

이동의 자유 제한은 절대적인 권리는 아니며, 국가도 반드시 허용의무를 가지는 것은 아니지만 다른 자유의 효과적인 행사에 필수적인 권리이다 (McAdam, 2011). Bauböck(2009) 역시 인간의 속성상 이동의 자유에 대한 권리는 단순히 다른 자유를 위한 도구일 뿐만 아니라 사상, 표현, 결사와 같은 다른 기본적 자유와 함께 자유가 가지는 핵심적 측면을 의미한다고 주장하였다. 이처럼 이동의 자유가 가지는 의미를 고려할 때 이동의 자유에 대한 권리 제한은 매우 중요한 문제라는 것을 알 수 있다. 따라서 사회적 안전과 이동의 자유 보장 간의 상충적 상황에서 어떻게 조화를 찾느냐가 정부의 대응에 대한 국민의 순응을 이끌어내는 데 중요하다고 할 수 있다.

팬데믹 시기에서 논의될 수 있는 권리침해의 유형으로 개인정보 혹은 사생활의 보호가 있다. 유엔인권위원회(UN Human Rights Committee, 1988)에 따르면 "일반적인 상황에서 개인정보 보호의 권리는 법률에 의해 제한되거나 심각한 공익상의 이유가 있는 경우에만 제한될 수 있으며 제한은 추구하는 목적에 비례하고 적절해야 한다."고 규정하고 있다(Article 17: Right to Privacy).

팬데믹은 사람들의 위치나 움직임이 휴대폰을 통해 추적될 수 있고, 정부가 개인의 자료에 자유롭게 접근하는 것을 정당화할 수 있는 환경을 유발했다. 실제 일부 국가에서는 코로나19 감염 통제를 목적으로 한 접촉자 추적을 명분으로 사생활 침해와 남용이 나타나기도 하였다. 우리나라 역시 감염자 발생의 경우 감염자의 동선을 추적하는 조치가 취해졌으며, 이러한 조치에 따라 개인의 사생활이 드러나는 부작용이 나타나기도 하였다. 개인정보 보호 혹은 사생활 보호의 제한은 국민 개개인의 사생활 영역에 대한 국가개입을 정당화하는 것으로 더욱 근본적인 자유권을 제약하는 요인이 될 수 있다. 이러한 부작용에도 불구하고 팬데믹 기간 동안 사람들의 행적을 추적하는 정책이 시행되지 않았다면 그들의 생명, 건강 및 집단 생존에 대한 집단적 권리가 위태로워질 수 있었다는 주장도 있다(Gao & Yu et al., 2020). 이와 같이 동선 추적의 조치는 사생활 침해와 공중보건이라는 상충적인 상황을 형성하였다.

마지막으로 팬데믹에 대한 정부의 대응조치는 그로 인해 개인의 권리가 제약될 경우 모든 대중에게 동일한 결과를 유발하지 않는다는 것이다. 특히 고령자, 소수민족 등 취약계층의 경우 정부의 제한조치에 더욱 강한 영향을 받게 된다. Gozdecka(2021)는 개인의 자유에 대한 권리를 제한하는 조치는 또 다른 불평등의 잠재적 근거가 될 수 있다는 점을 지적한다. 이러한 주장은 본 연구에서 다루고자 하는 내용과 직접적으로 관련된다. 팬데믹에 대응하는 정부의 정책적 방향과 조치들에 대해서 다양한 집단에서 영향을 받는 정도가 다를 수 있으며, 이로 인해 정부의 대응조치들에 대해서 서로 다른 인식과 평가를 할 수 있을 것이다.

특히 사회적 약자층의 경우 정부의 대응조치로 인해 팬데믹으로부터 보호를 받을 수 있다는 점과 경제적 손실에 대한 회복가능성이 낮아질 수 있다는 상충적 상황에 더욱 많이 노출된다. 따라서 정부 조치의 영향력에 대한 서로 다른 체감의 강도는 정부로 하여금 또 다른 상충적 상황을 유발할 수 있다.

유엔인권위원회(2020)는 '코로나19 팬데믹과 관련된 규약훼손에 관한 성명'[3]에서 "팬데믹으로 인해 회원국이 모든 개인의 생명권과 건강권을 보호하기 위한 효과적인 조치를 취해야 할 책임이 있다"고 주장하면서, "영토와 관할권이 적용되는 모든 사람에게 규약이 보장하는 개인권리의 향유가 제한"될 수 있다는 것을 명시하고 있다. 본 성명을 통해 과거의 감염병과는 달리

---

3 "Statement on derogations from the Covenant in connection with the COVID-19 Pandemic"

코로나19 팬데믹이 개인 자유에 대한 권리의 제약이 정당화될 만큼 심각한 위협으로 작용했다는 것을 알 수 있다.

그럼에도 불구하고 자유에 대한 권리제약은 민주주의 사회에서는 필요최소한으로 신중하게 활용되어야 한다는 의견도 있다.[4] 앞에서 제시했듯이 공중보건과 개인의 자유에 대한 권리제한 간에 다양한 상충적 상황이 나타나기 때문에 두 가지의 이슈 간 조화를 이루기 위한 노력이 필요하다.

③ 정부 대응조치에 대한 태도

코로나19 팬데믹에 대응하기 위한 정부의 대응조치에 대해서 누가 지지혹은 반대하는가의 문제는 매우 중요하다. Zwitter(2012)가 지적했듯이 코로나19와 같은 공중보건 위기에 대응하기 위한 정부의 개입은 민주주의의 원칙과 상충될 가능성이 있기 때문에 국민의 지지가 필수적이다. 여론의 지지를 받지 못하는 정부의 개입행위는 사회적 저항에 직면할 수 있기 때문에 누가 지지 혹은 반대하는지를 파악하는 것은 공중보건 위기 시 정부 대응의 효과성을 담보하기 위해서 중요한 문제다(Brouard et al., 2020).

또한 팬데믹에 대응하기 위한 정부의 다양한 정책 혹은 개입행위는 편익과 비용을 유발한다(Jørgensen et al., 2021). 편익은 감염으로부터 국민을 보호하는 것인 반면 경제적 비용과 사회적 고립에 따른 또 다른 건강위험을 수반할 수 있다(Clemmensen et al., 2020). 이러한 비용과 편익은 특정한 인구학적 특성을 가진 집단마다 다르게 부과되고 있다는 점에서 정부의 개입행위에 대

---

4 1985년 작성된 시라쿠사 원칙(Siracusa Principle)은 어떤 상태가 공공의 비상사태에 속하는지에 대한 명확한 범위를 제시하고 있다. 원칙에 따르면 "국가가 인구 또는 개인 구성원의 건강에 대한 심각한 위협을 다루는 조치를 취할 수 있도록" 허용하는 목적으로 긴급조항을 발동할 수 있음을 명시하고 있다. 이러한 조치는 특히 질병이나 부상을 예방하거나 병자와 부상자를 치료하는 것을 목표로 해야 하고, 이러한 규약을 훼손하는 조치는 예외적이고 일시적이어야 하며 국가의 생명을 위협하는 공공 비상사태에 해당하는 상황에서만 적용될 수 있다(UN Commission on Human Rights, 1985).

한 집단 간 찬성과 반대의 차이가 나타날 수 있다.

중요하게 제시되는 인구학적 특성으로 연령이 있다(Brouard et al., 2020). 공중보건 위험과 같은 건강위험은 연령에 따라 민감하게 반응하기 때문이다. Promislow(2020)는 코로나19와 같은 전염성이 높은 바이러스가 건강에 미치는 영향은 연령에 따라 크게 달라진다는 것을 강조한다. 그에 따르면 코로나19 바이러스에 의한 입원 및 사망률은 어린이의 경우 0.1% 미만이지만 고령자의 경우 10% 이상 증가한다는 결과를 제시한다. 또한 고립에 의한 또 다른 건강위험 역시 젊은 층보다 고령층에서 더욱 심각하게 나타날 가능성이 높다(Jørgensen et al., 2021). 이는 팬데믹의 위험에 더욱 많이 노출된 고령층의 경우 코로나19에 대응하기 위한 정부의 엄격한 개입행위에 더욱 지지를 보낼 가능성이 큼을 시사한다.

사회경제적 요인 역시 정부개입에 대해서 지지 혹은 반대하는 데 중요한 설명요인으로 제시된다. 현재의 코로나19 팬데믹은 단순한 공중보건 위기를 넘어서 사회 · 경제 등 전 국가적 영역에 영향을 미치는 '종합위기'의 성격을 띤다. 정부가 팬데믹에 대응하기 위해서 취하는 여러 가지 통제행위는 기존의 사회경제적인 불평등을 더욱 심화시키는 결과를 가져온다(Blundell et al., 2020). 따라서 정부의 개입행위에 대한 지지의 정도는 고용상태, 교육 수준 등과 관련된 사회경제적 격차에 의존할 가능성이 있다(Lazarus et al., 2020b; Jørgensen et al., 2021).

사회경제적 요인 중 경제적 취약성은 정부의 개입행위를 지지하는 데 중요한 요인이다. 코로나19에 대응하기 위한 정부의 개입은 통제 지향적 성격이 강하다. 정부가 강제적으로 모임이나 영업을 제한하고 직장을 폐쇄하는 것은 경제적으로 심각한 영향을 미치는 정부개입 행위이다. 경제적으로 취약한 집단은 이러한 정부의 엄격한 개입행위에 대해서 반대할 가능성이 크다. 우리나라에서 영업 제한에 대한 소상공인, 영세자영업자들의 저항이 일어나는 것이 대표적이다. Lazarus et al.(2020b)의 연구에서 미국은 월 중위소득 미만의 수입을 가진 사람들이 그 이상의 소득을 가진 사람들보다 정부의 정책에 대해서 덜 지지하는 것으로 보고하고 있다. Jørgensen et al.(2021)의 연구에서도 경제적 취약성의 정도에 따라서 정부의 개입행위에 대한 지지의 정도가 달라질 수 있음을 강조한다. 본 연구에서도 기존 연구들에서 제시하고 있는 성별, 연령과 사회경제적 지위로서 교육 수준, 고용 상태, 경제 수준 등에 따른 개인 특성 집단별로 개인의 권리를 제한하는 정부의 개입적 대응조치에 대해서 어떠한 태도 차이를 나타내는지 분석한다.

Ⅲ 데이터와 측정

본 장에서는 다양한 기관에서 2020년~2022년 조사한 코로나19 팬데믹 관련 자료를 활용한다. 2020년에서 2022년은 시기적으로 코로나19 팬데믹의 유행이 시작되고 확산된 시기에 해당한다. 2020년은 특정 지역을 중심으로 팬데믹의 지역적 확산이 이루어졌으며, 2021년과 2022년은 팬데믹의 전국적 확산이 이루어졌다. 그리고 2022년은 오미크론과 같은 변이바이러스로 인해 팬데믹이 새로운 국면을 맞이했던 시기였다. 질병관리청(2022: 2023)에 따르면 코로나19 팬데믹의 유행시기를 총 7차로 구분하고 있으며, 유행시기의 대부분이 이 세 개 년에 해당한다.

연도별 코로나19 확진 국내발생자 수는 2020년 55,343명, 2021년 557,985명, 2022년 28,368,494명이다. 따라서 이 시기에 조사된 자료는 유행의 시작과 정점에 있을 때 조사된 자료이며, 그럼에도 불구하고 연도별로 유행의 국면이 차별화 된다고 할 수 있다.

각 자료별 구체적 조사개요는 다음과 같다. 먼저 고려대학교 거버넌스 다양성센터(VoG)에서 조사한 2020년과 2021년 조사자료를 활용하였다.

2020년 조사자료는 '코로나19의 사회적 영향과 시민의식에 관한 패널여론 조사(1차)'이다. 본 조사는 2020년 8월 19일~8월 24일까지 전국의 만 18세 이상 남녀 1,507명을 대상으로 조사하였다. 조사방법은 웹조사를 통해 수행되었다. 2021년(8월 19일~8월 30일)에는 1,103명을 대상으로 2차 조사가 수행되었다. 또 다른 VoG의 자료는 2021년 6월 29일부터 7월 28일까지 수집한 '코로나19 팬데믹 조사' 자료이다. 조사대상은 전국(제주 제외) 만 19세 이상 남녀이며, 표본크기는 1,200명이다. 일대일 면접조사를 통해 조사가 이루어졌다.

다음은 한국보건사회연구원(보사연)에서 제공하는 2021년과 2022년 조사자료이다. 2021년 자료는 '사회경제적 위기와 사회통합 실태조사' 자료이며, 2021년 6월 21일~9월 17일까지 전국 만 19세 이상~75세 이하 남녀(외국인은 귀화하여 국적을 소지한 경우만 포함) 총 3,923명을 대상으로 조사가 이루어졌다. 조사방법은 구조화된 질문지를 이용한 대면 면접조사방식을 활용하였다. 2022년 자료는 '코로나19의 영향과 사회통합 실태조사' 자료이다. 본 자료는 2022년 6월 18일에서 8월 30일까지 전국 만 19세 이상 남녀 4,000명을 대상으로 조사하였다. 모집단으로 2021년 기준 2000년 통계청 SGI데이터인구집계를 활용하여 표본을 설계하였으며, 대면 면접조사방식을 활용하여 조사를 진행하였다.

마지막으로 한국행정연구원(KIPA)에서 조사한 '코로나19 감염병 공중보건 위기관리 정부 대응 및 백신 접종 안전성에 대한 인식조사' 자료를 활용한다. 본 자료는 2022년 4월 26일~5월 6일까지 조사하였으며, 조사대상은 전국 만 19~74세 일반국민 1,000명이다.

본 연구에서의 분석 대상은 공중보건 위기에서 정부 대응에 대한 국민의 태도이다. 이를 위한 구체적인 측정문항은 다음과 같다.

표 5-1　측정문항

항목	출처(연도)	질문내용	척도
방역조치	KIPA 2022년 코로나19 감염병 조사	귀하는 정부의 코로나19 세부 방역 조치(실내마스크 착용, 사적모임 제한, 영업시간 제한 등)들이 코로나19 확진자 추이 변동에 따라 합리적으로 개선되었다고 생각하십니까?	①전혀 동의하지 않는다 ~ ⑤매우 동의한다.
		귀하는 정부의 코로나19 세부 방역 조치(실내마스크 착용, 사적모임 제한, 영업시간 제한 등)들이 정확한 데이터나 통계에 기반한 합리적 의사결정이었다고 생각하십니까?	
	VoG 패널조사 (1차: 2020, 2차: 2021)	코로나 19와 관련된 다음의 정부정책에 대해 어떻게 생각하십니까? - 입국절차 강화 등 해외유입 차단 - 확진자 발견, 접촉자 격리 등 차단 조치 - 사회적 거리 두기 등 완화 조치 - 마스크 공급	① 매우 잘하고 있다 ~ ⑤ 매우 못하고 있다
상충적 상황	VoG 2021 팬데믹 조사	- 정부가 공중보건에 우선순위를 두는 것이 더 중요하다 - 정부가 대중을 감시 추적하는 것이 더 중요하다 - 정부의 규칙을 따르는 것이 더 중요하다 감염병 상황에서 0 1 2 3 4 5 6 7 8 9 10	- 정부가 경제활동에 우선순위를 두는 것이 더 중요하다 - 사생활을 보호하는 것이 더 중요하다 - 우리 스스로 판단해 결정하는 것이 더 중요하다
재난지원금	보사연 2021년 사회경제적 위기조사 보사연 2022년 코로나19 영향조사	귀하께서는 코로나19와 같은 재난상황에서 긴급재난지원금이 지급될 경우 다음 중 어떠한 방식으로 지급하는 것이 타당하다고 생각하십니까?	① 피해 여부·소득 수준 무관 ② 피해 여부 무관·소득 수준 낮은 국민 ③ 소득 수준 무관·피해입은 국민 ④ 피해입고·소득 수준 낮은 국민
	VoG 패널조사 (2차: 2021)	코로나19 긴급재난지원금과 관련해 다음 중 어느 의견에 가까우십니까?	① 소득 무관 전 국민 지급 ② 소득 고려 선별지급 ③ 국가재정 고려 추가지급 금지

Ⅳ 분석결과

① 정부의 방역 조치에 대한 태도

1) 방역 조치의 합리성에 대한 태도

코로나19 팬데믹 상황에서 정부의 방역 조치들에 대한 일반 대중들의 태도를 살펴보면 다음과 같다. 먼저 2022년 한국행정연구원(KIPA)의 자료에 따르면 정부가 수행한 세부 방역 조치의 합리성에 대해서 46.8%(합리적 의사결정)와 51.7%(합리적 개선)의 긍정적 태도를 나타내고 있다. 정부의 세부 방역 조치가 합리적 의사결정에 따랐다는 의견에 대해서는 과반에 미치지 못하고 있는 반면 세부 방역 조치가 합리적으로 개선되었다는 의견에 대해서는 응답자의 과반 이상이 긍정적 태도를 보이고 있다. 이러한 결과는 정부가 팬데믹 초기에 어떤 방역 조치를 할 것인지에 대한 합리성보다 팬데믹의 진행과정에서 정부가 상황에 맞추어 방역 조치를 시행한 것에 대한 합리성이 더욱 높았다는 것을 의미한다.

2021년 12월부터 코로나19는 오미크론 변이에 의해서 새로운 국면을 맞이하였다.[5] 따라서 정부는 '오미크론 변이 대응방안'을 통해 변이감시와 방역대책을 강화하는 등 신속한 대응조치를 실시했다. 또한 2022년 3월부터는 오미크론 변이의 유행이 진정추세를 보임에 따라서 코로나19 방역조치를 완화하는 조치를 취하였다. 이러한 조치는 그동안 정부의 개입적 대응조치로 인해 개인적 자유제한과 경제적 손실을 감수해야 했던 국민들에게 합리적 개선조치로 인식되었을 가능성이 크다. 본 결과는 정부 대응에 대한 국민들의 체감효과가 반영된 결과로 해석할 수 있다.

세부적으로 살펴보면 정부의 코로나19 세부 방역 조치에 대한 의사결정의 합리성에 대해서 성별로는 남성이 여성에 비해 높은 긍정응답비율을 보이

---

5 본 단락은 질병관리청(2023)의 코로나19 대응 내용을 발췌한 것임을 밝힌다.

고 있다. 연령별로는 60대 이상을 제외하고 전반적으로 연령대가 높아질수록 긍정적 응답비율이 증가하는 것을 알 수 있다. 60대 이상의 경우에도 20대 이하와 30대에서의 긍정응답비율보다 높은 비율을 보이고 있다. 따라서 합리적 의사결정에 따라서 정부의 세부 방역 조치가 이루어졌는지에 대해서 낮은 연령층에서 부정적 태도가 더욱 강하게 나타났다. 이러한 결과는 사회적 활동량이 많은 젊은 층에서 규제적인 방역 조치에 대해서 합리성 결여에 따른 거부감이 더욱 강하게 나타날 수 있다는 것을 의미한다.

소득 수준별로 저소득층에서 고소득층으로 갈수록 정부의 세부 방역 조치에 대한 의사결정의 합리성에 대해서 더욱 긍정적인 태도를 가지고 있는 것을 알 수 있다. 저소득층의 경우 경제적 소득활동에 대한 필요성이 더욱 강한 반면 고소득층은 경제적 소득보다 삶의 질에 더욱 초점을 맞출 수 있다는 점에서 저소득층에서 정부의 세부 방역 조치가 합리적 의사결정에 따랐다는 의견에 대해 부정적 태도가 강하게 나타나고 있는 것으로 해석할 수 있다.

교육 수준별로는 중졸 이하의 학력수준이 낮은 집단에서 정부 세부 방역 조치의 합리성에 대한 긍정응답비율이 가장 낮게 나타났다.[6] 그러나 고졸과 대재 이상의 집단에서는 유사한 비율을 나타내고 있다. 근로형태별 역시 정규직 임금근로자, 비정규직 임금근로자, 비임금근로자, 근로를 하지 않은 집단 간 특징적인 차이를 보이고 있지 않다.

마지막으로 혼인상태별로 기혼자의 경우 정부 세부 방역 조치 의사결정의 합리성에 대해서 54.0%의 긍정응답비율을 나타내고 있는 반면 사별, 이혼 (별거), 미혼 등의 집단에서는 최소 36.2%에서 최대 40.0%의 긍정응답비율을 보이고 있다. 즉 함께 사는 가족이 있는 응답자들이 혼자 사는 응답자들에 비해 정부의 세부 방역 조치가 합리적으로 결정되었다는 태도를 더욱 강하게 가지고 있는 것으로 해석할 수 있다. 함께 사는 가족이 있다는 것은 그만큼 가족 간 접촉이 빈번하게 되고 감염에 더욱 쉽게 노출되어 있다는 점에서 정

---

6 중졸 이하의 학력을 가진 응답자는 5명에 불과하기 때문에 비율은 의미를 가지지 않는다.

부 방역 조치의 합리성에 대해서 긍정적인 태도를 가지고 있을 가능성이 있다.

표 5-2   정부의 코로나19 세부 방역 조치에 대한 합리성 인식[7]

		합리적 의사결정에 따른 정부의 코로나19 세부 방역 조치에 대한 인식	정부의 코로나19 세부 방역 조치가 합리적으로 개선되었는지에 대한 인식
전체		46.8	51.7
성별	남자	49.9	53.9
	어자	43.8	49.5
연령별	20대 이하	33.2	41.9
	30대	45.8	48.3
	40대	51.2	55.3
	50대	53.3	56.2
	60대 이상	48.6	55.0
소득 분위별[1]	1분위	31.1	33.6
	2분위	37.8	43.3
	3분위	49.0	54.0
	4분위	54.4	59.1
	5분위	52.6	58.7
교육 수준별	중졸 이하	40.0	40.0
	고졸	47.1	51.1
	대재 이상	46.7	51.8
근로 형태별[2]	임금근로자1	43.3	49.2
	임금근로자2	46.5	48.0
	비임금근로자1	48.0	55.2
	근로를 하지 않음	44.4	48.1
혼인 상태별	기혼	54.0	58.3
	사별	40.0	53.3
	이혼(별거)	39.5	40.5
	미혼	36.2	42.1

1) 가구소득에 대한 정보가 상세하지 않아 2분위와 3분위는 가장 근접하도록 분류함
2) 임금근로자1(정규직), 임금근로자2(비정규직), 비임금근로자(자영업자, 고용주, 무급가족종
   사자 등), 근로를 하지 않음(전업주부, 학생, 무직 등)

---

7   '매우 동의한다'와 '대체로 동의한다'를 합한 비율

다음으로 정부 방역 조치의 합리적 개선에 대해서 성별로는 남성이 여성에 비해서 더욱 긍정적 태도를 보이고 있다. 연령별로는 연령층이 높을수록 개선조치의 합리성에 대해서 긍정응답비율이 높아지고 있는 패턴을 보이고 있다. 또한 소득 수준이 높을수록 방역 조치의 합리적 개선에 대해서 긍정하는 응답비율이 높아지고 있다. 소득 수준이 가장 낮은 집단(소득 1분위)은 33.6%만이 긍정적 태도를 보인 반면 소득 수준이 가장 높은 집단(소득 5분위)은 58.7%로 격차가 크게 나타났다.

교육 수준별로는 중졸 이하를 제외하고 큰 차이를 보이고 있지 않다. 혼인상태별로는 기혼자가 가장 높은 긍정응답비율을 보이고 있으며, 다음으로 사별, 미혼, 이혼(별거) 등의 순서로 긍정응답비율이 높게 나타나고 있다.

전체적으로 정부 방역 조치의 합리적 개선에 대한 개인 특성 집단별 태도의 차이는 앞서 분석했던 합리적 의사결정에 따른 정부 방역 조치에 대한 태도에서와 거의 유사한 패턴을 보이고 있다. 상대적으로 명확한 패턴을 보이는 개인특성은 연령대, 소득, 혼인상태 등으로 나타났다. 저연령층이 고연령층에 비해, 저소득층이 고소득층에 비해 전체적인 정부 세부 방역 조치의 합리성에 대해서 부정적 태도를 더욱 강하게 보이고 있다. 이러한 결과는 사회적 활동과 경제활동의 필요성에 기인한 것으로 추론해 볼 수 있다. 또한 기혼자가 사별, 이혼(별거), 미혼자에 비해 정부 방역 조치의 합리성에 대해서 더욱 긍정적인 태도를 보이고 있다. 이러한 결과는 함께 사는 가족들로 인해서 감염의 위험성에 상대적으로 더욱 노출되어 있는 기혼자가 혼자 사는 경우가 많을 것으로 예상되는 사별, 이혼(별거), 미혼자에 비해 정부 방역 조치에 대해서 더욱 필요성을 느끼기 때문에 긍정적이라고 볼 수 있다.

2) 개별 방역 조치들에 대한 태도

다음은 고려대학교 거버넌스다양성센터(VoG)에서 2020년과 2021년에 조사한 정부의 세부 방역 조치들에 대한 태도를 비교·분석하였다. 2020년은 코로나19 팬데믹의 초기 단계로서 감염이 크게 확산되지는 않은 시기였던 반면 2021년부터는 감염사의 급속한 확산이 시작되었던 시기였다.[8] 따라서 시기별로 방역 조치들에 대한 일반 대중들의 태도가 달라질 수 있다.

조사대상이 된 세부 방역 조치들은 입국절차 강화 등 해외유입 차단, 확진자 발견, 접촉자 격리 등 차단조치, 사회적 거리 두기 등 완화조치, 마스크 공급 등이다. 해외유입 차단과 격리 등 차단조치 등은 방역 조치 중에서도 감염을 차단하기 위해서 강한 압력을 수반하는 조치인 반면, 사회적 거리 두기와 마스크 공급 등은 감염을 완화시키기 위한 조치라고 할 수 있다.

전체적으로 모든 세부조치들에 대해서 2020년에 비해 2021년의 긍정 응답비율이 낮아진 것을 알 수 있다. 팬데믹 초기인 2020년의 경우 일반 대중들은 정부 대응에 대해서 보다 관대했으나 감염자가 급속하게 확산되었던 시기인 2021년부터는 정부조치에 대한 관심증가와 함께, 더욱 민감하고 비판적인 반응이 반영된 결과라고 할 수 있다.

또한 2020년 초기에는 특정 지역을 중심으로 감염이 발생하였으나 2020년 후반으로 갈수록 집회 등으로 인해 서울과 수도권 감염이 확산되는 경향을 보이다가 2021년에는 전국적으로 팬데믹이 대유행하는 추세를 보였다. 이에 대한 정부의 대응조치는 2020년에는 사회적 거리 두기로서 집합금지 행정명령, 동선추적 및 관리, 유·초·중등학교의 개학연기와 온라인 개학, 즉 학교폐쇄 등을 시행하였다(질병관리청, 2022). 이러한 조치들은 팬데믹 초기에 해당하는 2020년 초기에는 코로나19 확산방지를 위한 정부의 노력으로 긍정적인 평가를 받았던 것으로 보인다. 그러나 2020년 후반부터 서울·수도권으로의 확산과 2021년 전국적으로 확산되는 과정에서 정부는 수도권 학교의 전면폐쇄와 전면적 원격수업 도입 등을 도입했음에도 불구하고

---

8   2020년(2020.1.20.~2020.12.31.) 코로나19 감염자 수는 55,343명(국내 발생자 기준)이었던 반면, 2021년(2021.1.1.~2021.12.31.)은 557,985명으로 급격하게 증가하였다(질병관리청 홈페이지, https://ncv. kdca.go.rk〉ND_resrceFileDownload).

급격한 확진자 수 증가로 인해 초기만큼 긍정적 평가가 나오지 않은 것으로 볼 수 있다. 특히 2021년에는 백신접종이 시작된 시기로 백신수급 불안으로 인해 접종간격이 늘어나는 등 국민들의 불안이 커졌던 시기였다는 점 등이 정부 대응에 대한 긍정응답비율의 감소 원인이 되었다고 추론할 수 있다.

세부조치별로 2020년 조사에서는 격리 등 차단조치가 가장 높은 긍정응답비율(67.7%)을 나타내었으며, 다음으로는 마스크 공급(58.9%), 사회적 거리두기 등 완화조치(45.8%)의 순서였다. 해외유입 차단은 가장 낮은 긍정응답비율을(41.5%) 보였다. 2021년의 경우에는 마스크 공급이 가장 높은 긍정응답비율(53.9%)을 보였으며, 다음으로 격리 등 차단조치가 두 번째로 높은 비율을(52.5%) 보였다. 2021년에도 해외유입차단 조치가 가장 낮은 긍정응답비율을(31.6%) 보이고 있다.

전체적으로 2개년도 모두 공통적으로 마스크 공급과 확진자 발견, 접촉자 격리 등 차단조치에 대한 긍정평가가 가장 높았던 반면 해외유입 차단조치에 대한 평가가 가장 낮았다. 이러한 결과를 통해 일반대중들은 내국인을 대상으로 한 대응조치는 상대적으로 높은 평가를 하고 있는 반면 해외에서 유입되는 외국인에 대한 대응조치에 대해서는 미흡한 평가를 하고 있는 것을 알 수 있다. 또한 차단조치에 대한 평가가 완화조치에 대한 평가에 비해 높은 평가를 받았다는 점에서 팬데믹 초기와 급격한 확산기에서 정부의 강력한 대응에 대한 지지가 높았던 것을 알 수 있다.

인구특성집단별 차이를 살펴보면 2020년 조사의 경우 모든 조치들에 대한 성별 차이는 크게 나타나지 않고 있다. 연령별로는 명확한 패턴이 나타나고 있지는 않지만 전체적으로 낮은 연령층이 높은 연령층보다 정부의 세부 방역 조치들에 대해서 더욱 부정적인 평가를 하고 있는 것을 알 수 있다.

소득분위별로는 가장 높은 소득군인 소득 5분위를 제외하고 소득 1분위에서 4분위까지만을 고려할 경우 저소득층이 고소득층에 비해서 정부의 조치에 대해 부정적 평가를 하고 있는 것으로 나타났다.

표5-3 방역 조치들에 대한 태도[9]

		입국절차 강화 등 해외유입 차단		확진자발견, 접촉자 격리 등 차단조치		사회적 거리 두기 등 완화조치		마스크 공급	
		2020	2021	2020	2021	2020	2021	2020	2021
전체		41.5	31.6	67.7	52.5	45.8	35.6	58.9	53.9
성별	남자	44.7	32.7	68.4	54.2	46.0	34.9	58.6	53.8
	여자	38.3	30.4	66.9	50.9	45.6	36.3	59.2	54.1
연령별	20대 이하	29.5	27.1	58.1	45.7	39.5	20.7	54.3	46.4
	30대	31.4	20.0	56.4	40.7	35.6	23.4	48.3	42.1
	40대	48.5	34.4	69.8	55.7	47.4	39.6	60.1	49.5
	50대	51.3	39.3	75.2	60.7	51.6	44.6	66.8	66.5
	60세 이상	42.5	31.0	73.1	52.5	50.0	37.9	60.9	55.8
소득 분위별1)	1분위	38.3	25.0	65.8	43.8	44.6	25.0	58.0	50.8
	2분위	42.1	31.4	65.4	49.2	46.7	35.1	58.8	51.8
	3분위	45.9	31.8	73.4	53.2	47.0	36.4	60.4	56.8
	4분위	47.9	30.1	73.4	56.5	48.9	36.4	64.9	49.8
	5분위	38.3	38.6	59.6	55.7	40.4	41.8	48.9	58.2
교육 수준별	중졸 이하	31.1	28.0	65.6	36.0	47.5	32.0	57.4	48.0
	고졸	42.9	31.2	67.4	52.0	46.6	37.5	57.1	53.1
	대재 이상	40.5	32.3	68.3	54.1	44.4	33.2	61.5	55.5
근로 형태별2)	임금근로자1	43.0	31.3	69.4	53.1	49.0	35.8	62.9	53.3
	임금근로자2	41.0	28.6	67.9	52.9	44.0	32.8	56.0	52.1
	특수형태 근로종사자	36.8	34.0	68.4	53.2	43.4	38.3	55.3	66.0
	비임금근로자	50.0	44.8	75.7	63.8	55.6	44.8	68.1	60.0
	근로를 하지 않음	38.5	28.9	63.7	48.6	40.8	33.5	53.6	52.2
혼인 상태별	기혼	43.7	32.9	70.8	54.4	47.7	39.2	60.3	56.0
	사별	40.0	25.0	63.3	33.3	43.3	33.3	66.7	58.3
	이혼(별거)	44.0	31.0	68.0	49.4	48.0	37.9	61.0	47.1
	미혼	36.5	29.0	61.7	50.5	41.7	27.1	55.0	50.8

1) 가구소득에 대한 정보가 상세하지 않아 2분위와 3분위는 가장 근접하도록 분류함
2) 임금근로자1: 정규직, 임금근로자2: 비정규직(임시직, 일용직, 아르바이트 시간제 포함), 특수형태근로종사자(프리랜서), 비임금근로자(고용주, 자영업자, 무급가족종사자), 근로를 하지 않음(주부, 학생, 무직 등)

---

9 '매우 잘하고 있다'와 '대체로 잘하고 있다'를 합한 비율

교육 수준별로 고졸과 대재 이상의 집단 간 차이는 크게 나타나지 않고 있다. 고용형태별로 학생, 주부, 무직 등 근로를 하지 않고 있는 집단과 비정규직 임금근로자, 프리랜서와 같은 특수형태근로자 등의 집단에서 세부 방역조치들에 대한 평가가 가장 낮았다. 이들은 다른 근로형태에 비해 방역 조치로 인한 사회적·경제적 활동의 제약, 고용불안 등에 노출될 가능성이 더욱 크다는 점에서 정부의 방역 조치에 대해서 부정적 태도를 보일 가능성이 있다. 특히 사회적 거리 두기에 대해서 이들 세 집단의 동의비율이 타 근로형태와 비교적 명확하게 차이를 보이고 있다는 점에서 이러한 가능성을 뒷받침 한다.

반면 비임금근로자의 경우 정부의 방역 조치에 대해서 긍정응답비율이 가장 높게 나타났다. 비임금근로자에는 고용주, 자영업자, 무급가족종사자 등이 포함되어 있다. 고용주와 자영업자의 경우 정부의 방역 조치로 인해 경제적 수익활동이 제약됨에도 불구하고 긍정응답비율이 높다는 것은 정부가 방역 조치를 통해 신속하게 팬데믹 상황을 종결해 주기를 희망하기 때문으로 해석할 수 있다. 특히 시기적으로 2020년은 팬데믹의 급속한 확산이 이루어지기 전이라는 점에서 경제활동의 제약을 어느 정도 감수하고 정부의 방역 조치에 대한 지지를 보냈을 가능성이 있다. 다음으로 정규직 임금근로자의 긍정응답비율이 높은 것은 이들 집단의 경우 경제적 상황변화에 상대적으로 덜 영향을 받는 집단이라는 점이 반영되었다고 할 수 있다.

마지막으로 혼인상태별로 정부의 세부 방역 조치 각각에 대해 기혼자와 이혼(별거)자의 긍정응답비율이 유사하며, 사별과 미혼자보다 높은 비율을 나타내고 있다. 특히 미혼자의 경우 정부조치들에 대해서 가장 낮은 평가를 하고 있다. 이러한 결과는 미혼자가 기혼, 사별, 이혼(별거) 등의 상태에 있는 사람들보다 상대적으로 젊은 연령층일 가능성이 있다는 점에서 낮은 연령층에서 나타나는 응답패턴이 반영된 결과라고 해석할 수 있다.

한편 2021년 팬데믹의 급속한 확산기에서의 인구특성집단별 차이를 살펴보면 성별 차이는 크지 않으며, 연령별 차이는 저연령층(30대 이하)이 고연령층(50대 이상)에 비해, 소득분위별로 저소득층이 고소득층에 비해 정부의 세부조치들에 대해시 낮은 평가를 하고 있다. 교육 수준별 차이는 크지 않으며, 혼인상태별로 모든 방역 조치들에서 기혼자의 긍정응답비율이 가장 높게 나타나고 있다.

2021년의 세부 방역 조치에 대한 인구특성집단별 차이는 2020년의 결과와 유사한 패턴을 보이고 있다. 2개년도 공통적인 결과를 통해 몇 가지 가능성을 추론해 볼 수 있다. 먼저 연령별, 소득 수준별로 저연령층과 저소득층이 고연령층과 고소득층보다 정부의 세부 방역 조치들에 대한 평가가 낮게 나타났다. 저연령층의 경우 사회적 활동량이 많다는 점에서 정부의 차단조치나 완화조치 등 사회적 활동의 자유를 제한하는 조치들에 대해서 부정적 평가를 할 가능성이 대두된다.

저소득층은 고소득층에 비해 경제적 소득활동에 대한 욕구가 더욱 강한 집단이라고 할 수 있다. 따라서 소득활동을 제한하는 정부의 조치에 대해서 부정적으로 평가할 가능성이 높다. 다른 한가지 가능성은 저소득층은 팬데믹이 신속하게 종결되어 일상적인 경제활동에 대한 요구가 더욱 강할 수 있다는 점에서 정부의 더욱 강력한 조치를 원할 수 있다. 이 시기가 팬데믹의 전체 시기에서 초기에 해당한다는 점에서 저소득층은 정부의 강력한 조치를 통해 신속하게 상황을 종결해주기를 요구할 수 있다는 것이다. 이러한 관점에서는 정부의 조치가 미흡하다는 판단에서 부정적 평가가 강하게 나타날 가능성도 존재한다.

고용형태별로는 근로를 하지 않은 집단과 비정규직 임금근로자의 경우 정부의 방역 조치에 대해서 더욱 부정적 태도를 가지고 있는 것으로 나타났다. 따라서 정부의 방역 조치는 근로형태에 따라서 서로 다른 반응에 직면할 가능성이 있다.

이상에서와 같이 전체적인 정부 방역 조치의 합리성과 세부 방역 조치에 대한 평가에서 연령별, 소득분위별, 근로형태별, 혼인상태별로 태도의 차이를 보이고 있다. 이러한 결과는 국민의 활동제한을 포함하는 조치의 경우 개인이 가지고 있는 상황적 특성에 따라서 차별적인 체감효과를 유발할 가능성을 시사한다.

3) 상충적 상황에서의 정부 대응방향에 대한 태도

① 공중보건 vs. 경제활동

상충적 상황에서의 정부의 대응방향에 대한 개인의 태도를 측정하기 위해 정부의 대응이 '공중보건'과 '경제활동' 중 어디에 우선순위를 두어야 하는지에 대해서 분석하였다.[10]

분석결과 공중보건에 우선순위를 두어야 한다는 비율이 37.2%, 경제활동에 우선순위를 두어야 한다는 비율이 37.4%로 거의 유사하다. 이는 곧 전체적으로 공중보건과 경제활동의 자유라는 두 가지의 이슈에 대한 대중의 태도가 양분되어 있다고 해석할 수 있다. 따라서 정부가 팬데믹 대응을 이유로 두 가지 중 하나의 정책에 초점을 맞출 경우 사회적 갈등의 가능성이 높다는 것을 시사한다.

개인 특성 집단별 차이를 살펴보면 먼저 성별, 연령별, 직업별 '공중보건'과 '경제활동' 간 우선순위에 대해서 남성은 경제활동, 여성은 공중보건을 우선해야 한다는 태도가 좀 더 많았으나 큰 차이를 보이고 있지는 않다.

연령별로는 40대, 50대, 60세 이상의 순서로 공중보건에 우선순위를 두어야 한다는 비율이 높았다. 반면 경제활동에 우선순위를 두어야 한다는 태도는 30대, 60세 이상, 50대의 순으로 높은 비율을 차지하고 있다. 공중보건과 경제활동 간에는 30대에서 가장 큰 차이를 보이고 있다. 30대는 경제활동에 대한 지지의 비율이 공중보건보다 더욱 높게 나타났으며 그 차이도 가장 컸다. 반면 50대에서는 공중보건에 대한 지지가 경제활동에 대한 지

---

10 11점 척도(0-10) 중 '0-4'에 응답한 사람은 '공중보건'에 우선순위를 두는 태도, '6-10'에 응답한 사람은 '경제활동'에 우선순위를 두는 태도로 구분하였다.

지보다 높게 나타났다. 비록 60대는 제외되나 30대에서는 경제활동에 우선 순위를 두어야 한다는 의견이 많았다가 40대, 50대로 갈수록 경제활동보다는 공중보건에 초점이 맞추어져야 한다는 응답비율의 차이가 더욱 크게 나타나고 있다.

소득분위별 공중보건과 경제활동에 대한 지지의 차이는 일정한 패턴을 보이고 있지는 않으나, 소득 수준이 가장 낮은 1분위와 가장 높은 5분위에서 경제활동에 우선순위를 두어야 한다는 의견이 공중보건에 우선순위를 두어야 한다는 의견보다 많으며 차이도 크다. 소득의 양극단에 있는 집단에서는 팬데믹에 대응하기 위한 정부 대응방향에 대해서 비교적 명확한 태도를 가지고 있는 반면 중간정도의 소득 수준에 있는 사람들의 경우 상충적 상황에서 태도가 양분되어 있다고 할 수 있다.

교육 수준과 관련하여 고졸이하의 학력수준이 낮은 응답자들이 대학 재학 이상의 학력수준이 높은 응답자들에 비해 경제활동에 대한 지지가 높았다. 따라서 학력수준의 차이는 공중보건과 경제활동의 자유가 상충되는 상황에서 정부의 조치에 대한 선호차이가 나타날 수 있는 가능성을 보여준다. 저학력자들은 고학력자들에 비해 사회·경제적 지위가 열악할 가능성이 높다는 점에서 팬데믹 상황에서도 적극적인 경제활동을 희망할 수 있다. 따라서 정부의 대응방향에 대해서 공중보건보다 경제활동의 자율성에 우선순위를 요구할 가능성이 있다.

직업별로는 자영업자들이 공중보건보다 경제활동에 초점을 맞추어야 한다는 비율이 높았으며 그 차이도 가장 컸다. 반면 학생은 경제활동보다 공중보건을 우선시해야 한다는 비율이 가장 큰 차이를 보이며 높게 나타났다. 자영업자의 경우 공중보건을 우선시해야 한다는 태도의 비율이 타 직업에 비해 가장 낮은 반면, 경제활동을 우선시해야 한다는 비율은 가장 높았다.

이러한 결과를 통해 자영업자가 타 직업에 비해 경제활동을 더욱 우선시해야 한다는 태도를 가진 사람들이 상대적으로 많음을 알 수 있다. 자영업자의 경우 정부의 경제적 자유에 대한 권리제한과 이동의 자유에 대한 제한으로 인해 가장 민감하게 영향을 받는 직종이라고 할 수 있다. 따라서 자영업에 종사하는 사람들의 경우 팬데믹에 대응하는 정부 대응의 방향이 공중보건보다는 경제적 활동의 자유를 적극적으로 고려할 것을 요구할 가능성이 많다.[11]

혼인상태와 관련하여 미혼과 동거·사별·별거·이혼 상태에 있는 응답자들이 기혼자에 비해 공중보건에 대한 지지는 낮고 경제활동에 대한 지지는 더욱 높다. 양자의 비율 차이 역시 미혼과 동거·사별·별거·이혼의 경우 경제활동에 대한 지지비율이 공중보건에 비해 높은 반면 기혼자의 경우 공중보건에 대한 지지비율이 더욱 높다. 본 결과를 통해 혼자 사는 사람들에게서 경제활동을 우선시해야 한다는 태도가 높은 반면 가족을 구성하여 함께 사는 사람들은 상호 간의 건강위협에 대해서 민감하기 때문에 공중보건을 더욱 우선시 한다는 것을 암시한다.[12]

---

11 2021년 자영업자들은 정부의 사회적 거리 두기 4단계 격상에 대해서 크게 반발했던 것을 다음과 같은 언론기사를 통해 확인할 수 있다.
   "8일 밤 11시부터 사회적 거리 두기 4단계 격상에 항의해 차량 시위에 나선 자영업자들이 "확진자 기반 거리 두기 체계를 철폐하라"고 촉구했다. 참가자들은 "방역실패의 책임을 자영업자들이 전부 떠안고 있는 상황"이라며 "정책 수립에 자영업자의 요구를 반영해야 한다"고 목소리를 높였다."(머니투데이, 2021.9.9. https://news.mt.co.kr/mtview.php?no=2021090901492279749)
   이와 같이 정부의 사회적 거리 두기로서의 영업제한 등의 조치는 자영업자들에게 경제적 소득과 활동에 큰 제약을 주었으며, 이러한 조치가 장기간 지속되면서 반발이 커졌음을 알 수 있다. 특히 본 조사에서 측정문항이 경제활동의 자유와 공중보건을 비교해서 질문을 했다는 점에서 자영업자들의 태도가 더욱 명확하게 드러난 것으로 볼 수 있다.

12 그러나 이러한 해석에는 설문조사 측정문항 상 한계가 있음을 밝힌다. 공중보건과 경제활동 간에 지지비율의 차이가 가장 큰 동거·사별·별거·이혼의 경우에도 함께 사는 것을 의미하는 동거의 형태가 포함되어 있기 때문이다.

표 5-4 **'공중보건-경제활동' 우선순위에 대한 태도**

		공중보건(a)	경제활동(b)	(a)-(b)
전체		37.2	37.4	-0.2
성별	남자	36.2	38.2	-2.0
	여자	38.1	36.6	1.5
연령별	20대 이하	36.3	36.3	0.0
	30대	35.8	40.0	-4.2
	40대	38.7	37.4	1.2
	50대	37.9	35.4	2.5
	60세 이상	37.0	37.9	-0.8
소득 분위별	1분위	35.3	41.4	-6.1
	2분위	38.4	36.9	1.5
	3분위	37.1	38.1	-1.0
	4분위	38.3	35.5	2.8
	5분위	28.8	39.0	-10.2
교육 수준별	중졸 이하	36.2	38.4	-2.2
	고졸	34.3	39.6	-5.3
	대재 이상	39.7	35.4	4.2
직종별	농·임·어업	41.7	33.3	8.3
	자영업	31.3	42.2	-10.8
	기능노무서비스	34.4	38.7	-4.3
	사무관리	37.6	34.6	3.0
	가정주부	41.8	36.1	5.7
	학생	49.2	30.8	18.5
	무직·은퇴·기타	40.8	40.8	0.0
혼인 상태별	기혼	38.5	36.9	1.6
	동거·사별·별거·이혼	31.1	42.6	-11.5
	미혼	35.1	37.8	-2.7
동거 가족별	1명	25.9	44.0	-18.1
	2명	41.6	35.3	6.3
	3명	35.3	41.1	-5.8
	4명 이상	38.8	34.3	4.4

본 분석에서는 동거가족의 규모별 차이를 추가적으로 분석한다. 동거가족이 1명인 응답자들에게서 공중보건 지지비율보다 경제활동 지지비율이 큰 차이로 높게 나타났다. 반면 4명 이상의 동거가족을 가지고 있는 응답자에게서는 공중보건에 대한 우선순위를 지지하는 비율이 더욱 높게 나타났다. 이러한 결과는 비록 명확한 패턴을 발견하기는 어려우나 동거가족이 적은 경우(1명)보다 4명 이상의 대가족인 경우 가족 간 접촉 가능성이 높다는 점에서 공중보건을 우선시하는 경향을 나타낸다고 추론해 볼 수 있다.

② 개인에 대한 정부통제 vs. 개인의 자유

코로나19 팬데믹은 정부로 하여금 개인의 사생활에 깊숙하게 개입하는 결과를 유발했다. 예를 들면 우리나라의 경우 팬데믹의 확산을 방지하기 위한 조치로 개인의 이동동선을 추적하는 것에 의무적으로 응해야 했다. 이는 곧 개인의 사생활 보호와 상충된다. 이렇게 팬데믹에 대응하기 위한 정부조치로 인해 개인의 사생활 보호라는 권리가 침해될 소지가 있는 상황이 발생하게 된 것이다. 정부가 대중을 감시추적하는 것과 사생활 보호 같은 상충적 이슈에 대해서 대중은 어떤 태도를 가지고 있는지 분석하였다.[13]

분석결과 대중에 대한 감시추적을 지지하는 응답비율은 32.9%인 반면 사생활 보호를 지지하는 응답비율은 44.8%로 사생활 보호를 더욱 강조하였다. 이러한 결과는 정부의 지나친 대중감시추적이 이루어질 경우 대중으로 하여금 이에 반대하는 태도가 형성될 수 있음을 의미한다.

개인 특성 집단별 차이 분석을 살펴보면 연령별 차이에서 일정한 패턴을 발견할 수 있다. 대중감시추적에 대한 지지비율은 연령대가 높아질수록 지지비율이 증가하는 경향을 보이고 있는 반면, 사생활 보호에 대한 지지비율은 감소하는 패턴을 보이고 있다. 대중감시추적 지지비율과 사생활 보호 지

---

13 11점 척도(0-10) 중 '0-4'에 응답한 사람은 '대중감시추적'에 우선순위를 두는 태도, '6-10'에 응답한 사람은 '사생활보호'에 우선순위를 두는 태도로 구분하였다.

지비율간 차이는 연령대가 높아질수록 줄어들고 있다. 이러한 결과는 연령대가 높아질수록 팬데믹 학산방지를 위한 정부의 개입에 대한 지지가 강해지는 것을 알 수 있다. 따라서 전체적으로 대중감시추적과 사생활보호라는 두 가지의 상충적 이슈에 대해서 연령대별로 차별화된 반응을 보이고 있으며 고연령대에서 대중감시추적에 대한 선호가 높게 나타나는 현상이 발견되었다.

다음으로 소득분위별로 대중감시추적에 대해서 소득 5분위의 고소득층의 지지비율이 가장 높았으며(37.5%), 다음으로 소득 2분위(35.7%), 소득 1분위(34.4%)의 순서로 높았다. 즉 소득 수준이 극단적 위치에 있는 계층이 대중감시추적에 대한 지지비율이 높았다. 사생활보호에 대해서는 소득 4분위에 위치한 응답자들의 지지비율(49.1%)이 가장 높았으며, 다음으로 소득 1분위(46.7%), 소득 3분위(44.6%)의 순서이다. 전체적으로 소득분위별로 특징적인 패턴을 나타내지는 않고 있다. 비율의 차이를 살펴보면 소득 4분위(-19.0%)와 소득 3분위(-13.3%)의 비율 차이가 가장 크다. 특히 소득 4분위에 위치한 응답자들은 대중감시추적보다 사생활보호에 우선순위를 두어야 한다는 응답비율이 19%가 높다. 이러한 결과를 통해 소득 수준이 중간정도에 있는 집단들의 경우 사생활보호에 대한 중요성을 더욱 강하게 인식하고 있다고 조심스럽게 추론해볼 수 있다.

직종별로 대중감시추적과 사생활보호 간에 지지비율의 일정한 패턴을 발견할 수는 없으나 양 이슈 간 차이는 농·임·어업을 제외하고 사무관리와 자영업에서 가장 많은 차이를 보이고 있다. 즉 이들 직종에 종사하는 사람들은 정부의 대중감시추적보다 사생활보호에 대한 지지비율이 더욱 높다. 이러한 결과를 통해서 자영업자의 경우 타 직종에 비해서 대중감시추적보다 사생활보호에 대한 지지가 견고하게 형성되어 있는 것을 알 수 있다. 자영업자의 경우에는 개인의 자율성 보장이 그들의 경제적 이해관계와 연결되기 때문에 정부개입을 통해서 사생활을 통제하는 것보다 사생활 보호를 더욱 선호하는 것으로 해석할 수 있다.

혼인상태별로는 미혼과 동거·사별·별거·이혼 등의 상태에 있는 사람들이 대중감시추적에 비해 사생활보호에 대한 지지가 더욱 높았다. 반면 기혼자의 경우 대중감시추적과 사생활보호 간 지지비율의 차이가 상대적으로 적었다. 즉 혼자인 사람들보다 기혼자가 대중감시추적을 더욱 선호하는 태도를 보인다고 할 수 있다.

동거가족 규모별로 대중감시추적에 대해서는 동거가족이 1명인 응답자의 지지비율이 가장 낮은 반면 4명 이상의 대가족인 응답자의 지지비율이 가장 높다. 반면 사생활보호에 대해서는 반대의 결과를 보여주고 있다. 즉 동거가족이 가장 적은 응답자와 가장 많은 응답자 간에 상반된 태도를 보이고 있는 것이다. 동거가족의 규모는 가족 간 접촉을 통한 감염의 위험성에 영향을 준다는 점에서 동거가족 규모별 태도의 차이가 나타난다고 할 수 있다.

표 5-5 '대중감시추적-사생활보호' 우선순위에 대한 태도

		대중감시추적(a)	사생활보호(b)	(a)-(b)
전체		32.9	44.8	-11.9
성별	남자	32.3	44.6	-12.4
	여자	33.6	45.0	-11.5
연령별	20대 이하	29.9	47.9	-17.9
	30대	30.0	46.3	-16.3
	40대	32.1	46.9	-14.8
	50대	35.0	41.7	-6.7
	60세 이상	37.4	41.6	-4.1
소득 분위별	1분위	34.4	46.7	-12.3
	2분위	35.7	41.2	-5.5
	3분위	31.3	44.6	-13.3
	4분위	30.1	49.1	-19.0
	5분위	37.5	41.0	-3.5
교육 수준별	중졸 이하	29.0	47.1	-18.1
	고졸	34.3	43.4	-9.1
	대재 이상	32.7	45.4	-12.7
직종별	농·임·어업	16.7	75.0	-58.3
	자영업	31.3	49.4	-18.1
	기능노무서비스	32.7	42.5	-9.8
	사무관리	29.7	50.0	-20.3
	가정주부	37.6	40.2	-2.6
	학생	40.0	36.9	3.1
	무직·은퇴·기타	34.2	44.7	-10.5
혼인 상태별	기혼	34.8	43.5	-8.8
	동거·사별·별거·이혼	31.1	47.5	-16.4
	미혼	28.9	47.5	-18.6
동거 가족별	1명	25.9	50.0	-24.1
	2명	36.1	41.6	-5.6
	3명	27.4	48.4	-21.0
	4명 이상	36.9	42.8	-5.9

이상에서와 같이 정부가 대중을 감시추적하는 개입행위와 사생활의 보호라는 상충적 이슈에 대해서 연령, 혼인상태, 동거가족규모 등 일부 개인특성집단별로 차이의 패턴을 발견할 수 있다. 결국 팬데믹에 대응하는 정부의 대응이 상충적 상황을 유발할 경우 이러한 개인특성에 따라 정부의 대응정책에 대한 태도가 달라질 수 있을 것이라 예상할 수 있다.

　한편 팬데믹 상황에서 '정부의 규칙을 따르는 것이 더 중요하다.'와 '우리 스스로 판단해 결정하는 것이 더 중요하다'라는 측정문항에 대한 태도를 분석하였다. 분석결과 정부의 규칙에 대한 지지비율이 스스로의 판단에 대한 지지비율에 비해 훨씬 높다. 이러한 결과는 설문조사의 시기가 우리나라에서 코로나19의 급격한 확산이 이루어지던 때였다는 점에서 정부의 통제에 따르는 것에 대한 지지비율이 압도적으로 높은 결과를 보인 것으로 해석할 수 있다.

　이러한 결과는 앞서 '정부의 감시추적'보다 '사생활 보호'가 더 중요하다는 의견과 충돌하는 것처럼 보인다. 그러나 '정부의 감시추적'과 '정부의 규칙'은 구체성에 있어서 차이가 있다. 즉 '정부의 감시추적'은 정부의 구체적이고 강한 개입 행위를 의미하는 반면 '정부의 규칙'은 코로나19 팬데믹에 대응하기 위한 정부의 일반적인 가이드라인으로 해석될 수 있다. 또한 '정부의 규칙'과 비교되는 '스스로의 판단'은 이 당시 코로나19 팬데믹이 급속하게 확산되는 과정에서 전문적 지식이 부족한 일반 대중들이 '스스로의 판단'에 의존하는 것에 대한 불안감이 작용했을 가능성이 있다. 따라서 본 설문에서 '정부의 규칙'의 강도를 고려하지 않고 일반론적으로 질문했다는 점과 '스스로의 판단'에 대한 일반대중의 불안감이 반영된 결과라고 추론할 수 있다.

　개인 특성 집단별 태도의 차이를 살펴보면 다음과 같다. 먼저 성별은 큰 차이를 보이고 있지 않으며, 연령별로는 정부의 규칙을 따라야 한다는 태도가 60세 이상에서 가장 높은 비율을 보이고 있는 반면 스스로의 판단이 중요하다는 태도는 40대와 20대 이하의 연령대에서 가장 높다. 각각의 이슈 간 지지비율의 차이 역시 60대 이상의 고령화 집단에서 가장 큰 차이를 보이고 있으며, 20대 이하와 40대에서 가장 적다. 이러한 결과를 통해 최고령 집단에서는 정부의 규칙을 따르는 것에 대한 중요성을, 반면 상대적으로 젊거나 사회활동을 활발하게 하는 연령대에서는 스스로의 판단을 중요하게 생각하고 있다는 차이점을 발견할 수 있다.

소득분위별 차이는 각 이슈에 대한 지지의 패턴이 일정하지 않으며 거의 모든 소득계층에서 유사한 지지비율을 보이고 있다. 다만 소득1분위에서는 정부규칙을 따르는 것에 대한 지지비율이 가장 낮은 반면 스스로의 판단을 중요시하는 태도의 비율이 가장 높다. 이러한 결과는 소득 수준이 낮은 집단에서 정부의 개입에 대한 지지가 낮게 나타날 가능성을 시사한다. 팬데믹에 대응하기 위한 정부의 개입은 경제활동의 제약을 수반한다는 점에서 소득수준이 낮은 집단에서 정부개입에 대한 부정적 태도가 더욱 강하게 나타날 수 있다. 본 분석에서는 저소득층의 이와 같은 인식이 반영된 결과로 해석할 수 있다.

표 5-6 **'정부규칙-스스로의 판단' 우선순위에 대한 태도**

		정부규칙(a)	스스로의 판단(b)	(a)-(b)
전체		54.2	25.8	28.3
성별	남자	55.0	26.5	28.5
	여자	53.3	25.1	28.2
연령별	20대 이하	53.0	28.6	24.4
	30대	54.6	23.3	31.3
	40대	52.3	30.0	22.2
	50대	52.1	23.3	28.8
	60세 이상	58.8	23.9	35.0
소득 분위별	1분위	46.8	32.0	14.8
	2분위	54.8	26.2	28.6
	3분위	53.3	25.9	27.4
	4분위	56.6	22.5	34.1
	5분위	53.4	29.7	23.7
교육 수준별	중졸 이하	45.7	30.4	15.2
	고졸	53.6	25.0	28.6
	대재 이상	56.6	25.4	31.2
직종별	농·임·어업	50.0	41.7	8.3
	자영업	52.4	29.5	22.9
	기능노무서비스	55.1	23.2	32.0
	사무관리	53.8	28.9	24.8
	가정주부	55.2	23.2	32.0
	학생	58.5	21.5	36.9
	무직·은퇴·기타	48.7	30.3	18.4
혼인 상태별	기혼	54.9	24.9	30.0
	동거·사별·별거·이혼	45.9	27.9	18.0
	미혼	54.0	27.7	26.3
동거 가족별	1명	44.8	31.9	12.9
	2명	58.4	23.0	35.3
	3명	47.5	28.3	19.2
	4명 이상	58.9	24.2	34.7

교육 수준별로 대학재학 이상의 고학력층이 정부의 규칙에 따르는 것에 대한 시시비율이 가장 높았다. 고졸의 경우 역시 유사한 수준을 보이고 있다. 반면 중졸 이하의 저학력층의 경우 스스로의 판단이 더욱 중요하다는 태도의 비율이 가장 높게 나타났다. Lazarus et al.(2020b)는 일부 국가에서 교육수준이 높은 집단이 낮은 집단보다 정부의 코로나19 대응에 대한 점수를 더욱 높이 부여하고 있다고 보고하고 있다. 이는 곧 고학력층이 오히려 정부의 통제에 더욱 지지를 보낼 수 있는 가능성을 시사한다.

직종별로는 일정한 패턴을 발견할 수는 없으나 '정부의 규칙'과 '스스로의 판단' 간 지지비율의 차이는 농·임·어업이 가장 적었으며(8.3%), 다음으로 무직·은퇴·기타(18.4%)로 나타났다. 세 번째는 자영업자로서 타 직종에 비해 각 이슈 간 지지비율의 차이가 적은 편이다. 이러한 결과를 통해 자영업자의 경우 정부의 통제보다 개인의 자율성을 더욱 강조하는 경향을 확인할 수 있다.

예를 들면 사회적 거리 두기, 집합 금지 등과 같이 모든 대중에게 적용되는 획일적 정부통제는 자영업자들로 하여금 큰 경제적 불이익을 수반한다. 이러한 정부의 획일화되고 일방적인 통제보다는 스스로의 자율적 판단과 행동의 자유를 더욱 강조함으로써 정부의 통제로 인한 경제적 영향을 최소화해야 한다는 생각을 반영하는 결과로 해석할 수 있다.

혼인상태별로는 특징적인 태도의 차이를 발견할 수는 없었으나, 동거가족규모와 관련하여 동거가족이 1명인 소규모 가족에 비해 4명 이상의 대가족에서 정부의 규칙에 따라야 한다는 비율과 스스로의 판단을 중요시하는 비율 간의 차이가 컸다. 이러한 결과는 가족이 많은 경우 정부의 방역규칙에 의지할 가능성이 높다는 것을 시사한다.

'정부의 규칙'과 '스스로의 판단'이라는 두 가지의 이슈는 통제와 자율의 의미를 가진다. 분석결과 연령, 직종, 동거가족 등과 같이 일부 개인특성집단별로 각 이슈에 대한 지지가 일정한 차이를 보이고 있는 것을 알 수 있다.

교육 수준과 같이 일부 예외적인 결과가 나타나기도 했지만 결국 이러한 개인특성에 따라서 정부의 통제에 대한 지지 혹은 반대의 태도가 나타날 수 있음을 의미한다. 특히 고연령층과 자영업, 대가족 등의 특성을 가진 집단에서는 정부가 코로나19에 대응하는 데 있어서 대중의 생활에 개입하는 정도에 민감하게 반응할 가능성을 시사한다.

② 재난지원금 지급방식에 대한 태도

재난지원금은 정부가 개인에게 경제적 지원을 해주는 것이라는 점에서 개인을 규제하고 제한하는 것에 초점이 맞추어져 있던 방역 조치와 차이를 가진다. 정부는 2020년부터 2022년까지 코로나19 관련 다양한 현금지원을 시행했다.[14] 현금지원의 경우 지원대상과 방법, 규모 등에 있어서 일반 대중들이 민감하게 반응할 수 있다. 이러한 특성을 가진 재난지원금에 대해서 일반 대중들이 어떠한 태도를 가지고 있는지를 분석한 결과는 다음과 같다.

---

[14] 연도별 코로나19 관련 정부의 주요 현금지원사업을 살펴보면 다음과 같다(박명호, 2022). 먼저 2020년에는 전국 가구를 대상으로 한 긴급재난지원금(40만원(1인)~100만원(4인 이상)), 특별고용·프리랜서 등을 대상으로 긴급고용안정지원금(1,2차; 신규 150만원, 기수급자 50만원), 코로나19 입원·격리자를 대상으로 생활지원비 등(생활지원비 최대 약 150만원/월, 유급휴가비 최대 13만원/일), 방역 조치 대상 소상공인 등에게 1차 소상공인 재난지원금(새희망자금)(집합 금지 200만원, 영업제한 150만원, 경영위기 및 일반업종 100만원) 등이 지급되었다.

  2021년에는 전 국민 88% 등에게 상생국민지원금(국민지원금 25만원, 소비플러스 10만원, 상생소비지원금 최대 30만원), 3차와 4차 긴급고용안정지원금(신규 100만원, 기수급자 50만원), 생활지원비 등(2020년과 동일), 방역 조치 대상 소상공인 등에게 손실보상금 및 2-4차 소상공인 재난지원금(손실보상금 21년 3/4분기 10만원~1억원), 버팀목자금 100~300만원, 버팀목자금 플러스 100~500만원, 희망회복자금 40~2,000만원) 등으로 구성되었다.

  2022년에는 취약계층지원으로 긴급고용안정지원금(5,6차; 특고·프리랜서), 소득안정자금(법인택시기사 및 전세·민영버스기사), 활동지원금(저소득 문화예술인) 등이 포함되었으며, 생활지원비 등, 손실보상 및 5~7차 소상공인 재난지원금 등이 지급되었다.

먼저 한국보건사회연구원 자료에 따르면 2021년 기준 피해여부와 소득 수준 모두 고려하지 않고 전 국민에게 지급하는 방식에 대해서 30.7%가 동의하고 있다. 피해여부와 무관하게 소득 수준이 낮은 국민에게 지급하는 방식에 대해서 17.4%, 소득 수준과 무관하게 피해를 입은 국민에게 지급하는 방식이 19.5%, 피해를 입고 소득 수준이 낮은 국민에게 지급하는 방식에 대해서 32.4%가 동의하고 있다. 이러한 결과를 통해 일반 대중들은 전 국민에게 지급하는 방식과 선별적으로 지급하는 방식 중 후자를 더욱 선호하는 태도를 보이고 있다. 2022년에는 전 국민에게 지급하는 방식에 대해서 26.4%가 동의하였으며, 피해여부와 무관하게 소득 수준이 낮은 국민에게 지급하는 방식에 대해서 14.9%, 소득 수준과 무관하게 피해입은 국민에게 지급하는 방식에 대해서 25.3%, 피해입고 소득 수준이 낮은 국민에게 지급하는 방식에 대해서 33.4%가 동의하고 있다.

2021년 조사와 비교하면 피해여부와 무관하게 전 국민에게 지급하는 방식과 피해여부와 상관없이 소득 수준이 낮은 국민에게 지급하는 방식에 대한 동의비율은 각각 30.7%에서 26.4%로, 17.4%에서 14.9%로 낮아졌다. 반면 소득 수준과 상관없이 피해입은 국민에게 지급하는 방식과 피해입고 소득 수준이 낮은 국민에게 지급하는 방식에 대해서는 각각 19.5%에서 25.3%, 32.4%에서 33.4%로 동의비율이 증가하였다.

2022년은 팬데믹이 최고조에 달했던 시기였다. 이 시기에 일반 대중들은 전국민 지급에 대한 선호와 소득 수준을 기준으로 선별적으로 지급하는 방식에 대한 선호가 낮아진 반면, 피해입은 국민에게 지급하는 방식에 대한 선호가 증가하였다. 결국 팬데믹의 확산은 피해여부에 따른 재난지원금 지급 이라는 기준의 정당성을 강화시키는 결과를 가져왔다고 할 수 있다.

표 5-7 **재난지원금 지급방식에 대한 태도(보사연)**

		피해여부와 소득 수준 무관 전국민 지급		피해여부와 무관· 소득 수준 낮은 국민 지급		소득 수준 무관· 피해입은 국민 지급		피해입고 소득 수준 낮은 국민 지급	
		2021	2022	2021	2022	2021	2022	2021	2022
전체		30.7	26.4	17.4	14.9	19.5	25.3	32.4	33.4
성별	남자	31.0	25.8	17.0	14.4	19.3	25.8	32.7	34.0
	여자	30.4	27.1	17.8	15.3	19.8	24.7	32.0	32.9
연령별	20대 이하	28.2	27.3	15.7	12.9	22.8	27.0	33.3	32.8
	30대	36.3	28.7	16.1	13.3	16.8	25.8	30.8	32.2
	40대	33.5	28.4	16.2	12.1	19.6	24.5	30.7	35.0
	50대	28.9	29.5	17.4	15.8	21.5	22.9	32.1	31.8
	60세 이상	27.8	20.4	20.4	18.6	17.5	26.2	34.4	34.8
소득 분위별	1분위	25.8	22.4	24.0	22.3	15.8	19.1	34.4	36.2
	2분위	29.8	24.9	18.2	14.0	19.1	25.5	32.9	35.6
	3분위	32.8	27.2	16.6	14.4	18.2	27.1	32.4	31.3
	4분위	33.4	27.9	13.7	13.4	22.5	27.4	30.4	31.4
	5분위	31.0	30.1	14.6	11.7	22.6	25.5	31.7	32.6
교육 수준별	중졸 이하	26.7	21.8	22.8	21.1	15.8	24.9	34.6	32.3
	고졸	28.9	26.3	17.5	16.4	22.1	24.4	31.5	32.9
	대재 이상	33.8	28.1	15.4	11.3	18.3	26.2	32.5	34.4
근로 형태별[1]	임금근로자1	31.7	28.6	17.0	12.4	19.4	23.7	32.0	35.3
	임금근로자2	28.0	27.9	19.8	22.3	17.0	17.5	35.2	32.3
	임금근로자3	25.8	19.1	15.7	21.3	24.7	23.4	33.7	36.2
	비임금근로자	29.6	21.8	15.1	14.7	22.3	33.3	32.9	30.2
	근로를 하지 않음	31.6	27.5	18.9	15.3	18.0	23.5	31.5	33.7
혼인 상태별	기혼	32.6	26.5	16.6	14.1	19.2	26.0	31.6	33.4
	사별	20.4	24.7	25.1	19.8	19.9	17.8	34.6	37.7
	이혼(별거)	25.7	25.0	19.9	17.2	15.4	23.4	39.0	34.4
	미혼	29.2	27.0	17.2	14.9	21.3	25.8	32.3	32.3

1) 임금근로자1(정규직), 임금근로자2(비정규직: 임시직, 일용직 포함), 임금근로자3(특수고용: 택배기사, 배달원, 보험설계사, 학습지교사 등), 비임금근로자(고용주, 자영업자, 무급가족 종사자), 근로를 하지 않음(구직자, 전업주부, 학생, 무직 등)

실제 이 시기 재난지원금은 2021년 저소득층(저소득층 소비플러스 자금)을 비롯하여 입원 및 격리자 등 실제 팬데믹의 피해자(생활지원비)와 팬데믹에 취약한 특정 업종(특수고용근로자, 프리랜서, 소상공인 등) 종사자에 초점을 맞추어 정책이 시행되었다. 2022년에는 취약계층에 대한 지원이 기존 특수고용근로자 및 프리랜서에서 법인택시기사 및 전세·민영버스기사(소득안정자금), 저소득 문화예술인(활동지원금) 등으로 확대되었다. 이러한 조치들은 코로나19 팬데믹으로 인해 직접적 피해를 입은 업종 종사자에 대한 지원을 더욱 강화하는 조치로 볼 수 있다. 따라서 설문조사 결과는 실제 정부의 재난지원금 지원의 방향에 대한 여론의 지지를 뒷받침 한다.

인구특성집단별로 살펴보면 2021년 기준 네 가지 유형의 지급방식에 대한 성별 차이는 크게 나타나지 않고 있다. 연령별로는 네 가지 방식에 대해서 동의비율이 일정한 패턴을 보이고 있지는 않다. 그러나 전 국민 지급방식과 피해입고 소득 수준이 낮은 국민에게 선별적으로 지급하는 방식에 대한 동의비율을 비교할 때 20대 이하(28.2% vs. 33.3%)와 50대(28.9% vs. 32.1%), 60대 이상(27.8% vs. 34.4%)의 경우 선별적 지급에 대한 동의비율이 높은 반면 30대(36.3% vs. 30.8%)와 40대(33.5% vs. 30.7%)의 경우 전 국민 지급에 대한 동의비율이 높았다. 이러한 결과는 주요 경제활동인구에 해당하는 30대와 40대의 경우 선별적 지급 방식은 자신들이 지급대상에 포함되지 않을 가능성이 상대적으로 높다는 점에서 피해와 소득 수준 관계없이 모든 국민에게 재난지원금을 지급하는 것에 대해서 더욱 많이 동의할 가능성이 있다. 반면 상대적으로 경제활동이 덜한 20대 이하와 50대, 60대 이상의 국민들은 재난지원금을 선별적으로 지급하는 것에 대한 동의비율이 높다. 즉 이들 연령대는 선별적 지급을 할 경우 지원대상에 포함될 가능성이 높다는 점에서 선별적 지원에 대한 선호태도가 더욱 강하게 나타날 가능성이 있다.

소득분위별로는 전 국민에게 지급하는 방식과 소득 수준과 무관하게 피해입은 국민에게 지급하는 방식에 대해서 저소득층보다 고소득층이 더욱 높은 동의비율을 보이고 있다. 반면 피해여부와 상관없이 소득 수준이 낮은 국민에게 지급하는 방식과 피해입고 소득 수준이 낮은 국민에게 지급하는 방식 등에 대해서는 저소득층이 더욱 높은 동의비율을 보이고 있다. 즉 소득분위별로는 소득기준에 따라서 방식별로 선호태도가 달라지는 것을 알 수 있다. 고소득층은 소득 수준과 무관하게 지급하는 방식을 저소득층은 소득 수준을 고려해서 지급하는 방식을 선호하고 있다. 근로형태별로 모든 근로형태에서 전 국민 지급방식보다 피해입고, 소득 수준이 낮은 국민에게 지급하는 것에 대한 동의비율이 유사하거나 다소 높은 패턴을 보이고 있다. 즉 선별적 지급에 대해서 더욱 동의하는 것이다. 선별적 지급기준과 관련하여 소득기준과 피해여부 중 특수고용근로자(택배기사, 배달원, 보험설계사, 학습지교사 등)와 비임금근로자는 피해여부를 기준으로 지급하는 방식에, 비정규직 임금근로자는 소득수준을 기준으로 지급하는 방식에 동의비율이 높다. 다른 근로형태는 두 방식에 대해서 거의 비슷한 동의비율을 보이고 있다. 이러한 결과는 재난지원금 지급방식에 대한 정부의 선택이 국민들로 하여금 찬반의견의 대립을 유발할 가능성을 시사한다. 그밖에 교육 수준과 혼인상태별로는 특징적인 패턴이 나타나지는 않았다.

한편 2022년 자료의 분석결과에 따르면 성별로는 2021년과 같이 큰 차이를 보이고 있지 않다. 연령별로는 2021년에 비해 전 연령층에서 소득 수준과 무관하게 피해를 입은 국민에게 지급하는 방식과 피해입고 소득 수준이 낮은 국민에게 지급하는 방식에 대한 동의비율이 대부분 증가하였다. 피해여부, 소득 수준과 상관없이 전 국민에게 지급하는 방식과 피해입고 소득 수준이 낮은 국민에게 지급하는 방식을 비교하면 전 연령층에서 후자의 방식에 대한 동의비율이 높게 나타났다. 이러한 결과는 2021년 연령별로 차이를 보였던 결과와 대비된다. 2021년과 2022년 연령별 차이를 종합하면 팬데믹이 최고조에 달했던 2022년에는 전 연령층에서 피해여부에 따른 선별적 재난지원금 지급방식에 대해서 더욱 강하게 정당성을 부여하는 방향으로 태도가 변했음을 보여준다.

교육 수준별, 근로형태별, 혼인상태별 치이 역시 2021년에 비해 전 국민 지급과 소득 수준을 고려한 지급 방식에 대한 동의비율이 대부분 감소하고, 피해입은 국민들과 피해입고 소득 수준이 낮은 국민들에게 지급하는 방식에 대한 동의비율은 대부분 증가하고 있다. 단, 이혼(별거)자의 경우 피해입은 국민들에게 지급하는 방식에 대한 동의비율은 크게 증가하였으나, 피해입고 소득 수준이 낮은 국민들에게 지급하는 방식은 동의비율이 낮아졌다.

고려대학교 거버넌스다양성센터(VoG)의 2021년 조사는 지급방식을 소득과 상관없이 전 국민 지급방식과 소득을 고려한 선별지급으로 구분하고 있으며, 국가재정을 고려해 추가지급하는 것을 금지하는 방식도 제시하고 있다. 앞의 두 가지 방식은 한국보건사회연구원에서 제시한 방식 중에서 피해여부 및 소득 수준 상관없이 전 국민에게 지급하는 방식, 피해여부와 상관없이 소득 수준이 낮은 국민에게 지급하는 방식과 유사하다고 할 수 있다.

전체적으로 소득에 무관하게 전 국민에게 재난지원금을 지급하는 방식에 대해서 35.1%가 동의하고 있으며, 소득을 고려해서 선별 지급하는 방식에 대해서 36.9%가 동의하고 있다. 이러한 결과를 통해 본 조사에서 일반대중들은 재난지원금 지급 방식인 전 국민 지급과 선별 지급이라는 두 가지 방식에 대해서 의견이 양분되어 있음을 알 수 있다.

소득과 상관없이 전 국민에게 지급하는 방식에 대해서 성별로 남성이 39%, 여성이 31.3% 동의하고 있다. 반면 소득을 고려하여 선별지급하는 방식에 대해서는 남성이 37.3%, 여성이 40.4% 동의했다. 이러한 차이는 한국보건사회연구원 2021년도 조사결과와 동일한 패턴(전 국민 지급: 남성 31.0%, 여성 30.4%; 피해여부 무관·소득이 낮은 국민지급: 남성 17.0%, 여성 17.8%)이나 성별 차이는 더욱 크게 나타나고 있다.

표 5-8 재난지원금 지급방식에 대한 태도(VoG)

		소득무관 전 국민 지급	소득 고려 선별지급	국가재정 고려 추가 지급 금지
전체		35.1	38.9	21.7
성별	남자	39.0	37.3	20.7
	여자	31.3	40.4	22.6
연령별	20대 이하	26.4	43.6	20.7
	30대	31.0	37.9	22.1
	40대	44.8	35.4	14.6
	50대	42.6	39.3	16.9
	60세 이상	29.4	39.3	29.1
소득 분위별1)	1분위	21.1	50.0	20.3
	2분위	30.4	39.8	22.0
	3분위	36.2	41.6	19.9
	4분위	36.4	36.0	24.3
	5분위	47.5	26.6	22.8
교육 수준별	중졸 이하	28.0	28.0	24.0
	고졸	36.9	38.2	21.0
	대재 이상	33.0	40.5	22.5
근로 형태별2)	임금근로자1	40.6	34.7	21.5
	임금근로자2	31.1	38.7	21.0
	특수형태근로종사자	29.8	42.6	27.7
	비임금근로자	39.0	41.9	16.2
	근로를 하지 않음	29.7	42.5	22.8
혼인 상태별	기혼	39.3	34.3	23.4
	사별	16.7	50.0	33.3
	이혼(별거)	26.4	48.3	21.8
	미혼	29.4	45.9	16.8

1) 가구소득에 대한 정보가 상세하지 않아 2분위와 3분위는 가장 근접하도록 분류함
2) 임금근로자1: 정규직, 임금근로자2: 비정규직(임시직, 일용직, 아르바이트 시간제 포함), 특
   수형태근로종사자(프리랜서), 비임금근로자(고용주, 자영업자, 무급가족종사자), 근로를 하
   지 않음(주부, 학생, 무직 등)

연령별 차이는 전자의 경우 30~50대에서 동의 비율이 높게 나타나고 있는 반면, 후자의 경우에는 20대 이하와 50~60대에서 높게 나타나고 있다. 40대에서 전 국민 지급에 대한 동의비율이 가장 높은 반면, 소득 고려 선별지급에 대한 동의비율이 가장 낮았다. 20대 이하의 연령층은 반대의 결과를 보여주었다. 이러한 결과는 한국보건사회연구원의 조사결과와 유사한 패턴을 보이고 있다. 결국 양 기관의 조사 결과 재난지원금의 지급방식에 대한 연령별 태도의 차이가 비교적 명확하게 대두되고 있다는 것을 알 수 있다.

소득 분위별로 전 국민 지급에 대해서는 소득 수준이 높을수록 동의비율이 높아지고 있는 반면 소득 수준을 고려한 선별지급에 대해서는 소득 수준이 낮을수록 동의비율이 높아지고 있어서 대조된다. 이러한 결과는 보건사회연구원 2021년도 조사에서도 확인되었다. 즉 소득 수준이 낮은 사람들은 저소득층 중심의 재난지원금 지급방식을 선호할 것이다. 반면 소득 수준이 높은 사람들은 저소득층뿐만이 아닌 소득과 무관하게 재난지원금을 지급해야 자신들도 수혜대상이 될 수 있기 때문에 동의 비율이 높다고 할 수 있다.

결국 이러한 결과는 소득기준의 재난지원금 지급방식에 대해서 소득 수준별로 차이가 명확하게 나타나고 있으며 정부의 재난지원금 지급방식 결정과정에서 상충되는 의견이 동시에 제기될 가능성을 시사한다.

근로형태별로 정규직 임금근로자와 자영업자, 고용주, 무급가족종사자 등 비임금근로자의 경우 전 국민 지급에 대한 동의비율이 상대적으로 높다. 반면 근로를 하지 않은 사람들과 특수형태근로종사자의 경우 소득 수준을 고려하여 선별적으로 지급하는 방식에 대한 동의비율이 높다. 이러한 결과 역시 정부의 재난지원금 지급방식에 따라 특정 근로형태에 포함된 사람들의 찬성 혹은 반대의견이 나타날 수 있다는 것을 시사한다.

그밖에 교육 수준별로는 전 국민 지급에 대해서 고졸 집단이 가장 높은 동의비율을 보인 반면 소득 수준에 따른 선별지급에 대해서는 대학 재학 이상의 고학력층이 가장 높은 동의비율을 보이고 있다. 혼인상태별로는 전 국민 지급에 대해서 기혼자의 동의비율이 가장 높은 반면 선별지급에 대해서는 기혼자에 비해서 사별, 이혼(별거), 미혼 등 혼자 사는 사람들의 동의비율이 높다. 기혼자의 경우 동거가족으로 인해 가구소득이 혼자 사는 사람들에 비해 높을 수 있다는 점에서 전 국민 지급에 대한 동의가 높은 것으로 해석할 수 있다.

마지막으로 본 조사에서만 포함되어 있는 재난지원금 추가지급에 대해서 전체 응답자의 21.7%만이 국가재정을 고려해 재난지원금을 추가지급해서는 안 된다는 의견에 동의하고 있다. 즉 일반 대중들의 대다수는 재난지원금의 추가지급에 대해서 반대하지 않고 있음을 알 수 있다. 연령별로는 추가지급 금지에 대해서 60세 이상이 가장 높은 동의비율을 보였으며, 다음으로 30대와 20대 이하의 동의비율이 높다. 반면 40대와 50대에서는 동의비율이 낮다. 이러한 결과는 경제활동인구에 많이 포함되어있는 연령층에서 추가지원을 희망할 가능성이 높음을 시사한다. 그 밖에 성별, 소득분위별, 교육 수준별, 근로형태별, 혼인상태별로는 특징적인 차이가 나타나지 않았다.

전체적으로 재난지원금 지급방식에 대해서는 사회적으로 의견이 나뉘어질 가능성을 제시하고 있다. 즉 전 국민 지원방식과 선별지원방식 간 선호태도에 있어서 대중들의 의견이 양분되어 있으며, 선별지원의 기준과 관련하여 피해여부로 할 것인지 소득 수준으로 할 것인지에 대한 의견도 나뉘어져 있었다. 특히 연령대별, 소득분위별 차이가 비교적 명확하게 나타났다는 점에서 재난지원금 지급방식에 있어서의 사회적 이견(異見)이 이 두 가지의 개인특성변수에서 기인할 가능성을 시사한다.

본 장에서의 문제제기는 코로나19 팬데믹 상황에서 정부의 조치들이 개인의 사회적·경제적 자유에 대한 권리를 제한하는 결과를 초래했다는 점에서 출발한다. 이러한 문제의식에서 출발하여 본 장은 팬데믹에 대응하기 위해서 정부가 취했던 다양한 조치들에 대해 일반 대중들이 어떤 태도를 가지고 있는지 분석하는 것을 첫 번째 분석의 초점으로 하였다. 특히 기존 선행연구에 따르면 성별, 연령, 소득 수준 등 개인 특성 집단별로 정부의 대응조치에 대해서 서로 다른 반응을 보인다는 것을 보여주었다(Blundell et al., 2020; Brouard et al., 2020; Clemmensen et al., 2020; Jørgensen et al., 2021).

본 장에서의 분석 역시 개인이 처해있는 상황에 따라서 정부조치들에 대해 차별적인 태도를 가질 가능성을 고려하여 개인 특성 집단별로 정부의 대응조치에 대해서 어떤 태도의 차이를 가지는지를 분석하였다. 분석결과 정부 방역 조치의 합리성에 대해서 연령대, 소득 수준, 혼인상태별로 비교적 명확한 차이가 나타났다. 저연령층이 고연령층에 비해, 저소득층이 고소득층에 비해 전체적인 정부 세부 방역 조치의 합리성에 대해서 부정적 태도를 더욱 강하게 보이고 있다.

해외유입차단, 접촉자 격리, 사회적 거리 두기 등 개별 방역 조치들에 대해서 2020년에 비해 2021년의 긍정응답비율이 낮아졌다. 또한 연령별, 소득분위별, 근로형태별, 혼인상태별로 태도의 차이를 보이고 있다. 이러한 결과를 종합할 때 국민의 활동을 제한하는 규제적인 정부조치의 경우 개인이 처해있는 상황별로 차별적인 체감효과로 인해 상이한 태도가 나타날 가능성을 시사한다.

본 장의 두 번째 분석의 초점은 정부의 대응방향이 공중보건과 개인의 자유라는 상충적 가치를 동시에 수반할 때 일반 대중들은 어떤 태도를 나타내는지이다. '공중보건 vs. 경제활동', '대중감시추적 vs. 사생활 보호', '정부규칙 vs. 스스로의 판단' 등 각각의 상충적 상황에서 전체적인 대중의 태도에는 차이가 존재하였다. 공중보건과 경제활동의 자유 간에 어떤 것이 더욱 우선시 되어야 하는지 두 가지 이슈에 대해서 지지하는 비율이 유사했다. 이러한 결과는 공중보건과 경제활동에 대한 대중의 지지가 양분될 가능성을 시사한다.

팬데믹에 대응하기 위한 정부의 통제와 개인의 자율성 존중이라는 상충적 이슈에 대한 분석결과 대중의 추적감시보다 사생활 보호에 대한 지지비율이 더욱 높았다. 정부의 규칙을 따르는 것에 대한 중요성과 스스로의 판단에 의해서 결정하는 것의 중요성에 대한 대중의 태도는 전자에 대한 지지가 더욱 높은 비율을 나타내었다. 이러한 결과는 사생활 보호에 대한 지지가 정부의 추적감시보다 높게 나타난 것과 반대되는 결과로 보일 수 있으나, 정부의 추적감시는 구체적인 정부의 행위로서 인식되는 반면 정부의 규칙은 팬데믹 상황에서 방역규칙과 같이 정부가 당연히 제공해야 하는 방역 가이드라인 정도로 이해될 수 있다는 점에서 차이가 있다. 또한 사생활 보호는 권리의 개념으로 이해될 수 있는 반면 스스로의 판단은 팬데믹에 대응하는 개인의 자의적 판단으로 해석할 수 있다. 코로나19 팬데믹에 대한 전문적 지식이 부족한 일반대중들의 스스로의 판단에 의해서 대응하는 것에 대한 불안감 등이 반영된 결과라는 추론이 가능하다.

개인 특성 집단별 차이를 분석한 결과 명확한 패턴을 발견하기에는 한계가 있었다. 이러한 결과는 코로나19 팬데믹이 급격하게 확산되고 있을 때 조사가 이루어졌던 시기가 반영되었다고 추측할 수 있다. 그럼에도 불구하고 상충적 이슈에 대한 개인 특성 집단별 차이를 일부 발견할 수 있었다. 특히 연령별, 직종별, 동거가족별 차이를 발견하였다. 예외는 존재하였지만 연령별로 고령층이 개인의 자유보다 공중보건을 우선시하는 경향을 나타내었으며, 자영업자가 개인의 경제적 자유를 더욱 강하게 지지하는 태도를 보였다. 자영업자의 경우 비교적 일관되게 이러한 태도를 나타내었는데 이러한

결과는 그들의 경제적 이해관계와 관련되어 있는 상황을 반영한 태도로 해석할 수 있다.[15]

이 밖에 소득 수준별, 결혼상태별, 동거가족별로도 상충적 이슈에 대해서 부분적으로 차이를 보여주었다. 미혼자와 동거·사별·별거·이혼자보다 기혼자가, 동거가족이 많은 경우에 개인의 자유보다 공중보건에 대한 지지가 더욱 높게 나타나는 경향을 보여주었다.

마지막으로 팬데믹 상황에서 정부의 지원정책이라고 할 수 있는 재난지원금의 지급방식에 대해서 연령, 소득 수준, 근로형태 등 개인 특성 집단별로 차이를 나타내고 있다. 특히 전 국민 지원방식과 선별지원방식 간 선호태도에 있어서 대중들의 의견이 양분되어 있는 것을 확인하였다. 이는 정부가 재난지원금 지급방식을 결정하는 과정에서 서로 다른 의견충돌의 잠재적 가능성을 의미한다.

분석결과를 종합하면 코로나19 팬데믹에 대응하기 위한 정부의 세부 방역조치와 그로 인해 발생되는 공중보건과 개인의 자유제한이라는 상충적 상황에 대해서 일반 대중들 사이에서 의견 차이가 존재하는 것을 알 수 있었다. 상충적인 상황에서의 정부 대응방향에 대해서도 상반되는 의견들이 양분되어 있었다. 또한 정부의 지원정책인 재난지원금의 지급 방식에 대해서도 의견차이가 나타났다.

특히 일부 개인 특성 집단별 태도의 차이도 존재하였는데 이는 곧 사회적 계층별로 정부 조치에 대한 체감효과의 차이를 반영하는 결과라고 할 수 있다. 전체적으로 본 장에서의 분석을 통해 정부의 코로나19 팬데믹에 대응하기 위한 개입이나 지원조치 등이 공중보건 위기라는 명확한 명분이 있음에도 불구하고 일반 대중들에게 체감되는 효과와 그로 인한 정부 대응에 대

---

15 2022년 한국보건사회연구원에서 조사한 '코로나19의 영향과 사회통합 실태조사' 자료에 따르면, 코로나19 발생 이후 근로소득 감소 유무에 대해서 자영업자의 긍정응답비율 (68.3%)이 가장 높게 나타났다. 또한 근로소득 감소 기간에 대한 질문에 대해서도 '25개월 이상' 응답비율(32.1%)이 가장 높았다(김동진 외, 2022).

한 태도는 다양할 수 있다는 것을 보여주었다. 특히 정부개입에 대한 상충적인 상황에서의 일반 대중들의 태도는 양분되어 있는 특징을 보였다는 점에서 정부가 어떠한 대응방향을 결정하더라도 특정 계층이나 집단에 의한 반대에 직면할 가능성이 있다는 결과를 도출할 수 있다.

이러한 집단 간 혹은 계층 간 태도의 차이로 인해 정부조치를 둘러싼 사회적 갈등의 가능성도 존재할 수 있음을 시사한다. 따라서 정부는 향후 코로나19 팬데믹과 같은 강력한 공중보건 위기 상황에서의 개입조치는 초기에는 어느 정도 성과를 나타낼 수 있지만 시간이 갈수록 정부조치를 둘러싼 논쟁과 갈등에 따른 사회적 비용이 증가함을 고려해야 한다.

결론적으로 공중보건 위기에서 위기극복을 위한 정부의 대응은 상황에 맞게 지속적으로 수정·보완되어야한다는 것을 강조할 수 있다. 또한 개인의 자유와 공중보건이라는 상충적인 상황에서 상호 수용가능한 균형점을 찾기 위해 지속적으로 소통해야 한다(Ding & Pitts, 2013). 이 과정에서 정부의 대응조치에 대한 일반 대중들의 태도는 정부가 공중보건 위기 시에 대응방향을 설정하는 데 중요한 힌트를 줄 수 있다. 마지막으로 비록 필요성이 인정되는 정부의 개입조치라 하더라도 명확한 근거와 목표를 제시할 필요가 있다. 또한 비정상의 상태가 정상적인 상태인 것처럼 당연하게 받아들여지지 않도록 정부개입조치의 한시성과 비례성을 충족시켜야 한다.

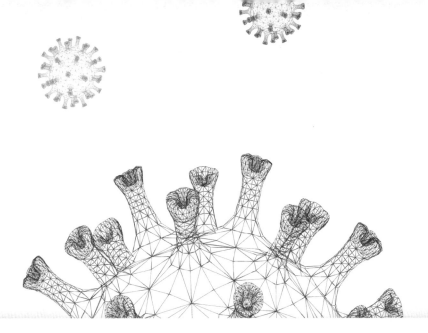

제 **6** 장

코로나19 팬데믹은 평등했나

— 박종민 —

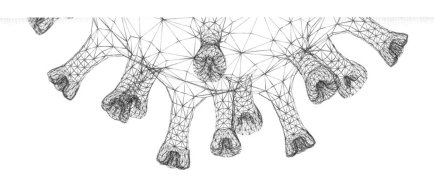

I 머리말

코로나19 팬데믹 초기 단계였던 2020년 5월 정부는 코로나19 위기 극복을 위해 전 국민을 대상으로 긴급재난지원금을 지급하였다. 소득 하위 70% 이하 가구에 대해 지급하려던 애초 결정을 총선을 앞두고[1] 전 국민 대상으로 바꾸면서 대통령은 "코로나19로 인해 모든 국민이 고통을 받았고 모든 국민이 함께 방역에 참여했다. 모든 국민이 고통과 노력에 대해 보상받을 자격이 있다"라고 변경의 이유를 달았다. 소득과 재산에 상관없이 모든 국민(가구당)이 지급 대상이 된 것이다. 이러한 결정을 내리면서 정부는 '힘들어하시는 (모든) 국민께 작은 위안'을 드린다고 하였다. 가구의 경제적 상황에 상관없이 국민 모두 코로나19 팬데믹으로 함께 힘들어하기에 모든 국민을 대상으로 재난지원금을 지급한다고 한 것이다. 그런데 집권 여당이 압승한 총선 이후 정부의 코로나19 재난지원금은 자영업자와 소상공인, 고용 취약 계층 등 경기침체로 어려움을 겪는 사람들을 대상으로 지급되었다. 팬데믹으로 피해를 본 계층을 선별 지원하는 방식이었다. 코로나19 팬데믹의 영향이 평등하지 않다는 논거에 따른 것이었다.[2]

과거 감염병의 영향과 관련해 정치인들은 감염병이 부자와 빈자를 차별하지 않고 모두에게 동등하게 영향을 미친다고 주장하였는데, 코로나19 팬데믹에 직면해서도 정치인들과 언론은 우리 모두 함께 팬데믹에 처해있으며 코로나바이러스는 사람들을 차별하지 않는다고 주장하였다(Bambra et al.,

---

[1] 당시 집권 여당의 정책위의장은 긴급재난지원금을 전 국민에게 지급한 것에 대해 "선거 논리가 일정 부분 개입돼 있었다"라며 "포퓰리즘이 완전히 아니었다고 하기 어렵다"라고 했다.

[2] 총선 이후에 이루어진 2차 재난지원금 지급과 관련해 당시 집권 여당의 정책위의장은 "사실 (코로나로 인한) 소득 감소가 없는 분들도 많고, 소득이 오히려 증가한 분들도 있다"라며 "(코로나로) 재난을 당한 분을 제대로 보호해 드리는 것이 맞는다"라면서 태도를 바꾸었다.

2021). UN의 코로나19와 인권에 관한 보고서는 "우리는 모두 함께하고 있나(We are all in this together)"라는 부제를 달았다(UN, 2020). 우리 모두 팬데믹에 함께 처해있고 함께 고통을 받고 있다는 것이다. 과연 코로나19 팬데믹은 우리 사회 전반에 걸쳐 얼마나 평등하게 경험되었을까? 팬데믹은 우리 모두에게 동등하게 타격을 주었을까? 이 글은 제한적이지만 개인 수준의 설문조사 데이터를 통해 한국에서 코로나19 팬데믹이 얼마나 평등하게 혹은 불평등하게 경험되었는지를 다룬다.

Ⅱ 팬데믹의 영향: 선행 연구와 이론

코로나19 감염병에 관한 초기 선행 연구와 이론은 감염병의 영향이 평등하지 않을 수 있음에 주목한다. 1918년 스페인 독감이 노동 계층 가운데서 훨씬 더 높은 발병률을 보인 것처럼, 코로나19 감염병의 영향도 평등하지 않을 것이라 주장한다. 코로나19 팬데믹은 기존의 만성 질환의 불평등 및 건강을 결정하는 사회적 요인의 불평등과 상호 작용해 그 영향이 차별화된다는 점에서 신데믹(syndemic)이라는 것이다(Bambra et al., 2020).[3] 여기서 건강의 사회적 결정요인은 교육, 식품(food), 작업 환경(work environment), 서비스 접근성(access to services), 실업(unemployment), 의료(healthcare), 주거(housing) 등을 포함한다. 만성 질환의 불평등은 건강의 사회적 결정요인의 불평등을 반영하며 이러한 불평등의 상호작용으로 코로나19 팬데믹의 영향이 평등하지 않다는 것이다.

---

3   신데믹이라는 용어는 코로나바이러스가 기저 질환과의 상호작용을 통해 영향을 미치고, 사회경제적 수준에 따라 코로나바이러스로 인한 영향이 달라 이를 전염병으로만 치부할 수 없다는 점을 강조하기 위해 사용된다.

초기 연구(Bambra et al., 2021)에 따르면 코로나19 사망자는 영국에서 가장 빈곤한 지역이 가장 부유한 지역보다 두 배 더 많았고, 감염률이 영국의 북동부와 같이 가장 빈곤한 지역이나 농촌과 비교해 도시에서 더 높았다. 또한 코로나바이러스 확산을 막기 위한 봉쇄 조치로 특히 저소득 근로자들이 일자리 및 소득 상실을 경험할 가능성이 더 커졌고, 아울러 이들이 고위험 도시 및 과밀 환경에 거주하고 필수 작업자의 역할을 담당하면서 코로나바이러스에 더 많이 노출됨에 따라 팬데믹의 영향이 동등하지 않았다고 하였다. 그리고 코로나19에 대한 대응조치는 경제에 전례 없는 충격을 주었고 이는 일자리 감소, 임금 삭감, 부채 증가, 빈곤 증가로 이어질 것인데, 특히 저소득 근로자들이나 여성이 직접적인 영향을 받으면서 코로나19 영향의 사회적 분포가 균등하지 않다는 것이다. 그래서 코로나19는 감염병과 불평등의 신데믹이 될 것이라고 주장한다.

이와 같은 시각에서 OECD 보고서는 사회경제적 지위 및 민족적 배경에 따른 코로나19 영향의 불평등을 보고하였다(Berchet et al., 2023). 보고서의 내용을 요약하면 첫째, 취약 계층은 다른 인구 집단보다 코로나19로 인한 감염과 사망의 위험이 더 컸다. 데이터가 있는 거의 모든 OECD 국가에서 저소득층, 빈곤 지역 거주자들, 소수 민족과 이민자들의 경우 코로나바이러스로 인한 사망 위험과 감염 및 입원 위험이 증가했다. 예를 들면 9개국에서 가장 빈곤한 지역 거주자들의 코로나19 사망 위험은 가장 부유한 지역 거주자들의 사망 위험보다 1.2~2.6배 높았다. 캐나다, 룩셈부르크, 스웨덴, 네덜란드에서는 소득이 가장 낮은 집단이 가장 높은 집단보다 코로나19로 사망할 위험이 40~60% 더 높았다. 둘째, 저소득층, 빈곤 지역 거주자, 소수 민족과 이민자들은 코로나19 팬데믹 기간에 정신적 고통을 경험한 비율이 더 높았다. 예를 들면 오스트리아, 캐나다, 체코, 프랑스, 미국에서 가장 부유한 사람들보다 가장 빈곤한 사람들의 우울증 유병률이 2배 이상이나 높았다. 그리고 팬데믹의 장기화 및 전면 봉쇄 조치로 인한 치료 포기 혹은 일상적 치료 중단이 많은 나라에서 취약 계층에 동등하지 않게 영향을 미쳤다. 셋째, 코로나19 영향에서 사회경제적 및 민족적 불평등의 원인은 여러 가지인데, 이들이 종종 상호 연관되어 있었다. 체계적인 차별과 빈곤으로 취약 계층이 코로나19에 더 많이 노출되는 고위험의 직업군에 있을 위험을 높이고, 과밀하거나 안전하지 않은 주택에 거주할 위험을 높이는데 이 모두가 코로나바이러스에 대한 노출을 증가시킨다는 것이다. 취약 계층은 또한 코로나19로 인한 합병증과 사망 위험을 높이는 누적된 위험 요인을 안고 있었다. 그들은 만성 질환을 앓고 있을 가능성이 더 컸고, 비만과 같은 위험 요인에 더 많이 노출되어 있었고, 건강 문해력이 낮았고, 의료 시스템에 대한 접근성이 떨어졌다는 것이다. 취약 계층은 코로나19 팬데믹 동안 일자리와 소득 손실에서 불평등한 영향을 받았는데[4] 이는 신체적 및 정신적 건강 악화와 관련된 위험 요소로 건강 불평등을 더욱 악화시켰다. 이러한 상황을 종합적으로 고려하면 코로나19 팬데믹은 신데믹이라는 것이다. 즉, 기존의 건강 불평등과 건강의 사회적 결정요인의 불평등이 동시에 작용하여 코로나19 결과의 불평등을 심화시켰다는 것이다.

코로나19 팬데믹이 신데믹이라는 주장은 코로나19가 사회적으로 중립적인 감염병이 아니라는 점을 강조한다. 사회집단에 따라 만성 질환의 경험과 건강의 사회적 결정요인이 같지 않기 때문에 코로나19의 건강에 대한 영향이 다르다는 것이다. 즉, 코로나19로 인한 감염, 후유증, 중증화 및 사망 위험이 사회경제적 요인에 따라 다르다는 것이다. 그리고 코로나19의 확산을 막기 위한 정부의 방역 조치가 수반하는 경제적 희생과 부담도 사회집단에 따라 다르게 나타난다는 것이다. 따라서 코로나19 영향이 동등하지 않다는 것이다. 여기서는 이러한 논거에서 코로나19 팬데믹의 영향이 한국에서

---

4 한국에서의 한 연구는 코로나19가 개인과 가구에 미친 충격과 영향이 불평등하게 분배되었음을 보여주면서 코로나19의 영향이 "비비례적"이었다고 지적하였다(여유진 외, 2021a). 그 연구에 따르면 "코로나19 확산의 피해를 가장 크게, 오랫동안 받은" 집단은 영세자영업자라고 하였다.

얼마나 평등 혹은 불평등했는지 제한적이지만 일련의 조사 데이터를 사용해 제시하고자 한다. 선행 연구는 주로 집합 수준의 데이터를 사용해 건강을 중심으로 코로나19 팬데믹 영향의 사회경제적, 민족적 및 지리적 불평등을 분석한다(Abedi et al., 2021). 본 연구에서는 개인 수준의 데이터를 사용해 코로나19 팬데믹 영향의 사회인구학적 차이를 다룬다. 영향은 건강(주로 감염)과 경제적 삶에 초점을 두며 이를 통해 한국에서 코로나19 결과가 얼마나 평등 혹은 불평등하게 경험되었는지 기술한다.

Ⅲ 배경과 데이터

본 연구에서 사용된 개인 수준의 데이터는 모두 5개로 한국보건사회연구원(보사연)의 2021년 '사회경제적 위기와 사회통합 실태조사(이후 사회경제적 위기 조사)' 데이터와 2022년 '코로나19의 영향과 사회통합 실태조사(이후 코로나19 영향 조사)' 데이터, 한국행정연구원(KIPA)의 2022년 '코로나19 감염병 공중보건 위기관리 정부 대응 및 백신 접종 안전성에 대한 인식 조사(이후 코로나19 감염병 조사)' 데이터, 고려대학교 거버넌스다양성센터(VoG)의 2021년 '코로나19 팬데믹 조사' 데이터와 2022년 '정치·경제 인식 조사(ABS 6차 한국 조사)' 데이터이다.[5] 보사연의 사회경제적 위기 조사가 2021년 6월 21일 시작하였고, 보사연의 코로나19의 영향 조사가 2022년 8월 30일 끝났으며 다른 3개 조사는 그 중간에 실시되어 본 연구에서 다루어진 코로나19 팬데믹 기간은 2021년 중반부터 2022년 중반까지이다.

코로나19 발생부터 2022년 중반까지 한국에서 코로나 유행은 6개 시기로 구분된다(양성찬 외, 2022; 하진호 외, 2023). 1차 유행 시기는 2020년 1월 20일

---

5   거버넌스다양성센터(VoG)는 고려대학교 비교거버넌스연구소의 전신이다.

부터 2020년 8월 11일까지로 해외 유입의 첫 확진자 발생 및 대구·경북·수도권 유행기이다. 2차 유행 시기는 2020년 8월 12일부터 2020년 11월 12일까지로 8·15 서울 도심 집회 및 종교단체 집단발생을 포함한 본격적인 수도권 확산기이다. 3차 유행 시기는 2020년 11월 13일부터 2021년 7월 6일까지로 변이 바이러스가 출현한 전국적 확산기이다. 4차 유행 시기는 2021년 7월 7일부터 2022년 1월 29일까지로 델타형 변이 바이러스 확산기이다. 5차 유행 시기는 2022년 1월 30일부터 2022년 6월 25일까지로 전국적으로 확진자 수가 폭발적으로 증가한 오미크론 변이 바이러스 확산기이다. 6차 유행 시기는 2022년 6월 26일부터 2022년 8월 31일까지로 오미크론 하위 변이 등 신종 변이가 지속 출현한 시기이다. 〈그림 6-1〉에서 볼 수 있는 것처럼 확진자가 가장 많이 발생한 시기는 5차 유행기이다. 2022년 8월 31일 기준으로 2천3백만 명의 확진자와 약 2만7천 명의 사망자가 발생한 것으로 보고되었다.[6]

그림 6-1 코로나19 발생 현황: 유행 시기별

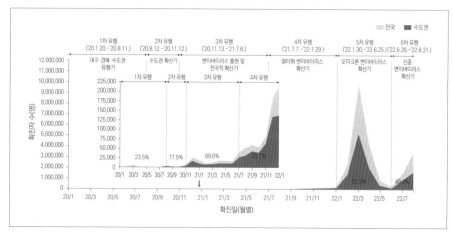

출처: 하진호 외(2023)

---

6 Our World in Data에 따르면 2023년 8월 31일 기준으로는 우리나라에서 3,400만 명이 넘는 확진자와 3만 6천 명에 이르는 사망자가 발생하였다.

유행기 구분에 주목하는 이유는 본 연구에서 사용된 데이터의 수집 시점이 각각 다르기 때문이다. 수집 시점을 순서로 보면 첫째, 보사연 사회경제적 위기 조사 데이터는 4차 유행 시기인 2021년 6월 21일~9월 17일 사이 수집되었다(여유진 외, 2021b). 표본 대상은 전국의 만 19세 이상 75세 이하 남녀이며 크기는 3,923명이다. 조사 방법으로 대면 면접조사가 사용되었다. 둘째, VoG의 팬데믹 조사 데이터는 4차 유행 시기인 2021년 6월 29일~7월 28일 사이 수집되었다. 표본 대상은 제주를 제외한 전국의 만 19세 이상 남녀이며 크기는 1,200명이다. 조사 방법으로는 대면 면접조사가 사용되었다. 셋째, KIPA의 코로나19 감염병 조사 데이터는 5차 유행 시기인 2022년 4월 26~5월 6일 사이 수집되었다(류현숙 외, 2022). 표본 대상은 전국의 만 19세 이상 74세 이하 남녀이며 크기는 1,000명이다. 조사 방법으로는 온라인 웹 조사가 사용되었다. 넷째, VoG의 ABS 6차 한국 조사 데이터는 6차 유행 시기인 2022년 6월 29일~7월 21일 사이 수집되었다. 표본 대상은 제주를 제외한 전국의 만 19세 이상 남녀이며 크기는 1,216명이다. 조사 방법으로는 대면 면접조사가 사용되었다. 끝으로, 보사연의 코로나19 영향 조사 데이터는 6차 유행 시기인 6월 18일~8월 30일 사이 수집되었다(이태진 외, 2022). 표본 대상은 전국의 만 19세 이상 75세 이하 남녀이며 크기는 3,944명이다. 조사 방법으로는 대면 면접조사가 사용되었다.

보사연의 사회경제적 위기 조사와 VoG의 팬데믹 조사가 코로나19 발생 1년 이후인 2021년에 실시되어 각 데이터가 팬데믹 1년의 경험을 반영한다면 KIPA의 코로나19 감염병 조사, VoG의 ABS 6차 한국 조사 그리고 보사연의 코로나19 영향 조사는 2022년에 실시되어 각 데이터가 팬데믹 2년의 경험을 반영한다고 할 수 있다. 데이터의 수집이 어느 유행 시기에 이루어졌는지를 강조하는 이유는 유행 시기에 따라 감염률과 치명률이 차이를 보였고 그에 따라 정부의 방역 조치의 유형 및 강도와 범위가 달라졌고 따라서 코로나19 팬데믹의 영향에 대한 경험이 다르게 나타날 수 있기 때문이다.

코로나19의 영향

1 감염

    코로나19의 영향 가운데서 핵심 대상은 건강이다. 선행 연구는 주로 집합 수준에서 감염률과 치명률을 통해 코로나19 팬데믹의 건강 불평등을 다루었다. 집합 수준의 연구는 감염률과 치명률을 통해 팬데믹이 건강에 준 영향이 인종이나 민족적 배경 및 사회경제적 지위에 따라 달라지는지 분석한다. 그러나 집합 수준의 데이터 분석은 개인 수준의 요인을 규명하는 데 한계가 있다. 예를 들면 못사는 지역이 잘사는 지역보다 유병률이 높다는 관찰에만 의존해 못사는 사람들이 잘사는 사람들보다 더 감염된다고 단언하기는 어렵다. 이러한 추론은 생태적 오류(ecological fallacy)의 가능성이 있어 개인 수준의 데이터 분석으로 보완될 필요가 있다. 이러한 배경에서 여기서는 개인 수준의 데이터를 활용해 개인의 사회인구학적 특성에 따라 감염의 위험이 달라지는지를 분석하고 이를 통해 코로나19의 영향으로서의 건강 불평등을 다룬다.[7] 분석에 앞서 유념할 것은 감염 경험이 확진 경험과 다를 수 있다는 것이다. 특히, 코로나19 확진자에 대한 강제 조치 및 확진자에 대한 사회적 낙인으로 검사를 회피한 결과 실제 감염자와 감염확진자의 수는 차이가 날 수 있다는 점을 유념할 필요가 있다. 감염 경험에 관한 설문이 없는 보사연의 사회경제적 위기 조사를 제외한 4개 데이터 분석 결과가 〈표 6-1〉에 제시되어 있다.

    2021년 VoG의 팬데믹 조사는 "귀하 또는 같이 사는 가족이 코로나19에 감염된 적이 있는지"를 질문하였다. 분석 결과에 따르면 단지 1.3%만이 응

---

7   선행이론과 연구에 따르면 중증이나 사망이 단순 감염보다 건강 불평등의 핵심적 측면이라고 할 수 있다. 이와 관련해 2022년 VoG의 ABS 6차 한국 조사가 코로나19 팬데믹 시기에 "귀하 또는 같이 사는 가족"이 "중증 또는 사망"을 겪은 경험이 있는지를 질문하였는데, 응답자의 1.1%만이 그러한 경험이 있다고 하였다. 사례 수가 너무 적어 여기서는 감염에 초점을 두고 코로나19 팬데믹의 건강 영향을 분석한다.

답자 자신 또는 같이 사는 가족이 감염된 적이 있다고 응답하였다. 이 조사
가 4차 유행 초기에 실시되었고 당시 누적 확진자 수가 많지 않았던 점을 고
려하면 이러한 결과는 의외가 아니다. 한편, 4차 유행을 거치면서 누적 확진
자가 서서히 증가했고 특히 확진자가 폭증했던 5차 유행기에 실시된 2022
년의 3개 조사 결과는 이와 크게 다른 것으로 나타났다. 먼저 KIPA의 코로
나19 감염병 조사는 "귀하는 코로나19에 감염된 경험이 있는지" 혹은 "가
족 구성원이 감염된 경험이 있는지"를 질문하였는데,[8] 49.3%가 응답자 자신
또는 가족 구성원이 감염 경험이 있다고 응답하였다. VoG의 ABS 6차 한국
조사도 비슷한 결과를 보고하고 있다. "귀하 또는 같이 사는 가족이 코로나
19에 감염된 적이 있는지"를 질문하였는데,[9] 44.7%가 응답자 자신 또는 같
이 사는 가족이 감염된 경험이 있다고 응답하였다.[10] 끝으로 보사연 코로나
19 영향 조사도 비슷한 결과를 보고하고 있다. "귀하 또는 같이 사는 가족이
코로나19 확진을 받은 적이 있는지"를 질문하였는데 43.2%가 응답자 자신
또는 같이 사는 가족이 감염 확진의 경험이 있다고 응답하였다. 팬데믹 1년
이 지나면서 감염을 경험한 응답자가 거의 없었지만, 팬데믹 2년이 지나면
서 감염을 경험한 응답자들이 급증하였는바 이는 누적 확진자 수 변화와 관
련한 객관적 데이터의 추이와 부합하는 것이다.[11]

---

8   여기서 가족 구성원은 같이 사는 사람만이 아니라 법적으로 가족관계에 있는 사람을 가리
    킨다고 하였다. 이는 동거하는 가족만을 포함한 VoG의 팬데믹 조사와 ABS 6차 한국 조
    사, 그리고 보사연의 코로나19의 영향 조사 설문과 다르다. 이러한 차이로 KIPA 조사의
    경우 감염 경험의 비율이 2022년 중반에 실시된 다른 조사와 비교해 다소 높았던 것으로
    보인다.

9   이는 VoG 팬데믹 조사에서 사용된 질문과 같은 것이다.

10 5차 유행기 실시된 KIPA의 코로나19 감염병 조사보다 6차 유행기 실시된 VoG의 ABS 6차
    한국 조사에서 다소 낮게 나타난 것은 부분적으로 VoG 조사 질문이 '자신 혹은 같이 사는 가
    족'에 국한했지만, KIPA 조사 질문은 같이 살지 않는 가족도 포함했기 때문으로 보인다.

11 Our World in Data에 따르면 한국의 경우 누적 감염자 수는 2021년 7월 30일 현재
    198,345명이었고 2022년 4월 30일 현재 17,280,000명이었으며 2022년 7월 30일 현
    재 19,700,000명이었다.

2021년 VoG의 팬데믹 조사의 경우 코로나19에 감염된 적이 있었던 응답자의 수가 너무 적어 감염 경험이 사회인구학적 변수에 따라 어떤 차이가 있는지 신뢰성 있게 분석하기 어렵다. 다음은 2022년 KIPA의 코로나19 감염병 조사 데이터, 2022년 VoG의 ABS 6차 한국 조사 데이터 및 2022년 보사연의 코로나19 영향 조사 데이터를 중심으로 감염의 사회인구학적 차이를 분석하고자 한다. 결과 제시에 앞서 강조하는 것은 감염 여부의 대상자가 응답자 자신만이 아니라 가족 구성원을 포함하고 있어 응답자의 개인적 특성(성별, 연령, 교육 등)과 보고된 감염 경험을 직접 연결해 해석하기 어렵다는 점이다. 예를 들면, 응답자의 나이가 20대이고 보고된 감염 경험이 가족 구성원일 경우, 이를 20대 감염의 사례로 간주해 해석할 수 없다는 것이다. 결과 해석에서 감염 경험이 반드시 응답자 본인의 감염 경험이 아닐 수 있다는 점을 유념할 필요가 있다.[12] 한편 응답자의 특성 가운데 가구소득의 경우는 감염 여부의 대상으로 응답자 본인만이 아니라 가족 구성원이 포함되는 것이 오히려 적절하다고 할 수 있다.

먼저 2022년 KIPA의 코로나19 감염병 데이터 분석 결과에 따르면 성별에 따른 감염 경험 차이는 없었다(남성 49.1%, 여성 49.5%). 나이에 따라서는 차이가 있었는데,[13] 20대 59.9%, 30대 59.9%, 40대 47.3%, 50대 42.3%, 60대 이상 40.5%로 장년층이나 노년층보다 청년층에서 감염 경험이 더 많았다. 교육 수준에 따라서도 다소 차이를 보였는데,[14] 중졸 이하 41.0%, 고졸 50.4%, 대졸 이상 56.3%로 특히 저학력층보다 고학력층에서 감염 경험이 더 많았다. 가구소득의 수준에 따라서도 차이가 있었는데, 1분위(최하위) 31.7%, 2분위 48.5%, 3분위 51.7%, 4분위 52.5%, 5분위(최상위) 56.6%로

---

12 감염 경험이 응답자의 경험이 아닐 수 있지만, 4차 유행기의 델타 변이와 달리 5차 유행기의 오미크론 변이의 전파력을 고려하면 응답자 자신의 감염을 포함할 가능성이 크다고 할 수 있다.

13 본 분석에서 20대는 19세를 포함한 19~29세 응답자들이다.

14 본 분석에서 고졸은 고등학교 중퇴자를 포함한다.

감염 경험이 저소득보다 고소득층에서 더 많았다.[15]

표 6-1   코로나19 감염 경험

		2021년 VoG 팬데믹 조사[1] (N=1,200)	2022년 KIPA 코로나19 감염병 조사[2] (N=1,020)	2022년 VoG ABS 6차 한국 조사[1] (N=1,216)	2022년 보사연 코로나19 영향 조사[3] (N=3,944)
전체		1.3	49.3	44.7	43.2
성	남성	1.7	49.1	43.5	40.8
	여성	1.0	49.5	45.9	45.7
나이	19~29	1.3	59.9	55.6	54.7
	30~39	1.3	59.9	49.7	48.6
	40~49	1.6	47.3	51.3	50.3
	50~59	1.7	42.3	37.2	40.4
	60+	0.8	40.5	44.7	29.3
교육	중졸 이하	0.0	41.0	34.8	28.0
	고졸	1.0	50.4	41.5	43.3
	대재 이상	1.9	56.3	50.7	38.3
가구 소득[4]	1분위	0.0	31.7	26.7	25.9
	2분위	1.0	48.5	40.1	37.4
	3분위	1.1	51.7	49.1	45.9
	4분위	2.1	52.5	45.8	52.1
	5분위	1.8	56.6	53.6	54.4

기재된 수치는 감염 경험이 있다고 한 응답자의 퍼센트.
1 "귀하 또는 같이 사는 가족이 코로나에 감염된 적이 있습니까?"
2 "귀하는 코로나19에 감염된 경험이 있습니까? 혹은 가족 구성원(법적으로 가족관계에 있는 사람)이 감염된 경험이 있습니까?"
3 "귀하 또는 함께 사는 가족이 코로나19 확진을 받은 적이 있습니까?
4 KIPA의 코로나19 감염병 조사의 경우 가구소득에 대한 정보가 상세하지 않아 2분위와 3분위는 가장 근접하도록 분류함.

---

15   KIPA 조사의 경우 가구소득에 대한 정보가 부족해 이를 정확하게 5분위로 분류하기 어려웠다. KIPA 데이터의 경우 가구소득 5분위는 200만 원 미만, 200만 원~400만 원 미만, 400만 원~500만 원 미만, 500만 원~700만 원 미만, 700만 원 이상이다.

2022년 VoG의 ABS 6차 한국 조사 데이터 분석 결과에 따르면 성별에 따른 감염 경험 차이는 없었다(남성 43.5%, 여성 45.9%). 나이에 따라서는 차이가 있었는데, 20대 55.6%, 30대 49.7%, 40대 51.3%, 50대 42.0%, 60대 이상은 34.1%로 노년층보다 청년층에서 감염 경험이 더 많았다. 교육 수준에 따라서도 차이를 보였는데, 중졸 이하 34.8%, 고졸 41.5%, 대졸 이상 50.7%로 저학력층보다 고학력층에서 감염 경험이 더 많았다. 가구소득의 수준에 따라서도 차이가 있었는데, 1분위(최하위) 26.7%, 2분위 40.1%, 3분위 49.1%, 4분위 45.8%, 5분위(최상위) 53.6%로 저소득층보다 고소득층에서 감염 경험이 더 많았다. 한편, 감염 경험은 인구밀도를 반영하는 거주지역의 크기와 무관한 것으로 나타났다. 인구 100만 이상 45.6%, 10만 이상~100만 미만 44.5%, 인구 2만 이상~10만 미만 45.3%, 인구 2만 미만 42.0%로, 중소도시 거주자들도 대도시 거주자들만큼 감염 경험이 많았다.

VoG의 ABS 6차 한국 조사와 비슷한 시기 실시된 2022년 보사연의 코로나19 영향 조사 데이터를 분석한 결과를 보면 남성 40.8%, 여성 45.7%로 여성이 남성보다 감염 경험이 다소 많았다. 나이에 따라서도 차이가 있었는데, 20대 54.7%, 30대 48.6%, 40대 50.3%, 50대 40.4%, 60대 이상은 29.3%로 노년층보다 청년층에서 감염 경험이 더 많았다. 교육 수준에 따라서도 차이를 보였는데, 중졸 이하 28.0%, 고졸 43.3%, 대졸 이상 48.3%로 저학력층보다 고학력층에서 감염 경험이 더 많았다. 가구소득의 수준에 따라서도 차이가 있었는데, 1분위(최하위) 25.9%, 2분위 37.4%, 3분위 45.0%, 4분위 52.1%, 5분위(최상위) 54.4%로 저소득층보다 고소득층에서 감염 경험이 더 많았다.

요약하면 감염 경험의 사회인구학적 차이와 관련해 3개 데이터 모두 유사한 결과를 보여준다. 우선, 성별에 따라 큰 차이는 없었다. 나이에 따라서는 차이가 컸는데, 20대~30대의 젊은 사람들이 50대~60대 이상의 나이 든 사람들보다 감염 경험이 많았다. 나이 든 사람들이 젊은 사람들보다 건강에 더 조심하여 방역 수칙을 더 잘 지키거나 혹은 젊은 사람들이 나이 든 사람들보다 활동이 더 많아 코로나바이러스에 더 노출되었기 때문에 그런 결과가 나온 것으로 보인다. 교육 수준에 따라서도 다소 차이가 있었는데, 대학 이상의 고학력자들이 중졸 이하의 저학력자들보다 감염 경험이 더 많았다. 가구소득에 따라서도 차이가 있었는데, 고소득층이 저소득층보다 감염 경험이 더 많았다. 이러한 결과는 고학력층과 고소득층의 경우 완전 봉쇄(full lockdown)가 아닌 상황에서 경제적 및 사회적 활동이 더 활발해 코로나바이러스에 더 노출되었기 때문에 감염 경험이 더 많았음을 시사한다.

〈표 6-2〉는 감염 경험에 미치는 사회인구학적 변수들의 상대적 영향을 평가한 회귀분석 결과를 보여준다. 보사연 데이터를 제외한 2개 데이터에서 성의 차이는 감염 경험에 유의미한 영향이 없었다. 보사연 데이터에서는 여성이 남성보다 감염 경험이 유의미하게 높았다. 3개 데이터 모두에서 교육 수준의 차이는 감염 경험에 유의미한 영향이 없었다. 한편, 3개 데이터 모두에서 20대 이하와 비교해 50대와 60대 이상은 감염 경험이 유의미하게 낮았다. 또한 3개 데이터 모두에서 가구소득 1분위(하위 20%)와 비교해 다른 소득 분위의 감염 경험이 유의미하게 높았다. 이러한 결과는 앞서 언급한 것처럼, 완전 봉쇄가 아닌 상황에서 팬데믹이 지속되면서 나이가 젊을수록 그리고 사회경제적 지위가 높을수록 사회활동이 활발해 감염에 노출될 기회가 많았기 때문이라고 추측할 수 있다. 분석 결과는 적어도 사회경제적 지위가 낮을수록 기저 질환이 많고 감염 예방을 위한 경제적 자원이 부족해 더 쉽게 감염될 것이라는 일반적 기대와 부합하지 않는다고 할 수 있다.

앞서 언급했듯이 델타 변이 바이러스 확산기였던 2021년 4차 유행기 전까지는 확진자 수가 조금씩 증가하고 있었지만, 누적 확진자 수가 많지 않아 2021년 VoG의 팬데믹 조사에서는 오직 1.3%만이 자신 혹은 같이 사는 가족이 감염 경험이 있다고 하였다. 그러나 "자신 또는 가족이" 코로나바이러스에 감염될까 어느 정도 걱정하는지를 물었을 때, 92.2%가 매우 혹은 약간 걱정한다고 하였다. 10명 중 9명 이상이 감염을 우려하였다. 감염에 대한 불안감(anxiety)은 나이와 무관하게 높았는데, 20대 89.3%, 30대 92.9%, 40대 93.0%, 50대 91.3%, 60대 이상 94.7%가 감염을 걱정하였다.[16] 불안감은 성별에 따른 차이(남성 90.1%, 여성 94.4%)나 교육 수준에 따른 차이(고졸 이하 93.4%, 대학 이상 91%)도 거의 없었다. 가구소득의 수준에 따라서도 차이가 별로 없었는데, 1분위(최하위) 93.8%, 2분위 93.6%, 3분위 91.4%, 4분위 93.5%, 5분위(최상위) 86.8%가 감염을 우려하였다. 아직 감염 경험은 없었지만 4차 유행과 더불어 확산 조짐이 보이는 상황에서 남자든 여자든, 청년이든 노인이든, 고소득자든 저소득자든, 고학력자든 저학력자든 모두 자신 또는 가족의 코로나19 감염을 불안해하고 걱정하는 것으로 나타났다.[17] 코로나바이러스가 주는 건강 위험에 대한 인지와 감염에 대한 불안 감정은 사회경제적 지위와 무관한 것으로 나타났다.

---

16 그러나 "매우 걱정한다"라는 응답은 20대 이하 31.2%, 30대 40.8%, 40대 36.8%, 50대 45.4%, 60대 이상은 45.7%로 나타나 감염에 대한 불안감의 강도가 나이에 따라 다른 것으로 나타났다. 20대 이하의 경우 불안의 강도가 가장 낮았고, 50대와 60대 이상의 경우 비슷하게 가장 높았다.

17 불안(anxiety)이 정부 신뢰 및 정책 선호에 영향을 준다는 선행이론과 연구를 고려하면 감염에 대한 불안감은 정부의 보호적 방역 조치에 대한 지지를 높일 것이라 기대할 수 있다(Albertson & Gadarian, 2015). 이러한 관점에서 보면 초기 정부의 방역 조치에 대한 지지가 높았다는 것은 사회인구학적 배경과 무관하게 코로나바이러스 감염에 대한 불안감이 높았다는 것과 관련이 있는 것으로 보인다(김정, 2022).

표 6-2 **감염 경험의 사회인구학적 영향 요인: OLS**

		KIPA 코로나19 감염병 조사		VoG ABS 6차 한국 조사		보사연 코로나19 영향 조사	
		B	SE	B	SE	B	SE
성	여성	.008	.031	.033	.029	.063***	.015
나이	30대	-.010	.051	-.046	.051	-.053	.027
	40대	-.143**	.050	-.043	.049	-.042	.026
	50대	-.199***	.050	-.129**	.050	-.134***	.026
	60대 이상	-.190***	.050	-.177***	.053	-.170***	.029
교육	고졸	.028	.041	-.054	.054	.018	.028
	대재 이상	.066	.059	-.047	.064	.008	.031
소득	2분위	.161**	.051	.114*	.057	.073**	.027
	3분위	.210**	.060	.187**	.060	.130***	.030
	4분위	.214***	.056	.136*	.060	.192***	.029
	5분위	.253***	.058	.208**	.068	.213***	.032
R-sq		.052		.037		.056	
N		1,020		1,203		3,937	

***$p < 0.001$. **$p < 0.01$. *$p < 0.05$.

　전체적으로 주목할 만한 결과는 코로나19 감염에 있어서 나이와 가구소득의 차이이다. 젊은 사람들이 나이 든 사람들보다, 그리고 고소득층이 저소득층보다 감염 경험이 많았다. 감염 대상이 응답자 자신만이 아니라 가족 구성원을 포함하기 때문에 응답자 자신은 감염되지 않고 가족 구성원만 감염된 경우가 있을 수 있다. 따라서 응답자의 나이가 감염의 차이를 반영한다고 단정하기 어렵다. 그렇지만 코로나바이러스의 전파력으로 인한 가족 구성원의 공동 감염이 흔했음을 고려하면 이러한 발견은 더 활동적인 청년들이 덜 활동적인 노인들보다 감염 경험이 많음을 시사한다. 가구소득에 따른 차이는 특히 주목할 만하다. 건강의 사회적 조건을 강조하는 선행 연구는 경제적으로 어려운 계층의 감염률이 높음을 보여준다. 경제적으로 상위 계층의 사람들은 건강을 결정하는 사회적 요인과 관련해 상대적으로 유리한 위치에 있어 감염률이 낮다는 것이나. 본 연구의 결과는 그러한 선행 연구의 결과나 이론의 기대와 일치하지 않았다. 여기서는 가구소득 상위 20%가 하위 20%보다 자신이나 가족 구성원의 코로나19 감염 경험이 더 많았다. 저소득층과 비교해 고소득층이 감염 경험이 많다는 발견은 사회경제적 지위가 낮을수록 코로나바이러스 감염의 위험이 크다는 집합 수준의 연구 결과의 추론에 의문을 제기하는 것이다. 본 연구 결과는 기본적으로 감염 경험은 사회경제적 활동의 수준과 관련될 수 있음을 시사한다. 일반적으로 청장년층이 노인층보다 사회경제적 활동이 활발하다. 또한 고소득층이 저소득층보다 다양한 사회경제적 활동의 기회가 많다. 따라서 완전 봉쇄 조치가 없는 상황이라면 코로나바이러스의 감염 위험은 감염 예방의 경제적 자원의 차이보다 감염 노출의 기회와 더 관련된다고 볼 수 있다. 전 국민 의료보험제도로 의료서비스에 대한 접근성이 쉽고, 국내 이동과 관련해 완전 봉쇄 조치가 없었던 한국적 상황을 고려하면 사회경제적 활동의 차이가 코로나바이러스의 감염 위험의 차이를 가져와 청장년층이 노인층보다, 고소득층이 저소득층보다 감염 경험이 더 많았던 것으로 보인다.[18] 그래서 코로나19 감염과 관련해 사회경제적 지위에 따른 불평등이 거꾸로 나타난 것이다.

---

18 대안적 설명은 검사 비용 부담론과 확진에 따른 사회경제적 비용 부담론이다. 전자는 검사 비용 부담이 큰 저소득자들이 고소득자들보다 검사를 덜 받을 수 있어 저소득층보다 고소득층에서 감염 경험이 높을 것으로 보고, 후자는 확진으로 일자리를 잃거나 사회적 낙인의 우려 위험이 큰 저소득자들이 고소득자들보다 검사를 덜 받을 수 있어 저소득층보다 고소득층에서 감염 경험이 높을 것으로 본다. 그러나 정부가 채택한 3T(testing-tracing-treatment) 방역 전략과 보편적 의료서비스 제도로 누구나 무료로 검사를 받을 수 있었다는 점을 고려하면 전자의 설명력은 떨어진다. 그리고 완전 봉쇄 조치가 없었고 2022년 감염자들이 급증해 확진으로 사회적 낙인의 우려가 낮아졌다는 점을 고려하면 후자의 설명력도 떨어진다.

② 건강 일반

코로나19 팬데믹의 건강에 대한 영향은 감염만이 아니라 감염의 후유증[19] 및 감염 경험이 없더라도 팬데믹의 장기화에 따른 정신적 스트레스, 그리고 일상적 치료 중단과 지체 등으로 인한 건강 영향을 포함한다. 유감스럽게도 감염의 직접적 후유증에 대한 구체적인 설문 데이터가 없어 여기서는 일반적 건강 상태에 초점을 두고 코로나19 팬데믹의 영향을 살펴본다.

2022년 KIPA의 코로나19 감염병 조사는 "코로나19 감염병 발생 이후 (이전과 비교해) 현재 귀하의 건강 상태는 어떤지"를 물었는데, 응답자의 21.1%가 이전보다 나빠졌다고 하였고 10.5%가 좋아졌다고 하였으며 68.4%는 보통이라고 하였다. 건강 악화 보고는 성별 차이가 별로 없었다(남성 19.0%, 여성 23.2%). 나이에 따라서는 다소 차이가 있었는데, 20대 17.6%, 30대 23.5%, 40대 14.0%, 50대 25.7%, 60대 이상 23.9%가 나빠졌다고 하였다. 흥미롭게도 30대가 50대~60대와 비슷하게 나빠졌다고 하였다. 교육 수준에 따라서는 차이가 없었다(중졸 이하 21.5%, 고졸 21.0%, 대재 이상 21.0%). 가구소득 수준에 따라서도 차이가 거의 없었는데, 1분위(최하위) 22.2%, 2분위 22.8%, 3분위 18.6%, 4분위 21.5%, 5분위(최상위) 18.9%가 나빠졌다고 하였다. 전체적으로 5차 유행기에 실시된 조사에서는 코로나19 감염병 발생 이후 건강 상태의 변화가 성, 교육, 나이, 가구소득에 따라 크게 다르지 않았다.

2022년 보사연의 코로나19 영향 조사도 "코로나19가 발생하기 이전과 비교했을 때 귀하의 건강 상태가 어떻게 달라졌는지"를 물었는데, 응답자의 13.7%가 나빠졌다고 하였다. 성별로는 여성이 남성보다 건강 악화를 더 경험한 것으로 나타났다(남성 10.7%, 여성 16.8%). 나이에 따라서도 다소 차이가 있었는데, 20대 5.9%, 30대 10.6%, 40대 14.2%, 50대 13.1%, 60대 이상

---

[19] 피로감, 호흡곤란, 우울·불안, 인지 저하 등 만성 코로나19 증후군을 포함한다.

20.6%가 나빠졌다고 하였다. 대체로 나이가 들수록 나빠진 것으로 나타났는데, 특히 60대 이상에서 높았다. 교육 수준별로 보면 중졸 이하 20.2%, 고졸 14.3%, 대재 이상 11.0%로 고학력층과 비교해 저학력층에서 높았다. 가구소득 수준에 따라서도 차이가 있었는데, 1분위(최하위) 24.2%, 2분위 14.3%, 3분위 11.4%, 4분위 10.5%, 5분위(최상위) 9.6%가 나빠졌다고 하였다. 고소득층과 비교해 저소득층에서 건강 악화의 경험이 많았다. 5차 유행기를 넘어 6차 유행기를 거쳐 팬데믹이 장기화하면서 건강 악화의 경험은 성, 교육, 나이, 가구소득에 따라 점차 불평등하게 나타나는 것으로 보인다. 팬데믹이 장기화하면서 사회경제적 활동과 관련된 감염과 달리 건강 악화는 사회경제적 지위가 낮을수록 더 많이 경험한 것으로 나타나 건강의 사회적 결정요인을 강조하는 이론의 기대에 부합하는 것으로 보인다.

2022년 KIPA의 코로나19 감염병 조사는 코로나19 팬데믹의 영향에 관한 또 다른 질문을 포함하였다: "귀하께서는 만약 코로나19에 감염될 경우 아래 열거한 피해가 얼마나 심각할 것으로 생각하십니까? 감염된 적 있으시다면 당시의 경험을 토대로 응답하여 주십시오. 감염된 적이 없다면 주변의 경험을 토대로 응답해 주십시오." 열거한 피해에는 "나의 건강 영향(후유증)"을 포함하였다. 실제 감염된 적이 있는 응답자(N=503명)만을 대상으로 분석한 결과 31.0%가 건강에 준 영향(후유증)이 (매우 혹은 다소) 심각하다고 하였고, 27.8%가 (별로 혹은 전혀) 심각하지 않다고 하였으며, 41.2%가 보통이라고 하였다. 후유증에 대한 상반된 경험이 거의 비슷한 비율로 존재함을 보여준다.

실제 감염된 적이 있는 응답자만을 대상으로 감염의 건강에 대한 영향(후유증)이 사회인구학적 변수에 따라 차이가 있는지 분석하였다. 남성 30.1%, 여성 32.0%가 후유증이 심각하다고 해 성별에 따른 차이는 거의 없었다. 나이에 따라서는 일관되지 않은 차이가 있었는데, 20대 27.5%, 30대 33.9%, 40대 21.4%, 50대 40.4%, 60대 이상 32.2%가 후유증이 심각하다고 하였다. 흥미로운 발견은 50대의 후유증 경험이 제일 많았고, 40대가 제일 적었고 60대 이상의 후유증 경험이 30대와 유사하다는 것이다. 교육 수준에 따라서도 차이가 있었는데, 중졸 이하 27.5%, 고졸 30.3%, 대학 이상 38.8%가 심각하다고 하여 고학력자들이 저학력자들보다 후유증 경험이 많았다. 가구소득의 수준에 따라서도 일관되지 않지만 다소 차이가 있었는데 1분위(최하위) 32.5%, 2분위 35.2%, 3분위 24.0%, 4분위 32.2%, 5분위(최상위) 27.9%가 심각하다고 하였다. 후유증이 심각하다는 반응이 특히 중위 소득 계층에서 가장 적었고 하위 소득 계층에서 대체로 많았다. 저학력층보다 고학력층에서 후유증 경험이 더 많다는 것은 건강 불평등 이론의 기대와 부합하지는 않지만, 고소득층보다 저소득층에서 후유증 경험이 다소 많다는 것은 그러한 이론의 기대와 부합하는 것이라 할 수 있다.

2022년 KIPA의 코로나19 감염병 조사는 "코로나19가 장기화되면서 나의 건강과 힐링이 얼마나 우려되는지"를 물었다. 이는 감염의 직접적 후유증이 아니라 팬데믹이 2년 넘게 지속하는 상황에서 건강에 대한 불안감을 반영한다고 볼 수 있다.[20] 감염 경험이 있든 없든 응답자 전체를 대상으로 분석한 결과 57.8%가 (매우 혹은 다소) 우려된다고 하였고, 11.0%가 (별로 혹은 전혀) 우려되지 않는다고 하였으며, 31.2%가 보통이라고 답하였다. 건강 불안감은 성별로 차이가 있었는데 남성 53.6%, 여성 62.3%가 우려된다고 하였다. 나이에 따라서도 차이가 있었는데, 20대 40.1%, 30대 57.8%, 40대 57.0%, 50대 65.6%, 60대 이상 65.3%가 우려된다고 하였다. 나이가 들수록 건강 불안감을 나타냈지만, 50대와 60대 이상의 경우 특히 우려감이 컸다(최혜진 외, 2022). 교육 수준에 따라서는 차이가 없었다. 중졸 이하 52.8%, 고졸 59.6%, 대학 이상 55.5%가 우려된다고 하였다. 가구소득 수준에 따라서도 차이가 별로 없었다. 1분위(최하위) 55.6%, 2분위 55.1%, 3분위 60.0%, 4분위 61.2%, 5분위(최상위) 58.7%가 우려된다고 하였다. 사회경제적 지위에 따라

---

20 직접적인 감염 후유증보다는 팬데믹 장기화에 따른 간접적인 신체적 및 정신적 후유증을 가리킨다고 볼 수 있다.

건강 불안감에 차이가 거의 없는 것으로 나타나 코로나19 팬데믹이 수반한 잠재적 건강 불평등이 이론의 기대와 다름을 보여준다.

2022년 보사연의 코로나19 영향 조사는 정신건강의 변화에 관한 질문을 포함하였다. 코로나19가 발생하기 이전과 비교했을 때, "일상에 지장이 있을 정도의 슬픔이나 절망감"이 늘었다고 답한 응답자는 21.1%였고, "일상생활 중의 스트레스"가 늘었다고 답한 응답자는 37.6%였다. 그리고 이들 양자 가운데 적어도 하나가 늘었다고 답한 응답자는 38.6%였다. '슬픔이나 절망감' 혹은 '스트레스' 가운데 어느 하나가 늘어난 비율을 보면 남성 37.1%, 여성 40.2%로 성별 차이가 거의 없었다. 나이에 따라서는 다소 차이가 있었는데, 20대 33.3%, 30대 38.4%, 40대 42.1%, 50대 40.3%, 60대 이상 37.7%가 정신건강의 악화를 경험하였다. 나이가 들수록 높아지다가 50대를 지나면서 낮아지는 것으로 나타났다. 교육 수준에 따라서는 거의 차이가 없었는데, 중졸 이하 36.8%, 고졸 39.0%, 대학 이상 38.7%가 정신건강의 악화를 보고하였다. 한편, 가구소득 수준에 따라서도 거의 차이가 없었는데, 1분위(최하위) 41.4%, 2분위 40.2%, 3분위 36.3%, 4분위 36.1%, 5분위(최상위) 39.9%가 정신건강의 악화를 경험하였다. 사회경제적 지위에 따라 정신건강의 악화에 차이가 거의 없는 것으로 나타나 코로나19 팬데믹이 수반한 건강 불평등이 이론의 기대와 차이가 있음을 보여준다.

전체적으로 코로나19의 건강 후유증 경험과 관련해 일관된 사회인구학적 차이는 거의 없는 것으로 나타났다. 분석 결과는 전 국민 의료보험제도로 기본적인 보건의료 서비스에 대한 접근이 모두에게 보장된 상황에서 코로나19 팬데믹이 수반한 건강 영향이 일관되게 사회경제적 지위에 따라 차별적으로 경험되지 않았음을 시사한다.

코로나19 팬데믹의 부수적 영향

코로나바이러스로부터 국민의 건강과 생명을 보호하기 위한 정부의 비약물적 조치는 부수적으로 경제적 및 사회적 삶에 지대한 영향을 주었다. 여기서는 주로 경제적 삶에서 그리고 자녀 교육과 돌봄 등 가사에서 코로나19 팬데믹의 영향이 얼마나 평등 혹은 불평등했는지 분석한다. 즉, 코로나바이러스의 확산을 막기 위한 정부의 공중보건 및 사회적 조치가 수반한 부수적(collateral) 영향에 초점을 둔다.[21] 코로나19 팬데믹은 경제 전반에 충격을 주면서 경제침체를 가져왔다. 완전 봉쇄가 없었지만, 사회적 및 물리적 거리 두기 조치는 경제적 및 사회적 일상을 멈추게 하였다. 특히 사업장 폐쇄나 영업시간 제한, 유치원·학교 폐쇄와 원격 수업, 국내·국외 이동 제한 등의 조치는 사회집단에 따라 수반되는 희생과 부담의 정도가 달라 팬데믹의 부수적 영향이 불평등하게 경험되었다. 다음은 이와 관련한 분석 결과를 데이터별로 제시하는데 데이터별 수집 시기가 달라 팬데믹의 장기화에 따른 부수적 영향의 차이를 확인할 수 있다.

1 가구 경제

2021년 VoG 팬데믹 조사는 '코로나 이전과 비교해 요즘 귀댁의 경제 사정이 어떻게 변했다고 생각하는지'를 물었는데, '약간 더' 혹은 '훨씬 더' 나빠졌다고 한 응답자들은 47.8%였다. 코로나 이전과 비교한 가구의 경제 사정에 대한 회고적 평가는 가구의 소득 수준에 따라 차이를 보였다(《그림 6-2》). 1분위(최하위) 61.7%, 2분위 58.2%, 3분위 52.3%, 4분위 38.0%, 5분위(최

---

21 건강 위기가 촉발한 경제적 및 사회적 위기는 감염병 자체로부터도 오지만 정부의 방역 조치에서도 올 수 있으며 여기서는 이를 부수적 영향으로 구분한다.

상위) 25.4%가 '나빠졌다'라고 하였다. 하위 20% 가구와 상위 20% 가구 간의 차이가 36%를 넘었다. 한편, 나이에 따라서도 차이를 보였는데, 20대 36.6%, 30대 39.2%, 40대 50.6%, 50대 57.1%, 60대 이상 55.1%가 '코로나 이전과 비교해' 가구의 경제 사정이 '나빠졌다'라고 하였다. 20대가 가장 낮았고, 50대가 가장 높았다. 교육 수준에 따라서도 차이가 있었는데, 중졸 이하 57.9%, 고졸 56.9%, 대학 이상 38.3%가 '코로나 이전과 비교해' 가구의 경제 사정이 '나빠졌다'라고 하였다. 반면 성별에 따라서는 차이가 거의 없었는데, 남자 48.4%, 여자 47.2%가 '코로나 이전과 비교해' 가구의 경제 사정이 '나빠졌다'라고 하였다. 고소득층보다 저소득층에서 그리고 고학력층보다 저학력층에서 가구 경제 상황이 더 나빠졌다는 반응이 많았다. 이는 코로나19 팬데믹의 경제적 영향이 불평등하게 경험되었음을 보여준다.

2022년 VoG의 ABS 6차 한국 조사는 '몇 년 전과 비교해 귀댁의 경제 사정이 어떻다고 생각하는지'를 질문하였다. '코로나 이전'이라는 기준을 제시한 2021년 VoG 팬데믹 조사 결과와 직접 비교하기는 어렵지만, '몇 년 전'이 대부분의 팬데믹 기간을 포함한다는 점을 생각하면 어느 정도 비교가 가능하다고 할 수 있다. 분석 결과를 보면 '몇 년 전과 비교해' 가구의 경제 사정이 '약간 더' 혹은 '훨씬 더' 나빠졌다고 한 응답자들은 39.6%였다. 2021년 VoG 팬데믹 조사에서 '코로나 이전과 비교해' 가구의 경제 사정이 나빠졌다고 응답한 47.8%와 비교하면 1년 후 부정적 평가가 늘기보다 줄어들었다. 비교 기준의 차이가 있지만, 팬데믹의 장기화에도 불구하고 가계경제의 악화를 보고한 응답자 비율은 적어도 높아지지는 않았다.

몇 년 전과 비교한 가구의 경제 사정에 대한 회고적 평가는 가구의 소득 수준에 따라 차이를 보였다(〈그림 6-2〉). 1분위(최하위) 48.3%, 2분위 44.0%, 3분위 45.4%, 4분위 35.8%, 5분위(최상위) 26.8%가 '나빠졌다'라고 하였는데, 하위 20% 가구와 상위 20% 가구 간 차이가 21%를 넘었다. 하위 20% 가구와 상위 20% 가구 간의 차이가 36%였던 2021년 VoG 팬데믹 조사 결과와 비교하면 줄어들었지만, 이러한 결과는 여전히 저소득층이 고소득층보다 가구 경제 상황의 악화를 더 경험하였음을 보여준다. 한편, 나이에 따라서도 차이를 보였는데, 20대 이하 26.3%, 30대 34.6%, 40대 43.4%, 50대 44.4%, 60대 이상 43.7%가 '나빠졌다'라고 하였다. 20대 이하가 특히 낮았고 40대부터 큰 차이가 없이 높았다. 교육 수준에 따라서도 차이가 있었는데, 중졸 이하 45.7%, 고졸 44.2%, 대학 이상 33.1%가 '나빠졌다'라고 하였다. 저학력자들 가운데서 나빠졌다는 반응이 많았다. 반면 성별에 따라서는 차이가 없었는데, 남성 40.9%, 여성 38.3%가 '나빠졌다'라고 하였다. 몇 년 전과 비교한 가구 경제 사정에 대한 회고적 평가는 가구소득이나 교육 수준에 따라 차이를 보였다. 2021년 VoG 팬데믹 조사 데이터 분석 결과와 비슷하게, 고소득층보다 저소득층에서, 고학력층보다 저학력층에서 가구 경제 상황이 더 나빠졌다는 반응이 많았다.

그림 6-2 가구 경제 상황 평가: 가구소득 분위별

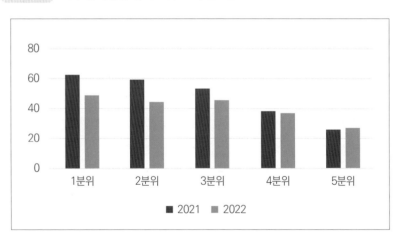

출처: 2021 VoG 팬데믹 조사; 2022 VoG ABS 6차 한국 조사

2022년 VoG의 ABS 6차 한국 조사는 코로나19 팬데믹 시기에 "귀하 또는 같이 사는 가족"이 가계소득의 감소를 경험하였는지를 물었다. 응답자의 31.0%가 가계소득 감소를 경험하였다고 하였다. 가구소득 수준별로 보면 1분위(최하위) 21.6%, 2분위 34.2%, 3분위 35.2%, 4분위 30.7%, 5분위(최상위) 28.6%가 가계소득 감소를 경험하였다고 하였다. 저소득층에서 가계소득 감소의 경험이 가장 적었다. 흥미롭게도 앞서 보고한 저소득층이 고소득층보다 가구 경제의 악화를 더 경험한 것과 다르다. 성별로 보면 남성 30.7%, 여성 31.3%가 가계소득 감소를 경험하여 차이가 없었다. 나이별로 보면 20대 27.8%, 30대 33.0%, 40대 34.1%, 50대 39.3%, 60대 이상 24.5%가 가계소득 감소를 경험하였다고 하였다. 감소 경험이 가장 적은 연령대는 이미 은퇴한 사람들이 주종을 이룬 60대 이상이었고, 다음은 사회초년생인 20대 이하였으며 가장 감소 경험이 많은 연령대는 50대였다. 교육 수준별로 보면 중졸 이하 29.0%, 고졸 34.8%, 대졸 이상 27.7%가 가계소득 감소를 경험하였다. 가계소득의 감소 경험은 응답자 자신 혹은 같이 사는 가족의 경험을 모두 반영하기 때문에, 감소 경험의 차이가 응답자의 개인적 특성의 차이에서 온다고 단정하기는 어렵다. 다만 가구소득 상위 20% 집단이 하위 20% 집단보다 가계소득 감소를 더 경험했다는 결과는 코로나19 팬데믹이 가계소득에 미친 영향이 사회경제적 지위에 따라 거꾸로 불평등했음을 시사한다. 그리고 중위 소득 집단에서 가계소득 감소의 경험이 가장 많았다는 것은 팬데믹의 경제적 영향이 단선적이지 않음을 시사한다.

가계소득 감소의 경험과 유사한 설문으로 2022년 VoG의 ABS 6차 한국 조사는 코로나가 응답자 가족의 생계에 미친 부정적 영향이 어느 정도인지를 질문하였다. "매우 심각한 영향을 줌" 혹은 "심각한 영향을 줌"이라고 한 응답자는 25.2%, "영향이 있었지만 심각하지는 않음" 혹은 "별 영향이 없었음"이라고 한 응답자는 74.7%였다. 앞의 분석에서 가계소득의 감소를 경험한 응답자가 31.0%였지만 생계에 심각한 영향을 주었다고 한 응답자는 그보다 낮은 25.2%였다. 그리고 가계소득의 감소를 경험한 응답자 가운데서 43%만이 가족의 생계에 심각한 영향을 주었다고 하였다. 이러한 결과는 가계소득이 감소했다는 것만으로는 그것이 생계에 미치는 부정적 영향이 심각했다고 단정하기는 어려울 수 있음을 시사한다. 가구소득 수준별로 보면 1분위(최하위) 24.1%, 2분위 30.5%, 3분위 25.9%, 4분위 21.8%, 5분위(최상위) 25.0%가 생계에 심각한 영향을 주었다고 하였다. 고소득층이 저소득층보다 가계소득의 감소를 더 많이 경험했지만, 생계에 미친 영향은 그들 간에 차이가 없었다. 성별로 보면 남성 23.3%, 여성 27.0%가 생계에 심각한 영향을 주었다고 하였다. 나이별로 보면 20대 19.2%, 30대 22.7%, 40대 27.1%, 50대 28.0%, 60대 이상 26.6%가 생계에 심각한 영향을 주었다고 하였다. 20대 이상이 가장 적었고 50대가 가장 많았다. 교육 수준별로 보면 중졸 이하 26.3%, 고졸 30.2%, 대졸 이상 19.8%가 생계에 심각한 영향을 주었다고 하였다. 팬데믹이 생계에 준 부정적 영향은 노년층과 고학력층에서 다소 높았다.

요약하면 고소득층보다 저소득층에서, 고학력층보다 저학력층에서 가구의 경제 상황이 더 나빠졌다는 반응이 많았다. 그러나 저소득층보다 고소득층에서 가계소득 감소를 더 많이 경험한 것으로 나타났지만, 생계에 미치는 영향은 그들 간 차이가 없었다. 코로나19 팬데믹이 가구 경제에 준 영향이 평등하게 경험된 것은 아니지만, 그렇다고 사회경제적 지위가 낮은 사람들이 높은 사람들보다 일관되게 부정적 영향을 더 경험하는 것은 아닌 것으로 보인다.

한편, 2022년 KIPA의 코로나19 감염병 조사는 "귀댁의 한 달 수입(월평균 세전 가구소득)이 코로나19 발생 이전과 비교해 어떤지"를 물었다. 응답자의 36.3%가 가구소득이 감소했다고 하였다. 뒤에 소개할 2021년 보사연의 조사에서는 코로나19 이전에 일자리가 있었던 응답자들 가운데서 40.7%가, 2022년 보사연의 조사에서는 코로나19 이전에 일자리가 있었던 응답자들 가운데서 31.2%가 근로소득이 각각 감소했다고 하였다. KIPA 조사는 가구소득에 관해, 보사연 조사는 근로소득에 관해 질문하여 소득 유형이 다르지만 2021년~2022년 1년간 소득 감소 경험이 40.7%에서 36.3%, 그리고 31.2%로 점차 줄어든 것으로 나타났다. KIPA 데이터를 분석한 결과를 보면 가구소득의 감소 경험은 성별이나 교육 수준별로 거의 차이가 없었지만, 나이와 가구소득의 수준에 따라 차이가 있었다. 나이별로 보면 20대 25.8%, 30대 28.9%, 40대 33.3%, 50대 47.7%, 60대 이상 42.3%가 가구소득이 감소했다고 하였다. 장·노년층에서 가장 많이 경험하였고 청년층에서 가장 적게 경험하였다. 가구소득별로 보면 1분위(최하위) 50.8%, 2분위 39.2%, 3분위 37.2%, 4분위 25.1%, 5분위(최상위) 33.7%가 가구소득이 감소했다고 하였다. 저소득층에서 소득 감소의 경험이 가장 많았다. 이는 저소득층에서 가계소득 감소의 경험이 가장 적었던 앞의 VoG 데이터 분석 결과와 다르다.

KIPA의 코로나19 감염병 조사는 코로나19에 감염된 적이 있는 응답자들의 경우 직접 경험한 것을 토대로, 감염된 적이 없는 응답자들의 경우 주변의 경험을 토대로 "생계, 가계 등의 경제적 영향"이 어떠했는지 물었다. 감염 경험자를 대상으로 분석하면 27.5%가 심각하다고 하였고, 30.5%가 심각하지 않다고 하였으며 42.1%가 보통이라고 하였다. 차이가 크지 않지만 심각하지 않다는 반응이 심각하다는 반응보다 다소 많았다. 감염 경험자를 대상으로 팬데믹의 경제적 영향이 성, 나이, 교육과 가구소득의 수준에 따라 평등한지를 보면, 남성 26.2%, 여성 28.7%가 경제적 영향이 심각하다고 하여, 성별에 따른 차이는 없었다. 나이에 따라서는 차이가 있었는데, 20대 24.8%, 30대 25.9%, 40대 18.4%, 50대 41.5%, 60대 이상 27.8%가 경제적 영향이 심각하다고 하였다. 흥미롭게도 50대가 유난히 높았고 40대가 유난히 낮았고 20대~30대와 60대 이상 간에는 차이가 없었다. 교육 수준에 따라 차이가 있었는데, 중졸 이하 31.3%, 고졸 24.7%, 대재 이상 37.3%가 경제적 영향이 심각하다고 하였다. 가구소득의 수준에 따라서도 차이가 있는데 1분위(최하위) 37.5%, 2분위 32.1%, 3분위 21.3%, 4분위 22.5%, 5분위(최상위) 26.1%가 경제적 영향이 심각하다고 하였다. 감염으로 인한 경제적 영향은 고소득층보다 저소득층에서 심각하다는 반응이 가장 많았다.

② 실직

2021년 VoG의 팬데믹 조사는 "코로나 이전과 비교해 현재 귀하의 경제활동 상황은 다음 중 어디에 가장 가까운지"를 물었다. "코로나로 일자리를 잃었지만, 현재 새로운 일자리가 있다"라거나 "코로나로 일자리를 잃었지만, 현재 새로운 일자리를 찾지 못했다"라는 응답은 실직 경험이 있음을 가리키는데, 이러한 응답을 한 사람은 단지 6.8%뿐이었다. 사례 수(N=51)가 적어 분석 결과의 신뢰성을 담보하기 어렵지만, 가구소득의 수준별로 보면 1분위(최하위) 18.5%(81명 가운데 15명), 5분위(최상위) 6.2%(113명 가운데 7명)가 일자리 상실 경험이 있었다. 사례 수가 적지만 고소득층보다 저소득층에서 실직 경험이 더 많았다.

2022년 VoG의 ABS 6차 한국 조사는 코로나19 팬데믹 시기에 "귀하 또는 같이 사는 가족"이 실직을 경험하였는지를 물었다. 이 조사에서는 응답자 본인만이 아니라 동거하는 가족의 경험도 포함하였다. 분석 결과 응답자의 4.6%만이 자신이나 같이 사는 가족이 실직 경험이 있다고 하였다. 질문 방식이 다르지만 2021년 VoG의 팬데믹 조사에서 실직 경험이 있는 응답자가 6.8%였던 것을 고려하면 팬데믹의 장기화에도 불구하고 일자리 실직 경험은 제한적인 것으로 보인다. 여기서도 사례 수(N=56)가 적어 분석 결과의 신뢰성을 담보하기 어렵지만, 가구소득 수준별로 보면 1분위(최하위) 6.9%, 2분위 6.2%, 3분위 4.1%, 4분위 4.3%, 5분위(최상위) 2.4%가 실직 경험이 있다고 하였다. 성별로 보면 남성 3.7%, 여성 5.5%가 실직 경험이 있다고 하였다. 교육 수준별로 보면 중졸 이하 4.3%, 고졸 6.2%, 대졸 이상 3.0%가 실직 경험이 있다고 하였다, 나이별로 보면 20대 4.5%, 30대 4.9%, 40대 4.4%, 50대 5.0%, 60대 이상 4.4%가 실직 경험이 있다고 하였다. 실직 경험은 사회집단에 따라 별로 다르지 않은 것으로 보인다.

③ 근로소득 상실

앞에서는 모든 형태의 소득을 포함한 가계소득의 감소 경험을 분석하였지만 여기서는 근로소득에 초점을 두고 코로나19 팬데믹이 소득 상실에 미친 영향을 다룬다. 2021년과 2022년 보사연의 조사는 "코로나19 발생 이후(2020년 2월 이후) 그 이전에 비해 귀하의 근로소득(임금, 사업소득)이 감소한 경험이 있는지"를 물었다. 2020년 2월 이전 일자리가 없었던 사람까지 분석에 포함하면 2021년 조사의 경우 31.2%, 2022년 조사의 경우 27.7%가 각각 소득의 감소를 경험한 것으로 나타났다. 그리고 2020년 2월 이전에 일자리가 있었던 사람만을 분석에 포함하면 2021년 조사의 경우 40.7%, 2022년 조사의 경우 31.2%가 각각 소득의 감소를 경험한 것으로 나타났다.[22] 흥미롭게도 팬데믹이 장기화하면서 소득 감소를 경험한 비율이 다소 줄었다. 이는 팬데믹이 장기화하면서 정부의 방역 조치가 완화되고 경제지원 조치가 강화되면서 부분적으로 소득 보존이 일어난 결과로 보인다.

소득 감소가 있었다는 응답자들 가운데서 감소 정도를 보면 2021년 조사(N=1,224)에서는 10~30% 감소가 43.2%로 가장 많았고, 40~60% 감소가 37.7%로 다음으로 많았다. 70~90% 혹은 100% 감소는 20%였다. 감소 지속 기간을 보면 13개월 이상이 50.4%로 가장 많았고, 7~12개월이 28.1%

---

[22] 근로소득 감소 이유로는 2021년 조사의 경우 사업 매출 감소가 59.6%로 가장 많았고, 근로 시간 감소 16%, 폐업 또는 실직 9.5%, 휴업 또는 휴직 8.9%, 임금 삭감 5.9%의 순이었다. 한편, 2022년 조사의 경우도 사업 매출 감소가 58.7%로 가장 많았고 폐업 또는 실직 14.3%, 근로 시간 감소 12.1%, 휴업 또는 휴직 9.8%, 임금 삭감 5.1%의 순이었다. 2021년과 비교해 근로 시간 감소로 인한 소득 감소가 줄어들었다.

로 다음으로 많았고 6개월 이하가 21.4%였다. 이와 비슷한 응답 패턴이 2022년 조사(N=1,094)에서도 나타났다. 즉, 10~30% 감소가 43.8%로 가장 많았고, 40~60% 감소가 38.1%로 다음으로 많았다. 70~90% 혹은 100% 감소는 18.1%였다. 감소 지속 기간을 보면 13개월 이상이 58.9%로 가장 많았고,[23] 7~12개월이 24.7%로 다음으로 많았고 6개월 이하가 16.5%였다.

2020년 2월 이전 일자리가 있었던 사람들만을 대상으로 소득의 감소 여부와 감소 정도 및 지속 기간이 성별, 나이, 교육 및 가구소득에 따라 차이가 있는지 분석하였다. 첫째, 소득 감소 경험의 분석 결과를 본다. 2021년 조사(N=3,011)에서는 남성 42.4%, 여성 38.3%가 감소를 경험하였다. 나이별로 보면 20대 23.7%, 30대 30.1%, 40대 42.2%, 50대 50.6%, 60대 이상은 48.2%가 감소를 경험하였다. 교육 수준별로 보면 중졸 이하 47.7%, 고졸 47.8%, 대재 이상 32.2%가 감소를 경험하였다. 가구소득별로 보면 1분위(최하위)는 57.9%, 2분위는 46.8%, 3분위는 41.0%, 4분위는 29.8%, 5분위(최상위)는 29.1%가 감소를 경험하였다. 팬데믹 1년이 지나면서 청년층보다 노년층이, 고학력층보다 저학력층이, 고소득층보다 저소득층이 감소 경험이 많았다. 사회경제적 지위가 낮을수록 소득 감소 경험이 많았다.

2022년 조사(N=3,115)에서는 남성 36.1%, 여성 33.9%가 감소를 경험하였다. 나이별로 보면 20대 18.2%, 30대 26.2%, 40대 38.3%, 50대 43.1%, 60대 이상은 41.5%가 감소를 경험하였다. 교육 수준별로 보면 중졸 이하 35.5%, 고졸 41.9%, 대재 이상 29.5%가 감소를 경험하였다. 가구소득별로 보면 1분위(최하위)는 42.1%, 2분위는 40.4%, 3분위는 35.1%, 4분위는 32.2%, 5분위(최상위)는 26.1%가 감소를 경험하였다. 팬데믹 2년이 지나면서도 청년층보다 노년층이, 고학력층보다 저학력층이, 고소득층보다 저소득

---

23 팬데믹 2년이 지난 후 실시된 2022년 보사연 조사는 감속 지속 기간의 응답 범주로 13~24개월과 25개월 이상을 구분하였는데, 13~24개월 감소가 33.5%, 25개월 이상 감소가 25.4%로 나타났다. 이러한 결과는 팬데믹이 소득 감소에 미친 영향이 일시적이지 않았음을 시사한다.

층이 감소 경험이 많았다. 여전히 사회경제적 지위가 낮을수록 소득 감소 경험이 많았다.

근로소득 감소 경험을 노동시장 참여 형태별로 보면(〈그림 6-3〉) 2021년 조사에서는 고용주(83.3%), 자영업자(75.8%), 특수고용[24](73.9%), 일용직 임금근로자[25](52.8%), 임시직 임금근로자(40.4%), 무급가족종사자(29.9%), 상용직 임금근로자(16.7%) 순으로 많았다. 2022년 조사에서는 자영업자(68.5%), 특수고용(63.4%), 고용주(55.2%), 일용직 임금근로자(42.7%), 임시직 임금근로자(34.8%), 무급가족종사자(26.7%), 상용직 임금근로자(13.6%) 순으로 많았다. 표본 크기가 작은 고용주를 제외하면[26] 자영업자와 특수고용 중에서 특히 감소 경험이 많았다.

그림 6-3 근로소득 감소 경험: 노동시장 참여 형태별

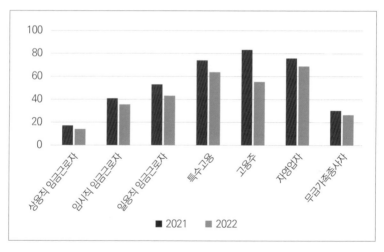

출처: 2021년과 2022년 보건사회연구원 조사

---

24 택배기사, 배달원, 보험설계사, 학습지 교사 등을 포함한다.

25 자활근로, 공공근로, 노인 일자리를 포함한다.

26 고용주의 표본 크기가 2021년 25명, 2022년 29명으로 분석 결과의 신뢰성을 담보하기 어렵다.

근로소득 감소 경험을 직업별로 보면(《그림 6-4》) 2021년 조사에서는 판매 종사자(71.5%), 서비스 종사자(55.1%), 기능원 및 관련 기능 종사자(43.9%), 장치·기계 조작 및 조립 종사자(42.0%), 단순노무 종사자(40.1%), 관리자(36.1%), 농림어업 숙련 종사자(33.7%), 전문가 및 관련 종사자(26.2%), 사무 종사자(11.9%) 순으로 많았다. 2022년 조사에서는 판매 종사자(64.6%), 서비스 종사자(51.8%), 장치·기계 조작 및 조립 종사자(38.0%), 단순노무 종사자(37.6%), 기능원 및 관련 기능 종사자(32.5%), 전문가 및 관련 종사자(23.9%), 관리자(22.1%), 농림어업 숙련 종사자(21.9%), 사무 종사자(11.6%) 순으로 많았다. 팬데믹 1년이 지나면서 판매 종사자, 서비스 종사자 중에서 소득 감소 경험이 많았는데 이러한 패턴은 비록 비율은 줄어들었지만 팬데믹 2년이 지나면서도 여전히 지속되었다.

그림 6-4 근로소득 감소 경험: 직업별

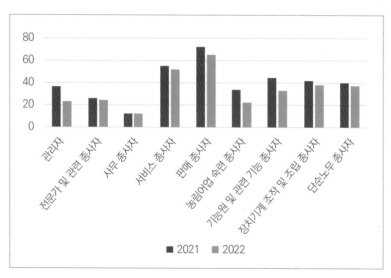

출처: 2021년과 2022년 보건사회연구원 조사

둘째, 근로소득 감소의 정도를 성별로 보면 2021년 조사에서는 남성과 여성 모두 10~30% 감소와 40~60% 감소가 거의 차이 없이 많았다. 나이별로 보면 20대와 30대는 10~30% 감소가 가장 많았고, 40대와 50대는 10~30%와 40~60% 감소가 큰 차이 없이 많았고, 60대 이상은 40~60%대가 가장 많았다. 교육 수준별로 보면 중졸 이하는 40~60% 감소가 가장 많았고, 고졸은 40~60% 감소와 10~30% 감소가 거의 차이 없이 많았고, 대재 이상은 10~30% 감소가 가장 많았다. 가구소득의 수준별로 보면 1분위(최하위)는 40~60% 감소가 가장 많았고, 2분위는 10~30% 감소와 40~60% 감소가 거의 차이 없이 많았고, 3분위, 4분위, 특히 5분위(최상위)는 10~30% 감소했다는 응답이 가장 많았다. 팬데믹 1년이 지난 후 저소득층과 저학력층에서 소득 감소의 정도가 가장 컸다. 한편, 2022년 조사에서는 남성의 경우 10~30% 감소가 가장 많았고 여성의 경우 10~30% 감소와 40~60% 감소가 차이 없이 많았다. 나이별로 보면 20대, 30대, 40대는 10~30% 감소가 가장 많았고, 50대는 10~30%와 40~60% 감소가 차이 없이 많았고, 60대 이상은 40~60%대가 가장 많았다. 교육 수준별로 보면 중졸 이하는 40~60% 감소가 가장 많았고, 고졸은 40~60% 감소와 10~30% 감소가 거의 차이 없이 많았고, 대재 이상은 10~30% 감소가 가장 많았다. 가구소득의 수준별로 보면 1분위(최하위)는 40~60% 감소가 가장 많았고, 2분위, 3분위는 10~30% 감소와 40~60% 감소가 거의 차이 없이 많았고, 4분위와 5분위(최상위)는 10~30% 감소가 가장 많았다. 팬데믹 2년이 지난 후에도 저소득층과 저학력층에서 소득 감소의 정도가 가장 컸다. 사회경제적 지위가 낮을수록 근로소득 감소의 정도가 컸다.

노동시장 참여 형태별로 보면(〈그림 6-5〉) 2021년 조사에서는 70% 이상 소득이 감소했다는 응답자는 자영업자(17.1%), 임시직 임금근로자(15.6%), 일용직 근로자(10.8%)의 순이었다. 2022년 조사에서는 70% 이상 소득이 감소했다는 응답자는 특수고용(17.0%), 임시직 임금근로자(12.9%), 자영업자

(11.9%), 일용직 근로자(10.6%)의 순이었다. 팬데믹 1년이 지나면서 70% 이상 소득 감소자가 자영업자 가운데서 가장 많았으나(남재현·이래혁, 2020), 팬데믹이 2년을 넘겨 장기화하면서 70% 이상 소득 감소자가 고객과의 대면접촉이 요구되는 특수고용 가운데서 가장 많았다.

그림 6-5   70% 이상 근로소득 감소 경험: 노동시장 참여 형태별

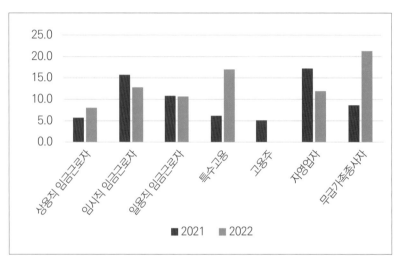

출처: 2021년과 2022년 보건사회연구원 조사

직업별로 보면(《그림 6-6》) 2021년 조사에서는 70% 이상 소득이 감소했다는 응답자는 서비스 종사자(17.6%), 판매 종사자(14.9%), 장치·기계 조작 및 조립 종사자(10.8%), 전문가 및 관련 종사자(10.2%)의 순이었다. 2022년 조사에서는 70% 이상 소득이 감소했다는 응답자는 전문직 및 관련 종사자(18.9%), 서비스 종사자(13.3%), 단순노무 종사자(13.2%), 판매 종사자(13.1%), 관리자(11.1%)의 순이었다. 팬데믹 1년이 지나면서 70% 이상 소득 감소자가 서비스 종사자 가운데서 가장 많았으나 팬데믹이 2년을 넘겨 장기화하면서 전문직 및 관련 종사자 가운데서 가장 많았다.

그림 6-6 **70% 이상 근로소득 감소 경험: 직업별**

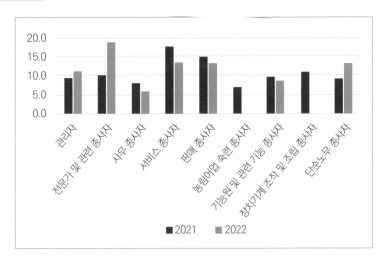

출처: 2021년과 2022년 보건사회연구원 조사

셋째, 근로소득 감소의 지속 기간을 보면 2021년 조사에서는 남성과 여성 모두 13개월 이상이 가장 많았다. 나이별로 보면 20대는 6개월 이하, 30대부터 특히 50대와 60대 이상의 경우 13개월 이상이 가장 많았다. 교육 수준의 구분 없이 13개월 이상이 가장 많았는데, 특히 중졸 이하 가운데서 많았다. 가구소득 수준의 구분 없이 13개월 이상이 가장 많았는데, 특히 1분위와 2분위 가운데서 많아 저소득층에서 감소 지속 기간이 상대적으로 길었음을 보여주고 있다. 2022년 조사에서는 남성과 여성 간 차이 없이 13개월 이상이 가장 많았다. 나이별로는 20대는 6개월 이하, 12개월 이하 그리고 13개월 이상이 큰 차이 없이 분포되어 있었지만 30대부터, 특히 50대와 60대 이상의 경우 13개월 이상이 가장 많았다. 교육 수준에 구분 없이 13개월 이상이 가장 많았는데, 특히 중졸 이하 가운데서 많았다.

노동시장 참여 형태별로 보면(〈그림 6-7〉) 2021년 조사에서 13개월 이상 소득 감소가 지속되었다고 한 응답자는 고용주(85.0%), 무급가족종사자(65.2%), 자영업자(60.7%), 일용직 임금근로자(53.8%)의 순이었다. 2022년 조사에서 13개월 이상 소득 감소가 지속되었다고 한 응답자는 자영업자 (70.0%), 고용주(68.8%), 무급가족종사자(63.2%), 특수고용(55.9%), 임시직 임금근로자(52.9%)의 순이었다. 팬데믹 1년이 지나면서 13개월 이상 소득 감소 경험자가 고용주 가운데서 가장 많았지만, 팬데믹이 2년을 넘어 장기화하면서 자영업자 가운데서 가장 많았다.

그림 6-7 13개월 이상 근로소득 감소 경험: 노동시장 참여 형태별

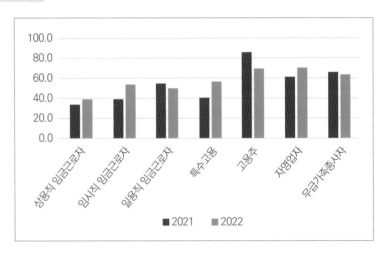

출처: 2021년과 2022년 보건사회연구원 조사

직업별로 보면(〈그림 6-8〉) 2021년 조사에서 13개월 이상 소득 감소가 지속되었다고 한 응답자는 판매 종사자(59.1%), 서비스 종사자(56.3%), 농림어업 숙련 종사자(54.2%), 관리자(53.5%), 단순노무자(49.2%)의 순이었다. 특히, 서비스·판매 종사자 중에서 감소 지속 기간이 길었다. 2022년 조사에서 13개월 이상 소득 감소가 지속되었다고 한 응답자는 판매 종사자(68.9%), 서비스 종사자(62.7%), 기능원 및 관련 종사자(58.7%), 장치·기계 조작 및 조립종사자(57.1%), 전문가 및 관련 종사자(56.6%), 단순노무종사자(55.9%), 관리자(55.6%)의 순으로 거의 모든 직업에서 50%가 넘었다. 팬데믹 1년은 물론 2

년을 지나면서도 13개월 이상 소득 감소 경험자가 판매 · 서비스 종사자 가운데서 가장 많았다.

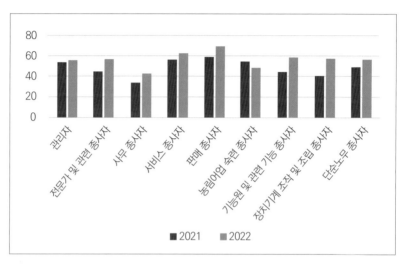

그림 6-8 **13개월 이상 근로소득 감소 경험: 직업별**

출처: 2021년과 2022년 보건사회연구원 조사

    요약하면 팬데믹 국면에 따라 다소 차이가 있지만 저학력층과 저소득층에서 소득 감소의 경험이 많았고 소득 감소의 정도가 컸으며, 저소득층에서 소득 감소의 지속 기간이 길었다. 자영업자와 특수고용, 판매 · 서비스 종사자 가운데서 소득 감소 경험이 많았고, 자영업자와 특수고용, 서비스 종사자와 전문직 및 관련 종사자 가운데서 소득 감소 정도가 컸고, 자영업자와 판매 · 서비스 종사자 가운데서 소득 감소 기간이 길었다. 팬데믹의 경제적 영향이 평등하게 경험된 것은 아니었다.

④ 재정 사정

실직과 소득 상실은 신용카드 대금이나 대출 이자 연체, 공과금 체납, 집세 연체, 적금이나 보험 해지 등 가계경제의 어려움을 가져왔다. 2021년과 2022년 보사연의 조사는 구체적으로 응답자의 가구가 "코로나19 이후 경제적 어려움 때문에 다음의 경험을 한 적이 있는지"를 물었다. 첫째, '신용카드 대금이나 대출 이자를 연체한 적'이 있다고 한 응답자는 2021년 5%, 2022년 3.8%였다. 둘째, '공과금(사회보험료와 전기세, 통신비, 수도세 등)을 기한 내 납부하지 못한 적'이 있다고 한 응답자는 2021년 4.2%, 2022년 2.5%였다. 셋째, '집세(월세·일세)가 밀린 적'이 있다고 한 응답자는 2021년 2.0%, 2022년 1.7%였다.[27] 넷째, '돈이 필요해 적금 및 보험을 해지한 적'이 있다고 한 응답자는 2021년 8.6%, 2022년 6.9%였다.[28] 끝으로 '경제적 어려움으로 인하여 돈이 필요해 금융기관이나 지인 등으로부터 대출을 받거나 신청한 적'이 있다고 한 응답자는 2021년 9.3%, 2022년 7.5%였다. 이들 5개 재정적 어려움을 하나라도 경험한 응답자는 2021년 14.8%, 2022년 12.0%였다.[29] 팬데믹의 장기화 속에서 재정적 어려움을 경험한 사람들이 증가한 것은 아니지만 10명 가운데 1명 이상은 재정적 위기를 직접 경험하였다.

재정적 위기가 사회집단별로 어떻게 경험되었는지 분석해 보면 2021

---

27 자가, 전세 무상의 경우 비해당인데 이들을 분석에서 제외하면 '집세(월세·일세)가 밀린 적'이 있다고 한 응답자는 2021년 13.3%, 2022년 5.4%이다. 여기서 데이터의 한계로 분석이 이루어지지 못했지만, 주거 형태 혹은 점유 형태에 따른 차이에 주목할 수 있다. 예를 들면 단독주택 거주자들, 아파트 거주자들, 연립 및 다세대주택 거주자들, 오피스텔, 고시원, 기숙사 등 기타 주거 형태의 거주자들 사이에 팬데믹의 영향이 어떻게 달라지는지 분석해 주거 환경의 불평등이 주는 영향을 파악할 수 있다.

28 적금 및 보험 등이 없는 경우 비해당인데 이들을 분석에 제외하면 '돈이 필요해 적금 및 보험을 해지한 적'이 있다고 한 응답자는 9.6%이다.

29 5개 가운데 1개만 경험한 응답자는 2021년 6.8%, 2022년 5.8%였고, 2개 이상 경험한 응답자는 2021년 8.0%, 2022년 5.8%였다.

년 조사에서는 남성 15.5%, 여성 14.1%가 하나 이상의 재정적 어려움을 경험하여 별 차이가 없었다. 나이별로 보면 20대 6.3%, 30대 14.8%, 40대 20.6%, 50대 18.6%, 60대 이상 12.7%가 하나 이상의 재정적 어려움을 경험하였다. 나이가 들수록 재정적 어려움의 경험이 많아지다가 점차 줄어드는 것으로 나타났다. 교육 수준별로 보면 중졸 이하 12.8%, 고졸 17.8%, 대재 이상 12.6%가 하나 이상의 재정적 어려움을 경험하여 별 차이가 없었다. 가구소득별로 보면 1분위(최하위) 20.9%, 2분위 15.8%, 3분위 17.5%, 4분위 9.8%, 5분위(최상위) 9.1%가 하나 이상의 재정적 어려움을 경험하여 저소득층이 고소득층보다 경제적으로 더 힘들었음을 보여준다. 한편, 2022년 조사에서는 남성 11.6%, 여성 12.3%가 하나 이상의 재정적 어려움을 경험하여 차이가 거의 없었다. 나이별로 보면 20대 8.6%, 30대 12.7%, 40대 14.8%, 50대 15.2%, 60대 이상 8.8%가 하나 이상의 재정적 어려움을 경험하여 나이가 들수록 어려움이 증가하다가 60대 이후에는 줄어드는 것으로 나타났다. 교육 수준별로 보면 중졸 이하 8.5%, 고졸 13.4%, 대재 이상 11.8%가 하나 이상의 재정적 어려움을 경험하여 큰 차이가 없었다. 가구소득별로 보면 1분위(최하위) 13.4%, 2분위 14.6%, 3분위 13.3%, 4분위 10.0%, 5분위(최상위) 7.4%가 하나 이상의 재정적 어려움을 경험하여 저소득층이 고소득층보다 경제적으로 더 힘들었음을 보여준다.

노동시장 참여 형태별로 보면 하나 이상의 재정적 어려움을 경험했다는 응답자는 2021년 조사에서는 특수고용(28.1%), 자영업자(26.7%), 일용직 임금근로자(24.4%), 임시직 임금근로자(20.7%)의 순으로 많았고, 2022년 조사에서는 특수고용(29.8%), 고용주(27.6%), 일용직 임금근로자(21.1%), 자영업자(20.6%)의 순으로 많았다. 코로나19 팬데믹 기간 재정적 어려움을 모두가 평등하게 경험한 것은 아닌 것으로 나타났다. 모두가 영향을 받았지만, 특히 대면접촉이 통제된 상황에서 특수고용이나 자영업자, 일용직 임금근로자가 재정적 어려움을 더 경험하였다.

직업별로 보면 하나 이상의 재정적 어려움을 경험했다는 응답자는 2021년 조사에서는 판매 종사자(25.2%), 서비스 종사자(23.4%), 장치·기계 조작 및 조립 종사자(18.7%), 단순노무자(17.2%), 전문가 및 관련 종사자(16.9%)의 순으로 많았고, 2022년 조사에서는 장치·기계 조작 및 조립 종사자(20.7%), 판매 종사자(19.8%), 전문가 및 관련 종사자(18.1%), 단순노무 종사자(16.6%), 서비스 종사자(15.9%)의 순으로 많았다. 팬데믹의 국면에 따라 순서에 다소 차이가 있었지만, 생산직과 판매직 종사자 가운데서 재정적 어려움을 경험한 사람이 많았다. 전체적으로 팬데믹이 촉발한 경제적 위기는 직종과 업종에 따라 불평등하게 경험된 것으로 보인다.

요약하면 저소득층이 고소득층보다 재정적 어려움을 더 경험하였고, 특수고용이나 자영업자, 생산직 및 서비스·판매 종사자가 재정적 어려움을 더 경험하였다. 이는 코로나19 팬데믹이 경제적 삶에 준 영향이 평등하지 않음을 보여준다.

⑤ 가사

사회적 거리 두기를 중심으로 하는 정부의 방역 조치는 이동 제한이나 학교 폐쇄 등을 통해 사회적 삶에도 지대한 영향을 미쳤다. 2022년 VoG의 ABS 6차 한국 조사는 코로나19 팬데믹 시기에 "귀하 또는 같이 사는 가족"이 자녀 교육의 지장을 경험하였는지를 물었는데, 응답자의 10.4%가 자녀 교육의 지장을 경험했다고 하였다. 학생 자녀가 없는 응답자들의 경우 이 질문에 '없었다'라고 응답했다고 볼 수 있다. 이는 나이에 따른 차이에서 확인할 수 있다.[30] 학생 자녀가 있을 가능성이 낮은 20대는 4.1%, 60세 이상은 3.0%가 자녀 교육의 지장을 겪었다고 하였다. 반면 학생 자녀가 있을 가능

---

30 자녀 교육의 장애 경험에 대한 반응은 학생 자녀가 있는지 없는지와 관련되며 자녀 여부는 응답자의 나이와 관련된다고 할 수 있다.

성이 큰 30대는 15.9%, 40대는 26.1%가 자녀 교육의 지장을 겪었다고 하였다. 한편, 학생 자녀가 있을 가능성이 그 중간인 50대는 7.9%가 자녀 교육의 지장을 겪었다고 하였다. 가구소득별로 보면 1분위(최하위) 5.2%, 2분위 4.3%, 3분위 15.5%, 4분위 12.8%, 5분위(최상위) 9.7%가 자녀 교육의 지장을 겪었다고 하였다. 중위 소득계층이 가장 많았고 하위 40%가 가장 적었다. 교육 수준별로도 다소 차이를 보이는데, 중졸 이하 2.9%, 고졸 9.2%, 대졸 이상 13.7%가 자녀 교육의 지장을 겪었다고 하였다. 성별로 보면 남성 9.5%, 여성 11.3%가 자녀 교육의 지장을 경험하였다.

2022년 KIPA의 코로나19 감염병 조사는 팬데믹이 근무, 학업 등의 일과 가사, 돌봄 등 집안일에 준 영향을 질문하였다. 감염 경험자를 대상으로 감염의 영향을 살펴보면 첫째, 근무, 학업 등 일과 관련한 영향이 32.0%가 심각하다고 하였고, 28.3%가 심각하지 않다고 하였으며 39.8%가 보통이라고 하였다. 둘째, 가사, 돌봄 등 가정의 일과 관련한 영향이 28.8%가 심각하다고 하였고, 30.1%가 심각하지 않다고 하였으며 41.2%가 보통이라고 하였다. 외부 일의 경우든 집안일의 경우든 감염의 영향이 심각하다는 반응과 심각하지 않다는 반응이 거의 비슷하게 나타났다.

감염 경험자를 대상으로 팬데믹이 일에 준 영향을 성, 나이, 교육과 소득의 수준에 따라 살펴보면, 먼저 남성 32.4%, 여성 31.5%가 영향이 심각하다고 하여, 성별로 차이가 없었다. 나이에 따라서는 다소 차이가 있는데 20대 20.2%, 30대 39.3%, 40대 24.5%, 50대 44.7%, 60대 이상 32.2%가 영향이 심각하다고 하였다. 20대가 가장 낮았고 50대가 특히 높았다. 교육 수준에 따라서는 별 차이가 없었는데, 중졸 이하 23.8%, 고졸 32.9%, 대재 이상 37.3%가 영향이 심각하다고 하였다. 가구소득의 수준에 따라서도 큰 차이를 보였는데, 1분위(최하위) 50.0%, 2분위 35.2%, 3분위 24.0%, 4분위 27.8%, 5분위(최상위) 30.6%가 영향이 심각하다고 하였다. 감염이 일에 준 영향이 심각했다는 반응은 저소득층 가운데서 특히 많았다.

감염 경험자를 대상으로 팬데믹이 집안일에 준 영향을 보면 먼저 남성 26.6%, 여성 31.2%가 영향이 심각하다고 하여, 성별로 차이는 없었다. 나이에 따라서는 차이가 있었는데, 20대 18.3%, 30대 34.8%, 40대 23.5%, 50대 37.2%, 60대 이상 31.2%가 영향이 심각하다고 하였다. 교육 수준에 따라서는 차이가 없었는데, 중졸 이하 21.3%, 고졸 30.1%, 대재 이상 31.3%가 영향이 심각하다고 하였다. 가구소득의 수준에 따라 다소 차이를 보였는데, 1분위(최하위) 35.0%, 2분위 28.4%, 3분위 28.0%, 4분위 29.6%, 5분위(최상위) 27.0%가 영향이 심각하다고 하였다. 감염이 집안일에 준 영향이 심각했다는 반응은 저소득층 가운데서 다소 많았다.

요약하면 학생 자녀가 있을 연령대와 교육열이 높을 고학력층에서 자녀교육의 지장을 가장 많이 경험하였다. 그리고 코로나바이러스 감염이 생계, 외부일, 집안일에 준 영향이 심각했다는 반응이 저소득층 가운데서 가장 많았다. 이는 코로나19 팬데믹이 사회적 일상에 준 영향이 평등하게 경험되지 않았음을 시사한다.

Ⅵ 맺음말

코로나19 팬데믹에 대응하기 위한 정부의 조치는 일상적 삶의 모든 측면에 영향을 주었다. 코로나19 팬데믹은 건강의 위기를 넘어 경제적, 사회적 및 정치적 위기를 초래했다. 선행 연구와 이론에 따르면 팬데믹은 불평등하게 감염과 사망을 가져왔고, 불평등하게 경제적 희생을 배분했고, 불평등하게 빈곤을 가져왔다(Abedi et al., 2021; Chang et al., 2021; Khanijahani et al., 2021; Magesh et al., 2021; Blundell et al., 2022). 코로나바이러스의 확산을 차단하려는 정부의 조치는 경제활동의 제약과 사회적 고립을 수반하였고 그 영향은 사회경제적 지위에 따라 불평등하게 경험되었다. 저소득 노동자들이 일자리 상실 및 소득 감소를 더 경험하였고 이들은 고위험 도시와 과밀 환경에서 거주하고 필수 작업자의 역할을 하면서 감염 위험에 더 노출되었다. 경기 불황은 일자리 상실, 임금 감소, 빈곤 및 정신질환의 증가를 가져왔고 이러한 경제적 영향의 사회적 및 지리적 분포는 불평등했으며 저소득 노동자들과 여성이 코로나19 팬데믹의 직격탄을 맞았다. 감염률이 저소득층 사이에서 그리고 농촌 지역보다는 (밀도가 높아 물리적 거리 두기가 어려운) 도시 지역에서 더 높았다. 이렇게 팬데믹의 결과가 불평등한 이유는 사회집단에 따라 위험 요인이 동등하지 않고 건강의 사회적 결정요인이 불평등하기 때문이라고 하였다. 이러한 선행 연구와 이론의 배경에서 이 글은 한국에서 코로나19 팬데믹의 결과가 평등하게 혹은 불평등하게 경험되었는지를 다루었다(권정현 외, 2023).

선행 연구와 이론은 팬데믹의 결과로 건강 불평등과 경제적 불평등에 초점을 둔다. 건강 불평등은 감염, 중증화로 인한 입원 및 사망과 후유증 등의 차원에서 평가한다.[31] 그리고 경제적 불평등은 일자리 상실, 소득 감소, 재정적 어려움 등의 차원에서 평가한다. 본 연구는 데이터가 허용하는 범위에서 이들 차원에서 코로나19 팬데믹의 영향이 모두에게 동등했는지 혹은 사회인구학적 집단, 특히 소득이나 교육 혹은 직업에 따라 차별적이었는지를 다루었다. 코로나19 팬데믹의 단계에 따라 팬데믹의 영향에 대한 경험이 달라질 수 있다는 점을 유념해 조사 시기가 다른 5개의 데이터 세트를 사용하였다. 그리고 집합 수준의 관찰만으로는 개인들에 관한 결론을 끌어내기 어렵다는 점에 유념해 개인 수준의 조사 데이터를 활용해 사회집단에 따라 팬데믹의 결과가 불평등하게 경험되었는지 분석하였다.

분석 결과에 따르면 조사 시점에 따라 팬데믹의 결과에 대한 경험이 다른 것으로 나타났다. 유행 시기에 따라 감염자, 위중증 환자, 사망자, 치명률에

---

31 유감스럽게도 조사 데이터의 부족으로 특히 입원 및 사망의 견지에서 팬데믹의 결과가 얼마나 평등하게 경험되었는지를 다루지 못하였다.

차이가 있고 정부의 방역 조치의 유형과 강도가 달라 팬데믹의 결과가 다르고 팬데믹의 장기화에 따라 팬데믹의 영향이 달라졌다는 점을 고려하면 그러한 결과는 의외가 아니다. 주목할 만한 발견은 집합 수준에서 이루어진 연구 결과와 달리 개인 수준에서는 저소득층보다 고소득층에서, 저학력층보다 고학력층에서, 노년층보다는 청년층에서 감염 경험이 더 많았다는 것이다. 사회경제적 지위가 높을수록 코로나바이러스 감염의 위험이 큰 것으로 나타났다. 이는 사회경제적 지위가 높을수록 예방 자원이 풍족해 감염 위험이 낮을 것이라 주장보다 사회경제적 지위가 높을수록 사회경제적 활동이 활발해 감염 위험이 클 것이라는 주장을 지지한다. 즉, 완전 봉쇄가 이루어지지 않은 상황에서 사회경제적 활동이 활발한 고학력자들, 고소득자들 혹은 청년들이 감염 위험에 더 노출되면서 이들 가운데서 실제 감염의 경험이 더 많았던 것이라 추측된다. 또한 팬데믹에 의한 건강 불평등이 저소득층, 저학력층 혹은 노년층에서 차별적으로 나타나지 않은 것은 전 국민 의료보험제도와 보건의료서비스에 대한 보편적 접근성이 팬데믹의 영향을 부분적으로 완화했기 때문으로 보인다.[32]

그러나 건강과 달리 팬데믹의 경제적 영향은 대체로 사회경제적 지위가 높을수록 덜 경험하는 것으로 나타났다. 데이터별로 다소 차이는 있지만 고소득층보다 저소득층에서 일자리 상실 경험이 더 많았고, 고소득층보다 저소득층에서 그리고 고학력층보다 저학력층에서 가구 경제 상황이 더 나빠졌다는 반응이 많았다. 고소득층이 저소득층보다 가계소득 감소를 더 많이 경험한 것으로 나타나기도 했지만, 생계에 미치는 영향은 그들 간 차이가 없었다. 고학력층이 저학력층보다, 고소득층이 저소득층보다 소득 감소의 경험

---

32 2022년 VoG의 ABS 6차 한국 조사에 따르면 "보건의료" 혜택의 편이성에 관한 질문에 "매우 쉽다"라고 응답한 사람이 20.4%, "쉽다"라고 응답한 사람이 66.2%로 긍정적으로 답한 사람이 86.6%였다. 가구소득에 따라 편이성에 차이가 있는지 분석한 결과 1분위 응답자의 78%가 긍정적으로 답하였고 5분위 응답자의 92%가 긍정적으로 답하였다. 소득 수준에 따라 보건의료 접근성에 대한 평가가 달라지는 것으로 나타났다.

이 적었고, 고소득층과 고학력층에서 소득 감소의 정도가 작았으며, 저소득층에서 소득 감소의 지속 기간이 길었다. 자영업자, 특수고용 그리고 판매종사자가 감소 경험이 많았고 서비스·판매 종사자 가운데서 소득 감소의 정도가 크고 지속 기간이 길었다. 저소득층이 고소득층보다 재정적 어려움을 더 경험하였고, 특수고용이나 자영업자, 서비스·판매 종사자가 재정적 어려움을 더 경험하였다. 저소득층 가운데서 소득 감소의 경험이 가장 많았고, 팬데믹이 생계, 외부일, 집안일에 준 영향이 심각했다는 반응이 저소득층 가운데서 가장 많았다. 저소득층의 경우 코로나바이러스에서 오는 위험이 더 큰 것이 아니고, 오히려 감염병을 통제하기 위한 방역 조치의 부정적 영향이 더 큰 것으로 나타났다. 이러한 분석 결과는 코로나19 팬데믹의 경제적 영향이 불평등하게 경험되었고 코로나19 팬데믹이 경제적 삶에 준 영향이 차별적이었음을 보여준다.

분석 결과는 팬데믹 결과에 대한 온전한 이해를 위해 건강의 사회적 결정요인과 보건의료·복지제도에 대한 체계적 분석이 중요함을 상기시킨다. 또한 감염병의 확산을 막기 위한 정부의 방역 조치가 수반하는 경제적 및 사회적 희생의 불평등에 주목할 필요가 있음을 강조한다. 코로나19 팬데믹에 대한 정부의 대응조치는 사회경제적 위기를 촉발하였다. 코로나19의 영향은 감염병 자체로부터 온 것만이 아니라 그에 대응하기 위한 정부의 방역 조치에서도 왔다고 할 수 있다. 그리고 특히 정부의 방역 조치가 초래한 경제적 위기는 평등하게 경험된 것이 아니라 불평등하게 경험되었다고 할 수 있다. 정부의 방역 조치가 수반한 경제적 삶에 대한 차별적 영향은 방역 조치에 대한 자발적 순응을 훼손할 수 있다. 정부의 방역 조치가 수반하는 경제적 희생을 불평등하게 부담하는 사회집단은 방역 조치에 저항할 수 있다. 건강과 생명을 보호하면서 경제적 영향을 최소화하는 대응만이 아니라 경제적 희생과 부담을 골고루 나누는 조치가 중요할 수 있다. 코로나19 팬데믹의 영향에 관한 분석은 경제적 및 사회적 권리 보호가 위기 대응의 주요한 부분이 되어야 함을 강조한다(Kjaerum et al., 2021). 건강과 생명을 보호하는 것만이 아니라 경제적 및 사회적 권리를 보호하는 것이 균형적으로 이루어지는 것이 중요함을 일깨워 준다.

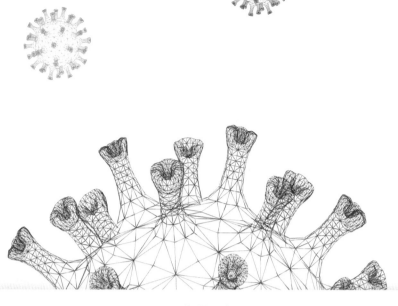

제 **7** 장

코로나19 팬데믹과 인포데믹

— 곽동진 —

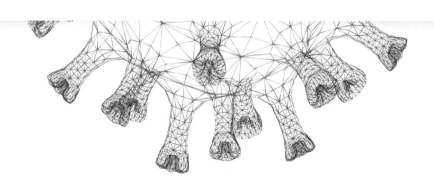

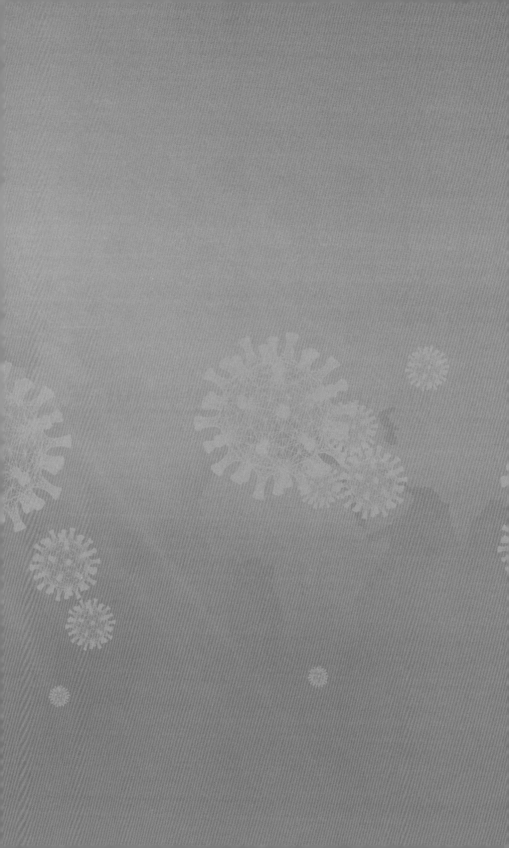

서론: 감염병과 정보의 문제

팬데믹 상황에서 감염병과 정보의 공통된 특징 중에 하나는 "확산"이다. 코로나19 팬데믹은 감염병과 정보의 빠른 "확산"으로 발생하는 문제점과 사회적 비용을 경험한 대표적인 사례라 평가할 수 있다. 코로나19가 전 세계로 급속하게 확산되던 시점인 2020년 2월 세계보건기구(WHO) 사무총장이 "우리는 지금 단순히 전염병과 싸우는 것이 아니라, 우리는 인포데믹과 싸우고 있다(We're not just fighting an epidemic, we're fighting an infodemic.)"라고 발언한 취지는 코로나19 팬데믹으로 인한 보건 위기가 정보의 과잉으로 인해 얼마나 심각하게 가중되었는지를 단적으로 보여준다(Zarocostas, 2020).

인포데믹(infodemic)은 정보(information)와 전염병(epidemic)의 합성어로 정보가 전염병처럼 빠르게 확산되는 현상을 지칭하는 개념이다. 2003년 중증급성호흡기증후군(SARS)이 유행했을 당시 미국 정치평론가 David J. Rothkopf가 워싱턴 포스트(Washington Post) 논평에서 처음으로 사용하였고, 이후 감염병 상황에서 이에 대한 정보가 범람하는 현상을 지칭하는 개념으로 언급되었다(Simon & Camargo, 2023). 특히 정보통신기술의 발달과 뉴미디어의 등장 등으로 인해 정보의 절대적 양의 증가뿐만 아니라 정보의 유통 및 습득의 경로가 다변화되면서 인포데믹의 우려는 코로나19 팬데믹 기간에 더 가중되었다.

인포데믹은 팬데믹 상황에서 발생하는 정보 과잉의 문제에 대한 상징적인 개념이지만, 코로나19와 같은 팬데믹 상황에서 개인과 사회는 정보의 과잉과 정보의 부족으로 인한 문제 모두에 노출되어 있었다.

코로나19의 경험을 반추해 보면 코로나 동안 우리는 코로나19 관련 정보의 과잉에 시달렸다. 전례도 없고 예측되지도 않는 보건 위기 충격은 코로나19와 관련된 것이라면 모든 것이 뉴스가 되고 확대 재생산 되었다. 한동안 뉴스의 헤드라인은 코로나19 확진자 추이와 정부의 코로나19 대응정책으로 채워졌었고, 확진자 몇 명, 사망자 몇 명이 뉴스가 되던 시기였다. 이렇게 범람하는 뉴스를 다시 개인들이 자신들의 소셜미디어와 온라인 채팅방으로 퍼다 나르면서 코로나19 팬데믹과 관련된 정보가 범람했다. 이로 인해 팬데믹 동안에 병원균의 확산으로 인한 개인과 사회의 손실을 가중시키는 결과를 초래했다. 개인들은 정보를 처리하기 위해 더 많은 비용과 시간을 소비해야 하고, 범람하는 정보 속에 섞여 있는 허위정보와 오정보로 인한 비용도 감내해야 했다.

정보의 부족도 문제였다. 전례가 없는 팬데믹은 정보의 부족 문제도 필연적으로 내포한다. 감염병을 유발하는 병원체에 대한 정보가 부족했기 때문에 코로나19 확산 초기 감염병의 원인과 예방법에 대해 잘못된 정보가 넘쳐났고, 코로나19 중후반에는 치료법과 백신의 효능에 대한 논쟁이 계속되었다. 코로나19 바이러스에 대한 정보의 부족은 바이러스에 대한 불확실성만 높인 것이 아니다. 코로나19 바이러스의 불확실성은 다양한 사회적 문제를 유발했다. 우선 정부가 팬데믹과 관련하여 제시하는 대응정책의 효과성과 적시성에 대한 의문이 항상 제기되었다. 또한 병원체에 대한 정보의 부족과 불확실성은 코로나19와 관련한 다양한 잘못된 정보와 가짜뉴스가 발생할 수 있는 환경을 제공하였다. 특히 코로나19와 관련한 가짜뉴스는 코로나19 감염의 원인과 예방법과 관련된 것 뿐만 아니라 정부의 대응정책, 더 나아가 사회적 이슈와 결합한 것까지 다양한 형태의 가짜뉴스가 코로나19 관련 정보 부족의 틈을 따라 발생하였다. 이로 인해 코로나19 내내 코로나19와 관련된 가짜뉴스로 인한 개인적·사회적 비용을 지불해야 했다.

코로나19와 같은 감염병으로 인한 보건 위기 상황에서 왜 정보가 중요한가? 정확하고 적절한 정보가 팬데믹으로 인한 피해를 최소화하고 감염병 확산에 효과적으로 대응하는 데 가장 기본적인 요소이기 때문이다. 감염병의 원인, 예방법 등에 대한 정확한 정보는 개인들이 감염병에 적절히 대응할 수 있도록 한다는 점에서 감염병으로 인한 피해를 최소화하는 데 핵심적이다.

또한 감염병에 대한 정보의 질은 정보에 대한 신뢰 뿐만 아니라 정보를 제공하는 정책 당국에 대한 신뢰에도 영향을 주기 때문에 개인들이 정부가 감염병과 관련하여 제시하는 대응정책을 따를 것인가를 결정하는 핵심적인 요소이기도 하다. 더 나아가 위기 상황에서 감염병과 관련된 정확한 정보는 잘못된 정보로 인한 사회적 손실을 최소화하고 더 나아가 정부의 정책에 대한 신뢰에 영향을 미칠 수도 있다.

이 장에서 코로나19 기간 동안의 정보의 문제를 분석하기 위해 조사 시기가 다른 총 7개의 사회조사 데이터를 활용하였다. 단일 패널 조사 데이터가 아니라 서로 다른 조사를 활용함으로 인해 각 시기별 특징을 단편적으로 보여준다는 한계가 있기는 하지만 한국 사회가 경험했던 코로나19 팬데믹과 관련된 정보의 문제를 객관적 데이터를 통해 분석하고 있다는 점에서 팬데믹 각 시기의 정보의 문제를 이해하는 데 도움이 된다.

표 7-1 ▶ 분석에 활용한 데이터 목록

데이터명	조사기관	조사기간
코로나19 이후 국민의 일상 변화 조사 (코로나19 일상 변화 조사)	한국언론진흥재단	2020.8~9
언론수용자조사	한국언론진흥재단	2021.5~7
사회경제적 위기와 사회통합 실태조사 (사회경제적 위기 조사)	한국보건사회연구원	2021.6~9
코로나19의 사회적 영향과 시민의식 2차 패널조사 (코로나19 패널조사)	고려대학교 거버넌스다양성센터	2021.8
코로나19 감염병 공중보건 위기관리 정부 대응 및 백신 접종 안전성에 대한 인식조사 (코로나19 감염병 조사)	한국행정연구원	2022.4~5
코로나19의 영향과 사회통합 실태조사 (코로나19 영향 조사)	한국보건사회연구원	2022.6~8
정치·경제 인식 조사 (ABS 6차 한국 조사)	고려대학교 거버넌스다양성센터	2022.6~7

코로나19의 각 국면에서 차이를 반영하기 위해 코로나19 초기인 2020년부터 2022년 사이의 조사를 활용하였다. 코로나19 초기에 해당하는 2020년에 수집된 '코로나19 이후 국민의 일상 변화 조사(코로나19 일상 변화 조사)'는 한국언론진흥재단이 전국 만 19세 이상 성인 남녀 1,000명을 대상으로 2020년 8월 21일부터 9월 4일까지 실시한 조사이다.

2021년에 수집된 데이터는 총 3가지를 활용하였다. 우선 한국언론진흥재단이 실시한 언론수용자조사는 전국 만 19세 이상 성인 남녀 5,010명을 대상으로 2021년 5월 31일부터 7월 11일까지 대면 면접조사 방식으로 수집되었다. 둘째, 한국보건사회연구원(보사연)의 '사회경제적 위기와 사회통합 실태조사(사회경제적 위기 조사)'는 2021년 6월 21일부터 9월 17일 사이에 전국 성인 3,923명을 대상으로 대면 면접조사 방식으로 수집되었다. 마지막으로 고려대학교 거버넌스다양성센터(VoG)의 '코로나19의 사회적 영향과 시민의식 2차 패널조사(코로나19 패널조사)'는 2021년 8월 19일부터 8월 30일까지 전국 1,103명 성인 남녀를 대상으로 수집되었다.

2022년 데이터는 총 3가지 조사를 활용하였다. 한국행정연구원(KIPA)의 '코로나19 감염병 공중보건 위기관리 정부 대응 및 백신 접종 안전성에 대한 인식조사(코로나19 감염병 조사)'는 2022년 4월 26일부터 5월 6일까지 온라인 패널을 이용한 웹 조사 방식으로 수집되었다. 만 19~74세 전국 성인 남녀 1,000명을 대상으로 실시하였으며 표본추출은 인구통계학적 분포에 따른 비례층화추출 방식을 활용하였다. 두번째 조사는 한국보건사회연구원(보사연)의 '코로나19의 영향과 사회통합 실태조사(코로나19 영향 조사)'로 2022년 6월 18일부터 8월 30일까지 전국 성인 남녀를 대상으로 실시한 조사이다. 표본의 크기는 4,000명이며 대면 면접조사의 방식으로 수집되었다. 마지막으로 고려대학교 거버넌스다양성센터가 수집한 '정치·경제 인식 조사(ABS 6차 한국 조사)'는 2022년 6월 29일부터 7월 21일까지 전국 성인 1,216명을 대상으로 일대일 면접조사 방식으로 조사되었다.

이 장에서는 지난 코로나19 팬데믹 과정에서 경험했던 코로나19와 관련된 정보에 관련된 현상과 문제에 대한 주요한 논의를 앞서 소개한 7개의 데이터를 활용하여 분석한다. 특히 이 장에서는 코로나19와 관련된 잘못된 정보와 가짜뉴스에 누가 취약했으며, 코로나19 동안 발생한 인포데믹의 현상, 그리고 미디어 환경 변화에 따른 정보의 습득경로와 행태가 위기 상황에서의 정보의 신뢰 및 정부의 대응정책 평가에 미치는 영향을 다양한 데이터를 활용하여 분석한다. 이를 통해, 미래에 코로나19와 같이 알려지지 않은 감염병의 확산이 발생했을 때 감염병과 관련된 정보의 문제에 어떻게 대비하고 대응해야 할 것인가에 대한 시사점을 찾고자 한다.

Ⅱ 코로나19에 대한 잘못된 정보와 가짜뉴스

코로나19와 관련한 정보의 부족과 과잉이 야기한 가장 핵심적인 문제 중에 하나가 코로나19 관련 오정보(misinformation)와 가짜뉴스(fake news)의 확산이다. 코로나19의 기억을 상기해 보면 정말 다양한 형태와 유형의 코로나19 관련 가짜뉴스가 생산·유포 되었고, 이로 인해 상당한 사회적 비용을 지불해야 했다. 이 절에서는 가짜뉴스의 개념에 대해 살펴보고, 코로나19 팬데믹과 관련하여 어떠한 종류의 가짜뉴스가 유통되었고, 누가 이러한 가짜뉴스에 취약한지를 분석한다.

1 가짜뉴스의 개념

가짜뉴스의 문제는 비단 코로나19 팬데믹에서 발생한 문제가 아니다. 이전에도 가짜뉴스의 문제점에 대한 다양한 인식이 있었지만, 가짜뉴스가 주요한 사회 이슈로 두드러진 것은 2016년 미국 대통령 선거 과정에서다.

오늘날 '가짜뉴스'라는 개념은 학계를 비롯하여 언론에서 보편적으로 사용해 오고 있지만 거짓 정보, 풍자적 가짜뉴스(satirical fake news), 오인정보, 유언비어(rumor), 오정보(misinformation) 등의 개념 등과 혼용하여 사용해 왔다(황용석·권오성, 2017, 57). 최근에는 가짜뉴스가 뉴스라는 형식으로 그 범위를 제한하고 뉴스라는 이름으로 말미암아 정당성을 부여받을 수도 있다는 견지에서 가짜뉴스의 부정적인 측면만을 강조하여 허위조작정보(disinformation)라는 개념으로 대체해서 사용하기도 한다(정두흠·박지혜, 2021).

표 7-2 정보, 오정보, 허위조작정보의 특성

속성	정보 (information)	오정보 (misinformation)	허위조작정보 (disinformation)
사실성	Y	Y/N	Y/N
완벽성	Y/N	Y/N	Y/N
통용성	Y	Y/N	Y/N
정보성	Y	Y	Y
기만성	N	N	Y

출처: Karlova & Fisher(2013)

가짜뉴스 또는 허위조작정보의 개념을 구체화하기 위하여 학자들은 다양한 노력을 기울여 왔는데, 대표적으로 Karlova & Fisher(2013)는 허위정보를 판단하는 5가지 기준(사실성, 완전성, 통용성, 정보성, 기만성)을 통해 정보(information)와 오정보(misinformation), 허위조작정보(disinformation)의 개념을 구체화한다.[1] Karlova & Fisher(2013)의 기준에서 오정보는 수용자를 속이

---

1   1) 사실성(truthfulness)은 정보의 내용이 사실 또는 진실인지 아닌지, 2) 완전성(completeness)은 정보로서 필요한 내용을 모두 포함하는지 여부, 3) 통용성(currentness)은 해당 정보가

려는 의도와 목적은 없었으나 정보 일부가 사실 또는 진실이 아니거나 실제 생활과 관련성이 없는 정보를 의미한다. 반면에 허위조작정보는 정보의 수용자를 속이려는 의도와 목적을 가지고 정보 일부가 사실 또는 진실이 아니거나 실제 생활과 관련성이 없는 정보를 의미한다. 따라서 허위조작정보를 정보 또는 오정보와 구별하는 가장 핵심적인 개념은 의도와 목적을 가지고 속이려는 의도가 있었는지 아닌지(기만성)라 할 수 있다.

일반적으로 학자들은 의도와 목적(기만성)을 가지고 잘못된 정보(false information)를 포함하고 있는 허위조작정보를 가짜뉴스로 구분한다(성욱제·정은진, 2020). 보다 넓게는 고의성이 없는 잘못된 정보를 포함한 오정보(misinformation)도 가짜뉴스의 범위에 포함하고 하지만, 의도성 여부를 가지고 있는 허위조작정보를 확실한 가짜뉴스로 판단하는 것이 일반적이다.

그럼에도 불구하고 현실에서 가짜뉴스를 판단하는 것은 여전히 쉽지 않다. 정보의 속성을 구분하고 가짜뉴스의 범주를 정했지만, 그 판단은 여전히 모호하게 남아 있다. 현실에서 가짜뉴스인지를 판단하기 위해서는 우선 포함된 정보가 사실 또는 진실인지 판단하여야 하는데 전체 중 일부만 거짓된 정보를 포함하는 경우나 교묘하게 사실과 거짓을 섞어놓았을 때 가짜뉴스인지 여부를 판단하는 것이 어렵다. 한편으로, 가짜뉴스 생산자가 수용자를 속이려는 의도와 목적을 가졌는지를 수용자 뿐만 아니라 제3자의 관점에서 파악하는 것도 쉽지 않지 않다.

허위조작정보의 확산은 단순히 잘못된 정보의 전달에 그치지 않는다. 개인들이 가짜뉴스에 대한 진실한 정보를 알게 되더라도 기존에 가지고 있던 잘못된 정보에 천착하는 경향성을 보인다(노성종 외, 2017; Swire et al., 2017; Wardle & Derakhshan, 2017). 따라서 한번 허위조작정보가 유통되고 수용되고

실제 생활과 관련성이 있는지, 4) 정보성(informativeness)은 정보로서의 가치가 있는지, 5) 기만성(deceptiveness)은 정보의 생산자가 정보의 수용자를 속이려는 의도와 목적을 가지고 있었는지를 의미한다.

나면 이를 바로잡기 위해서는 상당한 시간과 노력을 투입해야 하는 사회적 비용을 초래한다. 또한 기존의 허위조작정보에 관한 다양한 연구들은 허위조작정보로 인해 미디어에 대한 신뢰뿐만 아니라 체제와 제도 전반에 대한 신뢰가 저하된다고 분석한다(Emanuelson, 2018; Ognyanova et al., 2020).

코로나19와 같은 감염병으로 인한 공중보건 위기 상황에서 오정보와 가짜뉴스의 확산은 더 심각한 문제를 초래할 수 있다. 신속한 대처가 요구되고 감염병이 개인의 건강과 생명에 직접적이고 심각한 영향을 미칠 수 있기 때문이다. 감염병의 예방법, 백신, 정부의 대응정책 등에 대한 가짜뉴스의 확산은 감염병에 적절하게 대처하지 못해 수용자 개인과 사회에 돌이킬 수 없는 비용을 초래한다.

② 코로나19 가짜뉴스의 유형과 특징

코로나19 팬데믹 기간에 다양한 가짜뉴스가 생산되어 유통되었지만 사실 얼마나 많은 수의 가짜뉴스가 생산되고 확산되었는지 현실적으로 파악하기 어렵다. 가짜뉴스에 대한 정의 조차 모호하고, 담긴 내용이 온전히 허위인 경우부터 일정한 사실을 포함하는 가짜뉴스까지 다양한 형태가 여러 주체에 의해 생산되기 때문에 가짜뉴스인지 아닌지를 파악하는 것이 쉬운 일이 아니다. 따라서 코로나19 가짜뉴스를 연구하는 학자들은 주로 주요 팩트체크 기관들[2]이 판단한 가짜뉴스를 대상으로 분석하고 있다(정영주 외, 2021; 성욱제·정은진, 2020). 가짜뉴스에 대한 자료가 제한적이고 분석 기간 및 분석 방법 등에 따라 분석의 결과가 다르게 나타난다.

코로나19 팬데믹에 대한 가짜뉴스의 성격은 조작 주체, 조작 대상, 조작 방식, 조작 시기에 따라 다양하게 유형화할 수 있다. 우선 기존 연구를 살펴

---

2   대표적으로 서울대 SNU 팩트체크센터, JTBC 팩트체크, 민주언론시민연합 모니터링, 연합뉴스 팩트체크 등이 있다.

보면 조작 주체는 대체로 출처불명 또는 신원미상인 경우가 압도적으로 가장 많다(정두흠·박지혜, 2021; 성욱제·정은진, 2020). 정치인, 언론인, 연예인, 공무원, 전문가 등이 가짜뉴스를 생산하기도 하지만 대체로 익명의 주체가 코로나19와 관련된 가짜뉴스를 만들어 냈다. 이렇게 가짜뉴스의 생산 주체가 익명이다 보니 가짜뉴스를 판단하는 기준 중에 하나인 생산자가 수용자를 속이려는 의도와 목적을 파악하는 것이 어렵고, 가짜뉴스로 인해 발생하는 개인적·사회적 피해에 대한 책임을 묻고 가짜뉴스를 억제하는 것도 어렵다.

정보의 조작 대상도 코로나19와 관련된 다양한 주제를 대상으로 하는 특징을 보인다. 예를 들어 정영주 외(2021)가 2020년 1년 동안 SNU 팩트체크센터의 208건의 가짜뉴스를 분석한 연구에 따르면 의학정보, 정부 대응, 사회문제와 관련하여 코로나19 관련된 가짜뉴스의 내용을 조작하는 특징을 보인다고 분석한다. 반면에 2020년 1~10월 사이에 7개의 팩트체크 기관이 수집한 106개의 가짜뉴스를 분석한 정두흠·박지혜(2021)의 연구에서는 방역 연계사안, 정치사회제도, 코로나19 확진자, 코로나19 특징 등의 내용을 조작하여 가짜뉴스를 생산해 낸 것으로 나타난다.

코로나19와 관련된 가짜뉴스는 코로나의 진행 단계별로 다른 유형의 가짜뉴스가 생산되고 확산되는 특징을 보였다. 예를 들어 성욱제·정은진(2020)은 2020년 1~9월 사이에 수집한 한국의 코로나19 관련 가짜뉴스 154건과 미국의 155건을 분석하였는데, 그들은 코로나19 출현 초기에는 발생경로, 예방·치료, 증상과 관련된 가짜뉴스가 주로 보도되는 반면, 점차 시간이 지남에 따라 검사·진단, 발생 동향, 재난지원 등과 관련된 가짜뉴스의 비중이 증가한다고 분석한다.

내용적 측면에서 코로나19 관련 가짜뉴스는 코로나19 바이러스의 특징과 관련된 가짜뉴스뿐만 아니라, 예방법, 백신, 방역 정책 등 다양한 측면에서 조작이 이루어졌다. 기존에 알려지지 않은 코로나19 바이러스는 발생 초기 바이러스에 대한 정보의 부족으로 인해 바이러스의 전염력, 예방법, 감염에 따른 증상 등과 관련한 오정보와 가짜뉴스를 만들어 냈다. 더욱이 전 지

구적인 확산에 따라 개별 국가의 사회·경제·정치 모든 측면에서 코로나19
에 영향을 받게 되면서 코로나19와 관련된 가짜뉴스가 다른 사회적, 정치적
이슈와 결합하여 확산되는 특징을 나타내기도 한다.

표7-3　코로나19 관련 가짜뉴스의 예시

- "헤어드라이어 열을 가하면 바이러스가 죽는다."
- "소금물과 식초로 가글을 하면 코로나19 바이러스 소독효과가 있다."
- "마늘, 생강, 양파, 유산균 섭취 등으로 코로나19 감염을 막을 수 있다."
- "코로나19 바이러스는 열에 약하기 때문에 뜨거운 물이나 차를 자주 마시면 면역에 도움이 된다."
- "성소수자의 '문란함' 때문에 코로나가 확산된다."
- "바이러스에 취약한 특정 집단, 인종, 민족이 있다."
- "마스크를 전자레인지에 돌리고 알코올로 소독하면 재사용할 수 있다."
- "독감 백신이 코로나19 감염 위험 높인다."
- "코로나19 백신이 치매나 유전자 변형을 일으킨다."
- "美 의료진 60명, 주한미군 기지서 코로나19 백신 개발했다."
- "아스트라제네카 백신은 선진국에서는 안 맞는데 우리나라에서만 맞는다."
- "외국인에게 검진치료비를 무료로 지원하는 국가는 우리나라뿐이다."

출처: SNU 팩트체크, 루머를 앞선 팩트(Facts before Rumors) 캠페인 등의 내용을 조합

　예를 들어, 〈표 7-3〉은 코로나19 동안 한국 사회에 확산되었던 코로나
19 관련 가짜뉴스의 예시인데, 소금물이나 마늘, 헤어드라이어 등으로 코로
나19를 예방할 수 있다는 코로나19 바이러스의 특징이나 예방법과 관련된
가짜뉴스가 확산되었다. 또한 코로나19 발생 초기 백신 개발 및 수급의 문제
를 경험하면서 코로나19 백신과 관련된 다양한 가짜뉴스도 생산되었으며,
성소수자나 특정 집단, 인종이 바이러스에 취약하거나 이바지한다는 등의
기존 성소수자에 대한 혐오 정서와 결합한 가짜뉴스도 생산되었다. 더 나아
가 우리나라만 외국인에게 무료 검진을 제공한다는 등과 같은 정부의 보건
정책과 관련된 가짜뉴스가 다양하게 유통되는 특징을 보였다.

그림 7-1 **코로나19 관련 가짜뉴스를 신뢰하는 정도**

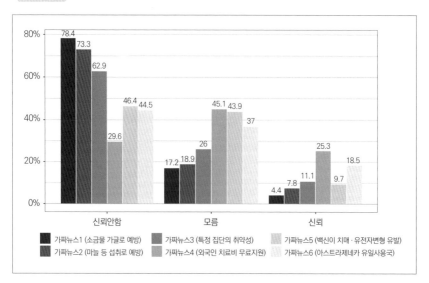

출처: 고려대학교 거버넌스다양성센터 코로나19 패널조사(2021)

　　개인들은 가짜뉴스를 얼마나 신뢰하였을까? 〈그림 7-1〉은 2021년 고려
대학교 거버넌스다양성센터가 2021년 조사한 코로나19 패널조사에서 6개
의 가짜뉴스에 대한 개인들이 신뢰하는 정도를 묻는 문항들에 대한 응답이
다.[3] 유형별로 보면, 코로나19 관련하여 바이러스의 특징이나 백신과 관련
된 개인 가짜뉴스를 신뢰하는 비율이 낮았다. 감염예방과 관련된 가짜뉴스

3　아래 6개의 코로나19 관련 가짜뉴스와 관련하여 "귀하께서는 코로나19와 관련한 다음의
　　정보에 대해서 얼마나 신뢰하십니까?"라는 질문에 대해 '전혀 신뢰하지 않음'(1)에서 '매
　　우 신뢰함'(5) 중 보기에 응답한 결과이다:
　　(1) 소금물과 식초로 가글하면 코로나19 바이러스가 제거된다.
　　(2) 마늘, 생강, 양파, 유산균 섭취 등으로 코로나19 감염을 막을 수 있다.
　　(3) 바이러스에 취약한 특정 집단, 인종, 민족이 있다.
　　(4) 외국인에게 검진치료비를 무료로 지원하는 국가는 우리나라뿐이다.
　　(5) 코로나19 백신이 치매나 유전자 변형을 일으킨다.
　　(6) 아스트라제네카 백신은 선진국에서는 안 맞는데 우리나라에서만 맞는다.

1과 2를 신뢰하는 비율은 4.4%와 7.8%로 가장 낮았으며, 특정 집단이 바이러스에 취약하거나 백신이 치매나 유전자 변형을 일으킨다는 가짜뉴스를 신뢰하는 비율도 9.7%에 그쳤다. 반면에 정부의 코로나19 대응정책과 관련된 가짜뉴스를 신뢰하는 비율은 상대적으로 높은 양상을 보인다. 한국이 유일하게 외국인의 치료비를 무료로 지원하는 국가라는 가짜뉴스(가짜뉴스4)를 신뢰하는 비율은 25.3%로 가장 높았으며, 백신 정책과 관련된 가짜뉴스6을 신뢰하는 비율도 18.5%로 다른 가짜뉴스의 유형에 비해 개인들이 신뢰하는 비율이 높았다. 이러한 특징은 객관적인 과학적 지식이나 사실을 통해 확인할 수 있는 코로나19 관련 가짜뉴스를 신뢰하는 비율은 상대적으로 낮았지만, 정부의 코로나19 대응정책과 관련한 가짜뉴스에 대해서는 개인들이 상대적으로 취약했음을 의미한다.

그림 7-2 성별 및 교육 수준에 따른 가짜뉴스1과 가짜뉴스4에 대한 신뢰 정도

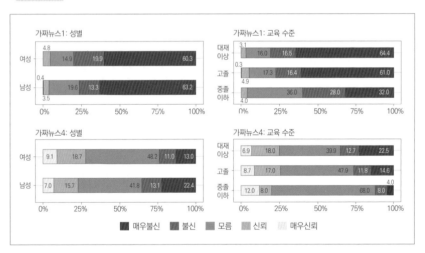

출처: 고려대학교 거버넌스다양성센터 코로나19 패널조사(2021)

〈그림 7-2〉는 코로나19 바이러스 예방과 관련된 가짜뉴스1과 대응정책과 관련된 가짜뉴스4(외국인 치료비 무료 지원)에 대한 성별 및 교육 수준에 따

른 신뢰수준을 보여준다. 가짜뉴스1(소금물 가글로 예방)의 경우 여성이 남성보다, 교육 수준이 높을수록 가짜뉴스를 신뢰하지 않는 경향이 있다고 평가된다. 우선 여성이 신뢰하지 않는 비율(매우 불신+불신)은 80.1%, 신뢰하는 비율(매우 신뢰+신뢰)이 4.8%로, 남성이 신뢰하지 않는 비율 76.5%, 신뢰하는 비율 3.9%에 비해 크다. 교육 수준에 따라서도 가짜뉴스1을 신뢰하는 사람과 신뢰하지 않는 사람 사이의 격차가 교육 수준이 증가할수록 증가하는 것을 확인할 수 있다. 이러한 경향은 가짜뉴스에 대한 기존의 연구 결과와도 유사하다(Duplaga, 2020; 조은희, 2019). 대학재학 이상의 경우 신뢰하지 않은 비중이 80.9%, 신뢰하는 비율이 3.1%이다. 반면에 고등학교 졸업이면 78%가 신뢰하지 않는다고 응답하였고, 중학교 졸업 이하에서는 60%가 신뢰하지 않는다고 응답하였다. 따라서 교육 수준이 높아질수록 가짜뉴스1을 덜 신뢰하는 경향이 있다고 볼 수 있다.

가짜뉴스4의 경우에는 남성이 여성보다, 교육 수준이 높을수록 가짜뉴스를 덜 신뢰하는 경향을 나타낸다고 평가할 수 있다. 여성이 가짜뉴스4를 신뢰하는 비율(매우 신뢰+신뢰)은 27.8%, 남성이 22.7%이고, 신뢰하지 않는 비율이 여성은 24%, 남성은 35.5%로 남성이 여성보다 가짜뉴스4를 신뢰하지 않는 것을 알 수 있다. 반면에 교육 수준에 따라서는 가짜뉴스4를 믿지 않는 비율(매우 불신+불신)은 대학재학 이상에서는 35.2%, 고졸에서는 26.4%, 중졸 이하에서는 12%로 감소하는 특징을 보인다. 따라서 여성이 남성보다, 그리고 학력이 낮을수록 코로나19와 관련된 가짜뉴스를 더 신뢰하고 상대적으로 코로나19 가짜뉴스에 더 취약했다고 평가된다.

그림 7-3 가짜뉴스에 대한 신뢰를 결정하는 요소

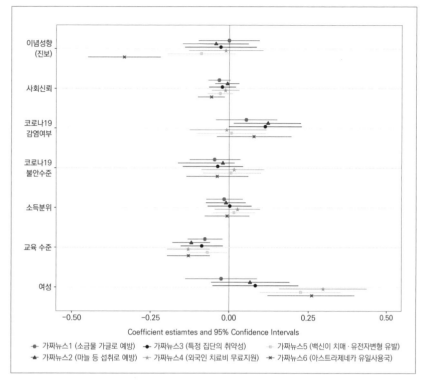

출처: 고려대학교 거버넌스다양성센터 코로나19 패널조사(2021)

개인들의 어떤 특징이 가짜뉴스에 대한 신뢰수준을 결정하는가? 〈그림 7-3〉은 개인들의 정치적 정향, 코로나에 대한 염려 수준, 사회경제적 특성 등이 여섯 가지 가짜뉴스의 신뢰 정도에 미치는 효과를 다중회귀분석(multiple linear regression)으로 분석한 결과이다.[4] 그림에서 점은 회귀계수(coefficient)를 의미하며 선의 길이는 계수의 95% 신뢰수준에서는 신뢰구간

---

4 분석에 포함된 변수는 다음과 같이 측정되었다: 이념성향(보수=0~진보=10); 사회신뢰(매우 불신=1~매우 신뢰=4); 코로나감염여부(감염=1, 비감염=0); 코로나19 불안 수준(매우 적다=1~매우 크다=5); 소득분위(1분위=1~5분위=5); 교육 수준(중졸 이하=1, 고졸=2, 대학 재학 이상=3); 여성(여성=1, 남성=0).

(confidence interval)을 의미한다.[5] 우선 회귀계수와 신뢰구간이 0을 지나지 않는 경우 독립변수가 코로나19 관련 가짜뉴스에 대한 신뢰에 긍정적 또는 부정적 영향을 미치고 있다고 평가할 수 있다.

우선, 교육 수준이 낮을수록 가짜뉴스를 더 신뢰하는 경향이 발견된다. 모든 가짜뉴스 유형에서 교육 수준의 회귀계수는 모두 음(-)이고 95% 신뢰구간도 모두 0보다 작다. 따라서 교육 수준이 낮은 경우 가짜 뉴스를 더 신뢰하는 경향이 있고 95% 신뢰수준에서 통계적으로 유의미하다. 둘째로 여성이 남성에 비해 가짜뉴스를 더 신뢰하는 경향이 발견된다. 가짜뉴스4, 5, 6에서 여성의 상관계수가 양(+)의 값이며 신뢰구간도 0에 걸쳐 있지 않으므로 정부의 코로나19 대응정책이나 백신과 관련한 뉴스에 대해 여성이 더 신뢰하는 경향이 있다.

이밖에 특이한 결과 중의 하나는 가짜뉴스6(아스트라제네카 유일사용국)의 경우 정치적 이념 성향이 진보적일수록 덜 신뢰하며, 사회적 신뢰가 높은 경우에는 신뢰하는 정도가 낮다고 평가할 수 있다. 또한 코로나19에 감염된 경험이 있을 때 가짜뉴스2(특정 집단의 취약성)를 더 많이 신뢰하는 경향이 있다고 분석된다. 하지만 대체로 가짜뉴스 1~6까지의 신뢰수준에 이념 성향, 사회신뢰, 코로나19 감염 여부, 코로나19 불안 수준, 소득 수준 등은 크게 영향을 미치지 않는다고 볼 수 있다.

가짜뉴스에 대한 신뢰가 교육 수준과 성별에 따라 달라진다는 점은 여러가지 시사점을 제시한다. 교육 수준이 낮을수록 가짜뉴스를 신뢰하는 경향이 있다는 것은 가짜뉴스에 대한 판단이 지적 수준과 이성적 판단 능력에 의

---

5 회귀계수와 신뢰구간은 종속변수와 독립변수 사이에 통계적으로 얼마나 유의미한 관계를 맺는지를 의미한다. 회귀계수가 0보다 작으면 부정적 영향이, 0보다 크면 긍정적 영향이 있음을 의미한다. 신뢰구간이 0을 지나가지 않으면 그 영향이 95% 신뢰수준에서 통계적으로 유의미하다고 해석된다. 반면에 상관계수와 신뢰구간이 모두 0보다 큰 구간에 위치하면 해당 독립변수가 종속변수에 긍정적 영향이 있음을 의미하며 통계적으로 95% 신뢰수준에 유의미하다고 해석된다.

해 결정된다는 점을 시사한다. 여러 이유가 있겠지만 교육 수준이 높은 경우 바이러스 등에 대한 과학적 지식을 더 많이 가지고 있어 뉴스의 내용을 좀 더 객관적이고 정확하게 파악할 수 있기 때문이다. 교육과정 속에서 함양할 수 있는 과학적 지식 뿐만 아니라 교육과정 속에서 함양할 수 있는 합리적이고 객관적인 상황판단능력도 가짜뉴스의 허위성과 의도성을 파악하는 데 도움이 된다고 할 수 있다. 따라서 코로나19 팬데믹과 같은 상황이 발생하였을 때, 상황에 대한 객관적이고 신뢰할 수 있는 지식과 정보를 제공하는 것이 위기 상황에서의 가짜뉴스를 억제하는 가장 기본적인 대안이라 할 수 있다. 또한 가짜뉴스를 억제하고 교정하려는 노력도 중요하지만, 보다 근본적인 대안은 교육과정의 질을 높이고 교육에 대한 접근성을 높여 공중보건에 대한 인식을 높이는 것이 필요하다는 점을 시사한다.

여성과 남성이 코로나19 팬데믹 상황에서 특정 가짜뉴스에 대해 취약성이 다르다는 점도 다양한 시사점을 제시한다. 여성이 남성에 비해 정부의 코로나19 대응정책이나 백신에 대한 가짜뉴스를 더 신뢰하는 경향을 보이는데, 이러한 경향은 성별에 따라 가짜뉴스에 노출되는 정도, 감염병과 백신에 대한 불안의 차이, 정부와 정부 정책에 대한 기본적인 신뢰수준의 차이 등 다양한 요소가 성별에 따라 다르게 나타남을 의미한다. 따라서 위기 상황에서 정부가 대응정책을 마련할 때 성별에 따라 다른 불안과 신뢰 수준 및 상황인식 등을 고려하여 정책을 마련할 필요가 있다. 더 나아가 정책을 홍보할 때도 이러한 요소를 고려하여 대상에 따라 다른 전략을 마련할 필요성이 있음을 시사한다.

미디어 환경의 변화와 인포데믹

코로나19 팬데믹이 확산되어 가는 과정에서 인포데믹에 대한 우려는 2000년대 이후 급속하게 변화한 미디어 환경에 기인한다. 정보통신기술의 발달과 더불어 다양한 정보매체의 등장으로 인해 개인의 정보에 대한 접근성과 소비하는 정보의 양이 비약적으로 증가하였다. 특히 소셜미디어와 온라인 동영상 플랫폼 등의 활용 증가는 개인이 정보의 소비자인 동시에 정보의 생산자 역할도 수행할 수 있게 만듦으로써 정보와 뉴스의 양과 질에 큰 변화를 초래하였다. 이러한 측면에서 지난 코로나19 팬데믹 기간의 미디어 환경이 어떻게 변화하였고, 코로나19 팬데믹에서 개인들은 코로나19 관련 정보를 얻는 과정에서 어떠한 어려움을 경험하였는지 살펴보고자 한다.

① 미디어 환경의 변화와 코로나19 정보습득경로

코로나19 팬데믹 기간에 한국의 미디어 환경변화의 가장 큰 특징은 레거시 미디어의 쇠퇴와 뉴 미디어의 성장을 통한 뉴스 소비의 증가라 요약할 수 있다. 〈그림 7-4〉는 2011년부터 2021년까지 한국언론진흥재단의 언론수용자조사에서 응답자의 매체별 뉴스 이용률 추이를 나타내는 그래프이다. 점선은 텔레비전, 종이신문, 라디오 등의 레거시 미디어이고, 실선은 인터넷 포털, 메신저, SNS, 온라인 동영상 플랫폼을 포함하는 뉴 미디어를 나타낸다. 매체별 뉴스 이용률 추이에서 가장 눈에 띄는 특징은 레거시 미디어의 쇠퇴다. 2011년과 비교했을 때 여전히 텔레비전을 통해 뉴스와 정보를 획득한다는 비율이 2020년 기준 85%로 가장 높지만, 2011년 95.3%에 비해 감소하였다. 종이신문과 라디오의 경우 그 감소 폭과 비율이 더 큰데 종이신문의 경우 2011년 44.6%의 응답자가 뉴스를 얻기 위해 이용했던 것에 비해 2020년에는 10.2%로 감소하는 양상을 보인다. 신문도 2011년 26.8%에서

2020년 8.1%로 감소하였다.

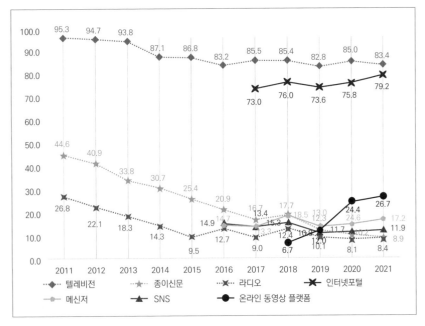

그림7-4　매체별 뉴스 이용률 추이

출처: 한국언론진흥재단 언론수용자조사(2011~2021)

　두 번째 특징은 새로운 뉴 미디어를 활용한 뉴스 이용률의 증가이다. 인터넷 포털의 경우 조사를 시작한 시점인 2017년 73%의 이용률을 보인 이후 증가하는 추세를 보이며 2021년에는 79.2%로 텔레비전의 이용률과 불과 4.2%밖에 차이가 나지 않는다. 이러한 추세가 지속되면 몇 년 안에 인터넷 포털이 가장 많이 이용하는 뉴스 플랫폼이 될 것으로 예상된다. 다른 뉴미디어의 추세도 비슷한 양상을 보인다. SNS의 경우 2016년 14.9% 수준에서 매년 비슷한 10%대 초반의 비율을 유지하고 있으며 2020년에는 종이신문과 라디오의 이용률을 추월하였다. 메신저도 2016년 14.7%의 수준에서 증가하는 추세를 나타내며 2021년에는 이용률이 17.2%가 증가하였고

2018년에 신문과 라디오의 이용률을 추월하였다. 가장 눈에 띄는 변화를 보이는 뉴 미디어 플랫폼은 온라인 동영상 플랫폼이다. 2018년 처음 조사를 시작하여 6.7%를 기록한 이후 2019년 12%, 2020년 24.6%, 2021년에는 26.7%로 급격히 상승하는 추세를 보이며 같은 기간 어느 매체보다 이용률이 급격히 증가하였다.

종합해 볼 때 개인들은 다양한 플랫폼을 통해 뉴스와 정보를 획득할 가능성이 증가하였다고 평가된다. 또한 SNS, 온라인 동영상 플랫폼 등의 활용 증가는 개인들이 주도적으로 정보를 생산하고 확산시키는 데 이바지할 수 있는 환경을 제공할 것으로 예상해 볼 수 있다.

그림 7-5 코로나19 관련 정보 획득경로

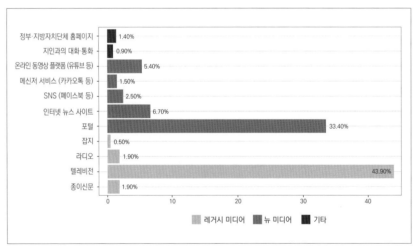

출처: 한국언론진흥재단 코로나19 일상 변화 조사(2020)

미디어 환경 변화에 따라 코로나19 팬데믹 기간에 개인들은 코로나19에 대한 정보를 획득하면서 레거시 미디어뿐만 아니라 다양한 뉴 미디어를 통해 정보를 획득하는 경향을 보여왔다. 〈그림 7-5〉는 한국언론진흥재단이 2020년 실시한 코로나19 일상 변화 조사의 데이터로 코로나19와 관련된 정보를 획득하기 위해 가장 많이 활용하는 매체에 관한 결과이다. 우선 약 44%의 비율의 응답자가 코로나19에 대한 정보를 텔레비전으로 획득하였고, 그 다음으로 인터넷 포털이 33%로 큰 비중을 차지하였다. 이러한 추이는 앞서 살펴본 매체별 뉴스 이용률의 추이와 비슷하다.

둘째, 레거시 미디어와 뉴 미디어의 합계 비중을 비교했을 근소한 차이로 뉴 미디어의 비중이 높다는 특징을 보인다. 코로나19에 관련한 정보와 뉴스를 획득하는 데 있어 텔레비전의 압도적인 비중에도 불구하고 근소한 차이기는 하지만 뉴미디어의 활용 비율이 높았다. 이러한 특징은 레거시 미디어에 비해 뉴 미디어의 플랫폼이 다양하다는 점에 기인하는 것으로 보인다.

셋째, 코로나19에 대한 정보를 획득하는 주요한 수단으로 소셜미디어를 선택한 비중은 2.5%로 텔레비전이나 포털에 비하면 그 비중이 작지만, 다른 레거시 미디어인 신문(1.9%), 라디오(1.9%), 잡지(0.5%)보다는 높다. 이처럼 소셜미디어 등 뉴 미디어를 활용한 코로나19 관련 정보 획득 증가는 개인들이 코로나19 관련 가짜뉴스나 오정보에 노출될 가능성이 증가했다는 점을 시사한다. 레거시 미디어에서는 언론매체가 정보를 검증하고 신뢰할 수 있는 정보만 제공하는 문지기(gate keeper) 역할을 수행하였지만, 뉴 미디어 환경에서는 이러한 역할이 작동하지 않는다는 점에서 이러한 위험성은 더 증가하였다고 할 수 있다.

넷째, 코로나19와 관련된 정보를 획득하는 데 있어 응답자들은 정부의 공식적인 코로나19 정보를 직접 확인하지 않는다는 점이다. 그래프에서 보면 오직 1.4%의 응답자가 중앙정부나 지방자치단체가 직접 제공하는 코로나19 정보를 1순위로 활용한다고 답하고 있다.

그림 7-6 코로나19 관련 정보의 획득경로를 결정하는 요소

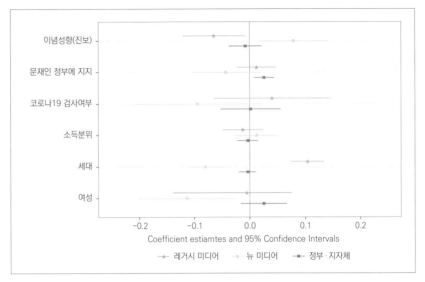

출처: 한국언론진흥재단 코로나19 일상 변화 조사(2020)

코로나19 관련 정보의 획득경로의 선택에 영향을 미치는 요소는 무엇인가? 〈그림 7-6〉은 코로나19 관련 정보를 얻는 경로에 따른 주요 사회경제적 요소 사이의 다중회귀분석 결과를 보여준다.[6] 우선 이념 성향에 따라 소비하는 미디어 플랫폼이 다름을 알 수 있다. 이념 성향이 보수적일수록 레거시 미디어를 소비하는 경향이 증가하며, 진보적일수록 뉴 미디어를 통해 코로나19 관련 정보를 획득하는 경향이 증가하는 추세를 보인다. 이러한 특징은 코로나19 관련 정보를 얻기 위해 이용하는 플랫폼이 정치화되어 있음을 의미한다.

둘째, 문재인 정부에 대한 지지 여부도 코로나19 관련 정보 획득경로 선

6 분석에 포함된 변수는 다음과 같이 측정되었다: 종속변수(각 미디어를 1 또는 2순위로 선택한 빈도, 0~2); 이념 성향(매우 보수적=1~매우 진보적=5); 문재인 정부에 지지(지지하지 않음=1~매우 지지함=5); 코로나19 검사 여부(감염=1, 비감염=0); 세대(20대=1~60대=5); 여성(여성=1, 남성=0).

택에 영향을 주는 것으로 나타난다. 문재인 정부를 지지할수록 뉴 미디어를 통해 코로나19 관련 정보를 획득하는 경향성이 감소한다. 반면에 문재인 정부를 지지하는 응답자일수록 중앙정부나 지방자치단체 홈페이지를 활용하여 코로나19 관련 정보를 획득하는 것으로 나타났다. 이러한 결과는 2020년 당시 문재인 정부를 지지하던 개인들이 정부 또는 지방자치단체 홈페이지를 활용하여 코로나19 정보를 획득하였다는 것으로, 정치적으로 지지하는 정부인 경우 정부의 홈페이지를 더 많이 방문하고 활용한다는 점을 시사한다.

셋째, 인구통계학적 특징 중에 연령과 성별도 코로나19 관련 정보 획득 경로 선택에 영향을 미치는 것으로 나타났다. 우선 나이가 많은 세대일수록 레거시 미디어를 소비하는 경향을 보이며 반면에 어린 세대일수록 뉴 미디어를 소비하는 경향을 보인다. 또한 여성이면 상대적으로 남성보다 뉴 미디어를 통해 코로나19 관련 정보를 적게 획득하는 것으로 나타났다. 하지만 코로나19 검사 여부나 소득 수준은 미디어 선택과 상관관계가 나타나지 않음을 알 수 있다.

한 가지 흥미로운 점은, 문재인 정부에 대한 지지가 높을수록, 그리고 여성이 남성이 비해 뉴 미디어를 활용하여 코로나19 정보를 획득하는 경향이 줄어든다는 결과이다. 보통 여성이 남성보다, 청년층이 장년층보다, 이념적으로 진보적인 사람이 보수적인 사람보다 SNS를 더 많이 활용한다는 것이 일반적 인식이다. 하지만 분석의 결과를 보면 코로나19와 관련된 정보에 대해서는 진보적 성향의 문재인 정부를 지지하는 경향이 있을수록 그리고 남성보다 여성 응답자가 코로나19 관련 정보를 획득하는 데 SNS를 활용하는 경향이 적었다. 이러한 결과에 대해 추가적인 분석이 필요하겠지만 우선 통계적으로 이념성향이 다른 독립변수로 분석에 포함되었기 때문에 해석상에 있어 이념성향이 동일한 경우에는 문재인 정부를 지지할 수록 SNS를 코로나19 관련 정보를 획득하는 데 활용하는 경향이 적다는 것을 의미한다.

한편으로 다음과 같은 추론이 가능하다. 첫째, 당시에 SNS에 통용되는 코로나19 관련 정보가 문재인 정부에 대해 비판적이었고 정부와 정부의 코로나19 대응정책에 비판적인 가짜뉴스가 많았기 때문에 문재인 정부 지지자들이 이를 코로나19 관련 정보 소스로 활용하지 않았을 가능성이 있다. 둘째로 일반적으로 진보가 보수보다, 여성이 남성보다 SNS를 더 많이 활용하는 경향이 있기는 하지만, 정보를 획득하는 목적으로 활용하는 정도는 이러한 일반적 경향과 다를 수 있다. SNS를 활용하는 것이 정보와 뉴스를 보는 수단보다는 개인적 소통이나 여흥을 위한 경우가 많고 정보와 뉴스의 획득 수단으로 활용하지 않을 가능성이 있다. 특히 코로나19와 같은 위기상황에서 평소 SNS의 활용과정에서 정보의 정확성과 신뢰성에 대한 의문점을 인지하고 있는 여성들이 공중보건 위기 상황에서 코로나19와 관련된 민감한 정보를 얻는 통로로 SNS를 활용하지 않을 가능성이 있다.

이러한 결과를 종합적으로 볼 때 코로나19 관련 정보를 획득할 때 이용하는 미디어 플랫폼은 개인의 정치적 정향과 나이에 크게 영향을 받는다고 평가할 수 있다. 정보의 소비 행태도 일종의 정치적 선택이며 세대 간의 차이가 있는 행태라는 것을 알 수 있다. 또한 일반적으로 레거시 미디어에 비해 뉴 미디어가 상대적으로 가짜뉴스와 오정보 등의 생산과 확산에 유리하다는 점을 고려할 때 일반적으로 정치적으로 진보적이고, 젊은 세대가 상대적으로 가짜뉴스와 오정보에 더 많이 노출되는 경향이 있을 것으로 예측해 볼 수 있다.

❷ 인포데믹의 현상

정보가 전염병처럼 확산되는 문제점을 의미하는 인포데믹(infodemic)은 정보의 과잉에 따른 문제점을 지적하는 개념이다. 특히 코로나19와 같은 감염병의 확산 상황에서 코로나19에 대한 정보가 감염병처럼 빠르게 확산되는 현상을 지칭하는 개념으로 언급됐다. 이러한 인포데믹의 문제는 정보의 과잉으로 인한 대중의 피로를 증가시키는 문제뿐만 아니라 범람하는 정보 속에서 가짜뉴스와 신뢰할 수 있는 정보에 관한 판단을 어렵게 한다는 문제점을 유발한다. 전례가 없는 코로나19에서 인포데믹의 문제는 미디어 환경의 변화에 따라 중요한 사회문제로 주목받았으며 시민들도 인포데믹으로 인한 문제점을 경험하였다.

그림 7-7   코로나19 관련 정보 이용시 문제점

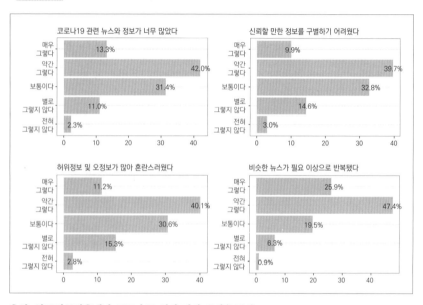

출처: 한국언론진흥재단 코로나19 일상 변화 조사(2020)

〈그림 7-7〉은 코로나19 관련 정보를 이용할 때 어떠한 문제점을 경험하였는지를 보여준다. 데이터는 한국언론진흥재단이 2020년에 실시한 코로나19 일상 변화 조사의 데이터를 활용하였다. 우선, 코로나19 동안 응답자들은 코로나19 정보를 이용할 때 정보의 과잉으로 인한 문제점을 경험하고 있는 것으로 보인다. "비슷한 뉴스가 필요 이상으로 반복됐다"의 긍정 비율이 약 73%, "코로나19 관련 뉴스와 정보가 너무 많았다"에 긍정응답 비율

이 약 55%로 절반 이상의 사람들이 과잉 생산된 정보로 인해 어려움을 느낀 것으로 나타났다. 2020년 8~9월에 실시된 조사인 점을 고려하면 아직 코로나19 바이러스의 특성에 대한 정확한 정보와 백신이 개발되지 않는 상황에서 사람들이 반복적으로 보도되는 코로나19 관련 뉴스로 인해 상당한 피로도를 느끼고 있었다는 것을 확인할 수 있다.

그림 7-8   세대 및 정치이념에 따른 코로나19 관련 정보의 문제인식 차이

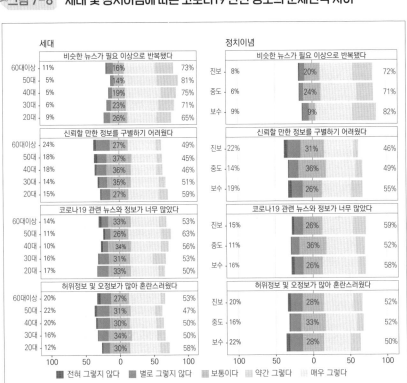

출처: 한국언론진흥재단 코로나19 일상 변화 조사(2020)

정보 범람에 따라 가짜뉴스와 정보의 신뢰도를 판단하는 것에도 문제를 경험하고 있는 것으로 보인다. 코로나19와 관련된 정보를 이용할 때 51.3%의 응답자들이 허위정보와 가짜뉴스의 어려움을 느끼는 것으로 나타났다.

또한 59.6%의 응답자는 신뢰할 만한 정보를 구별하기 어려웠다고 응답하고 있다. 획득할 수 있는 정보의 양이 증가하고 정보에 접근 가능성이 증가했음에도 불구하고 사람들은 이러한 정보의 과잉으로 인한 어려움과 잘못된 정보에 대한 두려움, 신뢰할 수 있는 정보의 문제에 지속해서 노출되고 있음을 알 수 있다.

세대별로 인포데믹에 대한 인식을 분석해 보면 60대 이상을 제외하고는 대체로 연령대가 높아짐에 따라 비슷한 뉴스가 반복되거나 정보의 양이 너무 많다고 느끼는 경향이 나타남을 알 수 있다. "비슷한 뉴스가 필요 이상으로 반복됐다"라는 질문에 20대 응답자 중 65%가 그렇다고 응답하였으나 30대 71%, 40대 75%, 50대 81%로 증가하는 양상을 보인다. "코로나 관련 뉴스와 정보가 너무 많았다"라는 질문에도 20대 응답자의 50%가 그렇다고 응답한 것에 비해, 30대 53%, 40대 56%, 50대 63%로 증가하는 추세를 보였다. 따라서 대체로 나이가 증가함에 따라 코로나19 관련 정보의 과잉 문제를 경험하고 있는 것으로 확인된다.

반면에 정보의 신뢰나 가짜뉴스와 관련된 문항에 대해서는 세대가 낮아질수록 이러한 문제에 더 많이 노출되어 있다는 특징을 보인다. "신뢰할 만한 정보를 구별하기 어려웠다"라는 질문에 대해 50대 응답자의 45%가 그렇다고 대답한 것에 비해, 40대는 46%, 30대는 51%, 20대는 59%의 응답자가 그렇다고 답하였다. 가짜뉴스의 문제와 관련해서도 "허위 정보 및 오정보가 많아 혼란스러웠다"라는 질문에 50대 응답자 중 47%가 그렇다고 응답한 것에 비해 40대와 30대는 50%, 20대는 58%의 응답자가 그렇다고 응답하고 있다. 이러한 세대별 차이는 정보의 과잉으로 인한 피로도가 장년 세대에 비해 젊은 세대가 상대적으로 낮음에도 불구하고 코로나19 관련 정보의 신뢰성에 대한 의문이나 가짜뉴스로 인한 혼란은 상대적으로 더 많이 경험하고 있음을 의미한다.

이념적인 차원에서는 "비슷한 뉴스가 필요 이상으로 반복된다"라는 질문을 제외하고는 대체로 진보와 보수에 따라서 그 차이가 크게 나타나지 않았다. 다만 비슷한 뉴스가 필요 이상으로 많이 반복되었다는 문항에 대해 진보성향의 응답자 중 72%가 그렇다고 답한 것에 비해 보수성향의 응답자의 82%가 그렇다고 답하고 있다. 이러한 차이에 대해 좀 더 다각적인 분석이 필요하지만, 가능한 설명 중에 하나는 당시 진보성향의 문재인 정부의 방역 성과와 관련된 정보가 많이 보도되고 있을 시기였다는 점에서 보수성향의 응답자가 이에 대한 피로도를 느끼고 있었다고 유추해 볼 수 있다.

종합적으로 보았을 때 미디어 환경이 급격한 변화를 맞이하고 있다고 평가된다. 우선 정보와 뉴스를 이용하는 채널로서 레거시 미디어의 비중이 감소하고 뉴 미디어의 비중이 증가하는 추세를 나타낸다. 특히 코로나19를 경험하는 과정에서 개인들이 감염병의 확산이라는 보건 위기 상황에서 뉴 미디어를 상대적으로 더 많이 정보획득 수단으로 활용하기 시작했다는 점이 인상적이다. 따라서 앞으로 어떠한 매체를 자신의 주요한 정보 수단으로 활용하느냐에 따라 정보의 양과 질에서 차이를 나타내고 결과적으로 정보에 대한 신뢰나 사회적 행동에서의 차이를 나타낼 가능성이 크다.

두 번째 시사점은 인터넷의 발달과 매체의 다양성 증가로 정보의 접근 가능성과 획득할 수 있는 정보의 양이 증가하였다는 긍정적인 측면 이면에, 정보의 과잉으로 인해 정보 이용 과정에서 부작용으로 작용하고 있다는 점이다. 특히 코로나19와 같이 알려지지 않은 보건 위기 상황에서 정확하고 신뢰할 수 있는 정보의 전달이 필요하지만, 정보의 범람이 단점으로 작용하고 있다는 점이다. 또한 정보의 양이 늘었음에도 여전히 정보의 신뢰성의 문제가 지속해서 제기된다는 점이다. 이러한 측면은 코로나19와 같은 보건 위기 상황에서 정보의 양과 함께 정보의 질을 어떻게 효과적으로 관리해야 하는가에 대한 숙제를 남긴다.

Ⅳ 정부의 코로나19 대응에 대한 평가

코로나19와 같은 팬데믹 상황에서 사회 내 어느 주체보다 정부의 역할이 중요하다. 전례가 없는 전 지구적인 감염병의 확산이라는 상황에서 가장 효과적으로 대응하고 해결책을 모색할 수 있는 주체가 정부이고, 정부의 정책적 대응이 없이는 이러한 지구적 위기에 대응하기 힘들다. 정부가 사회적·경제적 비용을 최소화하면서 감염병의 확산을 억제하고 효과적으로 대응하기 위해서는 개인들이 정부가 제공하는 감염병과 관련된 정보를 신뢰하고 정부가 제공하는 방역 정책을 적절히 준수하는 것이 필요하다. 즉, 정확하고 신뢰할 수 있는 정보는 정책에 대한 순응에 핵심적이다. 특히 코로나19와 같은 전례가 없는 감염병 상황에서 코로나19의 심각성과 예방법에 대한 정확한 정보는 정부의 규제정책에 대한 준수 여부에 미치는 영향이 크다 (Mukhlis et al., 2022).

하지만 정부가 코로나19와 정부의 대응정책에 대한 정확한 정보를 제공한다고 해서 정부가 제공하는 정보가 개인들에게 정확하게 전달되고 개인들의 신뢰를 확보하는 것은 정부의 노력으로만 달성되는 것이 아니다. 정부가 효과적으로 감염병에 대한 객관적이고 정확한 정보를 제공하였다고 하더라도 보도하는 매체에 따라 평가가 달라지기도 하고, 정보의 내용을 왜곡하는 가짜뉴스가 수없이 만들어져 정확한 정보의 전달을 어렵게 한다. 또한 공중보건 위기 상황에서 정부가 제공하는 코로나19와 대응정책에 대한 정보의 신뢰는 개인이 기존에 가지고 있던 정부에 대한 신뢰수준 뿐만 아니라 개인의 정치적·이념적 성향, 사회경제적 배경에 따라 달라지며, 코로나19 팬데믹과 같은 공중보건 위기에 의한 피해 정도도 영향을 미칠 수 있다.

더욱이 최근 변화하고 있는 미디어 환경의 변화는 팬데믹 상황에서 인포데믹의 문제를 가중함으로써 정부의 정확한 정보전달 노력에도 불구하고 정보전달 경로에 따라 정보에 대한 신뢰나 평가가 달라질 가능성이 증가하였다. 지난 코로나19 팬데믹에서 이러한 현상들은 실제로 나타났다고 평가된다. Piltch-Loeb et al.(2021)은 미국인을 대상으로 한 분석에서 TV나 신문 등과 같은 레거시 미디어를 소비하는 개인일수록 백신을 접종하고자 하는 경향이 나타난다고 분석한다. 소셜미디어에 관한 연구에서도 소셜미디어를 활용하여 정보를 획득하는 개인일수록 사회적 거리 두기와 같은 정부의 코로나19 방역 성책을 준수하지 않는다는 연구들이 있다(Pedersen & Favero, 2020; Pavelea et al., 2022).

지난 코로나19 과정에서 정부가 제공하는 코로나19 관련 정보를 신뢰하였는가? 미디어 환경의 변화가 정부가 제공하는 코로나19 관련 정보에 대한 신뢰나 정부의 대응정책에 대한 평가에 영향을 미쳤는가? 이 절에서는 개인의 사회경제적 특성 및 미디어의 선택과 정보습득경로에 따른 개인들의 정부 대응정책 평가에 대한 영향을 분석한다.

① 정부의 코로나19 정보에 대한 신뢰

코로나19 동안 정부가 제공하는 코로나19와 관련된 정보에 대한 대중들의 신뢰는 대체로 높은 편이었다. 한국보건사회연구원의 2021년과 2022년 조사에 따르면 "코로나19와 관련된 중앙정부의 코로나19와 관련된 정부의 정보 제공 조치에 대하여 어떻게 평가하십니까?"라는 질문에 대해 적절했다는 응답 비율이 2021년에는 71.2%, 2022년에는 65.9%로 약 2/3 이상의 응답자가 정부의 정보 제공 노력에 긍정적인 평가하고 있다. 다만, 코로나19가 장기화하고 코로나19 확진자 수가 1년 사이에 급증하는 양상을 보이면서 2021년에 비해 2022년에 적절하다는 비율이 감소하는 경향을 나타내고 있다.

〈그림 7-9〉는 세대별 정부의 코로나19 정보 제공 정책에 대한 변화에 대한 그래프인데, 우선 2021년에 가장 긍정적으로 평가하는 세대는 40대가

74.1%로 가장 높았으며 50대(73.4%), 60대(70.7%), 20대(69.6%), 30대(67.8%) 순으로 긍정적 평가에 차이가 있었다. 반면에 2022년에는 60대의 긍정적 평가의 비율이 70.2%로 가장 높으며 50대(65.1%), 40대(65%), 20대(64.3%), 30대(63.1%) 순으로 나타났다. 2021년에는 40~50대가 정부의 코로나19 정보 제공 조치를 긍정적으로 평가하였지만 2022년에는 가장 많이 하락하는 특징을 보인다. 반면에 60대의 경우에는 정부의 코로나19 정보 제공 정책 평가가 크게 변화하지 않는 모습을 보인다.

그림 7-9 **세대별 정부의 코로나19 정보 제공 정책에 대한 평가 변화**

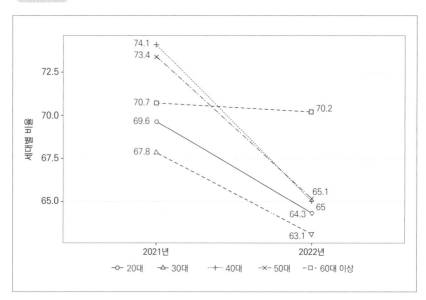

출처: 한국보건사회연구원 사회경제적 위기 조사(2021), 코로나19 영향 조사(2022)

전반적으로 세대별로 정부의 코로나19 정보 제공에 대한 평가가 하락하는 것은 1년 사이에 한국에서 코로나가 급격히 확산되고 정부의 대응정책에 대한 불만이 증가하면서 나타난 결과라고 평가할 수 있다. 40~50대에서 정부의 코로나19 정보 제공 조치에 대한 평가가 가장 많이 하락한 요인에는 여러 가지 요소가 작용하겠지만 앞선 인포데믹에서의 분석과 연결해서 생각해 볼 때, 40~50대가 정보의 과잉 문제가 가장 높다고 평가한 그룹이라는 점에서 코로나19가 지속되는 과정에서 정보의 과잉으로 인해 정부의 정보정책에 대한 부정적 평가가 증가했다고 추론해 볼 수 있다.

정부의 정보 제공 정책에 대한 평가와 더불어 정부가 제공하는 코로나19에 대한 신뢰수준에서도 개인의 사회경제적 특성에 따라 차이가 나타났다. 〈그림 7-10〉은 한국보건사회연구원 사회경제적 위기 조사(2021)의 데이터를 분석한 내용으로 주체별 정부 제공 코로나19 정보에 대한 신뢰수준을 보여준다. 우선 비록 그 차이는 작지만, 교육 수준에 따라서 교육 수준이 낮을수록 신뢰하지 않는 비율이 증가하는 양상을 보인다.[7] 정치적 이념 성향에 따라 좀 더 선명한 차이를 나타내는데, 진보적 성향의 응답자 중 22.1%가 매우 신뢰한다고 답했지만, 보수성향의 응답자는 11.5%만 매우 신뢰한다고 응답하여 극명한 차이를 보였다. 이러한 특징은 조사 시점인 2021년이 진보적 성향의 문재인 정부와의 이념적 동질성이 정부가 제공하는 코로나19 정보에 대한 신뢰수준에도 영향을 미치고 있는 것이라 유추할 수 있다.

---

7 분석에 활용된 질문은 "귀하는 코로나19와 같은 위기 시 공공부문이 제공하는 정보를 어느 정도 신뢰하십니까?"라는 문항으로 ① 전혀 신뢰하지 않는다, ② 별로 신뢰하지 않는다, ③ 약간 신뢰한다, ④ 매우 신뢰한다 등 4점 척도로 측정되었다. 다만, ① 전혀 신뢰하지 않는다는 응답이 전체 응답의 2%도 되지 않아서 ② 별로 신뢰하지 않는다와 통합하여 분석하였다.

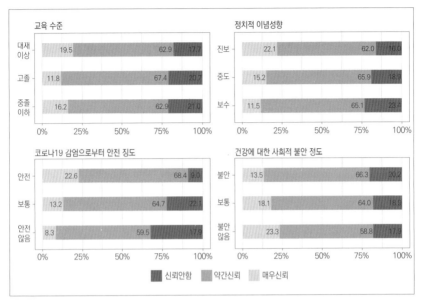

그림 7-10 정부 제공 코로나19 정보에 대한 신뢰수준

출처: 한국보건사회연구원 사회경제적 위기 조사(2021)

정치적 이념성향에 따른 정부의 코로나19 정보에 대한 신뢰 수준 차이는 비단 정보의 문제에 국한된 것은 아니다. 기존의 연구를 살펴보면 정치적 이념성향에 따라 정부의 코로나19 대응정책에 대한 평가 뿐만 아니라 대응 정책의 순응여부도 달라진다고 분석한다. 예를 들어 장윤재·김미라(2022)의 연구에 따르면 개인의 정치적 이념 성향에 따라 선택하는 언론매체가 달라지고, 이에 따라 정부의 코로나19 대응에 대한 평가가 다르다고 분석한다. 다른 나라를 대상으로 한 연구에서도 비슷한 경향이 발견되는데 Goldstein & Wiedemann(2022)는 미국의 카운티를 비교분석을 한 연구에서 카운티의 선출직 장과 그 카운티 주민의 당파성이 일치하는 경우 코로나19 대응 정책에 대한 순응이 높다고 분석한다. Allcott et al.(2020)도 코로나19 초기에 미국 공화당 지지의 보수적인 사람들이 민주당을 지지하는 진보적인 사람들에 비해서 상대적으로 사회적 거리 두기를 잘 따르지 않는다고 평가한

다. 즉 코로나19 팬데믹이라는 예외적이고 심각한 위기 상황에서도 기존의 이념적, 정치적 가치관이 위기 상황을 판단하는 데 중요한 요소로 작용하고 있다고 판단된다.

코로나19 동안 정부가 제공하는 코로나19 정보에 대한 신뢰는 개인의 코로나19에 대한 염려나 건강에 대한 우려에 영향을 받음을 알 수 있다. 코로나19 감염으로부터 안전하고 믿는 응답자 중에서 22.6%가 정부 제공 코로나19 정보를 신뢰한다고 응답한 것에 비해 코로나19 감염으로부터 안전하지 않다고 답한 응답자 중에서 오직 8.3%의 응답자만 정부가 제공하는 정보에 대해 매우 신뢰한다고 답하였다. 건강에 대한 불안의 정도도 코로나19 감염 염려의 정도와 비슷한 양상을 보인다. 이러한 특징은 개인이 코로나19 감염에 많이 노출되어 있거나, 평소의 건강에 대한 염려 수준이 높거나, 또는 기저 질환과 같은 질병이 있는 경우 정부가 제공하는 정보에 대해 상대적으로 신뢰수준이 낮을 것이라는 점을 유추할 수 있다. 따라서 정부가 코로나19와 같은 감염병에 대한 정보를 제공할 때, 감염 위험이 큰 집단이나 건강상태가 좋지 않은 집단에는 좀 더 세심하게 감염병과 관련된 정보를 제공할 필요가 있음을 시사한다.

코로나19와 관련된 정보가 얼마나 투명하게 제공되고 있는지에 대한 인식도 정부가 제공하는 코로나19의 신뢰수준에 대한 인식과 비슷한 양상을 보인다. 〈그림 7-11〉은 한국행정연구원이 2022년 실시한 코로나19 감염병 조사를 활용하여 정부 제공 코로나19 정보의 투명성을 분석한 결과다.[8] 우선 세대별로 보면 60대 이상을 제외하고는 연령대가 상승할수록 정부가 투명하게 코로나19 정보를 제공하고 있다고 평가하는 경향이 높았다. 20대는 45.1%가 투명하다고 응답하였으며 이는 세대별로 증가하여 50대의 경

---

8 분석에 활용한 문항은 "귀하는 정부가 코로나19와 관련된 모든 정보를 얼마나 투명하게 제공한다고 생각하십니까?"로 ① 매우 투명하지 않다, ② 별로 투명하지 않다, ③ 보통이다, ④ 다소 투명하다, ⑤ 매우 투명하다의 5점 척도로 측정하였다. 분석에서는 해석의 용이함을 위해 불투명(1~2), 보통(3), 투명(4~5) 3점 척도로 변환하여 분석하였다.

우 58.6%의 응답자가 투명하다고 응답하였다. 교육 수준의 측면에서 중졸 이하에서는 40.0%가 투명하다고 응답한 것에 비해 고졸은 58.3%, 대재 이상은 50.7%로 학력 수준이 증가할수록 정부가 투명하게 코로나19 정보를 제공한다고 인식하는 것으로 나타났다.

그림 7-11   정부 제공 코로나19 정보에 대한 투명성 인식

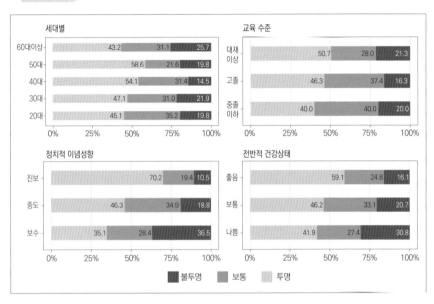

출처: 한국행정연구원 코로나19 감염병 조사(2022)

정부가 투명하게 코로나19 정보를 제공하고 있는지에 대해 가장 선명한 차이를 보이는 것은 이념 성향이다. 진보적 성향의 응답자 중의 70.2%가 투명하게 제공한다고 응답한 것에 비해 중도는 46.3%, 보수는 35.1%로 감소하는 특징을 보인다. 특히 보수적 성향의 응답자는 진보적 응답자와 비교하면 긍정적인 답변 비중이 절반 수준에 그치고 있어 정치적 성향이 정부가 투명하게 코로나19를 제공하는 주체라는 인식의 핵심적인 결정요소라는 점을 알 수 있다. 마지막으로 개인의 건강 상태도 정부 제공 코로나19 정보에 대

한 신뢰 정도와 유사하게 건강할수록 정부가 투명하게 정보를 제공하고 있다는 응답 비중이 증가하는 양상을 보인다.

종합적으로 볼 때 코로나19 시기에 정부가 코로나19를 적절하고 투명하게 제공하였는지에 대한 평가와 정부가 제공하는 정보에 대한 신뢰수준이 대체로 나이, 교육 수준, 정치이념, 개인의 코로나19에 대한 염려 또는 건강 상대에 따라 영향을 받고 있음을 알 수 있다. 전반적으로 연령과 교육 수준이 높을수록, 정치적으로 진보적일수록, 코로나19 감염에 대한 염려 수준이 낮을수록, 건강 상태가 좋을수록 정부의 정보 제공 조치에 대한 만족도나 정부 제공 코로나19 정보에 대한 신뢰수준, 투명성에 대한 인식이 높아지는 경향성을 보인다.

❷ 소셜미디어, 정보신뢰, 그리고 정부 대응정책 평가

정부가 제공하는 코로나19 관련 정보에 대한 신뢰나 평가는 개인의 사회경제적 특징에 따라 영향을 받기도 하지만 최근의 미디어 환경의 변화에 따라 정보를 획득하는 경로에도 영향을 받을 가능성이 증가하고 있다. 앞서 분석한 것처럼 개인들이 점차 뉴스와 정보를 텔레비전이나 신문 등과 같은 레거시 미디어뿐만 아니라 소셜미디어나 인터넷 포털 등과 같은 뉴 미디어를 통해 획득하는 경향성이 증가해 왔다. 더욱이 소셜미디어와 같이 개인들이 뉴스와 정보를 소비할 뿐만 아니라 직접 생산하고 유포할 수 있는 플랫폼이 확산되면서 코로나19 팬데믹에서 정보의 과잉 문제와 더불어 가짜뉴스의 확산에 이바지하였다.

소셜미디어를 통한 뉴스와 정보의 습득이 어떻게 정부가 제공하는 코로나19 정보의 신뢰를 떨어뜨리고 코로나19 대응정책에 대한 부정적 평가를 높이는 데 이바지할 수 있을까? 코로나19 팬데믹과 같은 공중보건 위기는 예견하기 어렵고 불확실성(uncertainty)이 높다는 특수성을 갖는다. 알려지지 않은 바이러스와 감염병에 대한 정보 부족은 가짜뉴스와 허위 정보 판단을 유보하고 다양한 허위정부가 확산되는 것을 억제하지 못한다. 코로나19 팬데믹 기간에도 다양한 종류의 허위 정보가 소셜미디어를 통해 확산되었는데 일반 의학지식과 관련된 허위 정보에서부터 바이러스의 전염경로, 예방법, 백신의 효능과 부작용, 정부와 보건당국의 대응과 관련된 사안 등에까지 다양한 허위정보가 유통되었다(Brennen et al., 2020). 이에 따라 정부가 효과적이고 투명하게 정보를 제공하더라도 소셜미디어를 통해 확산되는 정보로 인해 정부의 정보가 왜곡되거나 정부 제공 정보의 신뢰를 상쇄하는 문제점을 나타냈다. 따라서 신속하게 허위 정보의 사실 여부를 확인하는 것이 코로나19와 관련된 가짜뉴스 및 허위 정보에 대해 가장 효과적인 대응 방식이라 제언하기도 하지만(성욱제·정은진, 2020), 현실적으로 예견되지 않는 외부적 충격에 대한 객관적 정보를 확보하여 명확한 판단 기준에 대한 사회적 합의를 구축하는 데 상당한 시간이 소요된다.

레거시 미디어와 달리 소셜미디어의 매체적 특성 중의 하나는 높은 신속성, 지속성, 반응성으로 이러한 특성은 가짜뉴스의 빠른 확산에 이바지하였다. 소셜미디어는 무료로 접근할 수 있고 스마트폰에서도 손쉽게 접근할 수 있다는 점에서 뉴스와 정보에 대한 접근성이 좋다. 또한, 레거시 미디어와 달리 소셜미디어에서는 개인도 손쉽게 뉴스와 정보를 생산할 수 있어 정보의 확산이 가속화되는 특징을 갖는다. 트위터에서 리트윗하거나 페이스북이나 인스타그램에서 손쉽게 기존의 뉴스와 정보를 포스팅해 새로운 정보를 빠르게 생산해 낸다. 소셜미디어에서는 개인이 뉴스와 정보를 계속 재생산할 수 있다는 점에서 레거시 미디어와 달리 누가 정보의 생산자인지 특정하기가 어렵다. 이에 따라 소셜미디어를 통해서 검증되지 않는 가짜뉴스나 허위 정보의 확산을 쉽게 만든다. 더욱이 "봇"(bots)이라 불리는 소셜미디어의 프로그램 계정들이 자율적으로 다양한 정보를 계속 생산해 내면서 가짜뉴스와 허위 정보의 확산을 가속하는 경향이 있다. 코로나19 시기에도 이러한 봇에 의해서 트위터나 페이스북 내에서 코로나19 감염병과 관련된 허위정보가 더 확산되는 양상을 나타냈었다(Himelein-Wachowiak et al., 2021).

소셜미디어 상에서 개인들은 선택적이고 편향된 정보 소비 행태를 보인다. 레거시 미디어와 비교했을 때 개인들의 자율성과 반응성이 높은 소셜미디어 환경은 자신의 이념 성향이나 정치적 견해 등을 따라 선택적으로 정보를 소비할 수 있는 환경을 제공한다(장윤재·김미라, 2022; 정동준, 2022). 대다수의 소셜미디어 플랫폼은 소비자가 소비하는 뉴스와 정보에 기초하여 비슷한 정보를 제공하는 알고리즘을 갖추고 있어 개인의 선택적 정보습득을 강화한다. 개인들의 소셜미디어 활용 빈도가 증가할수록 제공되는 정보가 좁고 편협한 틀에 갇히는 필터버블(filter bubble)이나 특정 집단 내 개인들이 동일한 세계관과 관점을 갖게 되는 에코챔버(echo chamber) 현상이 나타날 수 있다(Sunstein, 2001; 구재령, 2022). 이에 따라 가짜뉴스나 허위 정보에 노출되어 편향된 정보 소비 행태를 나타낼 가능성이 크고, 이에 따라 진실한 정보를 주더라도 기존의 허위 정보에 천착하는 특징을 나타낸다(노성종 외, 2017; Swire et al., 2017). 결과적으로 소셜미디어를 뉴스와 정보를 획득하는 주요한 채널로 활용하는 개인일수록 코로나19 관련 가짜뉴스와 허위 정보에 노출되는 가능성과 빈도가 증가하여 정부가 발표하는 코로나19에 대한 정보를 상대적으로 신뢰하지 않을 가능성을 높일 수 있다. 또한 정부의 코로나19 대응정책에 대한 평가에 부정적인 영향을 미칠 수 있다.

그림 7-12 **정부가 제공하는 코로나19 정보와 대응정책 평가의 결정요인 분석**

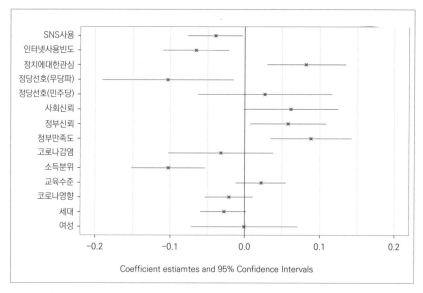

출처: 고려대학교 거버넌스다양성센터 ABS 6차 한국 조사(2022)

〈그림 7-12〉는 정부가 제공하는 코로나19 정보에 대한 신뢰수준이 어떠한 요소에 의해 영향을 받는지를 다중회귀분석 모델로 분석한 결과이다. 분석에는 고려대학교 거버넌스다양성센터의 ABS 6차 한국 조사 데이터를 활용하였다. 코로나19 관련 정보에 시민의 신뢰수준을 측정하기 위하여 "정부가 발표하는 코로나 관련 정보를 얼마나 신뢰하십니까?"라는 문항을 사용하였다. 이 문항은 4점 척도로 측정—전혀 신뢰 안함(1점), 별로 신뢰 안함(2점), 약간 신뢰(3점), 매우 신뢰(4점)—하였으며 점수가 높을수록 시민들이 정부의 코로나19 관련 정보에 대해 높은 신뢰를 가지고 있음을 의미한다. 〈그림 7-12〉의 각 변수의 점은 회귀계수의 값을 의미하며, 회귀계수 좌우의 선의 길이는 95% 신뢰수준에서 신뢰구간을 의미한다.[9]

---

9 분석에 포함된 변수는 다음과 같이 측정되었다: SNS 사용(전혀 사용 안 함=1~자주 사용 =4);인터넷 사용 빈도(인터넷에 접근할 수 없음=0~거의 하루 종일=10); 정당선호(국민

회귀분석의 결과를 보면, 우선 SNS 사용 및 인터넷 사용빈도의 상관계수가 음의 값을 가지고 신뢰구간 역시도 0보다 작은 영역에 위치한다는 점에서 SNS를 활용하여 정보를 획득할수록 정부가 제공하는 코로나19 관련 정보에 대한 신뢰가 감소하는 경향이 95% 신뢰수준에서 통계적으로 유의미함을 알수 있다. 인터넷 사용빈도 역시도, 사용빈도가 높을수록 정부가 제공하는 코로나19 정보에 대한 신뢰수준이 감소하는 경향이 있음을 확인할 수 있다. 이러한 결과는 온라인을 통한 정보의 탐색 행위가 정부가 제공하는 코로나19 정보에 대한 신뢰수준에 부정적인 효과가 있음을 의미하는 것으로 정보습득 경로가 정부에 대한 평가에 영향을 미칠 수 있음을 시사한다.

둘째로 정치에 관한 관심이 높을수록 정부가 제공하는 코로나19 정보에 대한 신뢰수준이 높아지는 경향이 나타나며 통계적으로도 95% 신뢰수준에서 유의미한 결과를 보여준다. 정당 선호의 측면에서 국민의힘을 지지하는 유권자들에 비해 무당파인 응답자가 정부 제공 정보에 대한 신뢰수준이 낮음을 알 수 있다. 하지만 국민의힘을 지지하는 응답자와 더불어민주당 지지하는 응답자 사이에는 통계적으로 유의미한 차이를 보이지는 않는다. 국민의힘을 지지하는 응답자가 무당파층보다 정부가 제공하는 코로나19 정보를 신뢰하는 경향은 조사 시점을 고려할 때 2022년 대통령 선거 직후 윤석열 정부가 들어서면서 자신들이 지지하는 정부가 발표하는 정보를 긍정적으로 평가하는 경향 때문이라고 평가할 수 있다. 또한 정부에 대한 일반적 신뢰수준 및 정부 만족도가 높을수록 정부가 제공하는 코로나19 관련 정보에 대한 신뢰수준도 높게 나타나는 경향도 확인할 수 있다. 이러한 결과는 개인들이 가지는 기본적인 정부에 대한 평가 및 만족도가 정부가 제공하는 정보에 대한 신뢰에 긍정적 효과가 있음을 의미한다.

의힘=0, 민주당=1, 혹은 무당파=1); 사회신뢰(매우 불신=1~매우 신뢰=4); 정부 신뢰(매우 불신=1~매우 신뢰=4); 코로나감염여부(감염=1, 비감염=0); 소득분위(1분위=1~5분위=5); 교육 수준(무학=0~대학원이상=10); 코로나영향(별 영향이 없음=1~매우 심각한 영향을 줌=4); 세대(20대=1~60대 이상=5); 여성(여성=1, 남성=0).

마지막으로 소득분위는 상관계수는 음(-)의 값을 가지고 신뢰구간도 0보다 자으므로 소득이 높을수록 정부가 제공하는 코로나19에 대한 정보를 신뢰하는 수준이 감소하는 경향이 통계적으로 유의미하다고 할 수 있다. 하지만 일반적인 사회신뢰 수준이나 코로나19 감염 여부, 교육 수준, 코로나19의 부정적 영향의 정도, 나이, 성별 등과 같은 요소는 다른 사회경제적 요인이나 정보습득경로에 비해 정부가 제공하는 코로나19 정보에 대한 신뢰수준에 통계적으로 유의미한 영향을 미치지 않는다.

종합적으로 볼 때, 정부가 제공하는 코로나19 관련 정보에 대한 신뢰수준은 개인의 정치적 정향과 기존의 정부에 대한 신뢰수준 및 만족도에 의해 결정되는 특징을 보인다. 즉, 위기 상황에서 정부가 코로나19와 관련하여 발표하는 정보에 대한 평가도 정치화되는 경향이 있음을 알 수 있다. 두 번째 주요한 특징 중의 하나는 개인들이 뉴스 및 정보획득경로에 따라 정부가 제공하는 코로나19 정보에 대한 신뢰수준이 달라진다는 점이다. 정부가 제공하는 정보의 투명성 및 정확성도 중요하지만, 어떠한 매체를 통해 전달하느냐 뿐만 아니라 최근 변화하는 미디어 환경의 여건을 고려하여 정보를 제공할 필요가 있음을 시사한다. 마지막으로 팬데믹과 같은 위기 상황에서 정부가 제공하는 정보에 대한 신뢰도에는 개인의 사회경제적 특성이 다른 요소에 비해 상대적으로 적게 영향을 미침을 알 수 있다.

 ## 리스크 커뮤니케이션의 중요성

이 장에서는 코로나19 기간에 직면했던 다양한 감염병 정보와 관련된 문제에 대하여 논의하였다. 데이터의 제한으로 인해 다양한 사회조사를 활용한 단편적인 분석이라는 한계가 있기는 하지만 코로나19 팬데믹 과정에서 경험했던 다양한 정보의 문제를 다양한 측면에서 조망하고 있다는 점에서 의의를 찾을 수 있다. 지난 코로나19 팬데믹 과정에서 우리 사회가 경험했던 문제 중의 하나는 정보의 문제였다. 알려지지 않은 바이러스에 의한 전염병의 확산은 코로나19 바이러스의 특성에 대한 정보의 부족 문제와 더불어 연일 코로나19 관련 뉴스가 쏟아져 나오는 상황에서 정보의 과잉 문제를 경험했었다.

더욱이 정보통신기술의 발달에 따라 미디어 환경이 변화하면서 정보에 대한 접근성뿐만 아니라 개인들이 정보를 직접 생산하고 확산할 수 있는 뉴미디어 환경이 등장함으로 인해 팬데믹 상황에서 이러한 정보의 문제를 심화시켰다. 코로나19 팬데믹의 경험을 반추해 보면 개인들은 코로나19에 관한 지나치게 많은 정보 속에서 신뢰할 만한 정보에 대한 불확실성과 가짜뉴스와 잘못된 정보의 범람 속에서 인포데믹의 문제를 경험하였다.

코로나19 기간 동안에 실시된 사회조사의 데이터를 활용하여 분석한 코로나19 관련 정보에 대한 대중의 인식과 태도는 미래에 발생할 수 있는 새로운 감염병에 의한 공중보건 위기 상황에서 정부가 어떻게 정보를 관리하고 전달할 것인가에 대한 몇 가지 시사점을 찾을 수 있다.

첫째, 공중보건 위기상황에서 대응정책이나 제한조치에 관한 가짜뉴스의 관리가 중요하다. 코로나19 팬데믹의 과정에서 개인들은 팬데믹19의 원인이나 예방과 관련된 가짜뉴스를 신뢰하는 비중보다 정부의 코로나19 관련 대응정책이나 대응조치에 관련된 가짜뉴스를 신뢰하는 비중이 높았다. 특히 남성보다는 여성이 이러한 대응정책 관련 가짜뉴스에 취약성을 보였다. 감염병에 의한 공중보건 위기 상황에서 감염병의 원인이 되는 바이러스의 특징이나 예방법, 백신 등에 대한 가짜뉴스는 개인들의 과학적 지식을 통해서 상대적으로 쉽게 판단이 가능하다. 교육 수준이 높을수록 가짜뉴스에 대한 신뢰수준이 낮아지는 결과도 이를 뒷받침한다. 더욱이 감염병과 관련하여서는 소위 '과학자'라고 불리는 보건의료전문가들이 존재하고 이들의 학문적 권위가 감염병의 예방법이나 백신의 효능에 대한 신뢰할 수 있는 정보를 제공하기 때문에 감염병 그 자체에 대한 가짜뉴스를 쉽게 판단할 수 있다. 하지만 감염병에 대처하기 위한 정부의 대응정책이나 조치에 대한 정보는 앞서 살펴본 바와 같이 정파적으로 해석할 가능성이 크다. 더욱이 감염병으로 인한 공중보건 위기 상황에서 정부의 조치는 개인의 자유와 권리를 침해할 수 있는 제한적인 조치들이기 때문에 정책과 관련된 정보에 가치판단이 개입될 가능성이 크다.

따라서 코로나19 팬데믹과 같은 공중보건 위기 상황에서 정부는 다양한 가짜뉴스 중에서 정부의 감염병 대응정책과 관련된 가짜뉴스에는 적극적으로 대응할 필요가 있다. 대응정책과 조치에 대한 보도자료는 명확하게 작성하고 투명한 관리가 필요하다. 대응정책에 관한 혼란을 초래하지 않게 하기 위해 단일한 정보창구를 만들어 정책에 대한 혼선을 줄이고, 정부 대응정책에 대한 잘못된 정보와 가짜뉴스에 대해 적극적으로 대처하여야 한다.

둘째, 정보의 양보다는 질이 중요하다. 위기 상황에서 위기에 대한 경각심을 고취하기 위하여 반복적으로 위기 관련 정보를 전달하는 것도 중요하지만, 오늘날 미디어 환경에서는 정확하고 투명한 정보의 전달이 중요하다. 과거와 달리 매체의 다변화에 따라 개인들이 정보를 획득할 수 있는 경로가 많아졌고, 정보의 유통속도도 빨라지면서 위기 관련 정보가 범람하는 시대가 되었다. 코로나19 팬데믹 초기에 개인들은 위기 상황에서 대처방안에 대한 정보의 부족보다 쏟아지는 정보와 그 속에 섞여 있는 가짜뉴스로 인해 어떠한 정보가 신뢰할 수 있는 정보인지 몰라 혼란을 경험하는 경우가 많았다. 따라서 코로나19 팬데믹과 같은 감염병에 의한 위기 상황에서 빠른 정보의 전파도 중요하지만, 개인들이 정보를 신뢰하고 그에 따라 대처하게 만들기 위해서는 명확한 정보의 전달이 중요하다.

셋째, 정보를 전달하는 경로도 고려해야 한다. 정보통신기술의 발달과 새로운 미디어의 등장은 감염병 위기 상황에서 인포데믹의 문제를 더 심화시켰다. 팬데믹 상황에서 정부가 위기에 대해 아무리 정확하고 투명하게 정보를 생산하더라도 이러한 정보가 새로운 미디어 환경에서 재생산되며 정보의 과잉으로 인해 그 중요성이 희석되거나 가짜뉴스에 의해 오염되어 정보로서의 신뢰를 상실할 가능성이 커졌다. 이에 따라 개인들이 정부의 대응 방안을 신뢰하지 않거나 대응정책에 따르지 않아 위기 상황을 더 가중하는 문제로 작용하였다. 따라서 정부가 위기 상황에서 효과적으로 대응 방안을 전달하고 개인들의 대응정책에 대한 정책 순응을 높이기 위해서는 정보의 유통경로와 유통 환경 개선에 대한 고려가 필요하다. 정부가 위기와 관련한 단일한 소통 창구를 만들고, 가짜뉴스나 오정보를 신속하게 판단하고 확산을 억제하기 위한 방안 등을 구축할 필요가 있다.

국가적 위기 상황에서 위기와 관련한 정확하고 신뢰할 수 있는 정보가 위기 극복의 가장 핵심적인 요소다. 특히 전례가 없고, 위기의 원인에 대한 정보가 부족한 상황에서 위기에 대한 정확하고 명확한 정보의 중요성은 거듭 강조하여도 과하지 않다. 지난 3년간의 코로나19 팬데믹의 경험 속에서 우리는 위기관리의 핵심이 위기에 대한 정보를 잘 관리하는 것이라는 것을 학습했다. 전례가 없는 감염병의 원인과 예방법에 대한 가짜뉴스가 사람들을 오도하여 적절한 대응을 방해하거나, 정부의 대응정책과 백신에 대한 잘못된 정보가 불필요한 사회적 갈등을 유발하여 위기로 인한 피해를 가중시키는 것도 경험하였다. 더욱이 변화하는 미디어 환경으로 인해 개인들은 위기 상황에서 정확하고 신뢰할 수 있는 정보를 찾기 위해 더 많은 비용과 시간을 들어야 했다.

코로나19 팬데믹과 같은 공중보건 위기 상황에서 정부는 위기를 효과적으로 관리하고 정부가 제공하는 위기에 대한 정보의 신뢰성을 확보하기 위해 노력해야 한다. 정확하고 명확한 정보라 할지라도 정보에 대한 신뢰가 없으면 소용이 없다. 정부가 효과적인 예방정책을 수립하여도 예방정책에 대한 정보를 신뢰하지 않으면 개인들의 정책순응을 기대하기 어렵다. 하지만 정부가 제공하는 정보에 대한 신뢰를 구축하는 것은 쉬운 일이 아니다. 앞선 분서에서 확인할 수 있듯이 위기상황에서 정부가 제공하는 정보에 대한 신뢰는 개인들의 정부 신뢰 수준에 영향을 받는다. 따라서 징부기 위기상황에서 효과적으로 정보를 관리하고 위기로 인한 피해를 최소화하기 위해서 각국 정부가 평상시에 해야 하는 노력 중에 하나가 정부 신뢰를 높이려는 노력이다. 평소에 차곡차곡 쌓아올린 정부에 대한 시민들의 신뢰가 위기상황에서 정부의 가장 핵심적인 정책 자산이 될 것이다.

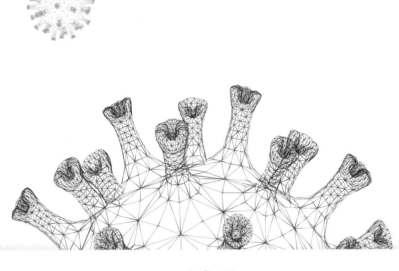

제 **8** 장

팬데믹과 정부 역할

— 왕재선 · 곽동진 · 박종민 —

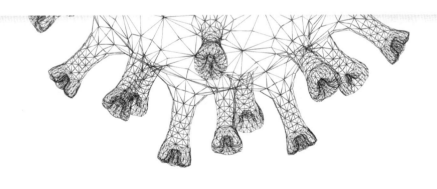

　　지난 3여 년간 전 세계의 시민들은 코로나19 팬데믹으로 다양한 제약 속
에서 생활해야 했다. 개별 국가마다 내용과 정도의 차이는 있었지만, 일반
대중들은 코로나19가 유발한 공중보건 위기 상황에서 감염병으로부터 자신
과 공동체를 보호하고 위기 상황을 극복하기 위한 명분으로 여러 제약에 순
응하면서 살아왔다. 이러한 제약은 개인의 감염과 건강 등에 대한 염려에 따
라 자발적인 것도 있었지만, 대부분은 정부가 공중보건 위기에 대응하기 위
해 취한 강제적인 방역 조치에 의한 것이었다.

　　우리나라도 마찬가지였다. 정부는 전례가 없는 코로나19 팬데믹의 대응
방안으로 사회적 거리 두기, 집합 금지, 영업시간 제한 등 다양한 조치를 통
해 국민의 기본적인 생활양식을 통제했다. 이들은 국민의 일상생활에 대한
제약을 비롯해 경제활동의 자율성과 기본적 권리를 심각하게 침해할 가능성
이 있는 조치들이었다. 하지만 이러한 정부의 비상조치는 코로나19 팬데믹
이라는 공중보건 위기 상황에서 도입된 정당한 조치로 인식되었다.

　　공중보건 위기로 인해 우리는 민주주의에 기초한 정부라도 국민의 건강
과 생명을 보호하기 위해서는 민주적 규범에 대한 제약이 가능하다는 것을
경험했다(Zwitter, 2012). 그러나 이러한 정부의 제약이 개인의 자율성을 심각
하게 침해하면 강력한 저항을 유발할 수 있다. 코로나19 팬데믹 상황에서 정
부의 지속적인 영업시간 제한과 사회적 거리 두기에 대한 자영업자의 반발
이 대표적이다. 따라서 민주주의의 원칙을 침해하는 정부의 개입 행위는 법
률로서, 비례적이고 한정된 기간 이루어져야 한다는 조건을 충족해야 한다.[1]
그러나 이러한 조건을 판단하는 기준 역시 명확하지 않으며 사람들은 조건

---

[1]　제5장에서 언급했듯이 시라쿠사 원칙(Siracusa Principle)은 공중보건과 같은 긴급한 상황
　　에서 비상조치를 취할 수 있음에도 불구하고 목적의 부합성, 예외성과 일시성, 상황의 한정
　　성 등의 조건을 충족해야 함을 천명하고 있다(UN Commission on Human Rights, 1985).

충족 여부에 관해 서로 다르게 판단함으로써 정부개입의 필요성과 지지에 대한 차이가 존재할 수 있다.

팬데믹 상황에서 개인의 자유와 권리를 제한하는 비상조치의 필요성과 정당성에 대한 대중의 인식, 비상조치를 발동하는 정부 권한에 대한 대중의 태도는 어떠한가? 비록 정부의 적극적인 개입과 제한 조치가 필요한 공중보건 위기 상황이라고 하더라도, 제한 조치의 효과성을 결정하는 요소는 시민들의 조치에 대한 순응과 참여다. 특히, 개인의 자유와 권리를 제한하는 비상조치는 일반 시민들의 협력을 절대적으로 필요로 한다. 이러한 점에서 팬데믹 상황에서 비상조치의 필요성과 정당성에 대한 대중의 인식과 여론을 이해하는 것은 중요하다. 이는 향후 새로운 감염병으로 인한 공중보건 위기 상황에서 정부가 어떠한 비상조치를 어떻게 도입하고 시행해야 하는가에 대한 중요한 시사점을 준다.

본 장에서는 우선 감염병으로 인한 공중보건 위기 상황에서 정부의 대응조치의 유형과 성격을 검토하고 하고 이를 바탕으로 팬데믹 상황에서 정부 권한 확대의 정당성 및 자유와 권리를 제한하는 비상조치의 필요성에 대한 대중의 태도를 분석한다. 또한 팬데믹 상황에서 정부의 방역 조치를 발동하는 권한과 필요성에 대한 대중의 태도를 분석한다.

이러한 분석을 통하여 향후 코로나19 팬데믹과 유사한 공중보건 위기 상황이 발생하였을 때 국민의 지지와 신뢰에 기반한 정부의 역할과 대응조치가 무엇인지에 대해 논의한다. 이러한 논의는 국가적 위기 극복을 명분으로 국민의 권리와 자유를 제한하는 정부 권한의 정당성과 필요성의 범위를 예측하는 데 도움을 줄 것으로 기대한다.

공중보건 위기와 정부의 대응

코로나19 팬데믹은 인류가 처음으로 경험한 감염병에 의한 공중보건 위기가 아니다. 역사적으로 감염병에 의한 공중보건 위기는 계속해서 반복됐다. 이러한 점에서 코로나19 팬데믹 과정에서 각국 정부의 감염병 확산을 예방하기 위한 다양한 대응조치들도 완전히 새로운 것이 아니다. 감염병에 의한 공중보건 위기가 발생할 때마다 공중보건을 연구하는 학자들과 국제기구는 각국 정부에 적절한 대응조치와 정책 방향에 대해 제언해 왔다. 감염병 위기의 심각성, 정책의 목표, 정책의 대상 등에 따라서 효과적인 대응 방안을 제시해 왔다.

코로나19 팬데믹에 관한 내용은 아니지만, 2019년 세계보건기구(WHO)의 인플루엔자 바이러스에 대한 비약물적 공중보건 대응조치(non-pharmaceutical public health measures)는 비약물적 조치를 4가지 범주, 즉 개인 보호 조치(personal protective measures), 환경적 조치(environmental measures), 사회적 거리 두기 조치(social distancing measures), 그리고 여행 관련 조치(travel-related measures)로 구분한다(World Health Organization, 2019). 〈표 8-1〉은 WHO의 조치별 범주와 구체적인 정책 수단을 보여 주는데, 선행연구를 바탕으로 각 조치의 효과성에 대한 과학적 증거도 제시한다. 또한 개인의 자유와 권리를 침해할 수 있는 조치를 도입할 때 고려해야 할 권고의 강도, 적용 시기 등에 대해서도 제언하고 있다. 예를 들어, 학교 폐쇄와 같은 사회적 거리 두기는 감염병 확산 완화에 효과적이라는 과학적 증거가 있음에도 불구하고 개인의 자유와 권리를 침해하는 문제가 제기될 수 있다는 점을 고려하여 실시할 것을 권고한다.

| 표 8-1 | 세계보건기구(WHO)의 인플루엔자 대응조치 |

개인 보호 조치 (Personal protective measures)	– 손 위생(Hand hygiene) – 기침 예절(Respiratory etiquette) – 마스크 착용(Face masks)
환경적 조치 (Environmental measures)	– 표면 및 물품의 소독(Surface and object cleaning) – 자외선 소독(Ultraviolet light) – 환기 개선(Increased ventilation) – 습도 조절(Modifying humidity)
사회적 거리 두기 조치 (Social distancing measures)	– 접촉자 추적(Contact tracing) – 유증상자 격리(Isolation of sick individuals) – 접촉자 격리(Quarantine of exposed individuals) – 학교내 조치 및 폐쇄(School measures and closures) – 직장내 조치 및 폐쇄(Workplace measures and closures) – 과밀 방지(Avoiding crowding)
여행 관련 조치 (Travel-related measures)	– 여행 경보(Travel advice) – 입출국 검역(Entry and exit screening) – 국내 여행제한(Internal travel restrictions) – 국경 봉쇄(Border closure)

출처: WHO(2019)

코로나19 팬데믹과 관련한 정부 대응에 관하여도 다양한 연구가 존재한다. 대표적으로 옥스포드 코로나19 정부 대응 추적기(Oxford COVID-19 Government Response Tracker: OxCGRT)가 있다(Hale et al., 2021). OxCGRT는 코로나19에 대한 정부의 대응조치를 크게 정책 영역에 따라 봉쇄 및 폐쇄(containment and closure), 경제적 대응(economic response), 보건의료 시스템(health systems), 기타(miscellaneous) 등으로 구분하고 구체적인 방안을 지표화하고 있다. WHO의 내용과 범주가 인플루엔자에 의한 감염병의 확산 억제를 위한 비약물적 조치에 집중하고 있는 것에 비해, OxCGRT의 코로나19 대응 정책은 감염병 확산 억제를 위한 비약물적 조치뿐만 아니라 코로나19 팬데믹으로 인해 발생하는 사회경제적 영향에 대응하기 위한 정책도 포함한다.

예를 들어 봉쇄 및 폐쇄(containment and closure)에 포함된 세부 조치들인 학교 및 직장 폐쇄, 공개 행사 취소, 집합 규모 제한, 대중교통 운영 중지, 외출금지, 국내 이동 제한, 국외여행 제한 등은 WHO의 조치와 유사하다. 하지만 경제적 대응(economic response) 중의 하나인 소득지원이나 보건의료 시스템(health system)의 공공정보 캠페인은 코로나19 팬데믹의 장기화 상황에서 나타난 대응 조치라 할 수 있다.

표 8-2 OxCGRT의 코로나19 정부 대응 지표

봉쇄 및 폐쇄 (Containment and closure)	– 학교 폐쇄(School closing) – 직장 폐쇄(Workplace closing) – 공개 행사 취소(Cancel public events) – 집합 규모 제한(Restrictions on gathering size) – 대중교통 운영 중지(Close public transport) – 외출 금지(Stay-at-home requirements) – 국내 이동 제한(Restrictions on internal movement) – 해외여행 제한(Restrictions on international travel)
경제적 대응 (Economic response)	– 소득지원(Income support) – 가계부채 감면 및 유예(Debt/contract relief for households) – 재정 조치(Fiscal measures) – 국제적 지원 제공(Giving international support)
보건의료 시스템 (Health systems)	– 공공정보 캠페인(Public information campaign) – 진단 검사 정책(Testing policy) – 접촉자 추적(Contact tracing) – 보건 의료 긴급 투자(Emergency investment in health care) – 코로나19 백신 투자(Investment in COVID-19 vaccines) – 마스크 착용(Facial coverings) – 예방접종 정책(Vaccination policy)
기타 (Miscellaneous)	– 기타 대응(Other responses)

출처: Hale et al.(2021)

코로나19에 대한 정부 대응의 또 다른 유형화로 OECD의 분류 방식이 있다. OECD(2020)는 조치의 내용적 측면에서는 전술한 WHO나 OxCGRT 와 비슷하지만, 코로나19에 대한 대응조치를 정부의 대응 목표에 따라 봉쇄 (containment) 조치와 완화(mitigation) 조치로 구분한다. 그리고 이를 다시 필요성 과 가능성에 따라 실시될 수 있는 조치(to be implemented)와 단순히 고려될 수 있는 조치(to be considered), 그리고 현재의 증거로는 실시하면 안 되는 조치(not to be implemented, given the current level of evidence) 등으로 구분하고 있다.

표 8-3 OECD 코로나19 방역 조치

정보제공 및 소통 (Information and communication)	1	- 위생에 관한 정보 및 지침 제공(Information to public and medical personnel as well as travelers advice on hygiene)
	2	
	3	
전파위험 축소 (Reduction of the risk of transmission)	1	- 격리 조치(Confinement) - 유증상자 마스크 착용(Face mask for symptomatic persons)
	2	
	3	- 접촉자 식별 및 추적(Identification and contact tracing)
사회적 거리 두기 확대 (Increase in social distance)	1	- 유증상자 자발적 자가 격리(Voluntary home confinement of symptomatic persons)
	2	- 학교 폐쇄(Closure of schools) - 성인 간 접촉 감소를 위한 전 인구 대상 조치(Population-wide measures to reduce mixing of adults)
	3	- 공공장소 마스크 착용(Masks in public places)
증상 발현 후 격리 시간 단축 (Decrease interval between symptom onset and isolation)	1	- 자가 진단 장려 캠페인(Public campaign to encourage self-diagnosis)
	2	
	3	- 공공장소 열화상 검사(Thermal scanning in public places)
소독 조치 (Disinfection measures)	1	- 손 씻기(Hand-washing) - 가정 내 오염 가능성이 있는 표면 소독(Household disinfection of potentially contaminated surfaces)
	2	
	3	- 광범위한 환경 소독(Widespread environmental disinfection) - 공기 소독(Air disinfection)
여행 제한 (Travel restrictions)	1	- 불필요한 여행 연기 권고(Recommended deferral of non essential travel) - 유행 지역 입국자의 증상 발현 자진 신고(Self-reporting if symptoms appear in travelers from affected areas) - 출국자 열화상 검사(Thermal screening for exit travelers)
	2	
	3	- 방역 저지선 설정(Cordon sanitaire) - 증상 선별검사(Screening for symptoms) - 입국자 열화상 검사(Thermal screening for entry travelers)

출처: OECD(2020)
1. 실시할 수 있는 조치(to be implemented), 2. 고려될 수 있는 조치(to be considered)
3. 현재 증거로는 실시하면 안 되는 조치(not to be implemented, given the current level of evidence)

이 밖에 Sun et al.(2022)은 방역 조치를 개인적, 공동체적, 국가적 수준으로 구분하고 있다. 개인적 수준은 마스크 쓰기, 손 위생 강조 등을 포함한다. 공동체적 수준은 사회적 거리 두기 조치의 동선 추적, 확진자 혹은 접촉자 자가격리, 외출 금지, 학교 폐쇄, 직장 폐쇄, 집합 금지 등을 포함한다. 마지막으로 국가 수준은 전 국가의 폐쇄를 의미하는 것으로 국경 봉쇄를 포함한다.

Rahmouni(2021)는 정부의 팬데믹 대응 방안으로 크게 다섯 가지를 제시하고 있다. 이들은 이동 제한, 사회적 거리 두기, 국가 폐쇄, 공중보건 처방, 사회적 경제적 처방이다. 특히 정부의 비약물적 개입으로서 이동 제한, 사회적 거리 두기, 국가 폐쇄를 바이러스 전염을 억제하기 위한 대표적인 방안으로 제시하고 있다. Adolph et al.(2021) 역시 정부가 실시한 강제적 사회적 거리 두기 정책으로 모임 제한, 학교 폐쇄, 영업 제한, 중요하지 않은 영업행위 금지, 외출 금지 등 5가지를 제시한다.

Toshkov et al.(2020)은 팬데믹에 대한 정부의 대응을 크게 세 가지 유형으로 구분한다. 학교 폐쇄(school closure)는 대부분의 초 · 중등학교를 강제적으로 폐쇄하는 조치이다. 국가 폐쇄(national lockdown)는 광범위한 시민의 이동 제한을 의미한다. 여기에는 외출 금지, 집합 시설 영업 제한, 여행금지, 국경 봉쇄를 통한 입국 금지 등이 포함된다. 마지막은 국가 비상사태 선포로써 이를 통해 행정부 혹은 관련 기구의 권한을 일시적으로 강화하는 것을 제도화시키는 조치 등을 포함한다. 국가 비상사태 선포를 제외하면 정부가 직접적으로 국민의 생활에 개입하는 행위는 학교 폐쇄와 국가 폐쇄로 구분할 수 있다.

Ferguson et al.(2020)은 정부의 대응으로 확진 의심자와 가족들의 자가격리, 고령자, 중증질환자 등 고위험군에 한정된 사회적 거리 두기, 전 국민 사회적 거리 두기, 학교, 직장 및 대중교통 등의 폐쇄, 공공 행사 취소, 국내 · 외의 이동 제한, 국제 여행 통제 등을 제시하고 있다.

이상과 같이 코로나19 팬데믹에 대응하기 위한 정부개입 관련 국제기구 및 선행연구의 내용을 보면 감염병의 확산을 억제하기 위한 비상조치가 공통으로 제시되고 있다. 마스크 착용 의무화, 자가 격리, 집합 금지, 영업 제한, 이동 제한, 학교·직장 폐쇄, 국경 봉쇄 등과 같은 비상조치가 이에 해당한다. 이는 사람 간의 접촉으로 전파되는 코로나19와 같은 감염병의 특징에 따라 접촉 가능성을 줄일 수 있는 비약물적 조치가 감염병 대응 방안으로 제시되고 있음을 의미한다.

더 나아가 코로나19 감염병 확산 억제를 위해 능동적으로 대처하고, 감염병으로 초래되는 다양한 사회경제적 영향을 최소화하기 위한 적극적인 대응 방안도 제시된다. 감염자와 접촉자의 동선 추적 및 감시, 열 감지 카메라를 통한 감염자 감시, 공중위생 관련 정보의 제공 및 통제, 사회 주요 행사의 제한 등과 같은 적극적인 조치 등도 포함한다. 팬데믹에 대응하기 위한 이러한 정부의 비상조치는 개인의 핵심적 자유이자 권리로 인식되는 이동의 자유, 집회의 자유, 표현의 자유뿐만 아니라 사생활권, 경제적 권리 등과 충돌하는 문제를 내재하고 있다.

한국의 코로나19 경험을 반추해 보면, 코로나19의 확산 속도와 감염자의 추이에 따라 앞서 언급된 비상조치가 정부에 의해 시행되었다. 위기의 심각성에 따라 단계적 대응 방안을 확립하고 영역별로 다양한 방역 조치를 시행하였다. 예를 들어 코로나19 팬데믹 3년 동안, 그 수준의 차이가 있기는 하지만 공공장소에서 마스크 착용의 의무화, 감염자와 접촉자의 자가격리, 집합 금지, 영업 제한, 학교와 직장 폐쇄, 감염자와 백신 미접종자의 입국 제한, 감염자와 접촉자에 대한 위치 추적 및 동선 공개 등 다양한 대응조치가 시행되었다.

본 장의 분석에 활용한 자료는 총 3가지이다. 첫째는 고려대학교 거버넌스다양성센터(VoG)가 한국갤럽에 의뢰하여 2021년 6월 29일부터 7월 28일까지 수집한 '코로나19 팬데믹 조사' 자료이다. 조사 대상은 전국(제주 제외) 만 19세 이상 남녀이며, 표본크기는 1,200명이다. 일대일 면접조사를 통해 조사가 이루어졌으며, 표본 추출 방법은 지역별 다단층화 후 성·연령별 인구수 비례 할당 방법을 활용하였다.

둘째는 '정치·경제 인식 조사(ABS 6차 한국 조사)' 자료이다. 이는 고려대학교 거버넌스다양성센터가 한국갤럽에 의뢰하여 2022년 6월 29일부터 7월 21일 사이에 전국 19세 이상 성인 남녀 1,216명을 대상으로 수집한 데이터이다. 지역별 다단층화에 따라 성·연령별 인구수 비례 할당 방식을 통해 표본을 추출하였고 일대일 면면 조사 방식으로 진행되었다.

마지막은 2024년 '한국 거버넌스 바로미터 조사(KGBS)'로 고려대학교 비교거버넌스연구소(ICG)가 한국리서치에 의뢰하여 2024년 1월 17일부터 1월 24일까지 전국 만 18세 이상 성인 남녀 2,000명을 대상으로 수집한 자료이다. 표본은 지역·성·연령별 비례 할당 추출 방식으로 추출하였고, 웹 조사 방식으로 진행되었다.

이들 조사는 코로나19 팬데믹의 서로 다른 시점에서 실시되었다. 2021년과 2022년은 코로나19 감염자 수가 폭증하기 시작하여 2022년에는 정점에 달했던 시기였다. 2021년은 질병관리청 유행 시기별 구분에 따라 전국적 확산기(제3기; '20.11.13.~'21.7.6.)와 델타형 변이 확산기(제4기; '21.7.7.~'22.1.29.)에 해당한다(질병관리청, 2022). 제3기인 전국적 확산기에는 일평균 566.1명, 일일 최대 1,240명의 감염자가 발생했다. 제4기 델타형 변이 확산기에는 일 평균 3,137.8명, 일일 최대 17,509명의 감염자가 발생하던 시기로 델타형 변이의 우세화와 오미크론형 변이의 출현 및 확산이 나타났던 시점이다. 이렇게 두 개 연도에 확진자가 급격하게 증가하면서 기존 방역의 기본전략이던 3T 전략(검사, 확진(Test)-조사, 추적(Trace)-격리, 치료(Treat))과 개학 연기(온라인 개학), 유흥시설 집합 금지, 동선 추적 및 관리를 위한 전자출입명부 시행 등을 지속하고, 예방접종을 최우선 순위에 두었다.

2022년에는 오미크론 변이로 새로운 팬데믹 상황이 나타났으며, 연초부터 코로나19 주간 위험도 평가 결과가 '높음' 이상으로 유지되었던 시기였다(질병관리청, 2023). 유행 시기로 구분하면 5차('22.1.30.~'22.6.25.), 6차('22.6.26.~'22.10.6.), 7차('22.10.17.~)에 해당하며, 이 시기 확진자는 5차 약 1천 7백50만 명, 6차 약 6백80만 명, 7차(~'23.2.10.) 약 5백20만 명 수준이었다. 2021년에 비해 급격하게 확진자 수가 증가하였다. 확진자 수나 변이출현 등을 고려하면 2021년 조사와 2022년 조사는 팬데믹의 다른 국면에서 실시되었다고 할 수 있다.

2021년과 2022년 정점에 달했던 코로나19 팬데믹은 2023년 5월 세계보건기구가 국제 공중보건 비상사태를 해제한다고 발표함으로써 종식되었다(BBC NEWS코리아, 2023.5.6.).[2] 우리나라 역시 2023년 5월 정부가 코로나19 방역 조치 대부분을 해제하면서 팬데믹 상황이 종식되었다(코리아넷뉴스, 2023.5.11.).[3] 따라서 2024년 조사는 코로나19 상황이 종료된 이후에 실시되었다는 점에서 앞서 두 조사와 시기적 차별성을 가진다. 즉, 2021년 6~7월에 실시된 코로나19 팬데믹 조사는 코로나19가 폭발적으로 증가하던 시기의 여론을 포착한다면 2022년 5~7월에 실시된 ABS 6차 한국 조사는 새로운 변이의 등장과 같이 위기가 가중되던 시기이기는 하지만 상대적으로 증가 추세가 안정화된 시기의 여론을 담아낸다. 그리고 2024년 1월에 실시된

---

2 그러나 WHO 사무총장은 이러한 비상사태 종식 발표가 코로나19 위험의 종식이 아님을 밝히고 있다(2023.5.6. BBC NEWS 코리아; https://www.bbc.com/korean/news-65506522).

3 한국문화홍보서비스 홈페이지(https://www.kocis.go.kr/koreanet/view.do?seq=1044801).

한국 거버넌스 바로미터 조사는 코로나19가 2023년 5월 종식이 선언된 이후의 여론을 포착한다.

본 연구에서 사용된 정부 대응에 대한 대중의 태도를 측정하는 지표는 세 유형이다. 첫째는 다양한 위기 상황에서 정부 권한 확대의 정당성에 대한 태도이다. 둘째는 팬데믹 상황에서 정부의 비상조치의 정당성에 대한 태도이다. 셋째는 팬데믹 상황에서 정부의 방역 조치 권한과 필요성에 대한 태도이다.

Ⅳ 정부 역할에 대한 대중의 태도

① 정부 권한의 확대

〈표 8-4〉는 보건, 경제, 치안 등 국가 위기 상황에서 정부(집행부) 권한 확대의 정당성에 대한 태도를 분석한 결과이다. 2022년 ABS 6차 한국 조사의 경우 위기 상황에 '대통령이 자신의 권한을 확대해야 척결할 수 있다고 주장하는 부패가 만연한 상황'과 '국가가 전쟁 중인 상황(전시)'이 추가되었다.

2021년과 2022년 두 조사에 공통으로 포함된 보건 위기, 치안 위기, 경제 위기에서 정부 권한 확대에 대해 긍정적 응답 비율이 2021년의 경우 최소 54.0%에서 최대 73.1%였고, 2022년의 경우 최소 47.3%에서 최대 68.7%였다.

두 조사에서 확인되는 특징 중의 하나는 다른 위기 상황과 비교해서 코로나 감염병과 같은 보건 위기 상황에서 정부의 권한 확대가 정당하다고 인식하는 비율이 가장 높았다. 반면에 대량실업을 가져온 경제위기 상황에서의 정부 권한 확대에 대한 긍정 응답 비율은 가장 낮았다. 2021년과 2022년 조사 모두에서 사회불안이나 테러로 인한 치안 위기 상황보다도 코로나 감염병과 같은 보건 위기 상황에서의 정부의 권력 확대를 긍정적으로 바라보는 비율이 높았다.

표 8-4 **정부의 권한 확대에 대한 정당성 인식**

	VoG 팬데믹조사(2021)[1]				ABS 6차 한국 조사(2022)[2]			
	매우 정당하다 (A)	다소 정당하다 (B)	A+B	별로·전혀 정당하지 않다	매우 정당하다 (A)	다소 정당하다 (B)	A+B	별로·전혀 정당하지 않다
코로나 감염병과 같은 보건 위기 상황	14.9	58.2	73.1	26.9	7.7	61.0	68.7	31.3
사회불안이나 테러로 인한 치안 위기 상황	15.7	45.6	61.3	38.7	14.9	42.1	57.0	43.0
대량실업을 가져온 경제 위기 상황	13.7	40.3	54.0	45.9	9.0	38.3	47.3	52.8
부패가 만연한 상황	-	-	-		6.3	28.4	34.7	65.3
국가가 전쟁 중인 상황 (전시)	-	-	-		24.5	43.6	68.1	31.9

1. "다음의 각 상황에서 정부의 권력을 확대하는 조치가 설사 법과 절차를 벗어나는 것이라 할지라도 얼마나 정당하다고 생각하십니까?"
2. "다음의 각 상황에서, 정부가 비상조치를 사용해 통행금지나 소셜미디어 검열과 같은 개인의 권리와 자유를 제한하는 것이 얼마나 정당화될 수 있다고 생각하십니까?"

이러한 결과는 조사 당시가 코로나19 감염병이 건강에 주는 위협을 직접적으로 경험하고 있던 기간이었다는 상황적 요인을 반영한 결과라 할 수 있다. 2021년은 국내 확진자 수가 전년도 55,343명에 비해 557,985명으로 10배 이상 증가하여 팬데믹의 급속한 확산이 시작된 해였다. 또한 2022년의 국내 확진자 수는 28,368,494명으로 팬데믹이 최고조에 달했던 시기였다(질병관리청 자료, 2023).[4] 따라서 2021년과 2022년 팬데믹 상황을 고려하면 정부 역할에 대한 일반대중의 요구가 매우 강하게 나타났을 것으로 예측할 수 있다. 그 결과 다른 어떤 위기 상황에서보다 보건 위기 상황에서 정부의 적극적 역할을 지지하는 비율이 가장 높게 나타났다고 볼 수 있다. 심지어 2022년 조사에서는 전시 상황에서의 정부 권한 확대를 긍정하는 비율(68.1%) 보다 높다는 것은 당시의 팬데믹 상황이 반영되었음을 추론할 수 있다.

Altiparmakis et al.(2021)은 평상시보다 위기 시 여론이 정부의 정책형성에 더욱 강한 영향을 미칠 수 있음을 강조했다. 이는 위기 상황에서는 사람들이 정부 역할에 대해서 다르게 생각할 가능성을 제시한다. 현재의 분석 결과를 평상시와 비교할 수는 없으나 정부의 권한 확대에 대해서 전체적으로 긍정적인 반응이 많다는 것은 Altiparmakis et al.(2021)의 주장을 어느 정도 뒷받침하는 결과일 수 있다. 잠재적 결집 효과는 위기의 성격에 따라 다른 것으로 보인다.

응답 분포를 좀 더 구체적으로 살펴보면 2021년 조사의 경우 보건 위기 상황에서 정부의 권한 확대에 대해서 73.1%가 긍정적 반응을 보였다. 반면 부정적 반응을 보인 응답자는 26.9%에 불과했다. 이러한 비율은 치안 위기 상황(긍정 61.3%, 부정 38.7%)이나 경제위기 상황(긍정 54.0%, 부정 45.9%)보다 부정 반응에 비해 긍정 반응의 비율이 높은 수준이다.

2022년의 경우에도 비슷한 패턴를 보인다. 보건 위기 상황에서 정부의 권한 확대에 대해 68.7%가 긍정적 반응을, 31.3%가 부정적 반응을 보였다. 따라서 치안 위기 상황(긍정 57.0%, 부정 43.0%)이나 경제위기 상황(긍정 47.3%, 부정 52.8%)보다 긍정 반응과 부정 반응 간 격차가 크다. 두 조사에서 나타난 결과는 잠재적 결집 효과가 테러로 인한 안녕질서의 위기에서나 대규모 실업을 수반한 경제위기에서보다 감염병으로 인한 공중보건 위기에서 월등히

---

4   질병관리청(2023). 「코로나바이러스감염증-19 확진환자 일자별 발생(국내 발생+해외 유입) 및 사망 현황」('23.8.31일 0시 기준, 질병관리청 질병보건통합관리시스템에 신고된 코로나19 확진환자 및 사망자)

높을 수 있음을 시사한다. 이러한 차이는 각 위기가 주는 생존의 위험에 노출될 가능성을 다르게 인식하기 때문으로 보인다. 누구나 테러나 실업보다 전파력이 강한 감염병에 걸릴 수 있다고 생각할 가능성이 크다는 것이다.

감염병의 경우 건강상의 위험뿐 아니라 사회적·경제적 위기를 수반하는 종합적 위기의 성격을 띤다는 점에서 정부의 적극적 역할에 대한 기대가 클 수 있는데, 이러한 기대로 정부의 권한 확대에 대해 긍정 반응이 가장 높게 나타난 것으로 해석할 수 있다.

그러나 긍정 반응의 비율이 두 조사 간 차이를 보인다. 보건 위기 상황에서의 정부 권한 확대에 대한 긍정 반응은 2021년보다 2022년 낮아지고 부정 반응은 높아진다. 이러한 결과는 치안 위기 상황과 경제위기 상황 모두에서 비슷하게 나타나고 있다. 특히 경제위기 상황의 경우 정부 권한 확대에 대한 긍정 반응보다 부정 반응이 더 많아졌다.

'매우 정당하다'라는 응답이 보건 위기 상황의 경우 14.9%에서 7.7%로, 치안 위기 상황의 경우 15.7%에서 14.9%로, 경제위기 상황의 경우 13.7%에서 9.0%로 각각 낮아졌다. 즉, 위기 상황에서의 정부의 적극적 역할을 지지하는 사람들이 적어졌다. 긍정 반응, 특히 강한 긍정 반응의 감소 현상은 보건 위기 상황에서 더욱 두드러지게 나타나고 있다.

이러한 결과를 종합하면 2021년에 비해 2022년에 팬데믹 감염자 수가 더 증가하였음에도 불구하고 정부의 권한 확대에 대한 대중의 지지는 약해지고 있음을 알 수 있다. 특히 보건 위기 상황에서 정부의 권한 확대에 대한 강한 긍정 반응이 다른 위기 상황보다 많이 감소한 것은 보건 위기를 명분으로 한 정부의 권한확대 시도가 장기간 지속되면 대중들의 지지가 약해질 수 있음을 시사한다.

② 정부의 비상 조치

〈표 8-5〉는 공중보건 위기 상황에서 정치적 자유와 시민적 권리를 제한하는 정부 비상조치의 정당성에 대한 태도를 분석한 결과를 보여 준다. 2021년 조사와 2022년 조사 모두 비상조치로 '선거 연기', '표현·집회 자유 등 시민 권리 제한', '언론통제', '시민의 위치이동에 대한 감시 추적'을 포함하고 있으며, 2022년 조사에서만 '장기간 봉쇄'가 추가되었다. 2021년 조사 결과는 정치적 권리와 시민적 자유를 제한하는 비상조치에 대해서 언론통제를 제외한 세 가지 조치 모두 다수로부터 긍정적 반응을 얻고 있음을 보여 준다. 즉, 이 시기 여론은 공중보건 위기 상황에서 국민의 권리 제한에 대해서 정당성을 인정하고 있는 것으로 해석할 수 있다. 그중에서도 기본권(표현·집회 자유)을 제한하는 조치에 대해서 가장 높은 지지를 보였다. 반면 언론통제 조치에 대해서는 긍정 반응(49.2%)과 부정 반응(50.1%)이 엇비슷하였다. 공중보건 위기가 위협적이라도 정보의 자유로운 흐름을 제한하는 언론통제 조치에 대해서는 반대도 많았다. 이러한 결과는 정부가 가짜뉴스와 같은 확인되지 않은 정보의 유통을 통제하기 위한 개입 행위 역시 신중해야 할 필요가 있음을 시사한다.

반면 2022년 조사 결과는 2021년 조사 결과와 차이가 있다. 전체적으로 정부의 비상조치를 긍정하는 반응이 낮아졌다. 특히 2021년 70% 이상의 높은 긍정 반응을 보였던 '표현과 집회의 자유와 같은 시민의 권리 제한'과 '시민의 위치나 이동에 대한 감시·추적'의 경우 긍정 반응이 2022년 각각 55.6%와 49.4%로 큰 폭으로 하락하여 2022년에는 이에 관한 여론이 양분된 것을 알 수 있다. 또한 '언론에 대한 통제' 역시 긍정 비율이 더욱 낮아졌다. 네 가지 정부의 비상조치에 대해서 '정당화될 수 없다'라는 부정 반응은 큰 폭으로 증가하였다.

표 8-5　정부 비상 조치의 정당성 인식

	VoG 팬데믹 조사(2021)				ABS 6차 한국 조사(2022)			
	항상 정당화 가능 (A)	가끔 정당화 가능 (B)	A+B	정당화 불가	항상 정당화 가능 (A)	가끔 정당화 가능 (B)	A+B	정당화 불가
선거연기	14.5	56.2	70.7	27.5	7.8	57.3	65.1	34.9
표현과 집회의 자유와 같은 시민의 권리제한	20.8	52.6	73.4	26.0	8.5	47.1	55.6	44.4
언론에 대한 통제	13.4	35.8	49.2	50.1	5.0	32.4	37.4	62.7
시민의 위치나 이동에 대한 감시·추적	16.3	55.3	71.6	27.3	4.4	45.0	49.4	50.6
장기간 봉쇄	-	-	-	-	3.2	38.8	42.0	58

"코로나 감염병 같은 공중보건 위기가 있을 때, 다음과 같은 정부의 조치가 얼마나 정당화될 수 있다고 생각하십니까?"

　흥미로운 것은 2022년 조사에서 '선거 연기'에 대한 긍정 반응이 2021년과 달리 가장 높게 나타났다는 점이다. 다른 비상조치의 경우 2021년에 비해 2022년 긍정 반응이 크게 낮아진 반면 '선거 연기' 조치의 경우 긍정 반응의 감소폭이 크지 않았다. 기존 연구는 공중보건 위기 상황에서 정부의 선거 연기 조치에 대해 다수의 국민이 동의한다는 결과를 제시한다(Hartig & Jones, 2020; Lupu & Zechmeister, 2021; Plutowski & Zechmeister, 2022). 예를 들면, Lupu & Zechmeister(2021)는 코로나바이러스 경험 이전과 이후를 비교 분석한 결과 공중보건 위기 상황에서 정부의 선거 연기 조치에 대해서 코로나바이러스 경험 이전보다 이후에 긍정 반응이 상승했음을 보고하고 있다.[5] 또

5　Lupu & Zechmeister(2021)는 팬데믹과 같이 부정적 사건이 발생했을 경우 국민이 정부에 대해서 어떻게 반응하는지를 아이티(Haiti)의 사례를 통해 분석하고 있다. 그들은 외부 충격

한 폭력적인 상황에 비해 보건 위기 상황에서의 선거 연기에 대한 긍정적 태도가 더욱 강하게 나타났다(Plutowski & Zechmeister, 2022). 이러한 결과는 평상시와 실제 위기 시 정부의 선거 연기 조치에 대한 국민의 태도에 변화가 있다는 것을 보여주고 있다. Hartig & Jones(2020)의 조사 결과는 미국 시민들의 약 70%는 미국 대선 경선의 연기가 필요하다고 응답하고 있으며, 63%는 투표장에 나가는 것에 대해서 불편함을 느끼고 있다고 응답하였다. 즉, 팬데믹이 진행되면서 사람들이 모이는 장소에 나가는 것을 꺼리는 태도가 형성되어 있기 때문으로 해석할 수 있다. 따라서 코로나19 팬데믹이 가장 정점에 달했던 시기인 2022년의 '선거 연기'에 대한 조사 결과도 대중들의 이와 같은 개인의 감염 위험성에 대한 우려가 반영된 결과일 가능성이 제시된다.

공중보건 위기 상황에서 정부의 비상조치에 대한 대중의 반응은 정파적 입장과 상황에 따라 달라지는 것으로 보인다. 〈그림 8-1〉은 응답자의 지지 정당에 따른 개별 비상조치에 대한 반응을 보여 준다. VoG 팬데믹 조사와 ABS 6차 한국 조사는 각각 2021년 6~7월과 2022년 6~7월 두 시기에 시행된 것으로 전자는 문재인 정부시기에, 후자는 윤석열 정부시기에 해당한다. 두 조사의 지지 정당에 따른 분포를 보면 지지하는 정당과 대통령의 소속 정당이 일치할 때 각 비상조치에 대한 긍정 반응이 높았고, 정권이 교체되면서 국민의힘 지지자와 더불어민주당 지지자 사이에 긍정 반응이 역전되었다. 예를 들어, 선거 연기의 경우, 2021년 더불어민주당에 가깝다고 느끼는 응답자의 79.6%, 국민의힘에 가깝다고 느끼는 응답자의 61.1%가 각각 긍정 반응을 보였다. 하지만 2022년 조사에서는 더불어민주당 지지자의 긍정 반응은 59.5%로 감소했지만, 국민의힘 지지자의 긍정 반응은 67.6%로 증가하며 역전되었다. 이러한 패턴은 표현·집회의 자유나 언론에 대한 통

에 의한 사건일지라 하더라도 부정적 사건이 발생했을 경우 국민은 정부를 비판하거나, 결집을 통해서 정부를 더욱 지지하거나, 권위주의 정부 행태를 용인하는 방식과 같은 유형의 반응이 나타날 수 있음을 제시한다. 특히 위기 시 결집 효과를 통해 현 정부를 지지하는 반응은 선거연기와 같은 민주주의를 훼손하는 권위주의 정부 행태를 수반할 수 있음을 지적한다.

제, 시민의 위치에 대한 상시 추적과 같은 다른 비상조치에서도 관찰되는데, 이는 공중보건 위기 상황에서 위기를 극복하기 위한 비상조치에 대한 대중의 태도가 당파성에 의해 영향을 받는다는 것을 시사한다.

그림 8-1 지지 정당에 따른 정부 비상 조치의 정당성 인식

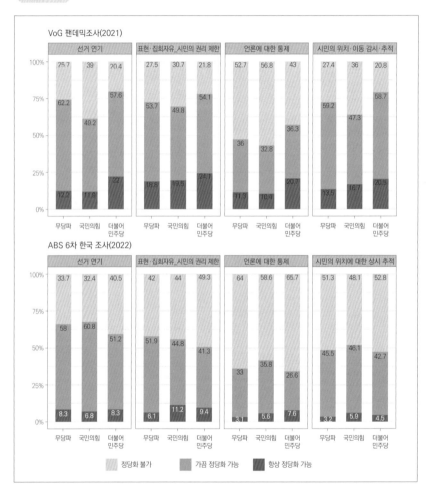

한편 〈표 8-5〉에서 '항상 정당화될 수 있다'라는 강한 긍정 반응을 보면 2021년에는 시민의 권리 제한이 20.8%로 가장 높고, '언론에 대한 통제' 조치가 가장 낮았다(14.5%). 2022년에는 조사된 비상조치 모두에서 강한 긍정 반응이 10% 밑으로 낮아졌다. 특히 시민의 권리 제한은 20.8%에서 8.5%로, '언론에 대한 통제'는 13.4%에서 5.0%로, '시민의 위치나 이동에 대한 감시·추적'은 16.3%에서 4.4%로 강한 긍정 반응이 크게 감소하였다.

'항상 정당화될 수 있다'의 의미는 공중보건 위기에 직면했을 경우 맥락이나 상황에 대한 고려나 조치의 효과성에 대한 증거 없이 정부의 비상조치를 지지하는 것으로 볼 수 있다. 이러한 강한 긍정 반응을 보인 응답자의 비율이 2022년에 크게 낮아졌다는 것은 코로나19 경험을 통해 공중보건 위기 시에도 국민의 권리 제한 조치는 맥락과 상황을 고려해서 판단해야 한다는 인식이 높아졌음을 의미한다. 즉, 공중보건 위기 상황에서 정치적 권리나 시민적 자유를 제한하는 비상조치를 항상 정당하다고 인식하는 것이 아님을 알 수 있다.

특히 코로나19 팬데믹이 최고조에 달했던 2022년에 이러한 결과를 보인다는 것은 공중보건의 보호가 중요하지만 국민의 기본권을 제한하는 비상조치는 예외적으로 신중하게 도입되어야 한다는 인식이 형성되어 있음을 보여 준다. 이는 공중보건 위기를 극복하기 위해서 정부가 비상조치를 발동하더라도 장기적으로 지속되면 국민의 반대와 저항에 직면할 가능성을 시사한다. 이러한 조치들은 필요한 상황에서만 제한적으로 이루어질 필요가 있다는 것이다.

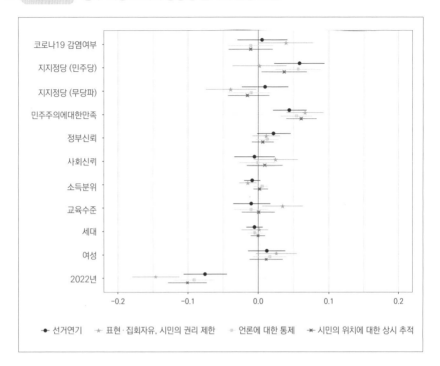

그림 8-2 정부 비상 조치의 정당성 인식의 결정 요인

〈그림 8-2〉는 2021년 VoG 코로나19 팬데믹 조사 데이터와 2022년 ABS 6차 한국 조사 데이터를 통합하여 개별 비상조치에 대한 태도(강한 긍정 반응은 1, 다른 반응은 0)에 대해 다중회귀분석을 실시한 결과이다.[6] 그래프에서 점은 변수의 회귀계수를 의미하고, 그 점 좌우의 선은 회귀계수의 95% 신

---

6 분석에 포함된 변수는 다음과 같이 부호화되었다: 코로나19 감염여부(감염=1, 비감염=0); 지지 정당(국민의힘=0, 민주당=1 혹은 무당파=1); 민주주의에 대한 만족(전혀 만족 안함=1~매우 만족=4); 정부 신뢰(매우 불신=1~매우 신뢰=4); 사회신뢰(매우 불신=1~매우 신뢰=4); 소득분위(1분위=1~5분위=5); 교육 수준(중졸 이하=1, 고졸= 2, 대재 이상=3); 세대(20대=1~60대 이상=5);여성(여성=1, 남성=0); 2022년(2022년 조사=1, 2021년 조사=0).

뢰구간을 의미한다.[7]

우선 그래프 가장 하단의 2022년 변수의 회귀계수가 모든 비상조치에서 0보다 작고, 95% 신뢰구간을 의미하는 선이 0에 걸쳐있지 않다. 이는 2022년 ABS 6차 한국 조사의 강한 지지의 수준이 2021년 VoG 팬데믹 조사 때보다 낮으며, 이러한 결과는 95% 신뢰 수준에서 통계적으로 유의미하다는 것을 의미한다. 이러한 결과는 코로나19 팬데믹 기간이 지속되면서 비상조치에 대한 지지가 감소하였음을 뜻한다.

둘째로 비상조치에 대한 태도의 가장 결정적인 영향 요인은 민주주의에 대한 만족이다. 민주주의에 대한 만족 변수를 보면, 조사된 비상조치 모두에서 회귀계수가 양(+)의 값을 가지며, 신뢰구간도 0을 지나지 않는다. 따라서 민주주의에 대한 만족도가 높은 응답자일수록 비상조치를 긍정적으로 평가하는 경향이 있다. 이는 현재 한국 정치가 민주적으로 운영되고 있다고 평가하는 사람들일수록 위기 상황에서 정부가 개인의 자유와 권리를 침범할 수 있는 비상조치를 발동한다고 할 때 이를 용인하는 경향이 높음을 시사한다. 즉, 민주주의가 잘 작동한다고 생각하면 민주주의의 복원력을 믿고 정부의 비상조치를 지지할 가능성이 높다는 것이다.

셋째로 표현·집회 자유와 같은 시민의 권리 제한 조치를 제외한 다른 비상조치에 대해 국민의힘 지지자들보다 더불어민주당 지지자들이 강한 긍정 반응을 보였다. 이러한 차이는 일반적으로 보수적 성향이 강한 국민의힘 지지자들이 개인의 자유와 권리를 더 강하게 옹호하고 정부개입의 확장을 부정적으로 평가하는 경향이 있기 때문으로 해석할 수 있다. 또는 코로나19 방역 조치가 문재인 정부에서 도입되어 실행되었다는 점에서 문재인 정부와 정파적으로 반대편에 있는 국민의힘 지지자들이 팬데믹 상황에서의 비상조

---

7 회귀계수가 0보다 작으면 부정적 영향이, 0보다 크면 긍정적 영향이 있음을 의미한다. 신뢰구간이 0을 지나가지 않으면 그 영향이 95% 신뢰수준에서 통계적으로 유의미하다고 해석된다.

치에 대해 부정적인 태도를 견지했을 가능성도 있다. 이는 이념이나 당파성이 비상조치에 대한 태도에 영향을 줄 수 있음을 시사한다.

③ 정부의 방역 조치

〈표 8-6〉은 팬데믹 상황에서 정부 방역 조치의 권한 혹은 조치의 필요성에 대한 태도를 분석한 결과를 보여 준다. 데이터는 2021년 VoG 팬데믹 조사와 2024년 한국 거버넌스 바로미터 조사(KGBS)에서 나온 것이다. 2021년은 팬데믹 감염자가 급격하게 증가하기 시작한 시기였으며, 2024년은 코로나19 팬데믹 상황이 종료한 시기라는 점에서 2021년 조사와 2024년 조사 비교는 팬데믹 시기 여론과 팬데믹 이후 시기 여론의 비교라는 의미가 있다.[8]

2021년의 경우 전체적으로 정부가 방역 조치 '권한을 (확실히 혹은 아마도) 가져야 한다'라는 응답이 최소 57%에서 최대 94%로 조사된 모든 조치에서 다수가 정부의 방역 조치 권한을 지지하였다. '마스크 착용 요구'에 대한 지지가 가장 높았으며, '공공 집회 금지', '감염자 격리', '감염자 추적을 위한 디지털 감시장비 사용' 등의 순서로 지지하는 긍정 반응이 높았다. 반면 '사업장·직장 폐쇄'에 대해서는 57%만이 지지함으로써 다른 조치와 비교해 지지의 정도가 낮았다. '사업장·직장 폐쇄'는 국민의 경제적 안정성을 크게 훼손하는 비용을 수반하기 때문에 상대적으로 낮은 지지를 보이는 것으로 해석할 수 있다. 마스크 착용, 격리 등 의료시스템과 관련된 조치에 대해서는 정부 권한의 정당성에 대한 폭넓은 공감대가 형성되어 있지만 봉쇄 및 폐쇄와 관련된 조치에 대해서는 정부 권한의 정당성을 두고 여론이 분열되어 있음을 보여 준다(Park et al., 2023).

---

8 VoG 팬데믹 조사(2021)의 응답 범주는 '① 확실히 가져야 한다 ② 아마도 가져야 한다 ③ 아마도 갖지 말아야 한다 ④ 확실히 갖지 말아야 한다'로 구성되지만 KGBS(2024) 응답 범주는 '① 항상 ② 대부분 ③ 가끔 ④ 드물게'로 구성되어 차이가 있으므로 해석에 주의를 요한다.

감염자 격리는 접촉자 추적을 위한 디지털 감시 장비 사용에 비해, 국경 봉쇄는 국내 이동에 비해 긍정 반응이 높게 나타남으로 논란의 여지가 덜 한 것으로 보인다. 4차 대유행 이전 정부가 시행한 공중보건 및 사회적 조치에는 '확진자 격리, 접촉자 추적, 감염 의심자 격리, 역학 감시, 대규모 집회 금지' 등이 포함됐다. 이러한 조치의 대부분은 의료시스템과 관련이 있다. 예외는 대규모 집회 금지였는데, 공개 집회 금지는 접촉자 추적보다 더 억압적이지만 논란의 여지가 적은 조치 중 하나로 나타났다. 이는 아마도 특정 지역에서의 대규모 집회가 2차 대유행의 원인으로 여겨졌기 때문으로 추론할 수 있다. 이 결과는 정부개입에 대한 대중의 지지가 맥락과 상황에 따라 달라질 수 있음을 시사한다.

한편 적극 지지('권한을 확실히 가져야 한다') 반응을 보면 절반 이상(54~67%)이 적극 지지를 보인 '마스크 착용', '공공 집회 금지', '감염자 격리'를 제외한 다른 유형의 정부개입에 대해서는 소수(10~35%)만이 적극 지지를 보였다는 점에서 정부의 방역 조치에 대한 지지가 조건적임을 시사한다. 이러한 결과를 통해 일부 방역 조치를 제외하고 다수의 방역 조치가 여론의 전폭적 지지를 받는 데 한계가 있다는 점에서 정부의 방역 조치의 선택이 전적으로 자유롭지 않음을 시사한다.

표 8-6 **정부 조치의 권한 혹은 필요성에 대한 태도**

	VoG 팬데믹 조사(2021)[1]			KGBS(2024)[2]				
	확실히 정부 권한(A)	아마도 정부 권한(B)	A+B	정부권한 아님	항상 필요(A)	대부분 필요(B)	A+B	가끔·드물게 필요
마스크 착용	66.9	27.2	94.1	5.8	56.5	30.3	86.8	13.2
공공 집회 금지	56.2	35.6	91.8	8.2	42.5	35.3	77.8	22.1
감염자 격리	53.7	40.2	93.9	6.1	–	–	–	–
감염자 추적을 위한 디지털 감시장비 사용	35.5	47.4	82.9	17.1	34.9	37.8	72.7	27.3
국경봉쇄	28.3	52.7	81.0	18.9	–	–	–	–
학교·유치원 폐쇄	26.2	52.1	78.3	21.7	14.2	32.4	46.6	53.3
외출 금지	23.0	48.2	71.2	28.8	8.2	29.0	37.2	62.9
사업장·직장 폐쇄	11.1	47.1	58.2	41.8	8.6	25.4	34	66.1

1. "코로나와 같은 감염병에 대응할 때 정부가 다음의 권한을 가져야 한다고 생각하십니까, 혹은 갖지 말아야 한다고 생각하십니까?"
2. "팬데믹에 대응할 때 다음의 각 정부 조치가 얼마나 자주 필요하다고 생각하십니까?"

2021년 조사와 다소 다른 질문을 사용한 2024년도 조사 결과를 살펴보면 마스크 착용 조치의 필요성의 경우 긍정 반응('항상'과 '대부분')이 86.8%로 가장 높다. 다음으로 공공 집회 금지 조치의 경우 긍정 반응이 77.8%, 디지털 감시장비 사용의 경우 긍정 반응이 72.7%였다. 2024년도에도 마스크 착용, 공공 집회 금지, 감염자 격리 등의 조치에 대해서는 다수가 지지하고 있는 것으로 나타났다.

반면 학교·유치원 폐쇄의 경우 긍정 반응이 46.6%였고, 외출 금지(37.2%), 사업장·직장 폐쇄(34.0%)의 경우 긍정 반응이 낮았다. 학교 폐쇄, 사업장·직장 폐쇄, 외출 금지 등은 완전한 차단 조치로서 개인의 자유와 권리를 강하게 제한하는 조치라고 할 수 있다. 2024년 조사 결과는 이러한 정부의 방역 조치들에 대해서 긍정 반응이 낮음을 보여 준다.

반대로 부정 반응('가끔'과 '드물게')은 방역 조치의 조건을 강조한다. 즉, 상황과 맥락에 따라 필요성이 달라질 수 있다는 것이다. 이러한 부정 반응이 사업장·직장 폐쇄, 외출 금지, 학교·유치원 폐쇄의 경우 50~60%대를 보인다는 것은 팬데믹을 경험하고 난 후 대중의 다수는 학교와 직장 폐쇄 등의 방역 조치에 대해서 부정적이거나 소극적인 태도를 가지고 있는 것으로 볼 수 있다.

한편, '항상' 필요하다는 반응은 조치의 효과성이나 상황과 맥락에 대한 고려 없이 무조건 지지하는 것을 의미한다. 마스크 착용의 경우 56.5%, 공공 집회 금지의 경우 42.5%, 감시장비 사용의 경우 34.9%가 '항상' 필요하다고 하였다. 반면, 학교·유치원 폐쇄의 경우 14.2%, 외출 금지의 경우 8.2%, 사업장·직장 폐쇄의 경우 8.6%가 '항상' 필요하다고 하여 이러한 방역 조치는 증거에 기반을 두어야 수용될 수 있음을 시사한다.

전체적으로 2024년은 마스크 착용을 제외한 정부의 방역 조치에 대해서 적극 지지하는 사람들이 50%를 넘지 못하고 있다. 이러한 결과는 코로나19 팬데믹 상황이 거의 종료된 시점에서 정부의 자의적인 방역 조치는 여론의 지지를 받기 어려울 수 있음을 시사한다.

2021년 긍정 반응('확실히 가져야 한다'와 '아마도 가져야 한다')과 2022년 긍정 반응('항상'과 '대부분' 필요하다)을 비교하면 다음과 같다. 모든 정부의 개입 조치에 대한 지지 비율이 감소하는 것으로 나타났다. 마스크 착용, 공공 집회 금지, 감시장비 사용의 경우 2024년에도 다수가 지지하지만 2021년과 비교해 수준은 낮아졌다. 반면 학교·유치원 폐쇄, 외출 금지, 사업장·직장 폐쇄의 경우 2021년 다수가 지지했지만 2024년에는 급격하게 낮아져서 모두 50% 미만의 지지를 받았다.

학교와 직장 폐쇄, 외출 금지 등 타인과의 접촉을 완전히 차단하는 조치는 행동의 자유, 학습권, 경제활동의 자유 등과 같은 개인적 자유에 대한 강한 압박으로 작용한다. 따라서 이러한 조치들은 코로나19 팬데믹이 확산하는 시기에는 다수의 일반 대중으로부터 지지를 받았으나 팬데믹이 종료된 시기에는 급격하게 지지가 약해지는 결과를 보여 주고 있다.

공중보건 위기 상황의 극복을 위한 정부의 조치가 개인의 권리제약을 수반한다면 그러한 조치는 제한된 목적과 기간에 필요 최소한으로 이루어져야 국민의 지지를 받을 수 있다는 점을 시사한다. 만약 위기 상황의 종료 이후에도 권리제약 조치가 지속된다면 국민의 반대에 직면할 가능성이 있다.

2021년과 2024년 조사 비교를 통해 정부의 긴급조치가 공공의 비상사태에 해당하는 상황에서 예외적이고 일시적으로 이루어져야 한다는 시라쿠사 원칙(Siracusa Principle)이 코로나19 팬데믹 상황을 비롯한 향후 유사한 공중보건 위기 상황에서도 중요하게 다루어져야 한다는 것을 강조할 수 있다 (UN Commission on Human Rights, 1985).

한편 적극 지지 반응(2021년 '확실히 가져야 한다', 2024년 '항상 필요하다')만을 구분하여 비교분석을 하였다. 〈그림 8-3〉에 제시된 결과는 조사된 정부의 방역 조치 모두에 대해서 '확실히 가져야 한다' 또는 '항상 필요하다'는 응답 비율이 2021년에 비해 2024년에 감소하였음을 보여 준다. 특히 공공 집회 금지, 학교·유치원 폐쇄, 외출 금지 등의 조치들은 감소폭이 타 방역 조치들에 비해 컸다.

그림 8-3　정부개입에 대한 지지: 2021년과 2024년 비교

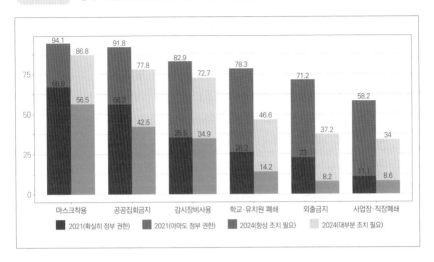

정부의 방역 조치에 대한 강한 긍정 반응이 2024년 감소했다는 것은 정부의 방역 조치들에 대해서 무조건적인 지지가 아닌 조건적 지지를 나타낼 가능성이 높다는 것을 의미한다.[9] 즉, 개인의 자유를 제한하는 정부의 방역 조치들이 정말 필요한 것이고 적정한 조치인지, 비례적인지, 증거에 따른 것인지 등 상황과 맥락에 따른 판단을 할 가능성이 증가한다는 것이다.

WHO(2019)와 OECD(2020)는 전 세계적으로 확산되는 인플루엔자와 코로나19에 대응하기 위한 다양한 조치들에 대해서 증거 기반의 정도, 권고 유무 등을 명확히 하여 제시하고 있다. 일부 조치들은 증거의 명확성이 낮고, 일부는 권고하지 않는 등 다양한 조치를 기준에 따라 구분하고 있다. 이

9　Park et al.(2023)은 '확실히 가져야 함(확실히 정부 권한)' 또는 '아마도 가져야 함(아마도 정부 권한)' 응답의 수를 세어 정부개입에 대한 지지의 수준을 종합적으로 평가하였다. 결과는 대다수(60%)가 8~7가지 개입 형태 모두에 대한 지지를 표시하는 반면 소수(16%)는 4가지 이하의 개입 형태를 지지하였다. 그러나 '확실히 가져야 함'으로 응답한 수만 계산하면 극히 소수(7%)만이 8~7가지 형태의 개입을 모두 지지하는 반면, 대다수(78%)는 4가지 이하의 개입 형태를 지지하였다. 이러한 결과에 대해서 그들은 정부개입에 대한 대중의 지지는 조건부 동의를 반영한다고 주장한다.

는 곧 인플루엔자의 감염 방지를 위해서 모든 조치가 적합한 것이 아님을 시사한다. 결국 의학적으로 명확한 근거를 기초로 효과가 있는 조치를 권고할 필요가 있다.

요약하면 팬데믹 상황에서 정부의 방역 조치 권한과 필요성에 대한 태도는 코로나19 팬데믹 경험과 더불어 변했는데, 전반적으로 지지의 수준이 낮아지는 것으로 나타났다. 특히 개인의 자유와 권리에 대한 강한 압력을 수반하는 정부개입에 대한 지지의 정도는 급격하게 감소하는 경향을 보여 주었다. 이러한 결과는 향후 유사한 공중보건 위기 상황에서 정부의 개입은 명확한 근거를 가지고 맥락과 상황을 고려해 선별적·제한적으로 이루어져야 여론의 지지를 확보할 수 있음을 시사한다.

맺음말: 팬데믹 거버넌스의 도전

최근 약 3년여 동안 코로나19 팬데믹은 전 세계적인 공중보건 위기뿐 아니라 경제적 위기로 확대되는 결과를 가져왔다. 각국의 정부는 공중보건 위기에 대응하기 위해서 다양한 정책적 노력을 기울였다. 이러한 정책적 노력에는 감염확산을 방지하기 위해 불가피하게 국민의 정치적, 사회적 및 경제적 활동을 통제하는 내용이 포함되어 있다는 점에서 사회적 논란의 소지가 있다. 결국 코로나19라는 공중보건 위기에 대응하기 위한 정부의 다양한 조치와 정책은 사회적 논쟁과 갈등을 내재하고 있었다고 할 수 있다.

본 장은 이렇게 갈등의 소지가 있는 정부 대응이 일반 대중으로부터 얼마나 동의와 지지를 받고 있느냐는 질문에서 출발했다. 특히 다양한 정부의 조치들은 정부 권한의 확대를 통해서 국민의 경제적, 사회적 및 정치적 활동에 강제적으로 개입하는 것을 내용으로 한다는 점에서 위기 상황에서 정부 권한 확대 및 팬데믹 상황에서 정부의 조치에 대한 대중의 태도를 종합적으로 분석하였다.

분석 결과를 바탕으로 향후 코로나19 팬데믹과 같은 공중보건 위기 상황에서 정부의 역할에 대한 몇 가지 시사점을 찾을 수 있다. 우선 일반 대중은 팬데믹과 같은 공중보건 위기 상황에서 정부의 적극적인 대처와 이를 위한 권한 강화 필요성을 인지하고 있음을 확인할 수 있다. 위기에 대응하기 위한 정부의 권한 강화에 대한 태도를 보면 대량실업을 가져온 경제위기 상황, 강력한 조치가 필요한 부패가 만연한 상황 혹은 사회불안이나 테러로 인한 치안 위기 상황에서보다 코로나 감염병과 같은 보건 위기 상황에서 정부의 권한 강화를 더 지지하였다. 심지어 국가가 전쟁 중인 상황에 비해서도 근소하지만 보건 위기 상황에서의 정부의 권한 강화를 더 지지하였다. 조사가 이루어진 시점이 모두 코로나19 팬데믹 기간이라는 점에서 이러한 결과가 나왔다고 볼 수도 있다. 하지만 한반도 전쟁 위기의 상시적 경험이나 IMF 사태와 같은 경제위기의 경험을 고려하면 이러한 결과를 당면한 위기 때문으로만 해석하는 것은 적절해 보이지 않는다. 이는 오히려 코로나19 팬데믹을 경험하면서 감염병에 의한 보건 위기 상황에서는 정부의 권한을 강화하여 신속하고 효과적인 조치를 시행하는 것이 위기 관리의 핵심이라는 인식을 갖게 된 결과로 보인다.

둘째, 코로나19 팬데믹과 같은 보건 위기 상황에서 정부의 권한 강화에 대한 지지는 코로나19 팬데믹을 경험하면서 약해졌다. 이러한 경향은 팬데믹 상황에서 정부의 비상조치와 방역 조치에 대한 태도에서도 발견된다. 이러한 결과는 사람들이 보건 위기 상황의 심각성을 인지하고 정부의 비상조치의 필요성에 대해 동의한다고 하더라도 위기 상황이 장기화할 때 개인의 자유와 권리를 제한하는 정부의 비상조치와 권한 강화에 부정적인 태도를 보일 수 있음을 의미한다. 확진자 수가 증가하였음에도 불구하고 보건 위기 상황에서의 정부의 권한 강화에 대한 지지가 감소했다는 것은 위기의 심각성과 별도로 장기화하는 정부의 비상조치에 대한 피로도가 보건 위기 상황에서의 정부 대응의 정당성 판단을 결정하는 요소임을 시사한다. 따라서 누적되는 증거를 통해 감염병 상황을 평가하고 각 조치의 효과성을 면밀하게 검토할 필요가 있다. 또한 공중보건 위기가 고조된 상황이라도 국민의 자유와 권리를 침해하는 비상조치에 대해서는 비례성, 한시성 등을 고려한 시라쿠사 원칙을 엄격히 적용할 필요가 있다.

셋째, 코로나19 팬데믹과 같은 공중보건 위기 상황에서의 정부 대응에 대한 여론은 당파적인 특징을 나타낸다는 점이다. 분석 결과 정부의 비상조치나 방역 조치에 대한 대중의 인식은 당파성에 의해 영향을 받았다. 선거 연기, 표현과 집회의 자유와 같은 시민의 권리 제한, 언론에 대한 통제, 시민의 위치나 이동에 대한 감시·추적 등과 같은 정부의 비상조치에 대한 지지는 집권당과 자신의 지지 정당의 일치 여부에 따라 달라지는 것으로 나타났다.

넷째, 공중보건 위기 상황에서 정부의 비상조치에 대한 반응은 민주주의의 질에 대한 인식에 영향을 받는다. 현재 정치제도가 민주적으로 운영되고 있다고 생각할수록 정부의 조치가 비록 개인의 자유와 권리를 침해하더라도 이에 대한 적극적인 지지를 표명하였다. 이러한 패턴은 선거 연기, 표현과 집회의 자유와 같은 시민의 권리 제한, 언론에 대한 통제, 시민의 위치나 이동에 대한 감시·추적 등 조사된 모든 비상조치에 대한 태도에서도 나타났다. 즉, 민주주의가 작동한다고 믿으면 정부의 권한 강화와 비상조치가 필수적이고 비례적이고 한시적일 것이라 지지하는 것으로 보인다. 이는 민주주의의 작동 속에서 정부가 비상조치를 필요한 만큼 신속하게 도입하고 그에 대한 국민의 지지를 확보하는 것이 위기관리에 필요하다는 점을 시사한다.

다섯째, 팬데믹 상황에서 정부의 방역 조치에 대한 대중의 태도는 조치의 유형에 따라 다양하다. 방역 조치를 따르는 데 드는 비용이 적을수록 지지가 높았고, 국민 전체를 대상으로 하는 일반적 조치보다 선택적 조치나 그 효과가 특정 집단에 제한적인 조치에 대한 지지가 높았으며, 개인의 경제적 이익을 침해할 수 있는 조치일수록 지지가 낮았다. 따라서 향후 정부가 감염병에 의한 공중보건 위기 상황에서 방역 조치를 도입할 때 조치의 필요성뿐만 아니라 조치의 성격을 고려할 필요가 있다. 위기 상황에서의 방역 조치의 필요성만이 지지를 담보하지 못한다. 더욱이, 개인의 자발적인 참여가 방역 조치의 효과성의 핵심적인 요소라는 점에서 방역 조치에 대해 개인들이 가진 태도를 고려하여 적절한 조치를 선택할 필요가 있다. 정부의 권한 확대에 대한 지지는 위기의 심각성과 별개로 비상조치가 지속될수록 감소하는 경향이 있다. 위기의 역동성을 고려해 상황과 맥락에 따라 방역 조치를 유연하게 활용하는 것이 위기관리에 더 효과적이다.

코로나19 팬데믹은 신종 감염병이 유발한 지구적 위기였다. 전례가 없는 위기는 3년 이상 지속되었고, 각국 정부는 다양한 전략과 조치를 도입하며 위기로 인한 피해를 최소화하기 위해 고군분투하였다. 우리의 지난 3년의 코로나19 팬데믹 경험을 반추해 보면 모두가 고군분투하였다는 표현이 적당해 보인다. 예측되지 않는 위기의 충격 속에서 정부가 내놓는 방역정책과 조치들이 얼마나 필요하고 적절한 것인지는 코로나19 팬데믹 내내 논쟁의 대상이었다. 코로나19 팬데믹에 대응하기 위한 정부의 방역 정책이 객관적이고 과학적인 근거가 있느냐에 대한 논쟁도 여전히 현재진행형이며, 코로나19 방역 조치가 가지는 정책 효과의 파급력의 크기와 정책에 따른 비용의 공평성 문제도 여전히 논쟁의 대상이 되고 있다. 또한 공중보건을 위해 개인적 자유와 권리를 포기해야 했던 국민의 관점에서 공중보건 비상조치가 얼마나 필요하다고 인식하고 정당하다고 판단하는지에 대해서도 경험적 분석과 연구가 여전히 부족하다.

이러한 배경에서 이 장에서 시도한 팬데믹 상황에서 정부의 비상조치나 방역 정책에 대한 대중의 태도 분석은 향후 발생할 새로운 공중보건 위기 상황에서의 팬데믹 거버넌스의 구축을 위한 시사점을 제시한다. 공중보건 위기 상황에서 정부 권한의 확대가 필요할 수 있지만 이는 권력분립의 민주적 원리를 위협하기에 한시적이어야 한다. 공중보건 위기 상황에서 정부의 비상조치가 필요할 수 있지만 이는 기본권을 침해하기에 합법적이어야 한다. 공중보건 위기 상황에서 억압적 방역 조치가 필요할 수 있지만 개인의 자유와 권리를 제한하기에 비례적이고 비차별적이어야 한다. 이처럼 권리를 존중하고 과학적 증거를 따르는 위기관리 거버넌스는 대중으로부터 신뢰와 정당성을 얻을 것으로 기대할 수 있다.

참고문헌

강원택·성예진 (2018). 2017년 대통령 선거에서 이념과 세대: 보수 성향 유권자를 중심으로. 한국정치연구, 27(1): 205-240.

구재령 (2022). 알고리즘과 메타포: 페이스북의 '에코챔버'와 구글 검색의 '필터버블'을 중심으로. 과학기술학연구, 22(3): 3-68.

권정현 외. (2023). 코로나19 사회 대응 방역조치 영향분석 및 정책 근거 마련 연구. KDI.

김나리 (2021.08.25.). 코로나19: 한국은 어쩌다 'K방역'에서 '백신 접종 꼴찌'가 되었나. BBC뉴스 코리아. https://www.bbc.com/korean/news-58313506 (검색일: 2024.04.16.).

김도균·최종호 (2018). 주택소유와 자산기반 투표: 17대~19대 대통령 선거 분석. 한국정치학회보, 52(5): 57-86.

김동진·곽윤경·이원진·김지원·우선희 (2022). 코로나19의 영향과 사회통합 실태조사. 세종: 한국보건사회연구원.

김명일 (2022.05.18). "정치방역 아닌 과학방역했다" 정은경, 이임식서 눈물. 조선일보. https://www.chosun.com/national/national_general/2022/05/17/HD6N5PKDXJDEJAF673VTS2IIWA/ (검색일: 2024.04.30.).

김석관·정일영·시새롬·최윤희·정지은·심우중·문명재·김공록·김태형·이사빈·박태성·허규진 (2022). 우리가 겪은 팬데믹: 한국의 코로나19 경험에 대한 다층적 분석. 서울: 경제·인문사회연구회.

김영주 (2019). 재난구호 서비스 만족도와 재난지원금 형평성이 재난구호 성과 인식에 미치는 영향. 한국행정연구, 28(2): 161-186.

김정 (2021). 코로나19 방역 정책의 성공 조건: 한국 사례의 비교연구. 한국과 국제정치, 37(1): 191-221.

김정 (2022). 코로나19 방역 정책의 성공 조건 재론: 한국 사례의 비교연구. 정부학연구, 28(1): 5-30.

김태완·이주미 (2020). 코로나 시대의 소득불균형 심화와 정책적 대응. 보건복지포럼, 290: 20-33.

김태형 (2022). 코로나19 위기와 한국인의 복지태도: 정부의 코로나19 대응평가, 정부역량, 정부역할에 대한 인식을 중심으로. 지방정부연구, 26(2): 283-306.

김한나·장한일·장승진 (2021). 백신 접종의 정치심리학: 코로나19 음모론, 정부 대응 평가, 그리고 백신 접종 의사. 한국정당학회보, 20(3): 99-130.

남재현·이래혁 (2020). 코로나19의 영향은 모두에게 동등한가? 종사상 지위별 소득과 빈곤에 미친 영향을 중심으로. 한국사회복지학, 72(4): 215-241.

노민징 (2020). COVID 19 시대 사회안전망 평가와 정부신뢰가 증세 수용에 미치는 영향: 소득 수준의 조절효과를 중심으로. 한국콘텐츠학회논문지, 20(12): 154-165.

노성종·최지향·민영 (2017). '가짜뉴스효과'의 조건: 2017년 대통령 선거에서 나타난 '가짜뉴스효과'의 견인 및 견제 요인. 사이버커뮤니케이션학보, 34(4): 99-149.

노환호·이태준 (2022). COVID-19 상황 인식이 백신 접종 의향에 미치는 영향. 한국위기관리논집, 18(1): 69-86.

대한민국 정책브리핑 (2020.09.14.). 국민 헌신과 참여…'K-방역'의 탄생. https://www.korea.kr/news/policyNewsView.do?newsId=148887401 (검색일: 2024.04.16.).

대한민국 정책브리핑 (2020.09.14.). 문 대통령 "방역과 경제의 아슬아슬한 균형 잡아나가야". https://www.korea.kr/briefing/policyBriefingView.do?newsId=148877593&tongYeog=Y&gubun=&pageIndex=&srchType=&srchWord=&startDate=&endDate=#policyBriefing (검색일: 2024.04.16.).

류미나 (2020.12.11.). 野 "코로나백신 빨리 확보해 접종 개시하라…K반역 될지도", 연합뉴스. https://www.yna.co.kr/view/AKR20201211102900001 (검색일: 2024. 04.16.).

류보영·신은정·김나영·김동휘·이현주·김아라·박신영·안선희·장진화·김성순·권동혁 (2022). SARS-CoV-2 변이 유행에 따른 국내 코로나19 중증도 추이. 주간건강과 질병, 15(47): 2873-2895.

류현숙·윤강재·김황열·이나경 (2022). 공중보건 위기 거버넌스 개선을 통한 신종 감염병의 효과적 대응 방안 연구. 서울: 한국행정연구원.

머니투데이 (2021.9.9.). "죽음밖에 남지 않았다"... 새벽 2시30분, 여의도 밝힌 자영업자들. https://news.mt.co.kr/mtview.php?no=2021090901492279749 (검색일: 2024.04.16.).

문정화·김수진·성기옥 (2021). 코로나19 두려움과 영향요인에 대한 탐색적 연구. 사회과학연구, 32(1): 285-307.

문진영·유미선 (2021). COVID-19 긴급재난지원금이 복지태도에 미치는 영향-성별에 따른 정책효능감 조절효과를 중심으로. 한국사회복지학, 73(4): 29-55.

박명호 (2022). 코로나19 관련 정부지원금 지원 현황 및 소득재분배 효과. 한국의 사회동향 2022. 통계청 통계개발원

박미희 (2020). 코로나19 시대의 교육격차 실태와 교육의 과제: 경기 지역을 중심으로. 교육사회학연구, 30(4): 113-145.

박범섭·신정섭 (2021). 한국, 일본, 대만에서 유권자의 코로나19 정부 대응 평가가 정부신뢰, 민주주의 만족도, 국가 자긍심에 미치는 영향 분석. 한국정당학회보, 20(3): 131-166.

박선경·신진욱 (2021). 코로나19와 국가역할 확대에 대한 국민 인식: 이념성향, 재난피해, 정부대응, 재난지원금의 영향. 정부학연구, 37(1): 153-189.

박종민 (2023). 정부 신뢰의 양극화와 민주적 거버넌스의 제도적 개혁. 2023년 한국정책분석평가학회 하계학술대회 발표논문.

배수연·김희주 (2021). 대학생의 코로나19 예방접종 의도의 영향요인: 앤더슨 모형의 적용. 한국보건간호학회지, 35(3): 384-400.

배수연·김희주 (2023). 한국어판 예방접종에 대한 심리적 소인 측정도구의 신뢰도와 타당도 검증. *Journal of Korean Academy of Nursing*, 53(3): 324-339.

배진석 (2022). 위기결집효과의 소멸과 당파성 정치의 복원: 코로나19 장기화의 정치적 영향. 정부학연구, 28(1): 31-64.

백민아·강은정·함영은·유기민·주소연·최지원 (2022). 대학생의 코로나19 백신 접종 행동과 관련된 요인: 충남 1개 대학을 중심으로. 보건사회연구, 42(3): 230-245.

성욱제·정은진 (2020). 코로나19 관련 허위정보의 유형 및 대응방안 분석. 방송문화
　　연구, 32(2): 7-54.

송상윤 (2021). 코로나19가 가구소득 불평등에 미친 영향. 한국은행 이슈노트,
　　제2021-9호

송용찬·김유화 (2022). 사회자본이 코로나19 정책수용에 미치는 영향 연구: 정책태
　　도와 정책순응의 관계를 중심으로. 한국공공관리학보, 35(3): 47-71.

양성찬·장진화·박신영·안선희·김성순·박수빈·류보영·이선영·신은정·김나영·유
　　명수·이종걸·김대영·강에리·권동혁 (2022). 국내 코로나19 확진자 2년 발생
　　보고서(2020.1.20.~2022.1.19.). 주간 건강과 질병, 15(7): 414-421.

여유진·오선정·송경희·류재린·김상현·김을식·김양중·남종석·김문길·이원진·우
　　선희·손창균·노법래·송치호·허재준·문현경·박희석·노승철·최훈·김윤영·이
　　민정·홍성운·이지완 (2021a). 코로나19의 사회·경제적 영향 분석 및 긴급재난지
　　원금의 효과 평가 연구. 서울: 경제·인문사회연구회.

여유진·우선희·곽윤경·김지원·강상경 (2021b). 사회통합 실태 진단 및 대응 방안 연
　　구(VIII)-사회·경제적 위기와 사회통합. 세종: 한국보건사회연구원.

오현진 (2022). 코로나19 관련 허위정보에 대한 인식과 당파성의 역할. 정부학연구,
　　28(1): 65-86.

우미숙·이수진·조상미 (2021). 코로나19 발생 이후 사회문제 해결을 위한 시민행동
　　의향에 미치는 영향요인. 지역사회연구, 167-200.

은기수 (2020). 코로나19 팬데믹과 자녀 돌봄의 변화. 노동리뷰, 2020(11): 35-49.

이나경·이병현·류현숙 (2023). 감염병과 정부 회복역량 인식 및 정치적 성향이 정부
　　의 코로나19 대응 평가에 미치는 영향. 한국행정논집, 35(3): 365-390.

이상옥·김용운 (2022). 위기관리정책 성과에 대한 영향요인 연구: 코로나 19 대응정
　　책에 대한 시민인식을 중심으로. 한국정책과학학회보, 26(1), 257-280.

이승호·홍민기 (2021). 코로나19와 1차 긴급재난지원금이 가구 소득과 지출에 미친
　　영향. 한국사회정책, 28(3): 17-44.

이태진·김동진·곽윤경·이원진·우선희·김지원 (2022). 사회통합 실태 진단 및 대응
　　방안 연구(IX)-포스트코로나 시대의 사회통합 제고를 위한 정책방향. 세종: 한국보

건사회연구원.

이형기·권인호·박승민·배훈천·서민·신평·원정현·유영찬·윤영호·윤주홍·이덕희·이재태·임무영·장부승·정기석·홍예솔 (2021). 코로나 징비록: K-방역은 없다. 서울: 골든타임.

임동균 (2020). 코로나 시대의 시민사회. 철학과 현실, 163-180.

장경은·백영민 (2023). 코로나19 예방접종 수용집단, 주저집단, 거부집단 분석: 인구통계학적 배경, 정치성향, 코로나19 관련 인식, 사회 신뢰, 커뮤니케이션 행동 변수를 중심으로. 사회과학연구, 34(2): 23-54.

장윤재·김미라 (2022). 미디어 의존과 정파적 뉴스 이용의 효과: 코로나19 상황에 대한 정서적 반응, 경제상황 인식 및 정부대응평가에 미치는 영향. 한국언론정보학보, 115: 118-146.

정광호·이재용·윤재원 (2021). COVID-19 팬데믹하의 정부신뢰 영향요인 탐색: 정부대응을 중심으로. 사회적경제와 정책연구, 11(4): 51-91.

정동준 (2022). 코로나 백신으로 본 소셜미디어의 정치 양극화: 트위터 메세지의 단어 네트워크 분석과 토픽 모델링을 중심으로. 사회과학연구, 33(2): 85-123.

정두흠·박지혜 (2021). 코로나19 가짜뉴스의 유형분석: 허위조작정보의 조작특징을 중심으로. 지역과 커뮤니케이션, 25(4): 216-258.

정영주·홍종윤·박유진 (2021). 사회적 법익을 침해하는 허위조작정보 대응을 위한 시론적 논의: 코로나19 관련 허위조작정보를 중심으로. 언론과법, 20(1): 73-114.

조민정·이신행 (2021). 코로나19 관련 언론 보도 프레임 분석: 자료기반 자동화 프레임 추출 방법을 중심으로. 한국소통학보, 20(1): 79-121.

조유선·최흥석·이규명 (2021). 기대불일치이론을 적용한 중앙정부 국정업무와 정책수행에 대한 국민만족도 결정요인: 긍정적·부정적 불일치의 비대칭적 영향력을 바탕으로. 한국행정연구, 30(2): 97-128.

조은희 (2019). "뉴스 미디어의 이용과 신뢰가 가짜 뉴스의 인식, 식별, 수용태도에 미치는 영향." 언론과학연구, 19(1): 180-213.

질병관리청 (2022). 2020-2021 질병관리청 백서. 청주: 질병관리청.

질병관리청 (2023). 2022 질병관리청 백서. 청주: 질병관리청.

질병관리청 (2023). 코로나바이러스감염증-19 확진환자 일자별 발생(국내발생+해외유입) 및 사망 현황.

최연홍·오영민 (2004). 정책 수용성의 시간적 변화: 위도 방사성폐기물 처분방 입지 갈등 사례. 한국정책학회보, 13(1): 297-319.

최용진·심동철 (2023). Pandemic's Impact on Social Trust: Sharper Decline in Low-Income Countries between 2018-2020. 2023년 한국정책분석평가학회 추계 학술대회 발표논문.

최윤경·박원순·최윤경·안현미 (2020). 코로나19 육아분야 대응체계 점검 및 돌봄공백 지원 방안 연구. 서울: 육아정책연구소.

코리아넷뉴스 (2023.5.11.). 코로나19 종식선언…… 윤대통령 "3년 4개월 만에 일상 회복". 한국문화홍보서비스 홈페이지. https://www.kocis.go.kr/koreanet/view.do?seq=1044801 (검색일: 2024.04.16.).

하진호·이지연·최소영·박숙경 (2023). 수도권 코로나19 발생 현황과 특성 (2020.1.20.-2022.8.31.). 주간 건강과 질병, 16(5): 111-122.

홍미현 (2021). 예방의학회·역학회, "'지속가능한 K방역' 체계로 전환" 촉구. 의사신문. http://www.doctorstimes.com/news/articleView.html?idxno=216069 (검색일: 2024.04.16.).

황선재·길정아·최슬기 (2021). 코로나19 백신수용성: 정부신뢰 요인을 중심으로. 한국인구학, 44(2): 95-120.

황용석·권오성 (2017). 가짜뉴스의 개념화와 규제수단에 관한 연구:인터넷서비스사업자의 자율규제를 중심으로. 언론과법, 16(1): 53-101.

황주연·오세정 (2023). 신종 감염병 백신 접종에 대한 주관성 연구: 코로나19 이후의 감염병 예방을 위한 커뮤니케이션 전략. 주관성연구, 64: 95-117.

Abedi, V., Olulana, O., Avula, V., Chaudhary, D., Khan, A., Shahjouei, S., Li, J., & Zand, R. (2021). Racial, Economic, Health Inequality and COVID-19 Infection in the United States. *Journal of Racial and Ethnic Health Disparities*, 8: 732-742.

Ackah, B. B., Woo, M., Stallwood, L., Fazal, Z. A., Okpani, A., Ukah, U. V., & Adu, P. A. (2022). COVID-19 Vaccine Hesitancy in Africa: A Scoping Review. *Global Health Research and Policy*, 7(1): 21.

Adolph, C., Amano, K., Bang-Jensen, B., Fullman, N., & Wilkerson, J. (2021). Pandemic Politics: Timing State-Level Social Distancing Responses to COVID-19. *Journal of Health Politics, Policy and Law*, 46(2): 211-233.

Afsahi, A., Beausoleil, E., Dean, R., Ercan, S. A., & Gagnon, J. P. (2020). Democracy in a Global Emergency: Five Lessons from the COVID-19 Pandemic. *Democratic Theory*, 7(2): v-xix.

Allcott, H., Boxell, L., Conway, J., Gentzkow, M., Thaler, M., & Yang, D. (2020). Polarization and Public Health: Partisan Differences in Social Distancing During the Coronavirus Pandemic. *Journal of Public Economics*, 191: 104254.

Al-Mohaithef, M., & Padhi, B. K. (2020). Determinants of COVID-19 Vaccine Acceptance in Saudi Arabia: A Web-based National Survey. *Journal of Multidisciplinary Healthcare*, 1657-1663.

Altiparmakis, A., Bojar, A., Brouard, S., Foucault, M., Kriesi, H., & Nadeau, R. (2021). Pandemic Politics: Policy Evaluations of Government Responses to COVID-19. *West European Politics*, 44(5-6): 1159-1179.

Andersen, R., & Aday, L. A. (1978). Access to Medical Care in the US: Realized and Potential. *Medical Care*, 16(7): 533-546.

Andersen, R., & Newman, J. F. (1973). Societal and Individual Determinants of Medical Care Utilization in the United States. *The Milbank Memorial Fund Quarterly. Health and Society*, 95-124.

Andersson, S., Aylott, N., & Eriksson, J. (2022). Democracy and Technocracy in Sweden's Experience of the COVID-19 Pandemic. *Frontiers in Political Science*, 4: 832518.

Baekgaard, M., Christensen, J., Madsen, J. K., & Mikkelsen, K. S. (2020).

Rallying around the Flag in Times of COVID-19: Societal Lockdown and Trust in Democratic Institutions. *Journal of Behavioral Public Administration*, 3(2): 1-12.

Bambra, C., Lynch, J., & Smith, K. E. (2021). *The Unequal Pandemic: COVID-19 and Health Inequalities*. Bristol: Bristol University Press.

Bambra, C., Riordan, R., Ford, J., & Matthews, F. (2020). The COVID-19 Pandemic and Health Inequalities. *Journal of Epidemiology and Community Health*, 74: 964-968.

Bargain, O., & Aminjonov, U. (2020). Trust and Compliance to Public Health Policies in Times of COVID-19. *Journal of Public Economics*, 192: 104316.

Barrios, J. M., & Hochberg, Y. V. (2021). Risk Perceptions and Politics: Evidence from the COVID-19 Pandemic. *Journal of Financial Economics*, 142: 862-879.

Bauböck, R. (2009). Global Justice, Freedom of Movement and Democratic Citizenship. *European Journal of Sociology*, 50(1): 1-31.

Bavel, J. J. V., Baicker, K., Boggio, P. S., Capraro, V., Cichocka, A., Cikara, M.,Crockett, M. J., Crum, A. J., Douglas, K. M., Druckman, J. N., Drury, J., Dube, O., Ellemers, N., Finkel, E. J., Fowler, J. H., Gelfand, M., Han, S., Haslam, S. A., Jetten, J., Kitayama, S., Mobbs, D., Napper, L. E., Packer, D. J., Pennycook, G., Peters, E., Petty, R. E., Rand, D. G., Reicher, S. D., Schnall, S., Shariff, A., Skitka, L. J., Smith, S. S., Sunstein, C. R., Tabri, N., Tucker, J. A., Linden, S. van der, Lange, P. van, Weeden, K. A., Wohl, M. J. A., Zaki, J., Zion, S. R., & Willer, R. (2020). Using Social and Behavioural Science to Support COVID-19 Pandemic Response. *Nature Human Behaviour*, 4(5): 460-471.

Bazzi, S., Fiszbein, M., & Gebresilasse, M. (2021). "Rugged Individualism" and Collective (in) Action during the COVID-19 Pandemic. *Journal of*

Public Economics, 195: 104357.

BBC NEWS 코리아 (2023.05.06.). 코로나19: WHO, 비상사태 3년 4개월 만에 해제. https://www.bbc.com/korean/news-65506522 (검색일: 2024.04.16.).

Bennhold, K. (2020.04.04.). A German Exception? Why the Country's Coronavirus Death Rate Is Low. *New York Times*. https://www.nytimes.com/2020/04/04/world/europe/germany-coronavirus-death-rate.html (검색일: 2024.04.16.).

Berchet, C., Bijlholt, J., & Ando, M. (2023). *Socio-economic and Ethnic Health Inequalities in COVID-19 Outcomes Across OECD Countries*. OECD Health Working Papers, No.153. OECD.

Betsch, C., Böhm, R., & Chapman, G. B. (2015). Using Behavioral Insights to Increase Vaccination Policy Effectiveness. *Policy Insights from the Behavioral and Brain Sciences*, 2(1): 61-73.

Betsch, C., Böhm, R., Korn, L., & Holtmann, C. (2017). On the Benefits of Explaining Herd Immunity in Vaccine Advocacy. *Nature Human Behaviour*, 1(3): 0056.

Betsch, C., Schmid, P., Heinemeier, D., Korn, L., Holtmann, C., & Böhm, R. (2018). Beyond Confidence: Development of a Measure Assessing the 5C Psychological Antecedents of Vaccination. *PLoS ONE*, 13(12): e0208601.

Betsch, C., Schmid, P., Korn, L., Steinmeyer, L., Heinemeier, D., Eitze, S., Küpke, N. K., & Böhm, R. (2019). Psychological Antecedents of Vaccination: Definitions, Measurement, and Interventions. *Bundesgesundheitsblatt-Gesundheitsforschung-Gesundheitsschutz*, 62: 400-409.

Bir, C., & Widmar, N. O. (2021). Social Pressure, Altruism, Free-riding, and Non-compliance in Mask Wearing by US Residents in Response to COVID-19 Pandemic. *Social Sciences & Humanities Open*, 4(1):

100229.

Blundell, R., Costa Dias, M., Cribb, J., Joyce, R., Waters, T., Wernham, T., & Xu, X. (2022). Inequality and the COVID-19 Crisis in the United Kingdom. *Annual Review of Economics*, 14: 607-36.

Blundell, R., Costa Dias, M., Joyce, R., & Xu, X. (2020). COVID-19 and Inequalities. *Fiscal Studies*, 41(2): 291-319.

Bogart, L. M., Ojikutu, B. O., Tyagi, K., Klein, D. J., Mutchler, M. G., Dong, L., Lawrence, S. J., Thomas, D. R., & Kellman, S. (2021). COVID-19 Related Medical Mistrust, Health Impacts, and Potential Vaccine Hesitancy among Black Americans Living with HIV. *Journal of Acquired Immune Deficiency Syndromes*, 86(2): 200-207.

Böhm, R., & Betsch, C. (2022). Prosocial Vaccination. *Current Opinion in Psychology*, 43: 307-311.

Boin, A., & Lodge, M. (2016). Designing Resilient Institutions for Transboundary Crisis Management. *Public Administration*, 94(2): 289-298.

Bol, D., Giani, M., Blais, A., & Loewen, P. J. (2021). The Effect of COVID-19 Lockdowns on Political Support: Some Good News for Democracy. *European Journal of Political Research*, 60: 497-505.

Bolleyer, N., & Salát, O. (2021). Parliaments in Times of Crisis: COVID-19, Populism and Executive Dominance. *West European Politics*, 44(5-6): 1103-1128.

Bouckaert, G., van de Walle, S., Maddens, B., & Kampen, J. K. (2002). Identity vs Performance: An Overview of Theories Explaining Trust in Government. *Second Report. Leuven: Public Management Institute*.

Braithwaite, V., & Levi, M. (eds.) (1998). *Trust and Governance*. New York: Russell Sage Foundation.

Brennen, J. S., Simon, F. M., Howard, P. N., & Nielsen, R. K. (2020). *Types,*

Sources, and Claims of COVID-19 Misinformation. Reuters Institute for the Study of Journalism.

Brenton, S., Baekkeskov, E., & Hannah, A. (2023). Policy Capacity: Evolving Theory and Missing Links. *Policy Studies*, 44(3): 297-315.

Brodeur, A., Gray, D., Islam, A., & Bhuiyan, S. (2021). A Literature Review of The Economics of COVID-19. *Journal of Economic Surveys*, 35(4): 1007-1044.

Brouard, S., Foucault, M., Michel, E., Becher, M., Vasilopoulos, P., Bono, P. H., & Sormani, N. (2022). 'Citizens' Attitudes Under COVID19', A Cross-country Panel Survey of Public Opinion in 11 Advanced Democracies. *Scientific Data*, 9(1): 108.

Brouard, S., Vasilopoulos, P., & Becher, M. (2020). Sociodemographic and Psychological Correlates of Compliance with the COVID-19 Public Health Measures in France. *Canadian Journal of Political Science/ Revue canadienne de science politique*, 53(2): 253-258.

Brown, A. (2017). Republicans More Likely than Democrats to Have Confidence in Police. Pew Research Center. https://www.pewresearch. org/short-reads/2017/01/13/republicans-more-likely-than-democrats-to-have-confidence-in-police/ (검색일: 2024.04.16.).

Brown, J. D., & Smart, S. (1991). The Self and Social Conduct: Linking Self-representations to Prosocial Behavior. *Journal of Personality and Social Psychology*, 60(3): 368-375.

Cairney, P., & Wellstead, A. (2021). COVID-19: Effective Policy Making Depends on Trust in Experts, Politicians, and the Public. *Policy Design and Practice*, 4(1): 1-14.

Callaghan, T., Moghtaderi, A., Lueck, J. A., Hotez, P., Strych, U., Dor, A., Fowler, E. F., & Motta, M. (2021). Correlates and Disparities of Intention to Vaccinate Against COVID-19. *Social Science and Medicine*, 272:

113638.

Capano, G., Howlett, M., Jarvis, D. S., Ramesh, M., & Goyal, N. (2020). Mobilizing Policy (In) Capacity to Fight COVID-19: Understanding Variations in State Responses. *Policy and Society*, 39(3): 285-308.

Case, C., Eddy, C., Hemrajani, R., Howell, C., Lyons, D., Sung, Y. H., & Connors, E. C. (2022). The Effects of Source Cues and Issues Frames during COVID-19. *Journal of Experimental Political Science*, 9(3): 369-378.

Cassani, A. (2022). COVID-19 and the Democracy-Autocracy Freedom Divide: Reflections on Post-pandemic Regime Change Scenarios. *Political Studies Review*, 20(4): 717-724.

Cauley, K., & Tyler, B. (1989). The Relationship of Self-concept to Prosocial Behavior in Children. *Early Childhood Research Quarterly*, 4(1): 51-60.

Champion, V. L., & Skinner, C. S. (2008). The Health Belief Model. In Karen Glanz et al. (eds). *The Health Belief Model. Health Behavior and Health Education: Theory, Research, and Practice*, 4th Edition, 45-65. Jossey-Bass Co.

Chang, H. Y., Tang, W., Hatef, E., Kitchen, C., Weiner, J. P., & Kharrazi, H. (2021). Differential Impact of Mitigation Policies and Socioeconomic Status on COVID-19 Prevalence and Social Distancing in the United States. *BMC Public Health*, 21: 1140.

Chen, D., Peng, D., Rieger, M. O., & Wang, M. (2021). Institutional and Cultural Determinants of Speed of Government Responses during COVID-19 Pandemic. *Humanities and Social Sciences Communications*, 8: 171.

Choi, Y., & Fox, A. M. (2022). Mistrust in Public Health Institutions Is a Stronger Predictor of Vaccine Hesitancy and Uptake Than Trust in Trump. *Social Science & Medicine*, 314: 115440.

Christensen, T., & Laegreid, P. (2020). Balancing Governance Capacity and

Legitimacy: How the Norwegian Government Handled the COVID-19 Crisis as a High Performer. *Public Administration Review*, 80(5): 774-779.

Christensen, T., Laegreid, P., & Rykkja. L. H. (2016). Organizing for Crisis Management: Building Governance Capacity and Legitimacy. *Public Administration Review*, 76(6): 387-897.

Christensen, T., & Ma, L. (2021). Comparing SARS and COVID-19: Challenges of Governance Capacity and Legitimacy. *Public Organization Review*, 21(4): 629-645.

Citrin, J., & Stoker, L. (2018). Political Trust in a Cynical Age. *Annual Review of Political Science*, 21: 49-70.

Clemmensen, C. B., Petersen, M. B., & Sørensen. T. I. (2020). Will the COVID-19 Pandemic Worsen the Obesity Epidemic? *Nature Reviews Endocrinology*, 16(9): 469-70.

Coleman, J. S. (1988). Social Capital in the Creation of Human Capital. *American Journal of Sociology*, 94: S95-S120.

Collis, A., Garimella, K., Moehring, A., Rahimian, M. A., Babalola, S., Gobat, N. H., Shattuck, D., Stolow, J., Aral, S., & Eckles. D. (2022). Global Survey on COVID-19 Beliefs, Behaviours and Norms. *Nature Human Behaviour*, 6: 1310-1317.

Cronert, A. (2022). Precaution and Proportionality in Pandemic Politics: Democracy, State Capacity, and COVID-19 Related School Closures around the World. *Journal of Public Policy*, 42: 705-729.

Davidovitz, M., & Cohen, N. (2022). Which Clients Inspire or Reduce the Trust of Street-Level Bureaucrats? *Administration & Society*, 54(8): 1516-1541.

DiMaggio, P. J., & Powell, W. W. (1983). The Iron Cage Revisited: Institutional Isomorphism and Collective Rationality in Organizational

Fields. *American Sociological Review*, 48(2): 147-160.

Ding, D., del Pozo Cruz, B., Green, M. A., & Bauman, A. E. (2020). Is the COVID-19 Lockdown Nudging People to Be More Active: A Big Data Analysis. *British Journal of Sports Medicine*, 54(20): 1183-1184.

Ding, H., & Pitts, E. A. (2013). Singapore's Quarantine Rhetoric and Human Rights in Human Rights in Emergency Health Risks. *Journal of Rhetoric, Professional Communication, and Globalization*, 4(1): 55-77.

Dodd, R. H., Cvejic, E., Bonner, C., Pickles, K., & McCaffery, K. J. (2020). Willingness to Vaccinate against COVID-19 in Australia. *The Lancet Infectious Diseases*, 21(3): 318-319.

Dror, A. A., Eisenbach, N., Taiber, S., Morozov, N. G., Mizrachi, M., Zigron, A., Srouji, S., & Sela, E. (2020). Vaccine Hesitancy: The Next Challenge in the Fight against COVID- 19. *European Journal of Epidemiology*, 35(8): 775-779.

Druckman, J. N., & Lupia, A. (2016). Preference Change in Competitive Political Environments. *Annual Review of Political Science*, 19.

Dryhurst, S., Schneider, C. R., Kerr, J., Freeman, A. L., Recchia, G., van der Bles, A. M., Spiegelhalter, D., & van der Linden, S. (2022). Risk Perceptions of COVID-19 around the World. In *COVID-19*, 162-174. Routledge.

Duplaga, M. (2020). The Determinants of Conspiracy Beliefs Related to the COVID-19 Pandemic in a Nationally Representative Sample of Internet Users. *International Journal of Environmental Research and Public Health*, 17(21): 7818.

Easton, D. (1975). A Re-Assessment of the Concept of Political Support. *British Journal of Political Science*, 5(4): 435-457.

Easton, D. (2017). A Systems Analysis of Political Life. In *Systems Research for Behavioral Science*, 428-436. Routledge.

Edgell, A. B., Lachapelle, J., Lührmann, A., & Maerz. S. F. (2021). Pandemic Backsliding: Violations of Democratic Standards during COVID-19. *Social Science & Medicine*, 285: 114244.

Elgar, F. J., Stefaniak, A., & Wohl, M. J. (2020). The Trouble with Trust: Time-series Analysis of Social Capital, Income Inequality, and COVID-19 Deaths in 84 Countries. *Social Science & Medicine*, 263: 113365.

Emanuelson Jr, E. (2018). Fake Left, Fake Right: Promoting an Informed Public in the Era of Alternative Facts. *Administrative Law Review*, 70: 209.

Engler, S., Brunner, P., Loviat, R., Abou-Chadi, T., Leemann, L., Glaser, A., & Kübler. D. (2021). Democracy in Times of the Pandemic: Explaining the Variation of COVID-19 Policies Across European Democracies. *West European Politics*, 44(5-6): 1077-1102.

Ferguson, N. M., Laydon, D., Nedjati-Gilani, G., Imai, N., Ainslie, K., Baguelin, M., Bhatia, S., Boonyasiri, A., Cucunubá, Z., Cuomo-Dannenburg, G., Dighe, A., Dorigatti, I., Fu, H., Gaythorpe, K., Green, W., Hamlet, A., Hinsley, W., Okell, L. C., van Elsland, S., Thompson, H., Verity, R., Volz, E., Wang, H., Wang, Y., Walker, P. G., Walters, C., Winskill, P., Whittaker, C., Donnelly, C. A., Riley, S., & Ghani. A. C. (2020). Impact of Non-pharmaceutical Interventions (NPIs) to Reduce COVID-19 Mortality and Healthcare Demand. *MRC Centre for Global Infectious Disease Analysis Report 9*, London: Imperial College COVID-19 Response Team, 20(10.25561): 77482.

Fisher, K. A., Bloomstone, S. J., Walder, J., Crawford, S., Fouayzi, H., & Mazor, K. M. (2020). Attitudes Toward a Potential SARS-CoV-2 Vaccine: A Survey of U.S. Adults. *Annals of Internal Medicine*, 173(12): 964-973.

Fisher, M., & Choe, S-H. (2020.03.20.). How South Korea Flattened the Curve. *New York Times*. https://www.nytimes.com/2020/03/23/world/

asia/coronavirus-south-korea-flatten-curve.html (검색일: 2024.04.16.).

Freeman, D., Loe, Bao S., Chadwick, A., Vaccari, C., Waite, F., Rosebrock, L., Jenner, L., Petit, A., Lewandowsky, S., Vanderslott, S., Innocenti, S., Larkin, M., Giubilini, A., Yu, L., McShane, H., Pollard, A. J., & Lambe, S. (2020). COVID-19 Vaccine Hesitancy in the UK: The Oxford Coronavirus Explanations, Attitudes, and Narratives Survey (OCEANS) II. *Psychological Medicine*, 52(14): 3127-3141.

Fukuyama, F. (1996). *Trust: The Social Virtues and the Creation of Prosperity*. New York: Simon and Schuster.

Fukuyama, F. (2013). What is governance? *Governance*, 26(3): 347-368.

Gagneux-Brunon, A., Detoc, M., Bruel, S., Tardy, B., Rozaire, O., Frappe, P., & Boltelho-Nevers, E. (2021). Intention to Get Vaccinations against COVID-19 in French Healthcare Workers during the First Pandemic Wave: A Cross Sectional Survey. *Journal of Hospital Infection*, 108: 168-173.

Gao, X., & Yu, J. (2020). Public Governance Mechanism in the Prevention and Control of the COVID-19: Information, Decision-making and Execution. *Journal of Chinese Governance*, 5(2): 178-197.

Goetz, K. H., & Martinsen, D. S. (2021). COVID-19: A Dual Challenge to European Liberal Democracy. *West European Politics*, 44(5-6): 1003-1024.

Goldman, R. D., Yan, T. D., Seiler, M., Cotanda, C. P., Brown, J. C., Klein, E. J., Hoeffe, J., Gelernter, R., Hall, J. E., Davis, A. L., Griffiths, M. A., Mater, A., Manzano, S., Gualco, G., Shimizu, N., Hurt, T. L., Ahmed, S., Hansen, M., Sheridan, D., Ali, S., & Staubli, G. (2020). Caregiver Willingness to Vaccinate Their Children against COVID-19: Cross Sectional Survey. *Vaccine*, 38(48): 7668-7673.

Goldstein, D. A., & Wiedermann, J. (2022). Who Do You Trust? The

Consequences of Partisanship and Trust for Public Responsiveness to COVID-19 Orders. *Perspective on Politics,* 20(2): 412-438.

González-Bustamante, B. (2021). Evolution and Early Government Responses to COVID-19 in South America. *World Development,* 137: 105180.

Gostin, L. O., Friedman, E. A., Hossain, S., Mukherjee, J., Zia-Zarifi, S., Clinton, C., Rugege, U., Buss, P., Were, M., & Dhai, A. (2023). Human Rights and the COVID-19 Pandemic: A Retrospective and Prospective Analysis. *The Lancet,* 401(10371): 154-168.

Gozdecka, D. A. (2021). Human Rights during the Pandemic: COVID-19 and Securitisation of Health. *Nordic Journal of Human Rights,* 39(3): 205-223.

Graffigna, G., Palamenghi, L., Boccia, S., & Barello, S. (2020). Relationship Between Citizens' Health Engagement and Intention to Take the COVID-19 Vaccine in Italy: A Mediation Analysis. *Vaccines,* 8(4): 1-11.

Graffigna, G., Palamenghi, L., Boccia, S., & Barello, S. (2020). Relationship Between Citizens' Health Engagement and Intention to Take the COVID-19 Vaccine in Italy: A Mediation Analysis. *Vaccines,* 8(4): 576.

Grech, V., Bonnici, J., & Zammit, D. (2020). Vaccine Hesitancy in Maltese Family Physicians and Their Trainees vis-à-vis Influenza and Novel COVID-19 Vaccination. *Early Human Development,* 105259.

Greer, S. L., King, E. J., da Fonseca, E. M., & Peralta-Santos, A. (2020). The Comparative Politics of COVID-19: The Need to Understand Government Responses. *Global Public Health,* 15(9): 1413-1416.

Grogan, J. (2022). COVID-19, The Rule of Law and Democracy. Analysis of Legal Responses to a Global Health Crisis. *Hague Journal on the Rule of Law,* 14(2): 349-369.

Grüner, S., & Krüger, F. (2021). The Intention to be Vaccinated against

COVID-19: Stated Preferences before Vaccines Were Available. *Applied Economics Letters*, 28(21): 1847-1851.

Guidry, J. P., Laestadius, L. I., Vraga, E. K., Miller, C. A., Perrin, P. B., Burton, C. W., Ryan, M., Fuemmeler, B. F., & Carlyle, K. E. (2020). Willingness to Get the COVID-19 Vaccine With and Without Emergency Use Authorization. *American Journal of Infection Control*, 49(2): 137-142.

Haass, R. (2020). The Pandemic Will Accelerate History Rather Than Reshape It: Not Every Crisis Is a Turning Point. *Foreign Affairs*, 99(2): 317-331.

Hale, T., Angrist, N., Goldszmidt, R., Kira, B., Petherick, A., Phillips, T., Webster, S., Cameron-Blake, E., Hallas, L., Majumdar, S., & Tatlow, H. (2021). A Global Panel Database of Pandemic Policies (Oxford COVID-19 Government Response Tracker). *Nature Human Behaviour*, 5(4): 529-538.

Han, Q., Zheng, B., Cristea, M., Agostini, M., Bélanger, J. J., Gützkow, B., Kreienkamp, J., Leander, N., & PsyCorona Collaboration. (2023). Trust in Government regarding COVID-19 and its Associations with Preventive Health Behaviour and Prosocial Behaviour during the Pandemic: A Cross-sectional and Longitudinal study. *Psychological medicine*, 53(1): 149-159.

Harapan, H., Wagner, A. L., Yufika, A., Winardi, W., Anwar, S., Gan, A. K., Setiwan, A. M., Rajamoorthy, Y., Sofyan, H., & Mudatsir, M. (2020). Acceptance of a COVID-19 Vaccine in Southeast Asia: A Cross-sectional Study in Indonesia. *Frontiers in Public Health*, 8: 381.

Hardin, R. (2002). *Trust and Trustworthiness*. New York: Russell Sage Foundation.

Harper, C. A., Satchell, L. P., Fido, D., & Latzman, R. D. (2021). Functional Fear Predicts Public Health Compliance in the COVID-19 Pandemic.

International Journal of Mental Health and Addiction, 19(5): 1875-1888.

Hartig, H. & Jones, B. (2020). Most Voters Say Postponing Presidential Brimaries Amid COVID-19 Outbreak Has Been Necessary. *Pew Research Center.* https://www.pewresearch.org/short-reads/2020/04/03/most-voters-say-postponing-presidential-primaries-amid-coronavirus-outbreak-has-been-necessary/ (검색일: 2024.04.16.).

Hartley, K., & Jarvis, D. S. (2020). Policymaking in a Low-trust State: Legitimacy, State Capacity, and Responses to COVID-19 in Hong Kong. *Policy and Society,* 39(3): 403-423.

Head, K. J., Kasting, M. L., Sturm, L. A., Hartsock, J. A., & Zimet, G. D. (2020). A National Survey Assessing SARS-CoV-2 Vaccination Intentions: Implications for Future Public Health Communication Efforts. *Science Communication,* 42(5): 698-723.

Hegele, Y., & Schnabel, J. (2021). Federalism and the Management of the COVID-19 Crisis: Centralisation, Decentralisation and (No-) Coordination. *West European Politics,* 44(5-6): 1052-1076.

Heinzel, M., & Liese, A. (2021). Expert Authority and Support for COVID-19 Measures in Germany and the UK: A Survey Experiment. *West European Politics,* 44(5-6): 1258-1282.

Henderson, G. (2000). *Korea: The Politics of the Vortex*(소용돌이의 한국정치). (이종삼, 박행웅 역). 서울: 한울아카데미.

Hershey, J. C., Asch, D. A., Thumasathit, T., Meszaros, J., & Waters, V. V. (1994). The Roles of Altruism, Free Riding, and Bandwagoning in Vaccination Decisions. *Organizational Behavior and Human Decision Processes,* 59(2): 177-187.

Hertie School of Governance (2013). *The Governance Report 2013.* Oxford: Oxford University Press.

Himelein-Wachowiak, M., Giorgi, S., Devoto, A., Rahman, M., Ungar, L., Schwartz, H. A., Epstein, D. H., Leggio, L., & Curtis, B. (2021). Bots and Misinformation Spread on Social Media: Implications for COVID-19. *Journal of Medical Internet Research, 23*(5): e26933.

International Monetary Fund (2020). *World Economic Outlook Update, October 2020: A Long and Difficult Ascent.* https://www.imf.org/en/Publications/WEO/Issues/2020/09/30/world-economic-outlook-october-2020 (검색일: 2024.04.16.).

Janz, N. K., & Becker, M. H. (1984). The Health Belief Model: A Decade Later. *Health Education Quarterly, 11*(1): 1-47.

Johansson, B., Hopmann, D. N., & Shehata, A. (2021). When the Rally-around-the-flag Effect Disappears, or: When the COVID-19 Pandemic Becomes "Normalized". *Journal of Elections, Public Opinion and Parties, 31*(sup1): 321-334.

Jørgensen, F., Bor, A., Lindholt, M. F., & Petersen, M. B. (2021). Public Support for Government Responses against COVID-19: Assessing Levels and Predictors in Eight Western Democracies during 2020. *West European Politics, 44*(5-6): 1129-1158.

Jost, J. T., Banaji, M. R., & Nosek, B. A. (2004). A Decade of System Justification Theory: Accumulated Evidence of Conscious and Unconscious Bolstering of the Status Quo. *Political Psychology, 25*(6): 881-919.

JTBC (2020.4.20.). 코로나 방역 vs 경제…딜레마에 빠진 미국. https://news.jtbc.co.kr/article/article.aspx?news_id=nb11946145 (검색일: 2024.04.16.).

Karabulut, G., Zimmermann, K. F., Bilgin, M. H., & Doker, A. C. (2021). Democracy and COVID-19 Outcomes. *Economics Letters, 203*: 109840.

Karlova, N. A., & Fisher, K. E. (2013). A Social Diffusion Model of Misinformation and Disinformation for Understanding Human

Information Behaviour. *Information Research*, *18*(1).

Kavanagh, M. M., & Singh, R. (2020). Democracy, Capacity, and Coercion in Pandemic Response: COVID-19 in Comparative Political Perspective. *Journal of Health Politics, Policy and Law*, 45(6): 997-1012.

Khanijahani, A., Iezadi, S., Gholipour, K., Azami-Aghdash, S., Naghibi, D. (2021). A Systematic Review of Racial/Ethnic and Socioeconomic Disparities in COVID-19. *International Journal for Equity in Health*, 20: 1-30.

Kim, C., & Oh, B. (2021). COVID-19 & Anti-Mask Movement: How Jingoism is Bringing the United States Down. *Journal of Student Research*, 10(3): 1-28.

Kissinger, H. A. (2020). The Coronavirus Pandemic Will Forever Alter the World Order. *The Wall Street Journal*, 3(4). https://www.wsj.com/articles/the-coronavirus-pandemic-will-forever-alter-the-world-order-11585953005 (검색일: 2024.04.16.).

Kjaerum, M., Davis, M. F., & Lyons, A. (eds.) (2021). *COVID-19 and Human Rights*. London: Routledge.

Klinenberg, E., & Sherman, M. (2021). Face Mask Face-Offs: Culture and Conflict in the COVID-19 Pandemic. *Public Culture*, 33(3): 441-466.

Kraaijeveld, S. R. (2020). Vaccinating for Whom? Distinguishing between Self-protective, Paternalistic, Altruistic and Indirect Vaccination. *Public Health Ethics*, 13(2): 190-200.

Kraaijeveld, S. R., & Mulder, B. C. (2022). Altruistic Vaccination: Insights from Two Focus Group Studies. *Health Care Analysis*, 30(3-4): 275-295.

Kreps, S., Prasad, S., Brownstein, J. S., Hswen, Y., Garibaldi, B. T., Zhang, B., & Kriner, D. L. (2020). Factors Associated with US Adults' Likelihood of Accepting COVID-19 Vaccination. *JAMA Network Open*, 3(10):

e2025594.

Kritzinger, S., Foucault, M., Lachat, R., Partheymüller, J., Plescia, C., & Brouard, S. (2021). 'Rally Round the Flag': The COVID-19 Crisis and Trust in the National Government. *West European Politics*, 44(5-6): 1205-1231.

Krupenkin, M., Zhu, K., Walker, D., & Rothschild, D. M. (2020). If a Tree Falls in the Forest: COVID-19, Media Choices, and Presidential Agenda Setting. *Media Choices, and Presidential Agenda Setting*, September 22, 2020.

Kuhlmann, S., Hellström, M., Ramberg, U., & Reiter, R. (2021). Tracing Divergence in Crisis Governance: Responses to the COVID-19 Pandemic in France, Germany and Sweden Compared. *International Review of Administrative Sciences*, 87(3): 556-575.

Kwon, H. (2020). Misunderstandings and the Truth about the Swedish "Herd Immunity" Strategy. *Social Integration Research*, 1(2): 29-44.

La Vecchia, C., Negri, E., Alicandro, G., & Scarpino, V. (2020). Attitudes towards Influenza Vaccine and a Potential COVID-19 Vaccine in Italy and Differences across Occupational Groups, September 2020. *La Medicina Del Lavoro*, 111(6): 445-448.

Lago-Peñas, S., Martinez-Vazquez, J., & Sacchi, A. (2022). Country Performance during the COVID-19 Pandemic: Externalities, Coordination, and the Role of Institutions. *Economics of Governance*, 23: 17-31.

Larson, H. J. (2022). Defining and Measuring Vaccine Hesitancy. *Nature Human Behaviour*, 6(12): 1609-1610.

Larson, H. J., Jarrett, C., Eckersberger, E., Smith, D. M., & Paterson, P. (2014). Understanding Vaccine Hesitancy around Vaccines and Vaccination from a Global Perspective: A Systematic Review of Published Literature, 2007-2012. *Vaccine*, 32(19): 2150-2159.

Lazarus, J. V., Ratzan, S. C., Palayew, A., Gostin, L. O., Larson, H. J., Rabin, K., & El-Mohandes, A. (2020a). A Global Survey of Potential Acceptance of a COVID-19 Vaccine. *Nature Medicine*, 27(2): 225-228.

Lazarus, J. V., Ratzan, S., Palayew, A., Billari, F. C., Binagwaho, A., Kimball, S., Heidi J. L, Alessia M., Kenneth R., Trenton M. W., & El-Mohandes, A. (2020b). COVID-SCORE: A Global Survey to Assess Public Perceptions of Government Responses to COVID-19 (COVID-SCORE-10). *PLoS ONE*, 15(10): e024011.

Liao, T. F. (2022). Understanding Anti-COVID-19 Vaccination Protest Slogans in the US. *Frontiers in Communication*, 7.

Liu, J., Shahab, Y., & Hoque, H. (2022). Government Response Measures and Public Trust during the COVID-19 Pandemic: Evidence from around the World. *British Journal of Management*, (33): 571-602.

Liu, P. L. (2021). COVID-19 Information on Social Media and Preventive Behaviors: Managing the Pandemic through Personal Responsibility. *Social Science & Medicine*, 277: 113928.

Lodge, M., & Wegrich, K. (2014). *Administrative Capacities. In The Governance Report 2014*, 27-48. Oxford: Oxford University Press.

Loewenstein, G. F., Weber, E. U., Hsee, C. K., & Welch, N. (2001). Risk as Feelings. *Psychological Bulletin*, 127(2): 267-286.

Lupu, N., & Zechmeister, E. J. (2021). The Early COVID-19 Pandemic and Democratic Attitudes. *PLoS ONE*, 16(6): e0253485.

MacDonald, N. E., Eskola, J., Liang, X., Chaudhuri, M., Dube, E., Gellin, B., Goldstein, S., Larson, H., Manzo, M. L., Reingold, A., Tshering, K., Zhou, Y., Duclos, P., Guirguis, S., Hickler, B., & Schuster, M. (2015). Vaccine Hesitancy: Definition, Scope and Determinants. *Vaccine*, 33(34): 4161-4164.

MacFarlane, D., & Rocha, R. (2020). Guidelines for Communicating about

Bats to Prevent Persecution in the Time of COVID-19. *Biological Conservation*, 248: 108650.

Magesh, S., John, D., Wei, T., Li, Yi., Mattingly-App, A., Jain, S., Chang, E, Y., & Ongkeko, W. M. (2021). Disparities in COVID-19 Outcomes by Race, Ethnicity, and Socioeconomic Status: A Systematic Review and Meta-analysis. *JAMA Network Open*. 4(11): e2134147.

Malik, A. A., McFadden, S. M., Elharake, J., & Omer, S. B. (2020). Determinants of COVID-19 Vaccine Acceptance in the US. *EClinicalMedicine*, 26: 100495.

Mallet, V., & Khalaf, R. (2020.4.17). Emmaunel Macron Says It Is Time to Think the Unthinkable. *Financial Time*. https://www.ft.com/content/3ea8d790-7fd1-11ea-8fdb-7ec06edeef84 (검색일: 2024.04.16.).

Mayer, R. C., Davis, J. H., & Schoorman, F. D. (1995). An Integrative Model of Organizational Trust. *Academy of Management Review*, 20(3): 709-734.

McAdam, J. (2011). An Intellectual History of Freedom of Movement in International Law: The Right to Leave as A Personal Liberty. *Melbourne Journal of International*, 12(1): 27-56.

Meyer, J. W., & Rowan, B. (1977). Institutionalized Organizations: Formal Structure as Myth and Ceremony. *American Journal of Sociology*, 83(2): 340-363.

Min, J. (2020). Does Social Trust Slow Down or Speed Up the Transmission of COVID-19? *PLoS ONE*, 15(12): e0244273.

Mukhlis, H., Widyastuti, T., Harlianty, R. A., Susanti, S., & Kumalasari, D. (2022). Study on Awareness of COVID-19 and Compliance with Social Distancing during COVID-19 Pandemic in Indonesia. *Journal of Community Psychology*, 50(3): 1564-1578.

Nabin, M. H., Chowdhury, M. T. H., & Bhattacharya, S. (2021). It Matters to Be in Good Hands: The Relationship between Good Governance and Pandemic Spread Inferred from Cross-country COVID-19 Data. *Humanities and Social Sciences Communications*, 8(1): 1-15.

Newton, K. (2020). Government Communications, Political Trust and Compliant Social Behaviour: The Politics of COVID-19 in Britain. *The Political Quarterly*, 91(3): 502-513.

Nygren, K. G., & Olofsson, A. (2021). Swedish Exceptionalism, Herd Immunity and the Welfare State: A Media Analysis of Struggles over the Nature and Legitimacy of the COVID-19 Pandemic Strategy in Sweden. *Current Sociology*, 69(4): 529-546.

Nzaji, M. K., Ngombe, L. K., Mwamba, G. N., Ndala, D. B. B., Miema, J. M., Lungoyo, C. L., Mwimba, B. L., Bene, A. C. M., & Musenga E. M. (2020). Acceptability of Vaccination against COVID-19 among Healthcare Workers in the Democratic Republic of the Congo. *Pragmatic and Observational Research*, 11: 103-109.

Oana, I. E., Pellegata, A., & Wang, C. (2021). A Cure Worse than the Disease? Exploring the Health-economy Trade-off during COVID-19. *West European Politics*, 44(5-6): 1232-1257.

OECD (2020). *Flattening the COVID-19 Peak: Containment and Mitigation Policies*. OECD Publishing, Paris. https://doi.org/10.1787/e96a4226-en. (검색일: 2024.4.16.).

Ognyanova, K. (2019). The Social Context of Media Trust: A Network Influence Model. *Journal of Communication*, 69(5): 539-562.

Oksanen, A., Oksa, R., Savela, N., Mantere, E., Savolainen, I., & Kaakinen, M. (2021). COVID-19 Crisis and Digital Stressors at Work: A Longitudinal Study on the Finnish Working Population. *Computers in Human Behavior*, 122: 106853.

Oliver, R. L. (1977). Effect of Expectation and Disconfirmation on

Postexposure Product Evaluations: An Alternative Interpretation. *Journal of Applied Psychology*, 62(4): 480-486.

Oliver, R. L. (1980). A Cognitive Model of the Antecedents and Consequences of Satisfaction Decisions. *Journal of Marketing Research*, 17(4): 460-469.

Olsen, A. L., & Hjorth, F. (2020). Willingness to Distance in the COVID-19 Pandemic. *OSF*, 633: 1-17.

Ostrom, E. (2009). *Building Trust to Solve Commons Dilemmas: Taking Small Steps to Test an Evolving Theory of Collective Action*. Springer Berlin Heidelberg.

Palamenghi, L., Barello, S., Boccia, S., & Graffigna, G. (2020). Mistrust in Biomedical Research and Vaccine Hesitancy: The Forefront Challenge in the Battle against COVID-19 in Italy. *European journal of epidemiology*, 35, 785-788.

Park, C., Shim, D., & Yoon, G. (2023). Political Trust and Public Support for Government Responses to the COVID-19 Pandemic: Evidence from South Korea, *Prepared for the delivery at the 27th World Congress of Political Science organized by the International Political Science Association*, Buenos Aires, Argentina.

Pavelea, A. M., Neamțu, B., & Pavel, A. (2022). Do Social Media Reduce Compliance with COVID-19 Preventive Measures? *Policy Studies*, 43(5): 1156-1171.

Pedersen, M. J., & Favero, N. (2020). Social Distancing during the COVID-19 Pandemic: Who Are the Present and Future Noncompliers? *Public Administration Review*, 80(5): 805-814.

Peng, Y. (2022). Give Me Liberty or Give Me COVID-19: How Social Dominance Orientation, Right-wing Authoritarianism, and Libertarianism Explain Americans' Reactions to COVID-19. *Risk*

Analysis, 42(12): 2691-2703.

Perra, N. (2021). Non-pharmaceutical Interventions during the COVID-19 Pandemic: A Review. *Physics Reports*, 913: 1-52.

Pieterse, J. N., Lim, H., & Khondker, H. (eds.) (2021). *COVID-19 and Governance*. London: Routledge.

Piltch-Loeb, R., Savoia, E., Goldberg, B., Hughes, B., Verhey, T., Kayyem, J., Miller-Idriss, C., & Testa, M. (2021). Examining the Effect of Information Channel on COVID-19 Vaccine Acceptance. *PLoS ONE*, 16(5): e0251095.

Plutowski, L., & Zechmeister, E. J. (2022). Tolerance for Postponing Electios in Crisis Condition. *Revista Latinoamericana de Opinión Pública*, 11(2): 135-151.

Pogue, K., Jensen, J. L., Stancil, C. K., Ferguson, D. G., Hughes, S. J., Mello, E. J., Burgess, R., Berges, B. K., Quaye, A., & Poole, B. D. (2020). Influences on Attitudes regarding Potential COVID-19 Vaccination in the United States. *Vaccines*, 8(4): 1-14.

Prickett, K. C., & Chapple, S. (2021). Trust in Government and COVID-19 Vaccine Hesitancy. *Policy Quarterly*, 17(3): 69-71.

Promislow, D. E. (2020). A Geroscience Perspective on COVID-19 Mortality. *The Journal of Gerontology: Series A*, 75(9): e30-e33.

Putnam, R. D. (2000). *Bowling Alone: The Collapse and Revival of American Community*. New York: Touchstone.

Rahmouni, M. (2021). Efficacy of Government Responses to COVID-19 in Mediterranean Countries. *Risk Management and Healthcare Policy*, 14: 3019-3115.

Realo, A., Allik, J., & Greenfield, B. (2008). Radius of Trust: Social Capital in Relation to Familism and Institutional Collectivism. *Journal of Cross-Cultural Psychology*, 39(4): 447-462.

Renström, E. A., & Bäck, H. (2021). Emotions during the COVID-19 Pandemic: Fear, Anxiety, and Anger as Mediators between Threats and Policy Support and Political Actions. *Journal of Applied Social Psychology,* 51(8): 861-877.

Rieger, M. O., & Wang, M. (2022). Trust in Government Actions during the COVID-19 Crisis. *Social Indicators Research,* 159(3): 967-989.

Robinson, S. E., Ripberger, J. T., Gupta, K., Ross, J. A., Fox, A. S., Jenkins-Smith, H. C., & Silva, C. L. (2021). The Relevence and Operations of Political Trust in the COVID-19 Pandemic. *Public Administration Review,* 81(6): 1110-1119.

Rozek, L. S., Jones, P., Menon, A., Hicken, A., Apsley, S., & King, E. J. (2021). Understanding Vaccine Hesitancy in the Context of COVID-19: The Role of Trust and Confidence in A Seventeen-country Survey. *International Journal of Public Health,* 66: 636255.

Sachs, J. D., Kroll, C., Lafortune, G., Fuller, G., & Woelm, F. (2022). *Sustainable Development Report 2022.* Cambridge University Press.

Schernhammer, E., Weitzer, J., Laubichler, M. D., Birmann, B. M., Bertau, M., Zenk, L., Caniglia, G., Jäger, C. C., & Steiner, G. (2022). Correlates of COVID-19 Vaccine Hesitancy in Austria: Trust and the Government. *Journal of Public Health,* 44(1): e106-e116.

Schraff, D. (2021). Political Trust during the COVID-19 Pandemic: Rally around the Flag or Lockdown Effects. *European Journal of Political Research,* 60: 1007-1017.

Sebhatu, A., Wennberg, K., Arora-Jonsson, S., & Linberg, S. I. (2020). "Explaining the Homogeneous Diffusion of COVID-19 Nonpharmaceutical Interventions Across Heterogeneous Countries." *PNAS,* 117(35): 21201-21208.

Serikbayeva, B., Abdulla, K., & Oskenbayev, Y. (2021). State Capacity in Responding to COVID-19. *International Journal of Public Administration*, 44(11-12): 920-930.

Sherman, S. M., Smith, L. E., Sim, J., Amlôt, R., Cutts, M., Dasch, H., Rubin, G J., & Sevdalis, N. (2021). COVID-19 Vaccination Intention in the UK: Results from the COVID-19 Vaccination Acceptability Study (CoVAccS), a Nationally Representative Cross-Sectional Survey. *Human Vaccines & Immunotherapeutics*, 17(6): 1612-1621.

Siegrist, M., & Zingg, A. (2014). The Role of Public Trust during Pandemics: Implications for Crisis Communication. *European Psychologist*, 19(1): 23-32.

Simon, F. M., & Camargo, C. Q. (2023). Autopsy of A Metaphor: The Origins, Use and Blind Spots of the 'Infodemic.' *New Media & Society*, 25(8): 2219-2240.

Simpson, Brent., & Willer, R. (2015). Beyond Altruism: Sociological Foundations of Cooperation and Prosocial Behavior. *Annual Review of Sociology*, 41: 43-63.

Sorsa, V. P., & Kivikoski, K. (2023). COVID-19 and Democracy: A Scoping View. *BMC Public Health*, 23(1): 1668.

Sturgis, P., Brunton-Smith, I., & Jackson, J. (2021). Trust in Science, Social Consensus and Vaccine Confidence. *Nature Human Behaviour*, 5(11): 1528-1534.

Suchman, M. C. (1995). Managing Legitimacy: Strategic and Institutional Approaches. *Academy of Management Review*, 20(3): 571-610.

Sun, N. (2020). Applying Siracusa: A Call for a General Comment on Public Health Emergencies. *Health and Human Rights Journal*, 22(1): 387-390.

Sun, K. S., Lau, T. S. M., Yeoh, E. K., Chung, V. C. H., Leung, Y. S., Yam, C. H. K., & Hung, C. T. (2022). Effectiveness of Different Types and Levels of Social Distancing Measures: A Scoping Review of Global Evidence from Earlier Stage of COVID-19 Pandemic. *BMJ Open*, 12: e053938.

Sunstein, C. R. (2001). *Echo Chambers: Bush v. Gore, Impeachment, and Beyond*. Princeton: Princeton University Press.

Swire, B., Berinsky, A. J., Lewandowsky, S., & Ecker, U. K. H. (2017). Processing Political Misinformation: Comprehending the Trump Phenomenon. *Royal Society Open Science*, 4(3): 160802.

Szilagyi, P. G., Thomas, K., Shah, M. D., Vizueta, N., Cui, Y., Vangala, S., & Kapteyn, A. (2021). National Trends in the US Public's Likelihood of Getting a COVID-19 Vaccine—April 1 to December 8, 2020. *JAMA*, 325(4): 396-398.

Tarry, H., Vézina, V., Bailey, J., & Lopes, L. (2022). Political Orientation, Moral Foundations, and COVID-19 Social Distancing. *PLoS ONE*, 17(6): e0267136.

Toshkov, D., Carroll, B., & Yesilkagit, K. (2022). Government Capacity, Societal Trust or Party Preferences: What Accounts for the Variety of National Policy Responses to the COVID-19 Pandemic in Europe? *Journal of European Public Policy*, 29(7): 1009-1028.

Trent, M., Seale, H., Chughtai, A. A., Salmon, D., & MacIntyre, C. R. (2022). Trust in Government, Intention to Vaccinate and COVID-19 Vaccine Hesitancy: A Comparative Survey of Five Large Cities in the United States, United Kingdom, and Australia. *Vaccine*, 40(17): 2498-2505.

Tsai, L. L., Morse, B. S., & Blair, R. A. (2020). Building Credibility and Cooperation in Low-Trust Settings: Persuasion and Source Accountability in Liberia during the 2014-2015 Ebola Crisis. *Comparative Political Studies*, 53(10-11): 1582-1618.

UN Commission on Human Rights (1985). The Siracusa Principles on the Limitation and Derogation Provisions in the International Covenant on Civil and Political Rights. *Human Rights Quarterly*, 7(1): 3-14.

UN Human Rights Committee (1988). CCPR General Comment No.16: Article 17(Right to Privacy): The Right to Respect of Privacy, Family, Home and Correspondence, and Protection of Honour and Reputation. https://www.refworld.org/legal/general/hrc/1988/en/27539 (검색일: 2024. 04.16.).

UN Human Rights Committee (2020). Statement on Derogations from the Covenant in Connection with the COVID-19 Pandemic. *International Covenant on Civil and Political Rights CCPR/c128/2.* https://digitallibrary.un.org/record/3863948?ln=en&v=pdf (검색일: 2024. 04.16.).

UN Children's Fund (2023). *The State of the World's Children 2023: For Every Child, Vaccination.* United Nations Research Institute for Social Development.

UN (2020). *COVID-19 and Human Rights: We Are All in This Together.* https://unsdg.un.org/resources/covid-19-and-human-rights-we-are-all-together (검색일: 2024.04.16.).

Van der Cruijsen, C., de Haan, J., & Jonker, N. (2022). Has the COVID-19 Pandemic Affected Public Trust? Evidence for the US and the Netherlands. *Journal of Economic Behavior & Organization*, 200: 1010-1024.

Vieira, K. M., Potrich, A. C. G., Bressan, A. A., Klein, L. L., Pereira, B. A. D., & Pinto, N. G. M. (2022). A Pandemic Risk Perception Scale, *Risk Analysis*, 42(1): 69-84.

Wang, K., Wong, E. L. Y., Ho, K. F., Cheung, A. W. L., Chan, E. Y. Y., Yeoh, E. K., & Wong, S. Y. S. (2020). Intention of Nurses to Accept Coronavirus Disease 2019 Vaccination and Change of Intention to Accept Seasonal Influenza Vaccination during the Coronavirus Disease 2019 Pandemic:

A Cross-Sectional Survey. *Vaccine*, 38(45): 7049-7056.

Wardle, C., & Derakhshan, H. (2017). *Information Disorder: Toward an Interdisciplinary Framework for Research and Policymaking.* Strasbourg: Council of Europe.

Westbrook, R. A., & Reilly, M. D. (1983). Value-Percept Disparity: An Alternative to the Disconfirmation of Expectations Theory of Consumer Satisfaction. *Advances in Consumer Research*, 10(1): 256-261.

Williams, L., Gallant, A. J., Rasmussen, S., Nicholls, L. A. B., Cogan, N., Deakin, K., Young, D., & Flowers, P. (2020). Towards Intervention Development to Increase the Uptake of COVID-19 Vaccination among Those at High Risk: Outlining Evidence-based and Theoretically Informed Future Intervention Content. *British Journal of Health Psychology*, 25(4): 1039-1054.

World Bank (2020). *Global Economic Prospects.* Washington, DC: World Bank. https://openknowledge.worldbank.org/handle/10986/33748 (검색일: 2024.04.16).

World Health Organization (2019). *Non-pharmaceutical Public Health Measures for Mitigating the Risk and Impact of Epidemic and Pandemic Influenza: Annex: Report of Systematic Literature Reviews*(No. WHO/WHE/IHM/GIP/2019.1). World Health Organization.

World Health Organization (2020). *Taxonomy and Glossary of Public Health and Social Measures that may be Implemented to Limit the Spread of COVID-19.* Geneva: World Health Organization.

Wu, X., Ramesh, M., & Howlett, M. (2015). Policy Capacity: A Conceptual Framework for Understanding Policy Competences and Capabilities. *Policy and Society*, 34(3-4): 165-171.

Yao, L., Li, M., Wan, J. Y., Howard, S. C., Bailey, J. E., & Graff, J. C. (2021). Democracy and Case Fatality Rate of COVID-19 at Early State of

Pandemic: A Multicountry Study. *Environmental Science and Pollution Research,* 29: 8694-8704.

Yen, W. T., Liu, L. Y., Won, E., & Testriono. (2022). The Imperative of State Capacity in Public Health Crisis: Asia's Early COVID-19 Policy Responses. *Governance,* 35(3): 777-798.

Zahariadis, N., Petridou, E., Exadaktylos, T., & Sparf, J. (2023). Policy Styles and Political Trust in Europe's National Responses to the COVID-19 Crisis. *Policy Studies,* 44(1): 46-67.

Zarocostas, J. (2020). How to Fight an Infodemic. *The Lancet,* 395(10225): 676.

Zhebit, A. (2020). Human Rights in a Pandemic. *Outlines of Global Transformations: Politics, Economics, Law,* 13(5): 219-252.

Zwitter, A. (2012). The Rule of Law in Times of Crisis: A Legal Theory on the State of Emergency in the Liberal Democracy. *ARSP: Archiv für Rechts-und Sozialphilosophie/Archives for Philosophy of Law and Social Philosophy,* 98(1): 95-111.

색인

저자 약력

▌ 강상원

University of Bristol 행정학 박사

고려대학교 비교거버넌스연구소 연구교수

▌ 곽동진

University of Missouri 정치학 박사

고려대학교 비교거버넌스연구소 연구교수

▌ 박종민

University of California, Berkeley 정치학 박사

고려대학교 행정학과 명예교수

▌ 심동철

State University of New York - Albany 행정학 박사

고려대학교 행정학과 교수

▌ 왕재선

고려대학교 행정학 박사

강원대학교 글로벌인재학부 공공행정학과 교수

▌ 윤견수

고려대학교 행정학 박사

고려대학교 행정학과 교수

▌ 최용진

State University of New York - Albany 행정학 박사

Vaccine Confidence Project, LSHTM 박사후연구원

한국의 코로나19 팬데믹: 일반인의 시각

초판발행	2024년 5월 30일
지은이	박종민·윤건수
펴낸이	안종만·안상준
편 집	박세연
기획/마케팅	김한유
표지디자인	이수빈
제 작	고철민·조영환
펴낸곳	(주) **박영사**
	서울특별시 금천구 가산디지털2로 53, 210호(가산동, 한라시그마밸리)
	등록 1959.3.11. 제300-1959-1호(倫)
전 화	02)733-6771
f a x	02)736-4818
e-mail	pys@pybook.co.kr
homepage	www.pybook.co.kr
ISBN	979-11-303-2010-6 93350

정 가   23,000원

이 저서는 2022년 대한민국 교육부와 한국연구재단의 지원을 받아 수행된 연구임
(NRF-2022S1A5C2A03091302)